新师说·行知教育丛书

本书为"江苏省高校哲学社会科学实验室——南京师范大学青少年教育与智能支持实验室"课题成果

大学教学系统的建构与机制

○○云 著

THE STRUCTURE
AND
MECHANISM OF
UNIVERSITY TEACHING SYSTEM

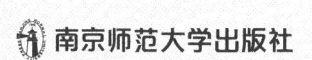

南京师范大学出版社

图书在版编目(CIP)数据

大学教学系统的结构与机制 / 陈巧云著. — 南京：南京师范大学出版社，2025.8. —(新师说·行知教育丛书). — ISBN 978-7-5651-7178-9

Ⅰ. G649.2

中国国家版本馆 CIP 数据核字第 2025EK9656 号

丛 书 名	新师说·行知教育丛书
书 　名	大学教学系统的结构与机制
作 　者	陈巧云
丛书策划	王　涛
责任编辑	王　涛
出版发行	南京师范大学出版社
地 　址	江苏省南京市鼓楼区北京西路 72 号(邮编：210024)
电 　话	(025)83598919(总编办)　83532185(客户服务部)
	83375685(区域渠道部)
网 　址	http://press.njnu.edu.cn
电子信箱	nspzbb@njnu.edu.cn
照 　排	南京私书坊文化传播有限公司
印 　刷	镇江文苑制版印刷有限责任公司
开 　本	710 毫米×1000 毫米　1/16
印 　张	27
字 　数	373 千
版 　次	2025 年 8 月第 1 版
印 　次	2025 年 8 月第 1 次印刷
书 　号	ISBN 978-7-5651-7178-9
定 　价	98.00 元

出版人　张　鹏

南京师大版图书若有印装问题请与销售商调换

版权所有　侵犯必究

目　录

绪　论 …………………………………………………………………… 001

第一章　教学系统概述 ………………………………………………… 006

　第一节　教学系统要素 ………………………………………………… 006

　　一、教学系统要素的内涵和特征 …………………………………… 006

　　二、教学系统要素的分类 …………………………………………… 007

　第二节　教学系统结构 ………………………………………………… 009

　　一、教学系统结构的内涵 …………………………………………… 010

　　二、教学系统结构的特征 …………………………………………… 011

　第三节　教学系统功能评价 …………………………………………… 012

　　一、教学系统功能的内涵和特征 …………………………………… 012

　　二、教学系统功能评价模式 ………………………………………… 013

　　三、教学系统功能的多元主体评价 ………………………………… 015

　第四节　高校教学系统功能评价研究现状 …………………………… 020

第二章　高校教学系统主体评价模型建构 …………………………… 023

　第一节　高校教学系统学生评价工具编制 …………………………… 023

一、研究设计 …………………………………………………… 024
　　二、初始问卷变量与题项 ……………………………………… 025
　　三、初始问卷调查与分析 ……………………………………… 038
　　四、正式调查问卷量表 ………………………………………… 073
　第二节　高校教学系统教师评价工具编制 ……………………… 077
　　一、研究设计 …………………………………………………… 077
　　二、变量分类与初始测量题项 ………………………………… 078
　　三、小规模访谈 ………………………………………………… 085
　　四、正式调查问卷测量量表 …………………………………… 087
　第三节　高校教学系统"结构—功能"假设模型 ……………… 091
　　一、基于学生评价的高校教学系统"结构—功能"假设模型 …… 091
　　二、基于教师评价的高校教学系统"结构—功能"假设模型 …… 094
　第四节　高校教学系统主体评价指标体系 ……………………… 095
　　一、高校教学系统主体评价指标体系构建原则 ……………… 096
　　二、高校教学系统学生评价指标体系的构成 ………………… 097
　　三、高校教学系统教师评价指标体系的构成 ………………… 098
　　四、高校教学系统主体评价满意度指数分级标准 …………… 099

第三章　基于学生评价的高校教学系统实证研究 ……………… 101
　第一节　研究样本及数据质量分析 ……………………………… 102
　　一、问卷样本概况 ……………………………………………… 102
　　二、探索性因子分析及信效度检验 …………………………… 109
　　三、正式问卷因子命名 ………………………………………… 127
　　四、验证性因子分析 …………………………………………… 129
　　五、高校教学系统学生满意度指数 …………………………… 158

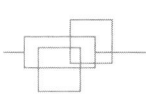

第二节　基于学生评价的高校教学系统"结构—功能"模型构建 …… 183
　一、基于学生评价的高校教学系统"结构—功能"原型 ………… 183
　二、基于学生评价的高校教学系统"结构—功能"原型修正 …… 185
　三、基于学生评价的高校教学系统"结构—功能"模型 ………… 186
第三节　基于学生评价的高校教学系统"结构—功能"分析 ………… 188
　一、基于学生评价的高校教学系统"结构—功能"模型系数估计
　　　结果 ………………………………………………………………… 189
　二、基于学生评价的高校教学系统"结构—功能"模型假设检验
　　　结果 ………………………………………………………………… 198
　三、基于学生评价的高校教学系统结构效应 …………………… 201
第四节　学生不同特征多群组结构方程模型分析 ………………… 204
　一、不同性别群组结构方程模型分析 …………………………… 205
　二、不同学校类型群组结构方程模型分析 ……………………… 212
　三、不同学段群组结构方程模型分析 …………………………… 219
第五节　小结 ……………………………………………………………… 226

第四章　基于教师评价的高校教学系统实证研究 ………………… 228
第一节　研究样本及数据质量分析 …………………………………… 228
　一、问卷样本概况 ………………………………………………… 228
　二、探索性因子分析及信效度检验 ……………………………… 236
　三、正式问卷因子命名 …………………………………………… 250
　四、验证性因子分析 ……………………………………………… 252
　五、高校教学系统教师满意度指标 ……………………………… 273
第二节　基于教师评价的高校教学系统"结构—功能"模型构建 …… 293
　一、基于教师评价的高校教学系统"结构—功能"原型 ………… 294
　二、基于教师评价的高校教学系统"结构—功能"原型修正 …… 295

三、基于教师评价的高校教学系统"结构—功能"模型 …………… 297

第三节　基于教师评价的高校教学系统"结构—功能"分析 ………… 301

　　一、基于教师评价的高校教学系统"结构—功能"模型系数估计
　　　　结果 ……………………………………………………………… 301

　　二、基于教师评价的高校教学系统"结构—功能"模型假设检验
　　　　结果 ……………………………………………………………… 307

　　三、基于教师评价的高校教学系统"结构—功能"模型结构效应 …… 311

第四节　教师不同背景特征多群组结构方程模型分析 ………………… 314

　　一、不同性别群组结构方程模型分析 …………………………… 314

　　二、不同学校类型群组结构方程模型分析 ……………………… 321

　　三、不同职称群组结构方程模型分析 …………………………… 327

第五节　小结 ……………………………………………………………… 333

第五章　不同主体视野下的高校教学系统结构功能比较 ……………… 337

第一节　高校教学系统的师生评价差异 ………………………………… 337

　　一、高校教学系统师生总体评价差异 …………………………… 337

　　二、高校教学系统各要素及教学效果的师生评价差异 ………… 338

第二节　高校教学系统"结构—功能"理论模型的师生视角差异 …… 341

　　一、高校教学系统"结构—功能"模型潜在变量的师生视角差异 …… 341

　　二、高校教学系统"结构—功能"测量模型的师生视角差异 …… 342

　　三、高校教学系统"结构—功能"理论模型路径的师生视角差异 ……
　　　　…………………………………………………………………… 343

第三节　高校教学系统"结构—功能"的师生视角差异 ……………… 344

　　一、不同类型高校教学系统"结构—功能"的师生视角差异 …… 344

　　二、不同层次高校教学系统"结构—功能"的学生视角差异 …… 355

第四节　小结 ……………………………………………………………… 361

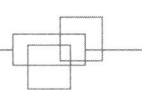

第六章　研究结论与建议 ································· 366

第一节　研究结论 ······································ 367
一、高校教学系统"结构—功能"模型的有效性 ············ 367
二、教学系统功能的复杂性 ···························· 368
三、师生满意度的差异 ································ 369
四、背景特征对满意度的影响 ·························· 370
五、不同类型高校教学系统模型的差异 ·················· 371

第二节　实践应用与策略建议 ···························· 372
一、明确高校系统定位 ································ 372
二、加强教学环境建设 ································ 374
三、提高教师教学积极性 ······························ 376
四、关注教师专业发展 ································ 377
五、关注弱势学生群体 ································ 378

第三节　研究贡献与创新 ································ 380
一、基于主体评价的系统评价 ·························· 380
二、满意度测量量表开发 ······························ 381
三、多群组分析 ······································ 382

第四节　研究局限与展望 ································ 384
一、研究局限 ·· 384
二、未来展望 ·· 385

附录 A　高校教学系统评价初始问卷（学生版） ············· 387
附录 B　高校教学系统评价初始问卷（教师版） ············· 394
附录 C　高校教学系统评价调查问卷（学生版） ············· 403
附录 D　高校教学系统评价调查问卷（教师版） ············· 411

参考文献 ·· 420

绪　论

随着高等教育管理体制改革的不断深化,我国已经从"精英式教育"阶段转变为"大众化教育"阶段。在此转型期,如何优化教学系统结构、提高教学系统功能,成为高校教学改革的重要课题。高校教学系统的功能是否实现?作为高校教学系统的基本单位的要素,其功能是否充分发挥?由教学要素构成的高校教学系统的结构是否合理? 一系列子问题仍然迫在眉睫。解决上述问题的核心便是在遵循科学性、导向性和可行性原则的基础上,合理选择教学评价主体,建立起高校教学系统评价指标体系。

目前高校教学系统领域,围绕系统有效性所展开的评价研究大多停留在微观层面,主要对课堂教学以及课程设计方案进行评价,在一定程度上忽视了教学系统的分层和分类特征。此外,在高校教学评价实践领域,规模最大、影响最广的是教育部组织的本科教学评估活动,但这种由被评学校提供材料、外部专家进行评判并以此衡量教学系统优劣的方式,在多主体评价的时代显然具有局限性。

为解决上述问题,我们一方面认为对教学系统所展开的有效性评价不应仅局限在微观层面,还需在中观和宏观层次上进行研究。从系统论的角度来看,教学系统是为了实现教学功能而由各要素组成的整体,是一个由若干子系统构成的复杂系统。组成教学系统整体的各要素之间时空相互联系的综合,是其异于其他系统的内在规定性。由此,系统要素的特性、联结方式等,必然影响教学系统功能的发挥。并且,教学系统诸要素间相互结合的等级次序,使其具有层次性。系统的层次性决定高层次系统由低层次系统构成,高层次包含低层次,低层次属于高层次。不同层次系统间彼此联系,相互作用。据此,高校教学系统的各个层次之间有着紧密的联系。如果宏观教学系统的研究,是指针对全国范围教学系统或某一区域的教学系统的分析,那么中观层次的教学系统分析是指宏观层次下的亚系统,如学校教学系统等;再低一层的微观系统分析即指向教与学的活动,如课堂教学活动、实践教学活动等。上述三个系统之间,宏观系统制约着中观系统,中观系统制约着微观系统,彼此关联。那么,对高校教学系统的评价也可以从宏观、中观以及微观三个层面展开。另一方面,在倡导多评价主体的时代,具有较高认知水平的高校教师和学生作为教学系统的价值主体,他们对系统的评价也应得到关注。作为教学系统的"消费者",他们处于系统之中,对其较为了解,由他们对所在教学系统要素功能以及结构功能所作的系统判断,必然能在一定程度上反映系统的状况。

所谓"教学系统",主要有如下几种说法。美国著名的教育技术历史学家保尔·萨特勒(1986)曾对"教学系统"下过这样的定义,"教学系统是一个由相互联系的、为实现一系列目标而协同工作的各部分所构成的系统"。[1] 我国学者张广君(1988)把"教学系统"界定为"有特定目标、形态以及功能的,以教师的教和学生的学为协同的主体活动,由处于联系之中的教学各要素组成的有机整体"。[2] 吴也显(1991)认为,教学系统是"由师生共同活动组成的旨在提高教学质量(实现教学目标)的管理系统"。[3] 丁卫泽和钱小龙(2011)认为,教学系统是由教学要素组合起来的,具备特定教学功能,能够实现教学目的

---

[1] 保尔·萨特勒.教学的系统方法[J].外语电化教学,1986(2):44-45.
[2] 张广君.教学系统基本要素初探[J].宁夏大学学报(社会科学版),1988(1):83-87.
[3] 吴也显.教学论新编[M].北京:教育科学出版社,1991:25.

的有机结合体。[①] 黄甫全和王本陆(2003)认为,"教学系统是由相互作用着的教师、学生、内容与环境组成的空间结构性要素,以及由目标、活动与评价组成的时间进程性要素共同构成的特殊复合体"。[②] 梁仕云(2001)认为,"教学系统是指由教育、学习和媒体三个要素所构成的,由教与学双方的心理以及行为等因素的相互结合、相互联系而形成的,具有培养人才这一特定功能的有机整体"。[③] 通过学者们对教学系统外延和内涵的界定不难发现,他们都认为教学活动是一个由教师、学生、教学环境等相互联系的要素构成的集合体,具有系统的整体性特征,它们是教学系统的基本存在方式和属性。我们在系统科学的视野下,以高校教学系统的主体(教师和学生)作为评价主体,以宏观和中观的高校教学系统作为评价对象,以某省高校教学系统为例,就高校教学系统"结构—功能"多层次关系进行探索,力图对该系统的结构特征做出更深层次的解释,揭示该区域高校教学系统是否符合系统主体的需求、系统的要素功能以及结构功能是否发挥,并为教育决策、教学改革和教学理论的发展提供参考和建议。

我们的研究内容主要包含以下三个方面。第一,构建高校教学系统主体评价指标体系以及高校教学系统"结构—功能"假设模型(structural equation modeling,简称 SEM)。首先,基于系统论和教学论等理论以及访谈结果,构建高校教学系统主体评价指标体系及主体评价初始调查问卷。其次,基于试调查数据进行探索性因子分析,初步得到高校教学系统的结构、功能变量及其测量指标。最后,在高校教学系统学生评价初始问卷探索性因子分析命名的基础上,结合教师评价问卷编制中的变量维度设置,使用结构方程模型工具构建高校教学系统"结构—功能"假设模型。该模型包括基于学生视角的高校教学系统"结构—功能"模型和基于教师视角的高校教学系统"结构—功

[①] 丁卫泽,钱小龙.技术支撑下的教学系统评析:解构与重构[J].电化教育研究,2011(9):16-19.
[②] 黄甫全,王本陆.现代教学论学程(修订版)[M].北京:教育科学出版社,2003:94.
[③] 梁仕云.高校教学系统结构特性和功能分析[J].江苏高教,2001(4):43-46.

能"模型两部分。第二,基于学生评价和基于教师评价的高校教学系统实证研究。首先,在试调查的基础上对高校教学系统学生评价初始问卷和高校教学系统教师评价初始问卷进行修改并形成最终调查问卷,进行正式调查,并对问卷的信度和效度进行分析。其次,参考初始问卷探索性因子分析的结果,基于正式问卷探索性因子分析的结果,确定基于学生评价的高校教学系统"结构—功能"模型和基于教师评价的高校教学系统"结构—功能"模型的潜在变量及其测量指标。再次,基于正式调查问卷的样本数据,统计区域高校教学系统学生总体满意度和各要素总体满意度情况,比较不同层次、不同类型高校教学系统的学生(包括学生性别、年龄、专业、学段等背景特征对高校教学系统评价的影响差异)和学校教师(包括教师的性别、年龄、所在学校类型、职称、学历、收入等背景特征对高校教学系统评价的影响差异)对高校教学系统的满意度结果差异。最后,运用验证性因子分析法,验证基于学生评价高校教学系统"结构—功能"理论模型和基于教师评价高校教学系统"结构—功能"理论模型中教学期望、学生要素、教学环境、教师要素、教学满意度以及教学忠诚度等潜在变量与其测量指标之间的关系,并修正测量模型。通过结构方程模型多群组分析法对不同性别、不同学校类型、不同学段等跨群组样本间的适配度进行分析,以检验理论模型的稳定性。第三,不同主体视野下的高校教学系统"结构—功能"比较研究。首先,就教师主体和学生主体在高校教学系统总体满意度评价方面的差异,以及他们在高校教学系统要素功能及"结构—功能"评价方面的差异进行分析。其次,从结构方程潜在变量、测量模型以及路径差异几个方面,分析我们所构建的基于学生评价的高校教学系统"结构—功能"SEM和基于教师评价的高校教学系统"结构—功能"SEM的结构差异。最后,基于教师和学生主体对所在教学系统的评价,使用结构方程模型多群组分析法对不同类型、不同层次高校教学系统"结构—功能"SEM结构差异进行分析。

  我们的研究意义分为理论和实践两个层面。从理论层面来说,教学系统评价是教学系统研究和教学管理研究的重要内容,毫无疑问,没有真正意义上的系统评价和合理的评价体系,就不可能有教学系统设计以及教学活动的真正成功。这种运用结构方程模型分析法对教学系统结构、功能及多层次关系所进行的探索,是对高校教学系统的"结构—功能"关系进行的一次理论尝试,不仅能丰富和完善教学系统相关理论,还将有利于教学管理理论研究的推进。

从实践层面来看,以宏观和中观的高校教学系统作为评价对象,采用教学系统主体评价方法,构建高校教学系统评价体系,对区域高校教学系统进行评估,这突破了单纯从微观层面上讨论高校教学系统评价指标、方法等问题的思路。以高校教师和学生作为评价主体,有利于完善高校教学系统评价体系和评价机制。此外,以实证调查为基础的高校教学系统主体评价指标体系,综合考虑了影响教学的诸多方面,对不同层次、不同类型高校教学系统所展开的调查,有利于找出高校教学系统存在的突出问题、深层次原因以及可操作的解决方案。这不仅有助于学生、教师和管理各方寻找改进方向,还可以为高等学校、教育管理部门、研究人员等在进行教学评价或组织教学活动提供理论和方法上的指导和参考。

第一章　教学系统概述

我们的研究是建立在国内外关于教学系统研究、高校教学评价研究等成果基础之上的,对相关研究成果的分析,是构建基于主体评价的高校教学系统评价体系以及高校教学系统"结构—功能"模型的基础。

第一节　教学系统要素

从系统论视角看,教学系统由若干相互关联的要素构成,其功能实现依赖于要素间的协同作用。教学要素具有多维属性,既具有相对独立的本体特征,又通过动态交互形成系统功能。随着信息技术的发展,教学系统要素的内涵与外延正在发生深刻变革。

一、教学系统要素的内涵和特征

从 21 世纪初开始,我国学者便从各自的角度出发,对教学系统要素的内涵进行阐释。其中,诸要素自身所具备的特质及其与教学系统的关系是研究者关注的重点。例如,黄甫全和王本陆认为,教学要素作为教学基本单元的自身规定性,是教学系统存在的规定性,或者说教学要素是教学系统存在的依据和规定。① 吴宝林认为,系统的要素具有两层含义:一是要素具有相对独立性,即要素在系统中是可以被划分的单元或部分的;二是要素对系统是必不可少的,因为要素的变化必然引起系统性质和系统功能的变化。武丽志指出,要素是系统中彼此相对独立而又相互作用的部分或成分,是系统最基本的单位,也是系统存在的基础和实际载体。② 肖化移则对教学要素进行了更为清晰的界定,他认为并非所有与教学有关的要素都是教学要素,只有能够形成教学系统并使之有效运行的要素才能称为教学要素,且各要素的不同排列组合方式会(使教学系统)产生不同的性质与功能。③ 据此,我们可以把教学系统的要素定义为:构成教学系统的必不可少的单元或部分。当我们判定某个要素是不是教学系统要素时,既要以"必不可少"为标准,还应以"相对独立"为标准,以免把要素间的相互作用,相互联系方式误以为是要素。④

二、教学系统要素的分类

研究人员从不同的角度分析了教学系统的组成要素,在对这一问题的探讨中,出现了多种说法。按照所界定的教学系统要素的数量不同,领域内存在"三要素"说、"四要素"说、"五要素"说、"六要素"说、"七要素"说等多种说法。"三要素"说认为,教学系统由教师、学生、教材这三者构成;另一种"三要素"说认为,教学系统由人员、信息、物质这三个要素构成。张广君认为教学

---

① 黄甫全,王本陆.现代教学论学程(修订版)[M].北京:教育科学出版社,2003:86.
② 武丽志.远程教育系统的服务经济学分析[J].远程教育杂志,2009,17(4):57-61.
③ 肖化移,卢越.基于系统分析法的职业教育教学规律探析[J].中国职业技术教育,2021(26):52-56,96.
④ 吴保林.浅议核心素养下的教学系统要素及其三维模式[C]//广西写作学会教学研究专业委员会,教师教育论坛(第三辑).2019:213-216.

系统由四种要素组成,即"四要素"说认为教学系统的要素包括了教师、学生、教学内容和教学环境。① 南纪稳的"五要素"说是在四要素的基础上增加了教学方法,他认为教学系统要素由教师、学生、教学内容、教学方法、教学环境构成。② 郝恂和龙太国的"六要素"说认为教学系统的要素由教学目标、教师、学生、课程、教法和教学环境构成。③ 李秉德的"七要素"说是指教学系统的要素由学生、目的、课程、方法、环境、反馈以及教师这七方面构成。④ 此外,张楚廷还将教学要素分为基本要素和非基本要素、平凡要素和特质要素,其中特质性要素又划分为教学硬要素和教学软要素。⑤

但仅仅从量上把握教学系统的要素,而非从质上对其进行整体认识,容易造成要素的层次混乱,且彼此间的界限不甚分明。因而,当前也有不少研究者基于上述分类方式,并结合具体教学情境等,对教学系统要素的分类进行了进一步归纳凝练。例如,吕国光认为,构成教学系统的要素包括教师职业活动、学生和文化,其中,教师职业活动即教学本身,文化则既包括人类在教学实践中所创造的物质财富,也包括精神财富;⑥李定仁、范昭雄认为,教学系统要素可分为实体和非实体两大类,基于此又可进行进一步细分,前者可以划分为教师、学生和教学媒介(教材、教具和其他设施),⑦后者可以划分为教学目标、教学内容、教学方法、教学评价、学生学习能力、学生的思想道德情感意志的发展状况、教师教学水平、学校的校风等。

随着信息技术的迅猛发展,在线学习、远程教育、人工智能等概念应运而生,诸多研究者对教学系统要素的分类提出了新的见解。闫寒冰从教学组织

---

① 张广君.教学系统基本要素初探[J].宁夏大学学报(社会科学版),1988(1):83-87.
② 南纪稳.教学系统要素与教学系统结构探析——与张楚廷同志商榷[J].教育研究,2001(8):54-57.
③ 郝恂,龙太国.试析教学主体、客体及主客体关系[J].教育研究,1997(12):43-47.
④ 李秉德.对于教学论问题的回顾与前瞻[J].华东师范大学学报(教育科学版),1989(3):16-21.
⑤ 张楚廷.教学要素层次论[J].教育研究,2000(6):65-69.
⑥ 吕国光.教学系统要素探析[J].上海教育科研,2003(2):25-28,44.
⑦ 李定仁,范兆雄.教学要素与教学系统最优化[J].教育科学,2003(6):17-20.

者的角度出发,根据在组织教学时各要素是否可以被设计,将多媒体网络系统中包含的要素分为静态要素和动态要素两大类。所谓静态要素,就是在组织教学的过程中相对稳定,教学的组织者一般不予设计的要素,包括技术支持、物质环境、管理、信息资源、教学组织者和学习者等;所谓动态要素,则是在实现多媒体网络教学系统功能的过程中,由教学的组织者灵活掌握的要素,包括教学内容、教学目标、教学策略、教学媒体、教学实践和教学评价等。[1]吴建玲认为远程教育教学系统可以划分为课程设置、教学资源建设、学习资源支持和帮助服务、教学管理四大基本要素。[2] 王雯、韩锡斌则通过综合已有相关理论研究成果,阐明了信息时代的职业教育混合教学包括学生、教师两个主体要素,教学目标、教学内容、教学方法、教学反馈四个过程要素,教学环境一个环境要素,这些要素蕴含着职业教育"校企合作、产教融合、工学结合"的显著特点,并向虚实融合方向拓展。[3]

第二节 教学系统结构

教学系统结构是要素间动态关联的组织形式,决定着系统功能的实现路径。其内涵体现为要素间相对稳定的联系方式,具有多样性特征。随着教育信息化发展,教学系统结构正经历着时空重构与技术赋能。

---

[1] 闫寒冰.多媒体网络教学系统的构成要素及功能实现[J].中国电化教育,2000(9):62-64.
[2] 吴建玲.现代远程教育教学质量保证体系的构建——远程教育系统质量控制基本要素分析与模型设计[J].中国成人教育,2009(12):12-13.
[3] 王雯,韩锡斌.信息时代职业教育混合教学要素及其关系[J].电化教育研究.2022,43(2):19-25,41.

一、教学系统结构的内涵

我国对教学系统结构内涵的研究始于 21 世纪初,学界普遍认为教学系统结构是指教学系统要素间的相互联系方式或作用方式。例如,李定仁和范兆雄认为,教学系统的结构是指教学要素之间相对稳定的、有一定规则的联系方式的总和,在教学系统要素的数量与种类一定的情况下,要素间的相互作用方式可以是多种多样的,即教学系统结构是多样化的,不同的教学系统的结构其效果、功能是不同的;[①]梁仕云指出,教学系统的基本结构是由教育、学习和媒体三个要素构成并具有生产人才这种特定功能的有机整体;[②]何克抗则认为,所谓教学结构是指在一定教育思想、教学理论、学习理论指导下的,在某种环境中展开的,由教师、学生、教材和教学媒体这四个要素的相互联系、相互作用而形成的教学活动的进程的稳定结构形式;[③]李豫颖指出,完全无序的要素集合不能看作是一个系统,换言之把要素不加整理地堆积在一起不能形成一定结构,系统结构是系统要素间的关联性及要素内部层次性的集合,要素之间的不同关联则形成不同的结构,[④]可见,这一定义在某种程度上对教学系统结构的内在有序性提出了要求。在教学系统的结构类型及其表现形态方面,有研究者认为,教学系统的结构方式可以分为时间结构和空间结构,深层结构与表层结构,硬结构与软结构。朱永海、张新明从时空思维框架和传播学角度出发,指出教学系统的结构分为空间结构与时间结构,前者即为教学结构,后者即为教学过程;[⑤]胡立如、张宝辉则从不同的层次这一视角出发对教学系统结构的表征形态进行了剖析,提出教学系统的结构在宏

[①] 李定仁,范兆雄.教学要素与教学系统最优化[J].教育科学,2003,(6):17-20.
[②] 梁仕云.高校教学系统结构特性和功能分析[J].江苏高教,2001,(4):43-46.
[③] 何克抗,郑永柏,谢幼如.教学系统设计[M].北京:北京师范大学出版社,2002:142.
[④] 李豫颖.系统论在建构信息技术教学论体系结构的应用[J].系统科学学报,2010,18(3):92-96.
[⑤] 朱永海.也论"教学结构"与"教学模式"[J].电化教育研究,2007(10):36-40.

观层面可以体现为教学模式的结构,在中观层面可以体现为教学策略、方法和活动的结构,在微观层面则可以体现为各个教学要素的结构;[1]尹达基于现代教学论的视角,将"互联网+"时代的课堂教学(系统)结构分为课堂教学的时空结构和人际角色结构,其中,课堂教学的时空结构又包括"纵向的时间结构、横向的空间结构和课程内部结构",序列性、规定性、协同性、层次性和时代性是其基本特征。[2]

二、教学系统结构的特征

教学系统作为一个整体,由多个子系统组成,包括教师、学生、教学物质条件因素,以及教学目的、教学方法和策略等非物质因素。这些子系统之间相互联系、相互作用,共同构成了教学系统的特征。

在教学系统中,教师和学生的行动不是简单的、被动的响应,而是通过他们的"实践意识"不断地再创造社会实践,即教学活动。这种行动不仅体现了个体的能动性,也反映了社会结构的特性,即结构化理论中所称的"结构的二重性"。[3] 根据吉登斯的社会结构化理论,教学系统展现出整体性、层次性、开放性、动态平衡、反馈调节、适应性与灵活性、创新性、整合性、目标导向性和参与性等特征。整体性特征强调了教学系统中各子系统的相互依存关系;层次性特征揭示了教学系统在宏观和微观层面上的不同结构和功能;开放性特征体现了教学系统与外部环境的互动;动态平衡特征指系统内部的不断调整以适应教育需求和挑战;反馈调节特征说明了教学系统通过内部和外部反馈进行自我优化的能力;适应性和灵活性特征反映了教学系统对不同学习需求

---

[1] 胡立如,张宝辉.混合学习:走向技术强化的教学结构设计[J].现代远程教育研究,2016(4):21-31,41.
[2] 尹达.论现代课堂教学诊断运行机制选择[J].中小学教师培训,2015(12):41-44.
[3] 谢立中.主体性、实践意识、结构化:吉登斯"结构化"理论再审视[J].学海,2019(4):40-48.

的响应;创新性特征凸显了教学系统在技术发展和教育理念更新中的创新能力;整合性特征强调了教学系统整合教育资源的重要性;目标导向性特征确保所有教学活动都围绕教学目标进行;参与性特征鼓励所有教育参与者的积极介入。

这些特征不仅在理论上得到了阐述,而且在实证研究中也得到了验证。例如,王鉴和王文丽对课堂教学变革的分析中,再次确认了教学结构的二重性和社会实践活动的基础性。[①] 此外,智慧教室环境下的课堂教学结构分析也表明,技术的应用和教学结构的变革是相辅相成的,技术在低结构教学中的实施尤为突出其价值。可见,教学系统的结构特征是多维度的,并且随着教育环境和技术的发展而不断演变。

第三节 教学系统功能评价

教学系统功能评价是衡量教学效能、优化系统运行的核心环节。其内涵体现为对教学目标达成度、要素协同性及结构合理性的系统性评估,具有目标导向性、动态过程性与多维整合性特征。随着教育理念与技术环境的变革,评价模式正从单一结果评价向"目标—过程—成效"三维体系演进。

一、教学系统功能的内涵和特征

教学系统功能是指在教学活动中,为了达到一定的教育目的,通过系统的方法对教学过程进行规划、组织和实施的能力,包括教学内容的确定、教学

---

① 王鉴,王文丽.结构化理论视角下的课堂教学变革研究[J].山西大学学报(哲学社会科学版),2019,42(3):91-99.

方法的选择、教学资源的整合、教学活动的组织以及教学效果的评价等多个方面。其核心在于促进学习者的学习,它运用系统方法将学习理论与教学理论的原理转换成对教学目标、教学内容、教学方法和教学策略、教学评价等环节进行具体计划,创设有效的教与学系统的过程。

教学系统功能的特征主要包括系统性、理论性与创造性、具体性和目标导向性。系统性表现在教学系统设计将教育、教学本身作为整体系统来考察,并运用系统方法来设计、开发、运行和管理,确保教学活动的有序性和高效性。理论性与创造性则体现在教学系统设计综合多种学术理论,形成独特的设计活动,它既有一般设计活动的基本特征,同时也根据教学情境的复杂性和教学对象的个体差异性,进行创造性地解决教学中的问题。具体性指的是教学系统设计针对解决教学中的具体问题而发展起来的理论与方法,每一个环节中的工作都十分具体,确保教学设计项目的成功实施。目标导向性强调教学系统设计是以实现优化学习为目的的,通过合理的教学设计,提高学生的学习兴趣和学习效果,使学生获得知识和技能,培养创造力和实践能力。

二、教学系统功能评价模式

(一)教学系统功能评价模式的起源及发展

教学评价的思想,最早由被誉为"教育评价之父"的美国学者泰勒提出,他认为教学评价的本质是衡量课程与教学计划实际达到教育目标的程度,教育目标的本质应该是指人的行为变化,因此教育评价是一个衡量学生在接受教育后其行为发生实际变化的程度的过程。[①] 这种"行为目标模式"被称为"泰勒模式",强调教学效果。马道斯着眼于通过评价判断教育目标或教学计

---

① 拉尔夫·泰勒.课程与教学的基本原理[M].施良方,译.北京:人民教育出版社,1994:86-92.

划的实现程度。①

"泰勒模式"提出之后,随着研究的不断推进,陆续出现了多种较有影响力的评价模式。例如,斯塔弗尔比姆所构建的"CIPP 课程评价模式",②该模式包括了背景评价、输入评价、过程评价、结果评价。较之"泰勒模式","CIPP 课程评价模式"考虑了评价的发展性功能,该模式对教学的评价不囿于对结果的评价,将过程评价等包括在内。

一帆指出斯克里文的"目标游离评价模式"关注课程的实际效果,而非预期目标,该模式认为目标评价模式忽略了非预期的效应。③ 金家新和兰英指出斯塔克提出的"应答评价模式",以教学活动的决策人员以及实施人员提出的问题作为开端,通过与相关人员的不断交流,了解他们的想法,并据此调整教育方案。④ 张怡等指出由斯克里文提出的"消费者导向模式",参与者以及受教育者作为教育活动的消费者,他们对教学活动的评价至关重要。该模式认为,评价是对事物价值及其优缺点所做出的判断,评价者不能受限于制订者提供的目标,而是要考虑所达成的目标是否符合"消费者"的诉求,评价者倾向于从消费者的观点来确定真正的成果及其价值。相比较而言,"消费者导向模式"是一种较为民主的评价方式,评价结论主要考虑参与者的意图。

(二) 教学系统功能评价模式的设计与应用

很长一段时间以来,我国教学人员对教学系统功能的评价存在内容较为片面、方法较为零散(整体性不强)、工具较为单一、导向不甚合理等问题。基于此,如何科学合理地设计教学系统的功能评价模式,并将其在教学实践中

---

① Madaus G F, Scriven M, Stufflebeam D L. Program evaluation: A historical overview[M]. Dordrecht: Springer Netherlands, 1983:62.
② 斯塔弗尔比姆.评估模型:观点与经验[M].苏锦丽,译.北京:北京大学出版社,2007:89.
③ 一帆.教育评价的目标游离模式[J].教育测量与评价(理论版),2013(2):64.
④ 金家新,兰英.从外貌模式到回应模式——论斯泰克(R.E.Stake)的课程评价理论[J].外国教育研究,2010(10):14-17.

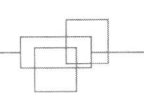

有效加以运用,始终是一个值得关注的问题。诸多研究者对此做出了不懈探索,并取得了丰硕成果。

在基础教育领域,例如,张怡等基于巴班斯基提出的教学过程理论,指出翻转课堂教学的评价应当考虑到"教"与"学"之间的辩证关系,且符合以下原则:整体完整性、系统构建性原则;教学导向性、过程与成效并重原则;客观、准确、可操作性原则;评价指标相互独立性、评价体系多元化发展的原则。在此基础上,其建立了翻转课堂教学评价指标体系及翻转课堂综合评价模型,并结合模型算法构建了基于网络平台的翻转课堂评价系统。[①] 在高等教育领域,陆道坤提出,对于高校课程思政评价而言,应建立目标模式与过程模式合一的学生思想政治素养评价模式,"文本评价+教学观察+客户评价"的教学评价模式和基于协同理念的课程评价模式;[②]葛高峰针对当前高职综合实践项目化教学评价所存在的问题,借鉴"CIPP课程评价模式",构建了一个多主体卷入、全方位立体共控的综合实践教学评价体系,提出了背景评价、过程评价、输入评价、成果评价在内的具体评价指标。[③]

三、教学系统功能的多元主体评价

在教学系统功能的评价主体研究方面,付荣华采取学生、教师、企业专家、助教、教学平台等多主体参与的方式,在课前、课中、课后全过程,进行线上、线下全覆盖的教学评价体系,[④]这种多维度、全过程的教学评价体系,不仅能够全面地反映教学活动的效果,还能为教学系统的改进提供丰富的数据支持。

[①] 张怡,武小鹏.基于AHP——模糊矩阵的翻转课堂综合评价系统设计[J].现代远距离教育,2018(5):19-26.
[②] 陆道坤.课程思政评价的设计与实施[J].思想理论教育,2021(3):25-31.
[③] 葛高峰.基于CIPP模式的高职综合实践教学评价[J].教育与职业,2014(23):157-159.
[④] 付荣华.课程思政背景下高职物流类专业学生评价方法探究[J].中国物流与采购,2024(9):59-60.

(一) 学生评价

学生评价是教学活动中不可或缺的一部分,有助于提升教学质量并促进学生全面发展,不应仅限于对教师的反馈,而应扩展为对教学内容、教学方法、教学效果的全面评价,[①]建立并完善学生评价体系。

学生评价体系的构建需要基于教育政策和发展规划,如《国家中长期教育改革和发展规划纲要》和《中国学生发展核心素养》等,确保评价指标与国家教育目标相一致。[②] 研究者赵琪指出,评价体系应涵盖思想道德素质、科学文化素质和身心健康素质等多个维度,并包括奖惩记录等具体指标评价。评价内容的构建应突出教学行为,建立协同的课堂教学观察体系,以促进学生个性化发展;[③]评价标准应嵌入网络平台,提供可操作性的依据,确保评价的透明性和公正性;[④]评价手段应利用现代信息技术,如互联网、云计算和大数据等,开发数字化课堂教学观察平台,实现评价的网络化、可视化和数字化;评价路径应融合教学全程,形成循环跟进式课堂行动研究范式,以问题解决为中心,实现共研设计、课堂观察、协商研讨、行为反思和再设计的循环过程。朱雪梅认为评价的解释应强调增值评估,提供精准化数字化的课堂教学质量决策报告,记录教师成长过程,对课堂教学行为进行增值性评估,并实现评价结果的动态反馈和跟踪改进,形成评价闭环。

同时,在学生评价的信度方面,马什[⑤]基于实证调查,比较学生在不同时间对相同课程的评价,结果发现在100门课程中学生在学习过程中进行的评

---

① 张慧.基于数据驱动的课堂教学质量多元评价模式创新与实践[R].北京:中国质量协会,2024:72.

② 赵琪.基于AHP层次分析法的大学生综合素质评价体系构建[J].上海理工大学学报(社会科学版),2023(1):107-112.

③ 向仕宏.基于多元化评价促进学生个性化发展[J].现代教学,2023(13):144-145.

④ 朱雪梅,潘竹娟.基于数据分析的数字化课堂教学评价研究[J].中国教育信息化,2023(9):91-98.

⑤ Marsh H W. Students' evaluation of teaching: Dimensionality, reliability, potential biases and utility[J]. Journal of Educational Psychology, 1984,76(5):707-754.

价,与课程结束一段时间后进行的评价之间的相关系数为 0.83。不同学生在不同时间对同一教师所教授的某一课程,进行评价结果的相关系数在 0.63 到 0.89 之间,其平均值为 0.74。莫塞斯[1]研究了学生评估的可靠性影响因子,研究认为(学生)成熟度、性别、经历、年级、每班学生人数,评估的时间、学生情绪、导师的资格等级都会对学生评估的可靠性产生影响。在学生评价的效度研究方面,马什的另一项实证研究的结果显示,参与教学评价的学生数量为 5 时,它们所作评价的相关系数是 0.6;学生数量为 10 时,该系数提高到 0.74;学生数量增加到 25 时,系数增至 0.90;学生数量上升至 50 时,系数升至 0.95。因此,整体而言参与评价的学生样本数量越多,则评价结果的信度和效度越好。森特拉[2]以 17 门课的 202 个班的大学生为实证调查样本,最终发现学生认为的教学效果与其学习成绩具有显著的相关关系。柳恒超研究后指出,在对本科学生评教的效度研究中,国外研究人员比较支持采用学生的学习成绩作为效标。[3] 他们认为,衡量教学效果的重要标准应该是经过一学期的学习后学生获得的期末成绩。

由此,学生评价结果作为一种良好的教学系统信息数据来源,虽然可能对具体数据做出多种不同的解释,但仍然是非常重要的识别教师教学效果的信息来源[4],在教学评估中需予以重视。

(二) 教师自评

教师自评是教学活动中的关键环节,它涉及教师对自身教学实践的深入反思和自我提升。这一过程包括了对课前准备的自我审视,确保对教材

---

[1] Moses I. Students' evaluations of instruction in higher education: A review[J]. Assessment and Evaluation in Higher Education, 1986, 11(1): 1-10.

[2] Centra J A. Determining faculty effectiveness[M]. San Francisco: Jossey-Bass, 1979: 128.

[3] 柳恒超,许燕,赵会春. 国外学生评价教师有效性教学的研究综述[J]. 中国特殊教育,2007(6): 89-93.

[4] Feldman K A. Identifying exemplary teaching: Using data from course and teacher evaluations[J]. New Directions for Teaching and Learning, 1996, 65: 41-50.

有深刻理解并设计合理的教学方案;课堂上的有效组织和激情投入,以激发学生的主动参与;不断探索和应用创新的教学方法,如多媒体和多样化教学策略;关注并促进学生学习方式的转变,比如从被动接受到主动探究;课后的深入反思,评估教学目标的实现情况和教学方法的有效性。教师还需要关注评价语言的选择和创新评价方式的运用,确保评价既具有激励性也富有指导性。

教师自评方面,马什的研究指出,向教师反馈其教学效果信息时,不仅提供学生评教的信息,如果同时指出教师自评与学生评价的差异之处,将更有助于教师教学的改进。[1] 沃兰斯基指出,教师自我评价能够提供教师不断自我改善的动力,自评过程同时也是教师自我激励的过程,他可以不断扬长补短,促进教师发展。[2] 朗斯代尔的研究表明,高校教师在工作过程中产生的内在满意度,比外在因素更能激发教师教学热情并提升教学效果。[3] 费尔德曼采用元分析方法对31项有关学生或教师视角下的有效教学研究结果进行了分析,结果发现,师生对有效教学的评价标准具有一致性,两者平均相关系数达到0.71。[4] 科普斯等的研究显示,教师和学生在有效教学评价标准方面的差异之处在于,学生比教师更注重教师教学方法是否吸引人、教学的有效性和实用性如何、能达到的教学结果怎样;而教师比学生更看重教学过程是否富有挑战性、能否激发学生的求知欲并鼓励和引导学生自学。[5]

---

[1] Marsh H W, Dunkin M J. Students' evaluations of university teaching: A multidimensional perspective[M]. New York: Agathon, 1992:162 - 164.

[2] Wolansky W D. A multiple approach to faculty evaluation[J]. Education, 2001,97(1):81 - 96.

[3] Lonsdale A, Dennis N, Openshaw D. Academic staff appraisal in Australian higher education [M]. Canberra: Australian Government Publishing Service, 1988:87 - 88.

[4] Feldman K A. Effective college teaching from the students' and faculty's view: Matched or mismatched priorities? [J]. Research in Higher Education, 1988,28(4):291 - 344.

[5] Koops J B, Winsor K A. Creating a professional learning culture through faculty evaluation [J]. The Journal of Education, 2006,186(3):61 - 70.

(三) 同行评价

同行评价在教学系统的功能多元主体评价中扮演着至关重要的角色,其优势就在于评价者具有相同的学术背景和专业理解,能够对教学内容的深度和广度进行评价,提供更加专业的反馈和建议。这种评价方式不仅促进了教师对个人教学实践的反思,还增强了教师间就教学方法和策略改进的交流与合作。张慧认为,同行评价流程涵盖观察、讨论和反馈,确保评价者在不干扰教学的前提下,提供准确的课堂表现记录和建设性反馈。同行评价的评价内容也更加广泛,包括教师的专业知识、教学方法、课程创新与适宜严格度,以及对教学或课程开发的贡献,评价结果对教师的职业发展、教学改进和课程设计等方面均有积极影响。

此外,在同行评价方面沃兰斯基认为,同行评价的目的是帮助教师看到自身在教学过程中的长处和劣势以提高教学技巧及教学效果。[1] 凯西认为,校内同行评价可对教师的知识专长做出专业判断,因为校内同行较熟悉被评价教师的知识领域。[2] 由校内同行之间相互听课并互相反馈课堂教学情况,可以促进教师之间理解教学中存在的共性问题,这是一种提高教学有效性的可行方法。布拉斯坎普的研究发现,不通过课堂观察进行的同事评价与学生评教的效果高度一致,经过课堂观察的同行评价则与学生评教存在较大差异。[3] 这一现象产生的原因可能是,当有同行旁听课堂讲课时,被评教师更容易表现出与平时教学不同的水平(可能更好也可能更差);同行评价时不可能参与很多次听课,所以对被评价教师的教学情况了解可能比较片面,故而可

---

[1] Wolansky W D. A multiple approach to faculty evaluation[J]. Education,2001,97(1):81-96.

[2] Casey R J, Gentile P, Bigger S W. Teaching appraisal in higher education: an Australian perspective[J]. Higher Education,1997,34(4):459-482.

[3] Braskamp L A, Brandenburg D C, Ory J C. Evaluating teaching effectiveness[M]. San Francisco: Jossey-Bass,1984:168-171.

能导致出现同行评价与学生评价的差异。穆雷的研究表明,同事评教比学生评教的信度和效度更差,前者的评价结果易受非教学因素(如教师的学术声誉和研究成果等)的影响。① 从这个角度来说,管理者或同行评价并不是最有效教学的合适效标。加利福尼亚大学的研究人员于1971年出版了专著《评价大学教学》,周景人指出书中提出了同行评价和学生评价两种教学评价方式,并设计了评价量表。② 通过同行评价,教师能够获得专业领域内的宝贵反馈,推动个人和团队教学水平的持续提升,实现教学质量的不断提高。

第四节　高校教学系统功能评价研究现状

进行高校教学评价的目的有很多,理论层面的主要目的就是为提高高等教育质量提供理论基础。焦楠认为,教学评价是在理论与实践不断结合和更新中慢慢发展的,教育质量要求的提高促使教学评价的更新,教学评价的改变也会指导教师的课堂教学,进而提高教学质量。③ 在实践层面,教学评价体系的完善不仅能够为课堂教学的方法和目的提供方向,也能够满足学生多样化的发展需求。

高校教学系统功能评价是保障高等教育质量的重要组成部分,但目前仍然存在一些问题需要关注并进行解决。第一,高校的教学评价体系不完善,缺乏科学客观的评价标准。④ 这种不完善主要表现在评价体系的构建上存在

---

① Murray H G. Evaluating university teaching: a review of research [M]. Toronto: Confederation of University Faculty Associations, 1980:24-26.
② 周景人.中美高校教师教学评价的比较研究[D].上海:上海师范大学,2014:68.
③ 焦楠.普及化时代高等教育教学评价的问题及对策研究[J].知识窗(教师版),2024(7):57-59.
④ 董宏欣.当前高校教学管理存在的问题及改进路径探究[J].秦智,2024(7):43-45.

缺陷,部分高等教育机构在评价标准、评价方式和工具的选择上显得过于狭隘,它们往往过分强调学生的考试成绩,而忽略了对学生创新思维和综合素质的培育与发展。这种单一的评价机制可能导致学生在学术成就上得到认可,但在解决复杂问题、团队协作、领导力等关键能力的培养上存在不足。第二,信息反馈改进机制不健全。[①] 尽管当前众多高等教育机构已经着手构建教学评价系统,但这些系统往往未能形成一个有效的闭环管理流程。具体来说,教学质量的评价、反馈以及持续改进的机制尚不完善,存在明显的滞后性。这种滞后性导致了教学质量监控和评价系统无法及时地对教学过程进行有效监督和调整,从而无法充分发挥其在提升教学质量中的关键作用。第三,教学质量监控评价覆盖不够全面。人才培养是一个需要多方参与的工程,然而,目前许多高校在人才培养过程中,往往过度依赖教学管理部门和任课教师的单方面努力,这种单一的责任归属和参与模式,可能导致人才培养方案的局限性和片面性。此外,高校在评价人才培养效果时,常常采用以结果为导向的评价方式,即主要关注学生的最终成绩和表现,而较少关注学生在学习过程中的体验、成长和个性化需求。这种结果性评价可能忽视了学生在知识掌握、技能培养、创新能力、批判性思维等方面的全面发展。

高校教学系统功能评价直接关系到高等教育质量的提升和学生全面发展的实现。随着社会对人才需求的日益增长和多样化,传统的教学评价体系已难以满足现代教育的要求,改进教学评价策略,不仅能够促进教学方法和内容的创新,提高教学质量,还能更好地激发学生的学习兴趣和潜能,培养他们的创新能力和批判性思维。因此,高校必须不断审视和优化教学评价体系,以适应教育改革的需要,满足社会对高等教育质量和效果的期待。

在高校教学评价体系的构建中,要确立一个全面、科学且客观的评价框架。这一体系应当超越单一的学术成绩,深入考量不同学科和课程的独特

---

① 钱文光,李梦楠.基于OBE理念的地方应用型本科高校教学质量监控与评价体系研究[J].北华航天工业学院学报,2024(1):21-23.

性,以及它们对学生能力培养的具体要求。评价标准的设计既要能够准确衡量学生在专业知识掌握上的深度与广度,也要能够评估学生在综合素质方面的表现。评价体系还应包含形成性评价,以追踪和记录学生在学习过程中的进步和成长,从而更真实、更全面地反映学生的学习效果。通过这样的评价体系,高校能够更有效地促进学生的个性化发展,同时确保教育质量与社会需求的紧密对接,为学生的长远发展奠定坚实的基础。其次,高校需要进一步优化和完善教学质量评价体系,确保评价过程的及时性、准确性和有效性。这包括建立快速响应的评价反馈机制,以及制定明确、可操作的改进措施,从而确保教学质量的持续提升和教育目标的实现。高校还应加强教师和学生在评价过程中的参与度,通过他们的反馈来不断调整和优化教学方法与内容,以满足教育发展的需求。最后,针对当前高校教学质量监控评价覆盖不全面的问题,应建立一个多维度、跨学科、超越单一的结果性评价的全面评价体系,深入学生学习过程的每个环节。它需要整合教学管理部门、任课教师、学生、家长以及行业专家等多方的视角和意见,确保评价内容不仅涵盖学生的学术成绩,还包括其在学习过程中的体验、成长和个性化需求。通过这种全面的评价机制,更好地促进学生的综合能力发展,如知识掌握、技能培养、创新能力和批判性思维,从而实现人才培养的全面性和深度。

第二章　高校教学系统主体评价模型建构

我们在系统科学的视野下,将高校教学系统的主体作为评价主体,以宏观和中观的高校教学系统作为评价对象,以江苏省高校教学系统为例,建立基于学生评价与教师评价的高校教学系统评价体系,在此基础上构建的高校教学系统"结构—功能"模型,对高校教学系统"结构—功能"多层次关系进行探索。

我们以区域高等学校教学系统为研究对象,以江苏省区域高校教学系统为例,以高校教学主体的评价为研究依据,测评高校教学系统结构和功能状况。之所以选择以江苏区域的高校教学系统为例,是因为江苏省高校数量和类型众多,其质量在全国各省中也是名列前茅,具有代表性。根据2023年中国高校排名,前100名高校中位于江苏省内的有15所,数量仅次于北京。根据《江苏统计年鉴2023》,2022年江苏省内高校168所,在校学生总人数高达251万人,江苏省高校专任教师数超过10万。

第一节　高校教学系统学生评价工具编制

编制一份可以较为准确地测量学生对高校教学系统评价的问卷,是构建高校教学系统主体评价模型的关键,但针对高校教学系统所进行的评价,目前并没有统一的、现成的问卷或量表。因此,我们依据教学系统理论以及评价理论确定问卷编制规则和方法,并完成研究问卷的编制。编制的问卷能够有针对性地应用于高校教学系统的评价,符合研究的需要。

一、研究设计

(一) 调查对象

1. 调查对象选择倾向

调查问卷样本选取的原则是以江苏省内高等院校为主、省外高等院校为辅,以高校的本科生为主、研究生为辅。选择本科生作为主要研究对象是因为相对于研究生,本科学生接触教学系统更频繁、广泛,因此以江苏省高校中本科生为问卷发放的主要对象更具代表性。

2. 样本量的确定

我们的研究涉及多个原因、多个结果的关系,并且会碰到不可直接观测的潜变量,因此选择使用结构方程模型(Structural Equation Modeling,简称SEM)作为主要的分析工具。在结构方程样本量的相关研究中,福内尔和拉克尔(1981)认为,在使用SEM时,样本数应不少于50个,最好在测量题项的5倍之上。[1] 约瑟夫(1998)认为,以最大似然估计法进行参数估计时,样本量最少要大于100,样本太少会导致无法收敛或得到不恰当的解。[2] 但样本量太大的话(超过400),最大似然估计法会过于敏感,导致模型的适配度很差。

---

[1] Fornell C, Larcker D F. Evaluating structural equation models with unobservable variables and measurement error[J]. Journal of Marketing Research,1981,18(1):39-50.

[2] Hair J F Jr, Anderson R E, Tatham R L, et al. Multivariate data analysis[M]. 5th ed. Upper Saddle River, NJ: Prentice Hall, 1998:449-463.

有学者建议在进行 SEM 分析时样本量最少为 150 个,戈萨奇(1983)建议样本量达到测量题项的 5 倍以上。[①] 参照这些标准,初始问卷确定了 40 个题项,所以调查样本需在 200 个以上。

(二) 调查工具

问卷题项的设置参考了美国顾客满意度指数(ACSI)量表关于结构模型各个潜在变量的衡量维度,[②]以及现有的教师教学评价量表、学生满意度量表、学生评教量表等;采用李克特量表(Likert scale),5 点记分,用满意度表示学生主体对所在教学系统的满意情况,分数越高表示满意程度越高;使用 SPSS 18.0 进行样本的描述性统计以及问卷信度和效度检验;使用 AMOS 17.0 进行基于主体评价的高校教学系统"结构—功能"假设模型构建。

二、初始问卷变量与题项

(一) 变量分类与初始测量题项

我们在参考相关量表的基础上,结合高校教学系统的要素、结构以及功能等内容,编制完成学生评价初始问卷。拟设置 40 个初始测量题项,变量维度分类如表 2-1,其中需要用 Likert5 点量表测量的变量为 40 个。初始问卷的设计以教学系统理论为指导,并参考了已有教学评价量表。

[①] Gorsuch R L. Factor analysis[M]. Hillsdale, NJ: Erlbaum, 1983:332.
[②] 廖颖林.结构方程模型及其在顾客满意度研究中的应用[J].统计与决策,2005(18):24-26.

表 2-1　学生初始问卷变量的分类表

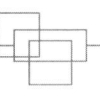

变量分类	变量维度	变量指标
教学期望	教学期望	教学态度期望、教学水平期望、教学内容期望、教学方法期望、师生关系期望、教学效果期望等
教学系统主体	教师要素	教师素养、教学态度、教学行为等
	学生要素	学习基础、学习动机、学习行为等
	师生关系	课堂气氛、师生交往等
教学环境	教学环境	学术氛围、教学基础设施、教学资源等
教学内容	教学内容	专业课程设置、公共课教学内容、专业课教学内容、教材、实践课教学内容等
教学系统功能	教学效果	教学效果整体满意度、提升能力满意度等
教学忠诚	教学忠诚	学校忠诚度、专业忠诚度、教学活动忠诚度等

1. 教学期望

结合哈蒂瓦和比伦鲍姆[1]、姚利民和成黎明[2]以及徐腾飞[3]等人的研究，参考美国顾客满意度评价模型，我们认为学生对教学系统的期望要从以下方面考虑：教师期望（教学态度期望、教学水平期望、教学方法期望），教学内容期望（课堂教学内容期望、实践教学内容期望），教学环境期望（教学环境期望、教学管理服务期望、师生关系期望），教学效果期望。结合黄华和黄斌[4]、蒋钢强[5]、张蓓和林家宝[6]的教学期望相关研究，得出教学期望的初始测量题

---

[1] Hativa N, Birenbaum M. Who prefers what? Disciplinary differences in students' preferred approaches to teaching and learning styles[J]. Research in Higher Education, 2000, 41(2): 209-236.
[2] 姚利民, 成黎明. 期望与现实——大学教师教学现状调查分析[J]. 中国大学教学, 2007(3): 37-40.
[3] 徐腾飞. 基于学生期望符合度调查的商务英语实践教学研究[J]. 黑龙江高教研究, 2013(3): 176-179.
[4] 黄华, 黄斌. 期望理论在高职学生个性化评优方案中的运用[J]. 黑龙江高教研究, 2007(6): 43-44.
[5] 蒋钢强."期望理论"对学生实现体育活动目标的启示[J]. 教学与管理, 2009(30): 98-99.
[6] 张蓓, 林家宝. 大学教学满意度影响因素实证分析——基于学生期望与学生感知质量的视角[J]. 复旦教育论坛, 2014(4): 59-65.

目,如表 2-2。

表 2-2 学生初始问卷教学期望变量名称、测量题项

变量名称	测量题项
教学态度期望	您对所在学校任课教师教学态度的期望值
教学水平期望	您对所在学校教师教学水平的期望值
教学方法期望	您对所在学校课堂教学方法科学性的期望值
课堂教学内容期望	您对所在学校课堂教学内容先进性的期望值
实践教学内容期望	您对所在学校实践类课程教学内容的期望值
师生关系期望	您对高校和谐师生关系的期望值
教学环境期望	您对学校教学环境(教室、图书馆、网络等)的期望度
教学管理服务期望	您对学校提供的教学管理和服务(教务管理、学生管理、平台系统服务等)的期望值
教学效果期望	您对所在学校教学效果的期望值

2. 教学系统主体之教师要素

教学研究中对教师进行的测评属于"综合测量",研究者通常基于对教师知识素养、人格特征、教学态度、教学方法等方面的评价来了解教师的工作表现。已有研究围绕学生对教师的个人特质和教学行为的评价展开。麦基奇[1]、王美[2]等,鲍威[3]、熊卓[4]、王运武和杨曼[5]、戴璨[6]等人的研究显示,相关测量指标通常有教师水平、教学方法、教学态度、教师品行等。因此本文采用

---

[1] McKeachie W J. Research on college teaching: The historical background[J]. Journal of Educational Psychology, 1990, 82: 189-200.
[2] 王美,于长志,孙伟,等.影响高校教师教学方法运用因素的调查分析[J].高等农业教育,2013(6):78-81.
[3] 鲍威.高校教师教学方法的范式转换及其影响因素[J].教育学术月刊,2014(3):74-84.
[4] 熊卓.高校教学评估中教学质量评价的 SPSS 分析[J].科技通报,2014(5):218-220,229.
[5] 王运武,杨曼.从高校学生课堂教学满意度透视课堂教学创新性变革[J].现代远程教育研究,2016(6):65-73.
[6] 戴璨,苗璐,朱恒,等.非教学因素对高校课堂效果的影响及其启示——基于学生评教数据的实证分析[J].高等教育研究,2017,38(5):72-80.

组合方法测量教师要素,具体见表2-3。

表2-3 学生初始问卷教师要素变量名称、测量题项

变量名称	测量题项
教师知识水平	理想情况下,任课教师应该知识结构合理、专业水平较高。总体而言,您认为所在学校任课教师的实际情形与此理想情况的符合程度是
教师教学方法	理想情况下,任课教师教学方法应该新颖,语言富有亲和力和感染力,有课堂互动,气氛活跃。您认为,您所在学校的实际情形与此理想情况的符合程度是
教师教学态度	理想情况下,任课教师应该教学态度认真,备课充分,按时上下课、不随意漏课、调课;上课时不吸烟,不接电话和做其他与教学无关的事情。您认为,您所在学校实际情形与此理想情况的符合程度是
教师品行	理想情况下,任课教师应该品行端正,平易近人,关爱学生,乐于与学生交流,能公平对待学生。您认为,您所在学校实际情形与此理想情况的符合程度是
教师多媒体素养	理想情况下,任课教师应能熟练应用多媒体设备以及其他教具辅助教学。您认为您所在学校的实际情形与此理想情况的符合程度是
教师与学生沟通	理想情况下,任课教师应善于利用网络、电子通信等工具与学生进行课上课下的良好交流互动。您认为您所在学校教师的实际情形与此理想情况的符合程度是

3.教学系统主体之学生要素

我们结合鲍泓[1]、樊增广[2]等人的研究,将从学生求知欲、学习态度、学习方法、知识基础和学习风气五个方面考虑教学系统的学生要素的评价。参考

---

[1] 鲍泓.高校学生学习评价中存在的问题与改革研究[J].湖南师范大学教育科学学报,2011(4):44-47.
[2] 樊增广,王真真.应用型本科院校学生学习评价模式的思考与改革[J].高等工程教育研究,2011(6):121-123,130.

齐默尔曼[1]等、雷斯尼克[2]等、刘超[3]等和张征[4]等人的相关研究,得到学生要素的初始测量量表,如表2-4。

表2-4 学生初始问卷学生要素变量名称、测量题项

变量名称	测量题项
学生求知欲	理想情况下,学生应该有强烈的求知欲和清晰的学习目标。您认为,您所在学校的实际情形与此理想情况的符合程度是
学生学习态度	理想情况下,学生应该学习态度端正,上课认真,作业按时上交。您认为,您所在学校实际情形与此理想情况的符合程度是
学生学习方法	理想情况下,学生应能够通过独立的探索、质疑和创造等方法来实现学习目标。您认为,您所在学校实际情形与此理想情况的符合程度是
学生知识基础	您认为您所在学校学生的知识基础和整体素质水平是
学生学习风气	您认为您所在学校学生的整体学习风气是

4. 教学系统主体之师生关系

有效的师生互动是人才培养质量得以实现的基本途径,与高等教育质量、教育满意度直接关联。[5] 基于库和胡[6]、吴继红[7]、赵波[8]等、刘隽和范国睿[9]的研究成果,我们的教学系统教学主体关系的测量主要从课堂气氛、师生

---

[1] Zimmerman B J, Bandura A. Impact of self-regulatory influences on writing course attainment[J]. American Educational Research Journal,1994,31(3):845-862.

[2] Resnick L. B., Hall M. W. "Principles of Learning for Effort-based Education."[Z] the CD-ROM Principles of Learning:Study Tools for Educators.

[3] 刘超,王宇翔,何学敏.学校学风建设及其评价体系研究[J].教学与管理,2010(27):15-16.

[4] 张征.多模态PPT演示教学与学生学习态度的相关性研究[J].外语电化教学,2013(3):59-64.

[5] 龙永红,汪霞.高校师生互动的本质、价值及有效策略[J].江苏高教,2017(11):61-66.

[6] KUH G D, HU S. The effects of student-faculty interaction in the 1990s[J]. The Review of Higher Education,2001,24(3):309-332.

[7] 吴继红.和谐师生关系:和谐校园建设之基[J].中国成人教育,2008(22):64-65.

[8] 赵波,李瑞芝,许世培.大学生视角下的高校师生关系研究[J].中国青年研究,2013(8):91-95.

[9] 刘隽,范国容.高校"课程思政"改革背景下师生互动对于学生自我收获感与满意度的影响机理——基于结构方程模型的实证分析[J].现代教育管理,2019(5):117-123.

关系等方面展开。初始问卷测量题项,如下表2-5。

表2-5 学生初始问卷师生关系变量名称、测量题项

变量名称	测量题项
师生关系	理想情况下,师生之间应该交往和交流密切,心理距离较近,并相处融洽。您认为,您所在学校的实际情形与此理想情况的符合程度是
课堂气氛	理想情况下,课堂应该气氛活跃、秩序井然。您认为您所在学校实际情形与此理想情况的符合程度是
师生交往	理想情况下,师生应该各自的角色定位明确,学生在交往过程中能够学会认识自己,增长交往经验和社会能力,形成正确的自我意识。您认为实际情形与此理想情况的符合程度是

5. 教学环境

基于帕斯卡雷拉[1]、高东怀[2]等、宋媛和王莉[3]、郑锡宁[4]等人的研究成果,教学系统环境主要从学术氛围、教学基础设施、教学资源等方面进行测量。初始问卷测量题项,如下表2-6。

表2-6 学生初始问卷教学环境变量名称、测量题项

变量名称	测量题项
学习学术氛围	您对所在学校的学术氛围和文化氛围的满意度为
课外活动	您对所在学校社团和文体活动组织情况的评价是

---

[1] Pascarella ET. College environmental influences on learning and cognitive development: A critical review and synthesis[M]. New York: Agathon Press, 1985:142-144.
[2] 高东怀,沈霞娟,宁玉文,等.高校信息化教学环境层次模型的设计与应用[J].现代教育技术,2011(2):52-56.
[3] 宋媛,王莉.浅谈以人为本理念下的高校教学设施环境建设[J].教育探索,2012(9):96-97.
[4] 郑锡宁,张迎春,周振宇,等.高校多媒体教学环境下的教—学—学习绩效关系的建模与分析[J].应用心理学,2012(2):163-172.

续表

变量名称	测量题项
教学基础设施	您对所在学校教学信息化基础设施(网络系统、多媒体教室、现代化教学设施等)的满意度为
教学资源	您对所在学校图书馆信息化资源设施(图书和数据库的数量、质量等)的满意度为
教学管理服务	您对学校提供的教学管理和服务(教务管理、学生管理、平台系统服务等)的满意度为

6. 教学内容

基于安春元[①]、周义军[②]、黄勇荣[③]等、唐慧和向中凡[④]、王运武和杨曼[⑤]等的研究成果,教学内容的测量主要从课程设置、教材、课堂教学内容等方面展开。教学内容初始测量题项,如下表2-7。

表2-7 学生初始问卷教学内容变量名称、测量题项

变量名称	测量题项
专业课程设置	您对所在专业课程设置(课程结构、学分设置等)的整体满意度为
公共课教学内容	您对所学公共基础课(包括思想道德修养、大学英语、政治课、数学课、计算机课等)教学内容的满意度为
专业课教学内容	您对所学专业课的教学内容的满意度为
教材	您对所学课程所使用的教材(科学性、适用性、先进性)的满意度为
实践课教学内容	您对实践类课程教学内容的满意度为

---

① 安春元.高校课程设置与教学改革新尝试[J].中国高教研究,2004(5):85-86.
② 周义军.关于建立高校教材评价体系的思考[J].现代出版,2011(3):24-26.
③ 黄勇荣,何亨瑜,丁丽丽.基于提升大学生实践能力的高校课程改革研究[J].黑龙江高教研究,2014(5):153-155.
④ 唐慧,向中凡.试论高校教材选用质量评价机制的构建[J].黑龙江高教研究,2015(5):41-43.
⑤ 王运武,杨曼.从高校学生课堂教学满意度透视课堂教学创新性变革[J].现代远程教育研究,2016(6):65-73.

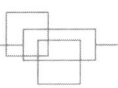

7. 教学效果

教学系统功能是教学系统诸要素相互作用最后形成的结果,主要由教学效果反映,综合陆海琴[1]、李宝斌和许晓东[2]、王炜和刘西涛[3]、王勇和曾庆慧[4]、王运武和杨曼[5]的研究发现,其最主要的体现是学生的学习结果满意度。20世纪末,全球的第二次教育改革浪潮中,人们开始关注教育的外部市场效能,倡导学校应该关注利益相关者的满意度和在市场的竞争力。[6] 由此,我们认为就学生而言教学效果体现为学生对学习结果的满意度。学生满意度已被国内外许多高校纳入教学效果的考察范畴。因此,我们的教学系统功能采用教学效果满意度进行测量是合适的,见表2-8。

表2-8 学生初始问卷教学效果变量名称、测量题项

变量名称	测量题项
教学效果	您对所在学校教学效果的整体满意度是
	您对所在学校教学活动在提高您的思维能力、学习能力和综合能力方面的满意度是
	您对所在学校教学活动在提高您解决本学科或相关学科具体问题的能力方面的满意度是

8. 教学忠诚

基于杨丽华和王培培[7]、张蓓和黄志平[8]、张蓓和文晓巍[9]、陈锴和杨杰

---

[1] 陆海琴.高校教学效果评价方法及其应用[J].统计与决策,2008(17):158-160.
[2] 李宝斌,许晓东.高校课堂教学效果的教师评价维度探究[J].中国大学教学,2011(8):65-68.
[3] 王炜,刘西涛.基于学生满意度视角的高校教学质量的困境与对策[J].继续教育研究,2011(10):157-159.
[4] 王勇,曾庆慧.高校教学质量学生满意度影响因素实证研究[J].黑龙江高教研究,2014(10):46-48.
[5] 王运武,杨曼.从高校学生课堂教学满意度透视课堂教学创新性变革[J].现代远程教育研究,2016(6):65-73.
[6] 孙翠香.学校变革不可或缺的动力:学生[J].教育科学研究,2011(7):41-45,54.
[7] 杨丽华,王培培.关于大学生对教育服务满意度调查分析[J].教育学术月刊,2012(6):38-40.
[8] 张蓓,黄志平.高等院校本科教学质量满意度与忠诚度实证研究[J].教育发展研究,2013(19):31-37.
[9] 张蓓,文晓巍.研究型大学研究生教育满意度模型实证分析[J].中国高教研究,2014(2):64-69.

夫①的研究,参考美国顾客满意度评价模型,我们认为学生对教学系统的忠诚需要从以下方面考虑:高校忠诚度、专业忠诚度、是否关心改进教学以及是否愿意向他人推荐等,可以从4个方面进行测量,具体见表2-9。

表2-9 学生初始问卷教学忠诚变量名称、测量题项

变量名称	测量题项
教学忠诚	如果再给您一次机会,您是否还愿意选择来现在这所高校求学
	如果再给您一次机会,您是否还愿意选择现在的专业
	如果有可能,您是否愿意对自己所在专业的教学提出改进建议
	您是否愿意向自己的学弟学妹提出选课建议(推荐选某门课或反对选某门课)

(二) 小规模访谈

研究者很难凭主观判断就设计出适用的问卷,因而基于小规模访谈的结果完成问卷工作,是问卷设计的必要环节。②

1. 访谈目的

小规模访谈主要是为了达到以下目的:1)考察高校教学系统结构以及功能的影响因素有哪些,以验证我们提出的模型的合理性;2)在影响高等学校教学系统结构和功能的各类因素中,重点调查教学系统中空间性结构要素教师、学生、教学环境、教学内容,时间性结构要素教学期望、教学效果等因素所属维度的选取是否合理、全面;3)根据教学评价相关研究推导出的学生问卷中各变量的测量题项,通过访谈确定学生问卷各测量题项是否涵盖了相应变量的全部内容,是否应该增加相应的问题以及测量题项的合理性;4)通过咨

---

① 陈锴,杨杰夫.校企共建专业学生满意度测评指数模型的构建[J].教育理论与实践,2021,41(30):21-25.

② 吕林海,郑钟昊.大学为学生提供了什么样的信息技术经历:现状及效果的探析——基于南京大学与首尔大学的问卷调查[J].远程教育杂志,2013,31(5):12-22.

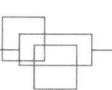

询访谈对象,了解学生的哪些背景特征需要纳入本调查问卷;5)与访谈者共同探讨测量题项表达上的易读性,考察测量题项是否具有歧义。

2. 访谈过程

访谈对象为在校高年级本科生、研究生以及从事高校教学的一线教师,共 20 位。其中,高年级本科生 10 位、研究生 5 名、大学教师 5 名、教学专家 2 名。采用半结构访谈法,在正式访谈之前,告知被访对象本次访谈保密原则,营造轻松的环境,确保每位被访者充分理解访谈的目的以及内容,保证受访者对所有访谈问题进行回答。

根据我们的访谈目的,访谈提纲如下:

1)访谈基本情况介绍;

2)哪些因素是教学成功的关键;

3)向被访者解释本研究的基本思路和初步构建的模型,与其互动考察本研究提出的教学系统要素、结构以及功能的关系的正确性;

4)向受访者展示基于已有研究编制出的测量题项,考察测量题项的设置是否合理,题项的表述是否清晰;

5)咨询访谈对象,了解学生的哪些背景特征需要纳入本调查问卷。

3. 访谈结果

(1) 关于影响教学效果的因素

受访者认为就高校学生来说,导致教学成功的主要因素主要包括:教师的教学态度、教学方法以及学生的学习主动性等。由于我国高校的扩招以及教育的信息化,教学基础设施、教学资源和教学管理也成为影响当前高校教学效果的重要因素。

(2) 关于研究模型框架

受访者介绍了其对高校教学系统的认识,内容主要包括高校教学系统教学功能正常发挥通常受哪些因素影响,因素之间存在什么因果或相关关系,它们对教学效果和教学系统满意度又会产生何种作用。综合看来受访者普遍认为高校教学系统中,教学环境是实现教学效果的重要条件,教师的教学行为是高校教学系统功能能否正常发挥的重要因素,教师的基本素养及其教学态度会通过教学表现来影响学生的学习过程和学习结果。从访谈结果来看,本研究探讨教师素质和教学态度从直接和间接两条路径对教学效果产生作用是可行的。

在访谈的过程中,多数受访者谈到了教学期望、教师教学态度和方法、学生学习动机、教学效果之间的因果关系。认为教学期望会影响教学效果,教师的教学态度和教学行为会影响教学过程与教学环境的维持或改变,并影响学生作用的发挥,也将通过学生要素对教学效果产生间接作用。

(3) 关于测量题项的精确性

在访谈中,请受访者阅读预先编制的各变量测量题项,请他们交流问卷题项的精确性、合理性和易读性情况。

教学期望变量的测量。受访者认为"您对所学课程的教学内容和教学方式等的期望程度是"过于笼统,建议将该题项分为"您对所在学校课堂教学内容先进性的期望值"和"您对所在学校课堂教学方法科学性的期望值"。同样,关于教师教学期望的变量"您对任课教师的教学态度和教学水平等的期望是"题项同样过于笼统,建议拆分为"您对所在学校任课教师教学态度的期望值"和"您对所在学校教师教学水平的期望值"。

教学内容变量的测量。受访者认为"您对所在专业的培养方案和教学计划的满意度为"不易被多数学生所理解,教师对此应该更了解,可以放在教师问卷中,建议在学生问卷中删除。

在变量测量问项的表述方面,受访者也提出了不少建议,对各个问项进行了准确性和易读性的讨论,消除了问项不清晰和易误读的地方。

(三) 初始测量量表确定

依据访谈结果,对题项进行修改和完善,形成初始问卷见附录 A(高校教学系统学生评价初始问卷),初始测量量表和主要测量题项,见表 2-10。初始问卷所有题项主要包括两大部分:一是学生信息;二是测量题项。其中测量题项主要由三方面构成:分别为与教学期望(9项);教学系统满意度(27项);学生忠诚度(4项及1项开放性问题)相关的题项;这三个方面又以教学系统满意度相关题项为主体。

已有研究显示,学生对教师教学行为的感知,对教学环境和教学效果的评价属于主观判断,这种判断反映了学生的认知结果以及情感态度。由此,我们在进行量表设计时借鉴了标准化的心理测量程序。

表 2-10　学生初始问卷变量类别及初始测量量表(访谈修改后)

变量类别		测量题项
教学期望	维度1:教学期望	Q1. 您对所在学校任课教师教学态度的期望值
		Q2. 您对所在学校教师教学水平的期望值
		Q3. 您对所在学校课堂教学内容先进性的期望值
		Q4. 您对所在学校课堂教学方法科学性的期望值
		Q5. 您对所在学校实践类课程教学内容的期望值
		Q6. 您对所在学校教学效果的期望值
		Q7. 您对高校和谐师生关系的期望值
		Q8. 您对学校教学环境(教室、图书馆、网络等)的期望度
		Q9. 您对学校提供的教学管理和服务(教务管理、学生管理、平台系统服务等)的期望值
教学系统主体	维度2:教师要素	Q10. 理想情况下,任课教师应该知识结构合理、专业水平较高。总体而言,您认为所在学校任课教师的实际情形与此理想情况的符合程度是
		Q11. 理想情况下,任课教师教学方法应该新颖,语言富有亲和力和感染力,有课堂互动,气氛活跃。您认为,您所在学校的实际情形与此理想情况的符合程度是
		Q12. 理想情况下,任课教师应该教学态度认真,备课充分,按时上下课、不随意漏课、调课;上课时不吸烟,不接电话和做其他与教学无关的事情。您认为,您所在学校实际情形与此理想情况的符合程度是
		Q13. 理想情况下,任课教师应该品行端正,平易近人,关爱学生,乐于与学生交流,能公平对待学生。您认为,您所在学校实际情形与此理想情况的符合程度是

续表

变量类别		测量题项
教学系统主体	维度2：教师要素	Q14. 理想情况下，任课教师应能熟练应用多媒体设备以及其他教具辅助教学。您认为您所在学校实际情形与此理想情况的符合程度是
		Q15. 理想情况下，任课教师应善于利用网络、电子通信等工具与学生进行课上课下的良好交流互动。您认为您所在学校教师的实际情形与此理想情况的符合程度是
	维度3：学生要素	Q16. 理想情况下，学生应该有强烈的求知欲和清晰的学习目标。您认为，您所在学校的实际情形与此理想情况的符合程度是
		Q17. 理想情况下，学生应该学习态度端正，上课认真，作业按时上交。您认为，您所在学校实际情形与此理想情况的符合程度是
		Q18. 理想情况下，学生应能够通过独立的探索、质疑和创造等方法来实现学习目标。您认为，您所在学校实际情形与此理想情况的符合程度是
		Q19. 您认为您所在学校学生的知识基础和整体素质水平是
	维度4：师生关系	Q20. 您认为您所在学校学生的整体学习风气是
		Q21. 理想情况下，师生之间应该交往和交流密切，心理距离较近，并相处融洽。您认为，您所在学校的实际情形与此理想情况的符合程度是
		Q22. 理想情况下，课堂应该气氛活跃、秩序井然。您认为您所在学校实际情形与此理想情况的符合程度是
		Q23. 理想情况下，师生应该各自的角色定位明确，学生在交往过程中能够学会认识自己，增长交往经验和社会能力，形成正确的自我意识。您认为实际情形与此理想情况的符合程度是
教学环境	维度5：教学环境	Q29. 您对所在学校的学术氛围和文化氛围的满意度为
		Q30. 您对所在学校社团和文体活动组织情况的评价是
		Q31. 您对所在学校教学信息化基础设施（网络系统、多媒体教室、现代化教学设施等）的满意度为
		Q32. 您对所在学校图书馆信息化资源设施（图书和数据库的数量、质量等）的满意度为
		Q33. 您对学校提供的教学管理和服务（教务管理、学生管理、平台系统服务等）的满意度为
教学内容	维度6：教学内容	Q24. 您对所在专业课程设置（课程结构、学分设置等）的整体满意度为
		Q25. 您对所学公共基础课（包括思想道德修养、大学英语、政治课、数学课、计算机课等）教学内容的满意度为

续表

变量类别		测量题项
教学内容	维度6：教学内容	Q26.您对所学专业课的教学内容的满意度为
		Q27.您对所学课程所使用的教材（科学性、适用性、先进性）的满意度为
		Q28.您对实践类课程教学内容的满意度为
教学效果	维度7：教学效果	Q34.您对所在学校教学效果的整体满意度是
		Q35.您对所在学校教学活动在提高您的思维能力、学习能力和综合能力方面的满意度是
		Q36.您对所在学校教学活动在提高您解决本学科或相关学科具体问题的能力方面的满意度是
教学忠诚	维度8：教学忠诚	Q37.如果再给您一次机会，您是否还愿意选择来现在这所高校求学
		Q38.如果再给您一次机会，您是否还愿意选择现在的专业
		Q39.如果有可能，您是否愿意对自己所在专业的教学提出改进建议
		Q40.您是否愿意向自己的学弟学妹提出选课建议（推荐选某门课或反对选某门课）

在测评中，将测量变量选项设为几个不同的级别，并给每个级别赋予对应的分值，以便能将其与测量变量配合起来，以此获得学生对高校教学系统评价的相关数据。采用对称量表形式，设立五个评分级度，同时赋予每一个评分级度对应的数值。具体如下：非常满意（非常符合、非常高、非常愿意）计为5分，比较满意（比较符合、高、愿意）计为4分，一般（符合、无所谓）计为3分，不满意（比较不符合、低、不愿意）计为2分，非常不满意（非常不符合、非常低、非常不愿意）计为1分，通过统计各分项得分后的均值，来确定各项指标的相应评价指数。

三、初始问卷调查与分析

初始问卷调查采用网上问卷调查和现场直接发放调查问卷的方式进行探索性数据的抽样调查。问卷调查实施抽样之前，需要根据研究目的、抽样方法的优缺点以及其他有关因素选择适合具体研究的抽样方法。[①] 常用抽样方法主要有概率抽样与非概率抽样两种。非概率抽样法样本的选择由研究者具体确定,各个体样本被选择时不是独立的。该方法使用起来经济且方便,常运用于探索性研究或试调查中。[②] 在非概率抽样中,最常用的是方便抽样法(convenience sampling),根据易得性原则选择样本个体。[③] 我们的研究预调查在采用方便取样方法的同时,使用整群(整体)抽样技术。该技术是从总体中抽取一个或几个单位整体作为样本,抽样的单元是参与者所属的群体,教育研究往往是按班级或学校而不是按分散的个人进行整体抽样,用此方法节省时间和人力,便于初期研究工作的较快展开。我们对江苏高校学生的现场试调查整群抽样是以学校为单位进行的,网络试调查则主要遵循便利性原则,利用身边的老师或同学的推荐填写。

试调查使用《高校教学系统学生评价初始问卷》实施测试。问卷主要涉及两部分,共 53 道题。第一部分为基本信息,它包括高校学生的性别、出生年份、学校、专业门类、年级、生活地区、父亲职业、母亲职业、父亲学历、母亲学历、是否独生子女、成绩排名等信息,共 12 个题项;第二部分为高校学生对教学系统的评价问卷,它涉及学生对教学的期望、对教师群体的评价、对学生群体的评价、对师生关系的评价、对教学内容的评价、对教学环境的评价、教学效果的评价以及对教学忠诚的测试等八个维度,共 40 题测试题和 1 题开放性问答题。

150 人参与现场调查,实际回收 131 份,130 人参与网上调查,回收 130 份。采用问卷表面直观判断和计算选项分值两种方式对每份问卷进行检阅,从问卷表面可以直观判断被访者的填写态度,对选项赋值后计算所有选项的标准差可以判断被访者是否选择了同一选项,结果发现有 19 份问卷的所有

[①] 张咪咪,徐丽,林筱文.我国抽样调查方法的最新进展[J].统计与决策,2010(8):189.
[②] 徐云杰.社会调查设计与数据分析:从立题到发表[M].重庆:重庆大学出版社,2011:78.
[③] 范伟达,范冰.社会调查研究方法[M].上海:复旦大学出版社,2010:112.

题目选项回答相同率非常高(标准差≤0.33),另有 18 个高校中,每个高校仅有 1 名学生填写,我们将这两部分试调查问卷均作无效问卷处理,最终得到有效问卷 224 份,问卷回收率 93.2%,有效率为 85.8%。

(一) 学生评价初始问卷数据检核

为了确保初始问卷数据输入的精确性,需要适时进行数据检核的工作。考虑到初始调查样本量不是特别大,数据量也不大,因此本研究初始问卷的数据检查选择在数据完成输入之后进行,即进行终点检核。此外,在数据录入过程中也通过人工检核的方法挑选了一部分数据加以检查。初始问卷的数据终点检核在 SPSS 中完成,通过进行数据的可能性检查(wild code checking)模式,即采用描述统计中的频次分布表,进行数据格式的确认,检查数据未出现超过范围的数值(out-of-range value)。

根据加拿大学者乔治和马勒瑞[1]的观点,缺失值置换的操作需要予以说明,以便读者及审查者了解研究数据的来源和分析过程。一般而言,对于某个变量 15% 的数据使用平均值作为替换是可以接受的,这对输出结果的影响不大。本研究的高校学生教学系统学生评价试调查问卷所有题项缺失量均在 5% 的范围内,同时考虑到该问卷是预试性的,且不属于大规模的抽样,而测度项属于连续型变量,其缺失值的替换使用相对简单,但又比较精确的估计法即使用数列平均数的方法(比中间值取代法更精确)。这是目前为止最常用的方法,也是 SPSS 软件默认的置换过程。缺失值分析的结果显示,本研究每一测度项均未出现缺失值。综合推断,本研究样本数据的精确性达到统计分析的要求。

---

[1] 马勒瑞 G. SPSS 统计分析简明教程[M].宁建平,译.北京:电子工业出版社,2011:285.

(二) 学生初始问卷样本统计

调查得到的有效样本主要来自江苏省内高校,以本科生为主。其中:男性74人,女性150人;年龄在19岁及以下的有19人,20岁的26人,21岁的57人,22岁的49人,23—25岁的60人,26岁及以上的13人。

(三) 学生评价初始问卷项目分析

为了更好地编制正式问卷,初始问卷施测完成后,本研究进行初始问卷的项目分析。项目分析是根据问卷测试结果对组成问卷的各个题项(项目)进行分析,进而评鉴题目的优劣,其目的在于检验编制的问卷或者测验的个别题项的适合或可靠程度,其考察结果可以用于个别题项筛选及修改的依据。

项目分析包括临界比值法和同质性检验法两种。同质性检验法包括内部一致性系数、信度检验、共同性及因素负荷量等。临界比值法,又称为极端值法,是项目分析判别指标中最常用的方法。它根据测试的总分和一定统计标准,划分高分组受试者与低分组受试者,然后求取高、低分组在每个题项的平均数差异的显著性,这与独立样本的t检验的原理相同。其主要目的是求出问卷个别题项的临界比(critical ratio,简称CR值),以此判别题项的适切性。[①] 在本研究中,首先求出初始问卷总分,并根据224位受试者在试调查问卷中的满意度总值按递增方式排序,求出高低分组的临界点。在高低分组的分组时,采用鉴别度分析方法,即将总分值最高的27%样本和最低的27%的样本分别作为高分组和低分组,依据高低分组受试者的临界分数将问卷得分分成两组:低分组的受试者新增一变量码为1;高分组新增一变量码为2。采用独立样本t检验法,求出高低两组的受试者在各题项平均分的差异显著

[①] 杨茗,罗理,蒋皎皎,等.老年失能评估量表的编制(二):正式量表的建立[J].中国康复医学杂志,2014,29(3):212-217.

性。表 2-11、2-12、2-13 分别为教学期望、教学系统满意度、教学忠诚度相关题项的高分组和低分组在各题项上的均值差异情况。表 2-14、2-15、2-16 为教学期望、教学系统满意度、教学忠诚度相关题项的两组独立样本 f 检验和 t 检验结果。

表 2-11 高分组和低分组学生在教学期望题项上的均值差异

	分组	n	均值	标准差	均值的标准误
教学态度期望	1	59	2.92	0.566	0.074
	2	55	4.62	0.527	0.071
教学水平期望	1	59	2.98	0.541	0.070
	2	55	4.58	0.599	0.081
课堂教学内容期望	1	59	2.86	0.601	0.078
	2	55	4.62	0.593	0.080
教学方法期望	1	59	2.88	0.590	0.077
	2	55	4.58	0.567	0.077
实践教学内容期望	1	59	2.80	0.664	0.086
	2	55	4.51	0.635	0.086
教学效果期望	1	59	2.71	0.589	0.077
	2	55	4.64	0.485	0.065
师生关系期望	1	59	2.97	0.524	0.068
	2	55	4.76	0.470	0.063
教学环境期望	1	59	2.66	0.958	0.125
	2	55	4.76	0.576	0.078
教学管理服务期望	1	59	2.68	0.655	0.085
	2	55	4.76	0.470	0.063
期望总分	1	59	25.46	3.540	0.461
	2	55	41.84	2.470	0.333

表 2-12 高分组和低分组学生在教学系统满意度题项上的均值差异

	分组	n	均值	标准差	均值的标准误
教师知识水平满意度	1	60	2.80	0.819	0.106
	2	61	4.13	0.562	0.072
教师教学方法满意度	1	60	2.70	0.766	0.099
	2	61	3.97	0.657	0.084
教师教学态度满意度	1	60	3.00	0.759	0.098
	2	61	4.15	0.749	0.096
教师品行满意度	1	60	3.13	0.791	0.102
	2	61	4.25	0.650	0.083
教师多媒体素养满意度	1	60	3.02	0.725	0.094
	2	61	4.31	0.467	0.060
教师与学生沟通满意度	1	60	2.92	0.869	0.112
	2	61	4.44	0.501	0.064
学生求知欲满意度	1	60	2.42	0.829	0.107
	2	61	4.10	0.625	0.080
学生学习态度满意度	1	60	2.70	0.788	0.102
	2	61	4.15	0.654	0.084
学生学习方法满意度	1	60	2.50	0.770	0.099
	2	61	4.08	0.526	0.067
学生知识基础满意度	1	60	2.97	0.551	0.071
	2	61	4.20	0.511	0.065
学生学习风气满意度	1	60	3.08	0.645	0.083
	2	61	4.39	0.525	0.067
师生关系和谐满意度	1	60	2.62	0.691	0.089
	2	61	4.18	0.466	0.060
课堂气氛满意度	1	60	2.55	0.622	0.080
	2	61	4.15	0.628	0.080

续表

	分组	n	均值	标准差	均值的标准误
师生交往满意度	1	60	2.77	0.698	0.090
	2	61	4.15	0.511	0.065
专业课程设置满意度	1	60	2.60	0.669	0.086
	2	61	4.05	0.644	0.082
公共课教学内容满意度	1	60	2.82	0.651	0.084
	2	61	4.03	0.682	0.087
专业课教学内容满意度	1	60	2.65	0.732	0.095
	2	61	4.28	0.581	0.074
教材满意度	1	60	2.65	0.820	0.106
	2	61	4.21	0.609	0.078
实践课教学内容满意度	1	60	2.62	0.904	0.117
	2	61	4.03	0.657	0.084
学习学术氛围满意度	1	60	2.62	0.666	0.086
	2	61	4.26	0.545	0.070
学校社团文体活动满意度	1	60	2.48	0.725	0.094
	2	61	4.18	0.533	0.068
教学基础设施满意度	1	60	2.42	0.850	0.110
	2	61	4.11	0.580	0.074
教学资源满意度	1	60	2.55	0.946	0.122
	2	61	4.25	0.623	0.080
教学管理服务满意度	1	60	2.63	0.758	0.098
	2	61	4.00	0.683	0.087
教学效果整体满意度	1	60	2.73	0.800	0.103
	2	61	4.15	0.601	0.077
教学提高思维能力满意度	1	60	2.67	0.752	0.097
	2	61	4.25	0.623	0.080
教学提高实际能力满意度	1	60	2.82	0.813	0.105
	2	61	4.13	0.718	0.092

表 2-13 高分组和低分组学生在教学忠诚度题项上的均值差异

	分组	n	均值	标准差	均值的标准误
是否再选此学校	1	64	2.16	0.718	0.090
	2	81	4.21	0.564	0.063
是否再选此专业	1	64	2.30	0.728	0.091
	2	81	4.22	0.725	0.081
是否提教学改进建议	1	64	3.06	0.852	0.107
	2	81	4.30	0.486	0.054
是否提选课建议	1	64	3.09	0.791	0.099
	2	81	4.32	0.496	0.055
忠诚度总值	1	64	10.61	1.805	0.226
	2	81	17.05	1.331	0.148

从表 2-14、2-15、2-16 可见,在教学期望、教学系统满意度和学生忠诚度的高分组和低分组的各独立样本中,无论 f 检验的方差是否齐次性,对应的均值方差的 t 检验显著性 p 值均为<0.01,所以拒绝原假设(样本之间无差异),认为样本之间存在显著差异。极端值法需要根据平均分差异显著性,删除未达显著性的题项。对照 p 值的标准,本研究不需要删除任何题项。

有研究者认为,在题项均达显著性的情况下,如果题项数量较大会影响受试者填答的意愿,则可以根据临界比的某一标准作为题项删除的准则,问卷项目分析中,极端值的临界比一般将 t 统计量的标准值设为 3.00,如果题项高低分组差异的 t 值小于 3.00,则视为题项的鉴别度过低,可以将其删除。本研究中编制的初始问卷中所有题项的临界比绝对值均大于 3.00,p<0.001,95％置信区间处于(-2.399、-0.852),即高分组得分显著高于低分组,各题项的临界比差距也不大,说明从极端组的比较来看,问卷所有题项均有着较好的鉴别力,可以全部保留。

项目分析中除了极端组作为项目分析的指标外,还可以采用同质性检验作为题项筛选的指标,其中 Pearson 相关系数是一个重要标准。单一题项总分与问卷整体总分的相关越高,说明题项与整体问卷的同质性越高,依据每个题项总分与问卷总分的极差相关系数进行判断。使用相关分析法求取该相关系数见 2-17、2-18、2-19。

表 2-14 教学期望的高分组和低分组学生独立样本检验

		方差方程的 Levene 检验		均值方程的 t 检验					差分的 95% 置信区间	
		f	sig.	t	df	sig.(双侧)	均值差值	标准误差值	下限	上限
教学态度期望	假设方差相等	7.978	0.006	−16.598	112	0.000	−1.703	0.103	−1.906	−1.500
	假设方差不相等			−16.640	112.000	0.000	−1.703	0.102	−1.906	−1.500
教学水平期望	假设方差相等	16.118	0.000	−14.970	112	0.000	−1.599	0.107	−1.810	−1.387
	假设方差不相等			−14.916	108.787	0.000	−1.599	0.107	−1.811	−1.386
课堂教学内容期望	假设方差相等	4.006	0.048	−15.677	112	0.000	−1.754	0.112	−1.975	−1.532
	假设方差不相等			−15.684	111.623	0.000	−1.754	0.112	−1.975	−1.532
教学方法期望	假设方差相等	6.194	0.014	−15.668	112	0.000	−1.700	0.109	−1.915	−1.485
	假设方差不相等			−15.690	111.884	0.000	−1.700	0.108	−1.915	−1.486
实践教学内容期望	假设方差相等	1.691	0.196	−14.058	112	0.000	−1.712	0.122	−1.954	−1.471
	假设方差不相等			−14.081	111.926	0.000	−1.712	0.122	−1.953	−1.472
教学效果期望	假设方差相等	0.000	0.987	−18.965	112	0.000	−1.924	0.101	−2.126	−1.723
	假设方差不相等			−19.093	110.390	0.000	−1.924	0.101	−2.124	−1.725
师生关系期望	假设方差相等	2.221	0.139	−19.229	112	0.000	−1.798	0.093	−1.983	−1.612
	假设方差不相等			−19.303	111.838	0.000	−1.798	0.093	−1.982	−1.613

续表

<table>
<tr><th rowspan="3"></th><th rowspan="3"></th><th colspan="2">方差方程的
levene 检验</th><th colspan="5">均值方程的 t 检验</th></tr>
<tr><th rowspan="2">f</th><th rowspan="2">sig.</th><th rowspan="2">t</th><th rowspan="2">df</th><th rowspan="2">sig.（双侧）</th><th rowspan="2">均值差值</th><th rowspan="2">标准误差值</th><th colspan="2">差分的95%置信区间</th></tr>
<tr><th>下限</th><th>上限</th></tr>
<tr><td rowspan="2">教学环境期望</td><td>假设方差相等</td><td>18.729</td><td>0.000</td><td>−14.075</td><td>112</td><td>0.000</td><td>−2.103</td><td>0.149</td><td>−2.399</td><td>−1.807</td></tr>
<tr><td>假设方差不相等</td><td></td><td></td><td>−14.310</td><td>96.195</td><td>0.000</td><td>−2.103</td><td>0.147</td><td>−2.394</td><td>−1.811</td></tr>
<tr><td rowspan="2">教学管理服务期望</td><td>假设方差相等</td><td>4.870</td><td>0.029</td><td>−19.410</td><td>112</td><td>0.000</td><td>−2.086</td><td>0.107</td><td>−2.299</td><td>−1.873</td></tr>
<tr><td>假设方差不相等</td><td></td><td></td><td>−19.632</td><td>105.270</td><td>0.000</td><td>−2.086</td><td>0.106</td><td>−2.296</td><td>−1.875</td></tr>
</table>

表2-15 教学系统满意度的高分组和低分组学生独立样本检验

		方差方程的 Levene 检验		均值方程的 t 检验					差分的95%置信区间	
		f	sig.	t	df	sig.(双侧)	均值差值	标准误	下限	上限
教师知识水平满意度	假设方差相等	12.559	0.001	-10.437	119	0.000	-1.331	0.128	-1.584	-1.079
	假设方差不相等			-10.406	104.288	0.000	-1.331	0.128	-1.585	-1.077
教师教学方法满意度	假设方差相等	6.961	0.009	-9.772	119	0.000	-1.267	0.130	-1.524	-1.010
	假设方差不相等			-9.759	115.739	0.000	-1.267	0.130	-1.524	-1.010
教师教学态度满意度	假设方差相等	0.859	0.356	-8.369	119	0.000	-1.148	0.137	-1.419	-0.876
	假设方差不相等			-8.368	118.894	0.000	-1.148	0.137	-1.419	-0.876
教师品行满意度	假设方差相等	0.015	0.903	-8.461	119	0.000	-1.113	0.132	-1.373	-0.852
	假设方差不相等			-8.447	113.921	0.000	-1.113	0.132	-1.373	-0.852
教师多媒体素养满意度	假设方差相等	0.001	0.971	-11.702	119	0.000	-1.295	0.111	-1.514	-1.076
	假设方差不相等			-11.662	100.541	0.000	-1.295	0.111	-1.515	-1.075
教师与学生沟通满意度	假设方差相等	2.628	0.108	-11.856	119	0.000	-1.526	0.129	-1.781	-1.271
	假设方差不相等			-11.806	93.965	0.000	-1.526	0.129	-1.783	-1.269
学生求知欲满意度	假设方差相等	9.522	0.003	-12.613	119	0.000	-1.682	0.133	-1.946	-1.418
	假设方差不相等			-12.584	109.640	0.000	-1.682	0.134	-1.947	-1.417

续表

	方差方程的 levene 检验		均值方程的 t 检验					差分的 95% 置信区间	
	f	sig.	t	df	sig.(双侧)	均值差值	标准误	下限	上限
学生学习态度满意度 假设方差相等	3.138	0.079	−11.005	119	0.000	−1.448	0.132	−1.708	−1.187
假设方差不相等			−10.989	114.423	0.000	−1.448	0.132	−1.708	−1.187
学生学习方法满意度 假设方差相等	22.227	0.000	−13.214	119	0.000	−1.582	0.120	−1.819	−1.345
假设方差不相等			−13.174	104.004	0.000	−1.582	0.120	−1.820	−1.344
学生知识基础满意度 假设方差相等	2.050	0.155	−12.737	119	0.000	−1.230	0.097	−1.421	−1.039
假设方差不相等			−12.728	117.973	0.000	−1.230	0.097	−1.421	−1.039
学生学习风气满意度 假设方差相等	0.404	0.526	−12.254	119	0.000	−1.310	0.107	−1.522	−1.098
假设方差不相等			−12.234	113.531	0.000	−1.310	0.107	−1.522	−1.098
师生关系和谐满意度 假设方差相等	17.626	0.000	−14.616	119	0.000	−1.564	0.107	−1.776	−1.352
假设方差不相等			−14.570	103.229	0.000	−1.564	0.107	−1.777	−1.351
课堂气氛满意度 假设方差相等	2.138	0.146	−14.052	119	0.000	−1.598	0.114	−1.823	−1.372
假设方差不相等			−14.053	118.993	0.000	−1.598	0.114	−1.823	−1.372
师生交往满意度 假设方差相等	8.188	0.005	−12.432	119	0.000	−1.381	0.111	−1.601	−1.161
假设方差不相等			−12.401	108.090	0.000	−1.381	0.111	−1.602	−1.160

续表

	方差方程的 Levene 检验		均值方程的 t 检验					差分的 95% 置信区间	
	f	sig.	t	df	sig.(双侧)	均值差值	标准误	下限	上限
专业课课程设置满意度 假设方差相等	2.997	0.086	−12.145	119	0.000	−1.449	0.119	−1.685	−1.213
假设方差不相等			−12.141	118.638	0.000	−1.449	0.119	−1.686	−1.213
公共课教学内容满意度 假设方差相等	0.064	0.801	−10.030	119	0.000	−1.216	0.121	−1.456	−0.976
假设方差不相等			−10.034	118.888	0.000	−1.216	0.121	−1.456	−0.976
专业课教学内容满意度 假设方差相等	1.499	0.223	−13.562	119	0.000	−1.629	0.120	−1.866	−1.391
假设方差不相等			−13.536	112.335	0.000	−1.629	0.120	−1.867	−1.390
教材满意度 假设方差相等	5.454	0.021	−11.922	119	0.000	−1.563	0.131	−1.823	−1.303
假设方差不相等			−11.893	108.859	0.000	−1.563	0.131	−1.824	−1.303
实践课教学内容满意度 假设方差相等	12.484	0.001	−9.869	119	0.000	−1.416	0.143	−1.700	−1.132
假设方差不相等			−9.843	107.714	0.000	−1.416	0.144	−1.701	−1.131
学习学术氛围满意度 假设方差相等	3.349	0.070	−14.887	119	0.000	−1.646	0.111	−1.865	−1.427
假设方差不相等			−14.862	113.745	0.000	−1.646	0.111	−1.865	−1.426
学校社团文体活动满意度 假设方差相等	14.151	0.000	−14.695	119	0.000	−1.697	0.115	−1.926	−1.468
假设方差不相等			−14.659	108.284	0.000	−1.697	0.116	−1.926	−1.468

续表

	方差方程的 levene 检验		均值方程的 t 检验						
								差分的 95% 置信区间	
	f	sig.	t	df	sig.(双侧)	均值差值	标准误	下限	上限
教学基础设施满意度 假设方差相等	20.541	0.000	−12.858	119	0.000	−1.698	0.132	−1.960	−1.437
假设方差不相等			−12.819	104.021	0.000	−1.698	0.132	−1.961	−1.435
教学资源满意度 假设方差相等	14.386	0.000	−11.659	119	0.000	−1.696	0.145	−1.984	−1.408
假设方差不相等			−11.620	101.851	0.000	−1.696	0.146	−1.985	−1.406
教学管理服务满意度 假设方差相等	6.669	0.011	−10.419	119	0.000	−1.367	0.131	−1.626	−1.107
假设方差不相等			−10.410	117.291	0.000	−1.367	0.131	−1.627	−1.107
教学效果整体满意度 假设方差相等	3.836	0.053	−11.008	119	0.000	−1.414	0.128	−1.669	−1.160
假设方差不相等			−10.983	109.523	0.000	−1.414	0.129	−1.669	−1.159
教学提高思维能力满意度 假设方差相等	1.991	0.161	−12.589	119	0.000	−1.579	0.125	−1.828	−1.331
假设方差不相等			−12.570	114.360	0.000	−1.579	0.126	−1.828	−1.330
教学提高实际能力满意度 假设方差相等	0.954	0.331	−9.430	119	0.000	−1.314	0.139	−1.590	−1.038
假设方差不相等			−9.421	116.723	0.000	−1.314	0.140	−1.591	−1.038

表 2-16 教学忠诚度的高分组和低分组学生独立样本检验

		方差方程的 levene 检验		均值方程的 t 检验						
		f	sig.	t	df	sig.(双侧)	均值差值	标准误差值	差分的95%置信区间	
									下限	上限
是否再选此学校	假设方差相等	2.431	0.121	-19.302	143	0.000	-2.054	0.106	-2.264	-1.843
	假设方差不相等			-18.771	117.450	0.000	-2.054	0.109	-2.270	-1.837
是否再选此专业	假设方差相等	0.158	0.692	-15.858	143	0.000	-1.925	0.121	-2.165	-1.685
	假设方差不相等			-15.850	135.085	0.000	-1.925	0.121	-2.166	-1.685
是否提教学改进建议	假设方差相等	4.561	0.034	-10.973	143	0.000	-1.234	0.112	-1.456	-1.012
	假设方差不相等			-10.331	94.610	0.000	-1.234	0.119	-1.471	-0.997
是否再选课建议	假设方差相等	5.195	0.024	-11.415	143	0.000	-1.227	0.108	-1.440	-1.015
	假设方差不相等			-10.841	100.518	0.000	-1.227	0.113	-1.452	-1.003

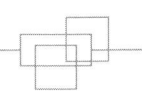

表2-17 学生初始问卷教学期望相关题项与教学期望总值的相关分析结果

题项	pearson 相关系数	显著性（双侧）
教学态度期望	0.839	0.000
教学水平期望	0.809	0.000
课堂教学内容期望	0.855	0.000
教学方法期望	0.852	0.000
实践教学内容期望	0.800	0.000
教学效果期望	0.887	0.000
师生关系期望	0.808	0.000
教学环境期望	0.745	0.000
教学管理服务期望	0.811	0.000

表2-18 学生初始问卷满意度相关题项与满意度总值的相关分析结果

题项	pearson 相关系数	显著性（双侧）	题项	pearson 相关系数	显著性（双侧）
教师知识水平满意度	0.637	0.000	专业课程设置满意度	0.707	0.000
教师教学方法满意度	0.641	0.000	公共课教学内容满意度	0.635	0.000
教师教学态度满意度	0.553	0.000	专业课教学内容满意度	0.779	0.000
教师品行满意度	0.583	0.000	教材满意度	0.755	0.000
教师多媒体素养满意度	0.687	0.000	实践课教学内容满意度	0.647	0.000
教师与学生沟通满意度	0.692	0.000	学习学术氛围满意度	0.778	0.000
学生求知欲满意度	0.745	0.000	学校社团文体活动满意度	0.739	0.000
学生学习态度满意度	0.680	0.000	教学基础设施满意度	0.710	0.000
学生学习方法满意度	0.725	0.000	教学资源满意度	0.667	0.000
学生知识基础满意度	0.702	0.000	教学管理服务满意度	0.678	0.000
学生学习风气满意度	0.691	0.000	教学效果整体满意度	0.743	0.000
师生关系和谐满意度	0.713	0.000	教学提高思维能力满意度	0.786	0.000
课堂气氛满意度	0.700	0.000	教学提高实际能力满意度	0.713	0.000
师生交往满意度	0.680	0.000			

表 2-19　学生初始问卷忠诚度相关题项与忠诚度总值的相关分析结果

题项	pearson 相关系数	显著性（双侧）
是否再选此学校	0.774	0.000
是否再选此专业	0.754	0.000
是否提教学改进建议	0.748	0.000
是否提选课建议	0.740	0.000

由上表 2-17~2-19 发现，所有题项内部一致性系数都达到显著性水平（p<0.01），各题项的 Pearson 相关系数均在 0.55 以上，故从这个角度来说可以保留所有题项。

本研究使用 Cronbach's α 系数进行问卷的内部一致性信度分析。问卷的内部一致性系数 α=K/(K-1)*(1-ΣSi/S)，其中 K 为问卷题项数，Si 为问卷某一题项的方差，S 为问卷总分的方差。理论上同一潜在变量对应的观测变量要保持一致性，Cronbach's α 系数正是测量同一潜在变量对应的观测变量间的一致性，Cronbach's α 系数越接近 1，样本数据的信度越高。问卷的 Cronbach's α 系数在 0.80 以上，代表问卷的信度较高，Cronbach's α 系数在 0.70 至 0.80 区间表示问卷数据是可靠的；就问卷的分量表而言，Cronbach's α 系数在 0.70 以上说明其信度较高，但是如果分量表 Cronbach's α 系数在 0.60 之下或者总量表 Cronbach's 在 0.60 之下，研究人员就需要对量表进行修订或增删题项。[①] 本研究编制的初始问卷的教学期望、教学系统满意度和学生忠诚度相关题项的 Cronbach α 系数分别是 0.954、0.963 和 0.865，说明初始问卷信度较为理想。在信度分析中，"校正的项总计相关性"是任一题项与其他题项加总（不包含原题项）的积差相关，如果该积差相关系数小于 0.40，表示此题项与问卷其余题项的相关度过低。由表 2-20、2-21、2-22 可见，在本研究中所有题项"校正的项总计相关性"均高于 0.53，呈现中高度

---

① 约克奇 R A. SPSS 其实很简单[M].刘超，吴铮，译.北京：中国人民大学出版社，2010：148.

相关。在项目分析中,信度检验目的还在于检视题项删除后,整体问卷的信度系数变化情况。问卷的题项数越多,Cronbach's α 系数越高,删除某一题项后,问卷的 α 系数相对会变小,若是删除某一题项后,α 系数不但没有变小,反而增大了,则此题项所测量的行为或心理特质与其余题项所测量的内容不同质。本问卷教学期望相关题项的"项已删除的 Cronbach's α 值"均小于 0.954,教学系统满意度相关题项的"项已删除的 Cronbach's α 值"均小于 0.963,忠诚度相关题项的"项已删除的 Cronbach's α 值"均小于 0.865,说明各个题项均可以保留。

表 2-20 学生初始问卷教学期望相关题项的信度系数检验

	项已删除的刻度均值	项已删除的刻度方差	校正的项总计相关性	项已删除的 Cronbach's α 值
教学态度期望	62.47	153.398	0.819	0.765
教学水平期望	62.38	154.525	0.786	0.767
课堂教学内容期望	62.48	152.358	0.836	0.763
教学方法期望	62.48	152.448	0.832	0.763
实践教学内容期望	62.46	153.353	0.774	0.765
教学效果期望	62.48	151.094	0.871	0.760
师生关系期望	62.26	153.621	0.784	0.766
教学环境期望	62.39	151.100	0.705	0.763
教学管理服务期望	62.42	151.079	0.783	0.761

表 2-21 学生初始问卷教学系统满意度相关题项的信度系数检验

	项已删除的刻度均值	项已删除的刻度方差	校正的项总计相关性	项已删除的 Cronbach's α 值
教师知识水平满意度	183.00	1 007.027	0.621	0.750
教师教学方法满意度	183.19	1 007.274	0.625	0.750
教师教学态度满意度	182.97	1 010.847	0.535	0.751

续表

	项已删除的刻度均值	项已删除的刻度方差	校正的项总计相关性	项已删除的 Cronbach's α 值
教师品行满意度	182.90	1 009.563	0.566	0.751
教师多媒体素养满意度	182.87	1 006.311	0.673	0.750
教师与学生沟通满意度	182.89	1 002.132	0.677	0.749
学生求知欲满意度	183.24	996.560	0.732	0.747
学生学习态度满意度	183.13	1 003.494	0.666	0.749
学生学习方法满意度	183.22	1 000.199	0.712	0.748
学生知识基础满意度	182.99	1 009.233	0.691	0.751
学生学习风气满意度	182.86	1 006.398	0.679	0.750
师生关系和谐满意度	183.13	1 002.421	0.699	0.749
课堂气氛满意度	183.23	1 000.242	0.685	0.749
师生交往满意度	183.10	1 005.650	0.667	0.750
专业课程设置满意度	183.17	1 000.847	0.693	0.749
公共课教学内容满意度	183.15	1 008.001	0.619	0.751
专业课教学内容满意度	183.01	997.870	0.768	0.748
教材满意度	183.12	997.886	0.743	0.748
实践课教学内容满意度	183.24	1 003.610	0.630	0.749
学习学术氛围满意度	183.08	997.432	0.767	0.748
学校社团文体活动满意度	183.20	998.116	0.726	0.748
教学基础设施满意度	183.23	997.515	0.695	0.748
教学资源满意度	183.14	997.235	0.649	0.748
教学管理服务满意度	183.17	1 004.279	0.664	0.750
教学效果整体满意度	183.04	1 001.066	0.731	0.749
教学提高思维能力满意度	183.10	997.524	0.775	0.748
教学提高实际能力满意度	183.05	1 002.648	0.700	0.749

表 2-22　学生初始问卷忠诚度相关题项的信度系数检验

	项已删除的刻度均值	项已删除的刻度方差	校正的项总计相关性	项已删除的 Cronbach's α 值
是否再选此学校	25.15	24.646	0.673	0.745
是否再选此专业	24.99	25.220	0.651	0.753
是否提教学改进建议	24.54	27.362	0.677	0.770
是否提选课建议	24.48	27.452	0.668	0.771

共同性(communalities)是指测量题项能够解释问卷共同因子的变异量，该值是单个测量题项与问卷共同因子之间多元相关的平方，通过共同性的数值可以判断单个测量题项与共同因子间的相关程度大小。该数值越大的题项，说明其与整体问卷的同质性越高，因此，共同性值较低的题项应该考虑删除。如果共同性值低于0.20，说明题项与共同因素间的关系疏离，可以删除题项。从下表 2-23、2-24、2-25 共同性提取值可以发现，在本研究中教学期望、教学系统满意度、学生忠诚度题项的共同性提取值均超过 0.499，符合大于 0.20 的标准，说明各题项与相应的共同因素的关系较强，依此指标标准各题项均可以保留。

表 2-23　学生初始问卷教学期望相关题项共同性分析

题项简称	初始值	共同性提取
教学态度期望	1.000	0.721
教学水平期望	1.000	0.672
课堂教学内容期望	1.000	0.749
教学方法期望	1.000	0.744
实践教学内容期望	1.000	0.641
教学效果期望	1.000	0.791
师生关系期望	1.000	0.651

续表

题项简称	初始值	共同性提取
教学环境期望	1.000	0.516
教学管理服务期望	1.000	0.632
提取方法:主成分分析		

表 2-24　学生初始问卷满意度相关题项共同性分析

题项简称	初始值	共同性提取
教师知识水平满意度	1.000	0.600
教师教学方法满意度	1.000	0.595
教师教学态度满意度	1.000	0.716
教师品行满意度	1.000	0.620
教师多媒体素养满意度	1.000	0.718
教师与学生沟通满意度	1.000	0.642
学生求知欲满意度	1.000	0.612
学生学习态度满意度	1.000	0.674
学生学习方法满意度	1.000	0.703
学生知识基础满意度	1.000	0.544
学生学习风气满意度	1.000	0.566
师生关系和谐满意度	1.000	0.642
课堂气氛满意度	1.000	0.684
师生交往满意度	1.000	0.619
专业课程设置满意度	1.000	0.636
公共课教学内容满意度	1.000	0.499
专业课教学内容满意度	1.000	0.719
教材满意度	1.000	0.643
实践课教学内容满意度	1.000	0.569
学习学术氛围满意度	1.000	0.665
学校社团文体活动满意度	1.000	0.680

续表

题项简称	初始值	共同性提取
教学基础设施满意度	1.000	0.765
教学资源满意度	1.000	0.807
教学管理服务满意度	1.000	0.679
教学效果整体满意度	1.000	0.720
教学提高思维能力满意度	1.000	0.754
教学提高实际能力满意度	1.000	0.695
提取方法：主成分分析		

表 2-25　学生初始问卷忠诚度相关题项共同性分析

题项简称	初始值	共同性提取
是否再选此学校	1.000	0.543
是否再选此专业	1.000	0.514
是否提教学改进建议	1.000	0.629
是否提选课建议	1.000	0.617
提取方法：主成分分析		

综上，对本研究使用的高校教学系统的学生评价初始问卷使用临界比值法、相关系数、内部一致性系数、共同性等多种方法进行项目分析后，对照每种方法检验的判别标准，见表 2-26，最终发现初始问卷涉及评价的 40 个题项均符合项目分析的各项标准，予以保留，并将其纳入后续探索性因素分析中。

表 2-26　高校教学系统学生评价初始问卷题项检验判别标准及判别结果

	极端组比较临界比	同质性检验			
		题项与总分相关	校正题项总计相关	题项删除后的α值	共同性
判别标准(绝对值)	≥3.0	≥0.40	≥0.40	≤0.865	≥0.20
问卷题项(绝对值)	≥8.368	≥0.553	≥0.535	≤0.751	≥0.499

(四) 学生评价初始问卷探索性因子分析

初始问卷项目分析后,接着要进行初始问卷的因素分析。因素分析(factor analysis),又叫因子分析,是基于相关关系而进行的数据多元统计分析技术,是一种建立在众多观测数据基础上的降维处理方法,其最主要目的在于寻求一组变量变化的"共同因子",用少量的因子概括和解释大量的观测变量,从而建立起简洁而更具有一般意义的概念系统或结构。其原理是在众多的可观测变量中根据相关度大小将变量进行分组,使组内的变量间的相关性较高,不同组的变量间的相关性较低,从而使每组变量能够代表一种相对独立的基本结构,而每种结构表示为一种公共因子,即"因子"。[1]

因素分析包括探索性因素分析(exploratory factor analysis,简称 EFA)和验证性因素分析(confirmatory factor analysis,简称 CFA)。探索性因素分析通常也叫因子分析,主要在数据分析的初期阶段使用,用来探测变量的特征、性质以及内部关联,找出影响变量的潜在因子,使这些因子之间相互独立并具有实际意义的同时尽可能多地表达原始变量。[2] 探索性因素分析的两个核心问题是如何构造因子变量和如何对因子变量命名解释,因此其主要步骤是:首先确定是否合适进行因子分析;其次进行因子提取和因子旋转,使因子具有命名可解释性,如果比较难以解释,需要进行修正后重新进行因子提取和因子选择;最后计算各样本的因子得分。

1. 因子分析的适应性分析

本研究的高校教学系统学生评价初始问卷的样本量(224)达到变量数(40)的 5.6 倍,符合样本数量的要求,因此适合做因子分析。

变量间的相关性也就是因素分析适合度检验,目的是确定获取的测量数据是否适合于因素分析。适合度检验通常从计算变量的相关矩阵开始,矩阵

---

[1] 邓铸,朱晓红.心理统计学与 SPSS 应用[M].上海:华东师范大学出版社,2009:247.
[2] 武松,潘发明.SPSS 统计分析大全[M].北京:清华大学出版社,2014:318.

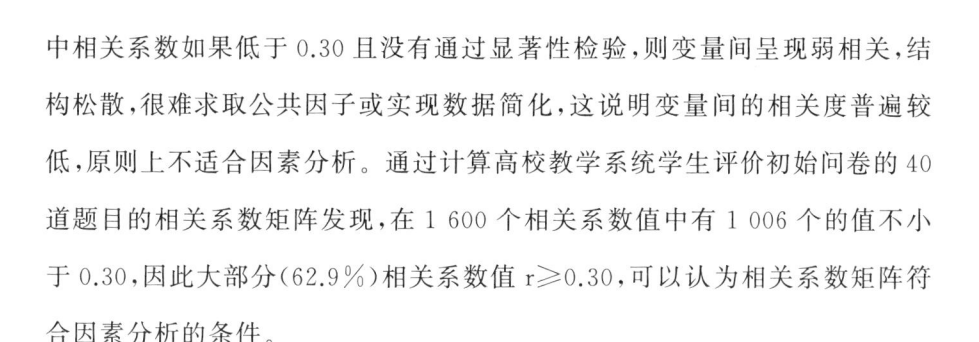

中相关系数如果低于0.30且没有通过显著性检验,则变量间呈现弱相关,结构松散,很难求取公共因子或实现数据简化,这说明变量间的相关度普遍较低,原则上不适合因素分析。通过计算高校教学系统学生评价初始问卷的40道题目的相关系数矩阵发现,在1 600个相关系数值中有1 006个的值不小于0.30,因此大部分(62.9%)相关系数值r≥0.30,可以认为相关系数矩阵符合因素分析的条件。

2. 斜交旋转因子探索

正交旋转因子探索适用于因子间不存在相关关系的情况,斜交旋转因子探索适用于因子间存在相关关系的情况。本研究假设问卷的测量指标相互之间有关系,因此利用主成分分析法,旋转方法变为Promax斜交旋转,得到结果如下表。

表2-27 学生初始问卷主成分分析解释总方差(斜交)

成分	初始因素值			提取平方和载入			旋转平方和载入
	合计	方差的%	累积%	合计	方差的%	累积%	合计
1	15.829	39.572	39.572	15.829	39.572	39.572	9.262
2	4.222	10.555	50.127	4.222	10.555	50.127	12.139
3	2.116	5.291	55.418	2.116	5.291	55.418	11.210
4	1.864	4.659	60.077	1.864	4.659	60.077	9.874
5	1.401	3.502	63.579	1.401	3.502	63.579	9.039
6	1.278	3.196	66.775	1.278	3.196	66.775	4.433
7	0.969	2.422	69.197				
8	0.923	2.307	71.504				
9	0.913	2.282	73.786				
10	0.750	1.875	75.660				
11	0.708	1.770	77.431				
12	0.653	1.633	79.064				

续表

成分	初始因素值			提取平方和载入			旋转平方和载入
	合计	方差的%	累积%	合计	方差的%	累积%	合计
13	0.614	1.534	80.598				
14	0.595	1.487	82.084				
15	0.556	1.391	83.475				
16	0.515	1.286	84.762				
17	0.480	1.199	85.961				
18	0.432	1.081	87.041				
19	0.409	1.024	88.065				
20	0.372	0.931	88.996				
21	0.358	0.894	89.890				
22	0.344	0.861	90.751				
23	0.309	0.771	91.522				
24	0.292	0.731	92.253				
25	0.292	0.730	92.983				
26	0.277	0.691	93.674				
27	0.257	0.643	94.317				
28	0.253	0.633	94.950				
29	0.247	0.617	95.567				
30	0.235	0.587	96.154				
31	0.224	0.560	96.713				
32	0.202	0.505	97.218				
33	0.189	0.472	97.690				
34	0.161	0.403	98.094				
35	0.155	0.387	98.480				
36	0.147	0.367	98.848				
37	0.137	0.341	99.189				

续表

成分	初始因素值			提取平方和载入			旋转平方和载入
	合计	方差的%	累积%	合计	方差的%	累积%	合计
38	0.123	0.307	99.496				
39	0.106	0.265	99.760				
40	0.096	0.240	100.000				
提取方法:主成分分析								

由上表可看出,从 40 个题项中可以提取 6 个公因子,它们的提取平方和载入累计达到 66.775%。各题项归入 6 个因子的情况见下表 2-28。

表 2-28 学生初始问卷斜交旋转成分矩阵

	成分					
	1	2	3	4	5	6
教学态度期望	0.846					
教学水平期望	0.840					
课堂教学内容期望	0.873					
教学方法期望	0.892					
实践教学内容期望	0.826					
教学效果期望	0.883					
师生关系期望	0.756					
教学环境期望	0.641					
教学管理服务期望	0.748					
教师知识水平满意度				0.640		
教师教学方法满意度				0.524		
教师教学态度满意度				0.964		
教师品行满意度				0.794		
教师多媒体素养满意度				0.831		
教师与学生沟通满意度				0.686		

· 063 ·

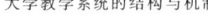

续表

	成分					
	1	2	3	4	5	6
学生求知欲满意度			0.510			
学生学习态度满意度			0.855			
学生学习方法满意度			0.813			
学生知识基础满意度			0.377			
学生学习风气满意度			0.425			
师生关系和谐满意度			0.712			
课堂气氛满意度			0.873			
师生交往满意度			0.716			
专业课程设置满意度		0.667				
公共课教学内容满意度		0.689				
专业课教学内容满意度		0.746				
教材满意度		0.655				
实践课教学内容满意度		0.737				
学习学术氛围满意度		0.463				
学校社团文体活动满意度					0.558	
教学基础设施满意度					0.729	
教学资源满意度					0.830	
教学管理服务满意度					0.533	
教学效果整体满意度		0.860				
教学提高思维能力满意度		0.833				
教学提高实际能力满意度		0.860				
是否再选此学校						0.507
是否再选此专业						0.629
是否提教学改进建议						0.809
是否提选课建议						0.788
提取方法：主成分						
a.旋转在 7 次迭代后收敛						

从上表可见,"学生知识基础满意度""学生学习风气满意度""学习学术氛围满意度"等题项的成分矩阵系数比较低,因此需要进行修正。首先删除系数值最低的"学生知识基础满意度"题项后重新分析,发现"学生学习风气满意度"和"学习学术氛围满意度"题项的成分矩阵系数较低,仍需继续修整。陆续删除"学生学习风气满意度"和"学习学术氛围满意度"题项后,得到表2-29。

至此,可将除"学生基础知识满意度""学生学习风气满意度"和"学习学术氛围满意度"外的其他37个题项归入6个因子,且每个题项归入的因子系数也比较高(均>0.49),与最初设计问卷时设想的维度基本一致。

表2-29 学生初始问卷斜交旋转成分矩阵(最终)

	成分					
	1	2	3	4	5	6
教学态度期望	0.847					
教学水平期望	0.839					
课堂教学内容期望	0.870					
教学方法期望	0.892					
实践教学内容期望	0.826					
教学效果期望	0.882					
师生关系期望	0.759					
教学环境期望	0.654					
教学管理服务期望	0.760					
教师知识水平满意度				0.652		
教师教学方法满意度				0.517		
教师教学态度满意度				0.964		
教师品行满意度				0.787		
教师多媒体素养满意度				0.832		
教师与学生沟通满意度				0.681		
学生求知欲满意度			0.507			

续表

	成分					
	1	2	3	4	5	6
学生学习态度满意度			0.834			
学生学习方法满意度			0.801			
师生关系和谐满意度			0.668			
课堂气氛满意度			0.865			
师生交往满意度			0.712			
专业课程设置满意度		0.673				
公共课教学内容满意度		0.667				
专业课教学内容满意度		0.759				
教材满意度		0.641				
实践课教学内容满意度		0.721				
学校社团文体活动满意度					0.580	
教学基础设施满意度					0.747	
教学资源满意度					0.825	
教学管理服务满意度					0.529	
教学效果整体满意度		0.878				
教学提高思维能力满意度		0.845				
教学提高实际能力满意度		0.869				
是否再选此学校						0.491
是否再选此专业						0.607
是否提教学改进建议						0.826
是否提选课建议						0.816
提取方法：主成分						
a.旋转在7次迭代后收敛						

综上，运用主成分分析法中的斜交旋转方式，对高校教学系统学生评价初始问卷进行探索性因子分析，结果显示问卷的题项归入6个因子较为合适。

（五）学生评价初始问卷数据信度分析

本研究使用 Cronbach α 系数检验样本数据的信度。

在初始问卷项目分析一节中，对问卷的教学期望、教学系统满意度和学生忠诚度三个方面进行了内部一致性检验，在本节中，将针对根据探索性因子分析结果（斜交旋转）修正后的初始问卷进行内部信度分析。

运用 SPSS 18.0 计算整个初始问卷和 6 个因子的 Cronbach α 系数，结果如下表 2-30。同时对初始问卷和 6 个因子的项总计统计量进行分析，结果见下表 2-31 至表 2-37。

表 2-30　学生初始问卷及各因子的 Cronbach α 系数

因子序号	项数	标准化 Cronbach α 系数
因子 1	9	0.941
因子 2	8	0.927
因子 3	6	0.897
因子 4	6	0.879
因子 5	4	0.879
因子 6	4	0.753
初始问卷总体（修改后）	37	0.957

表 2-31　学生初始问卷因子 1 的项总计统计量

	项已删除的刻度均值	项已删除的刻度方差	校正的项总计相关性	项已删除的 Cronbach's α 值
教学态度期望	29.42	34.353	0.795	0.929
教学水平期望	29.33	34.896	0.759	0.931
课堂教学内容期望	29.43	33.861	0.813	0.928
教学方法期望	29.43	33.905	0.809	0.928

续表

	项已删除的刻度均值	项已删除的刻度方差	校正的项总计相关性	项已删除的Cronbach's α 值
实践教学内容期望	29.42	34.369	0.743	0.932
教学效果期望	29.43	33.251	0.852	0.926
师生关系期望	29.21	34.483	0.755	0.931
教学环境期望	29.34	33.436	0.657	0.939
教学管理服务期望	29.37	33.328	0.749	0.932

表 2-32　学生初始问卷因子 2 的项总计统计量

	项已删除的刻度均值	项已删除的刻度方差	校正的项总计相关性	项已删除的Cronbach's α 值
专业课程设置满意度	27.56	30.220	0.709	0.920
公共课教学内容满意度	27.54	31.451	0.640	0.924
专业课教学内容满意度	27.41	29.768	0.786	0.915
教材满意度	27.52	29.811	0.751	0.917
实践课教学内容满意度	27.64	30.438	0.668	0.922
教学效果整体满意度	27.43	30.193	0.763	0.916
教学提高思维能力满意度	27.50	29.543	0.814	0.913
教学提高实际能力满意度	27.45	30.392	0.739	0.918

表 2-33　学生初始问卷因子 3 的项总计统计量

	项已删除的刻度均值	项已删除的刻度方差	校正的项总计相关性	项已删除的Cronbach's α 值
学生求知欲满意度	16.91	12.548	0.704	0.882
学生学习态度满意度	16.80	12.843	0.728	0.878
学生学习方法满意度	16.89	12.530	0.768	0.872
师生关系和谐满意度	16.80	13.100	0.697	0.883
课堂气氛满意度	16.90	12.448	0.747	0.875
师生交往满意度	16.77	13.336	0.691	0.884

表 2-34 学生初始问卷因子 4 的项总计统计量

	项已删除的刻度均值	项已删除的刻度方差	校正的项总计相关性	项已删除的 Cronbach's α 值
教师知识水平满意度	17.91	11.269	0.648	0.864
教师教学方法满意度	18.09	11.257	0.663	0.862
教师教学态度满意度	17.87	10.911	0.702	0.855
教师品行满意度	17.80	11.202	0.651	0.864
教师多媒体素养满意度	17.77	11.020	0.755	0.847
教师与学生沟通满意度	17.79	10.774	0.701	0.856

表 2-35 学生初始问卷因子 5 的项总计统计量

	项已删除的刻度均值	项已删除的刻度方差	校正的项总计相关性	项已删除的 Cronbach's α 值
学校社团文体活动满意度	10.08	6.338	0.684	0.865
教学基础设施满意度	10.12	5.735	0.790	0.824
教学资源满意度	10.03	5.416	0.794	0.823
教学管理服务满意度	10.06	6.557	0.697	0.861

表 2-36 学生初始问卷因子 6 的项总计统计量

	项已删除的刻度均值	项已删除的刻度方差	校正的项总计相关性	项已删除的 Cronbach's α 值
是否再选此学校	10.98	4.574	0.513	0.689
是否再选此专业	10.83	4.808	0.495	0.696
是否提教学改进建议	10.38	5.590	0.581	0.653
是否提选课建议	10.31	5.633	0.570	0.658

表 2-37 学生初始问卷的项总计统计量

	项已删除的刻度均值	项已删除的刻度方差	校正的项总计相关性	项已删除的 Cronbach's α 值
教学态度期望	129.62	411.528	0.570	0.955
教学水平期望	129.53	413.452	0.528	0.955
课堂教学内容期望	129.63	409.804	0.597	0.955
教学方法期望	129.63	411.061	0.560	0.955
实践教学内容期望	129.61	412.840	0.499	0.955
教学效果期望	129.63	409.006	0.601	0.955
师生关系期望	129.41	410.611	0.581	0.955
教学环境期望	129.54	408.053	0.510	0.956
教学管理服务期望	129.57	408.543	0.552	0.955
教师知识水平满意度	129.71	410.792	0.586	0.955
教师教学方法满意度	129.89	409.364	0.639	0.955
教师教学态度满意度	129.67	413.110	0.503	0.955
教师品行满意度	129.60	412.035	0.542	0.955
教师多媒体素养满意度	129.57	410.963	0.617	0.955
教师与学生沟通满意度	129.59	407.668	0.644	0.955
学生求知欲满意度	129.94	404.575	0.688	0.954
学生学习态度满意度	129.83	409.325	0.608	0.955
学生学习方法满意度	129.92	407.904	0.637	0.955
师生关系和谐满意度	129.83	408.282	0.652	0.955
课堂气氛满意度	129.93	407.076	0.635	0.955
师生交往满意度	129.80	410.152	0.624	0.955
专业课程设置满意度	129.87	407.596	0.638	0.955
公共课教学内容满意度	129.85	412.183	0.560	0.955
专业课教学内容满意度	129.71	406.196	0.698	0.954
教材满意度	129.83	406.091	0.678	0.954

续表

	项已删除的刻度均值	项已删除的刻度方差	校正的项总计相关性	项已删除的Cronbach's α 值
实践课教学内容满意度	129.94	410.647	0.540	0.955
学校社团文体活动满意度	129.90	405.515	0.682	0.954
教学基础设施满意度	129.93	404.780	0.662	0.954
教学资源满意度	129.84	404.536	0.619	0.955
教学管理服务满意度	129.88	409.491	0.616	0.955
教学效果整体满意度	129.74	407.433	0.683	0.954
教学提高思维能力满意度	129.80	405.013	0.734	0.954
教学提高实际能力满意度	129.75	407.776	0.673	0.954
是否再选此学校	130.06	406.821	0.498	0.956
是否再选此专业	129.91	412.713	0.386	0.957
是否提教学改进建议	129.46	418.590	0.368	0.956
是否提选课建议	129.39	416.652	0.430	0.956

从上表可以发现，并没有哪个因子在删除其中一题项后其信度有显著的增加，且6个因子的内部一致性系数均大于0.7，这说明修改后的高校教学系统学生评价初始问卷量表具有良好的内部一致性。

（六）学生评价初始问卷因子命名与题项确定

通过对问卷的信度和效度进行分析，得到高校教学系统学生评价初始问卷的信度和效度都符合统计学指标，是可信和有效的。虽然修正后的初始问卷共获得6个因子，与原本设想的8个维度不同，但结果是可以接受的。首先，跟设想不同的是师生关系相关题项被归入了学生要素中，翟莉[1]、包小红[2]认为学生同伴群体文化会对师生关系产生导向作用、监督作用、参照作

---

[1] 翟莉.学生同伴群体文化的相悖性及其对师生关系的影响[J].当代教育科学,2004(17):13-15.
[2] 包小红.教育主体与师生关系阐释[J].高等师范教育研究,2000(2):17-20.

用。因此,将师生关系归入学生要素是合理的。其次,跟设想不同的是教学内容相关指标被归入对教学效果进行评价的满意度因子中,查阅相关资料后发现有研究认为教学内容与教学效果关系紧密,[①]教学内容的选择与组织都是围绕教学目标而展开,教学内容直接指向教学系统的效果,所以将教学内容与教学效果一起归入教学满意度因子是合理的。下面我们对这6个因子分别进行命名。

因子一由9个题目组成,该题目都是描述学生对高校教学系统的期望,所以把因子一命名为教学期望(EXPECT)。

因子二由8个题目组成,与最初设想不同,因子二合并了教学内容和教学效果2个维度的题项。这8个题目都是考查学生对教学内容、课程设置、教材、教学效果等的满意度,基于此,把因子二命名为教学满意度(SATISFACTION)。

因子三由6道题目组成,与最初设想不同,因子三合并了学生要素和师生关系2个维度的题项。从学生视角出发,学生感知到的师生关系与其自身对师生关系的解释密切相关,可以认为师生关系也属于学生要素的内容之一。因此,将因子三命名为学生要素(STUDENT)。

因子四由6个题目组成,主要是描述学生对教师的知识水平、教学态度等评价,所以将因子四命名为教师要素(TEACHER)。

因子五由4道题目组成,主要描述高校的教学环境条件情况,包括信息化基础设施、资源建设情况、社团和文体活动等,因而将因子五命名为教学环境(ENVIRONMENT)。

因子六由4道题目组成,主要描述学生对学校、专业等忠诚度相关情况,所以把因子六命名为学生忠诚度(LOYALTY)。

---

① 单春晓.影响思想政治理论课教学效果的原因分析[J].辽宁教育研究,2007(12):101-102.

四、正式调查问卷量表

我们经过对初始问卷试调查数据分析,进一步根据被调查者的现场反馈,再次征求教学专家意见后,消除问卷题项的不明确和不全面之处,并改进部分题项的表述方式,得到各测量变量的正式测量题项,形成正式调查问卷见附录C[高校教学系统评价调查问卷(学生版)]。高校教学系统学生评价正式问卷的题项由学生个人信息和测量题项两部分所构成,测量量表和主要测量题项见表2-38。其中测量题项主要由三方面构成,分别为与教学期望(9项),教学满意度(36项),教学忠诚度(4项及1项开放性问题)相关的题项。教学满意度相关题项又分为教师要素、学生要素、教学环境、教学内容、教学效果等5个维度。与初始问卷相比,两者最大的差别在于两方面:一方面根据访谈结果将初始问卷中涉及"课程"的题项拆分为"公共课"和"专业课"两个题项,因此增加了9个题项;另一方面根据初始问卷探索性因子分析结果将师生关系维度划入学生要素维度。

在本研究的测评中,将测量变量设为不同的级别,并将每个级别赋予相应的分值,以便能将其与测量变量配合起来,以此获得学生对高校教学系统评价的相关数据。本研究采用对称量表形式,设立五个评分级度:非常不满意(非常不符合、非常低、非常不愿意),不满意(比较不符合、低、不愿意),一般(符合、无所谓),比较满意(比较符合、高、愿意)和非常满意(非常符合、非常高、非常愿意)。同时赋予每一个评分级度相应的分值,如:非常满意(非常符合、非常高、非常愿意)计为5分,比较满意(比较符合、高、愿意)计为4分,一般(符合、无所谓)计为3分,不满意(比较不符合、低、不愿意)计为2分,非常不满意(非常不符合、非常低、非常不愿意)计为1分,通过统计各分项得分后的均值,来确定各项指标的相应评价指数。

表 2-38 学生问卷观测变量的正式测量量表

变量类别		测量题项
教学期望	维度1：教学期望	Q1. 您对任课教师教学态度的心理预期有多高
		Q2. 您对任课教师教学水平的心理预期有多高
		Q3. 您对课堂教学内容先进性的心理预期有多高
		Q4. 您对任课教师教学方法科学性的心理预期有多高
		Q5. 您对实践类课程教学内容的心理预期有多高
		Q6. 您对课程教学效果的心理预期有多高
		Q7. 您对高校和谐师生关系的心理预期有多高
		Q8. 您对学校教学硬件条件(教室、图书馆、网络等)的心理预期有多高
		Q9. 您对学校提供的教学管理和服务(教务管理、学生管理、平台系统服务等)的心理预期有多高
教学系统主体	维度2：教师要素	Q10. 理想情况下,任课教师应该知识结构合理、专业水平较高。总体而言,您认为,公共课(政治、英语等)任课教师实际情形与此理想情况的符合程度是
		Q11. 理想情况下,任课教师应该知识结构合理、专业水平较高。总体而言,您认为,专业课任课教师的实际情形与此理想情况的符合程度是
		Q12. 理想情况下,任课教师教学方法应该新颖,语言富有亲和力和感染力,有课堂互动,气氛活跃。您认为,公共课任课教师的实际情形与此理想情况的符合程度是
		Q13. 理想情况下,任课教师教学方法应该新颖,语言富有亲和力和感染力,有课堂互动,气氛活跃。您认为,专业课任课教师的实际情形与此理想情况符合程度是
		Q14. 理想情况下,任课教师应该教学态度认真,备课充分,按时上下课、不随意漏课、调课；上课时不吸烟,不接电话和做其他与教学无关的事情。您认为,公共课任课教师的实际情形与此理想情况的符合程度是
		Q15. 理想情况下,任课教师应该教学态度认真,备课充分,按时上下课、不随意漏课、调课；上课时不吸烟,不接电话和做其他与教学无关的事情。您认为:专业课任课教师的实际情形与此理想情况的符合程度是
		Q16. 理想情况下,任课教师应该品行端正,平易近人,关爱学生,乐于与学生交流,能公平对待学生。您认为,公共课任课教师的实际情形与此理想情况的符合程度是

续表

变量类别		测量题项
教学系统主体	维度2：教师要素	Q17. 理想情况下,任课教师应该品行端正,平易近人,关爱学生,乐于与学生交流,能公平对待学生。您认为,专业课任课教师的实际情形与此理想情况的符合程度是
		Q18. 理想情况下,任课教师应能熟练应用多媒体设备以及其他教具辅助教学。您认为,公共课任课教师的实际情形与此理想情况的符合程度是
		Q19. 理想情况下,任课教师应能熟练应用多媒体设备以及其他教具辅助教学。您认为,专业课任课教师的实际情形与此理想情况的符合程度是
		Q20. 理想情况下,任课教师应善于利用网络、电子通信等工具与学生进行课上课下的良好交流互动。您认为,公共课任课教师的实际情形与此理想情况的符合程度是
		Q21. 理想情况下,任课教师应善于利用网络、电子通信等工具与学生进行课上课下的良好交流互动。您认为,专业课任课教师的实际情形与此理想情况的符合程度是
	维度3：学生要素	Q22. 理想情况下,学生应该有强烈的求知欲和清晰的学习目标。您认为,您所在专业学生的实际情形与此理想情况的符合程度是
		Q23. 理想情况下,学生应该学习态度端正,上课认真,作业按时上交。您认为,您所在专业学生的实际情形与此理想情况的符合程度是
		Q24. 理想情况下,学生应能够熟练运用自主学习、合作学习和探究学习等方法来实现学习目标。您认为,您所在专业学生的实际情形与此理想情况的符合程度是
		Q25. 您认为,您所在专业学生的知识基础和整体素质水平是
		Q26. 您认为,您所在专业学生的整体学习风气是
		Q27. 理想情况下,师生之间应该交往和交流密切,心理距离较近,并相处融洽。您认为,您所在专业的实际情形与此理想情况的符合程度是
		Q28. 理想情况下,课堂应该气氛活跃、秩序井然。您认为,您所在专业实际情形与此理想情况的符合程度是
		Q29. 理想情况下,学生在师生交往过程中能够学会认识自己,增长交往经验和社会能力,形成正确的自我意识。您认为,您本人在师生交往过程中的实际情形与此理想情况的符合程度是
教学环境	维度4：教学环境	Q35. 您对所在学校的学术文化氛围的满意度为
		Q36. 您对所在学校社团文体活动组织情况的满意度为
		Q37. 您对所在学校教学硬件条件(网络系统、多媒体教室、现代化教学设施等)的满意度为

续表

变量类别		测量题项
教学环境	维度4：教学环境	Q38.您对所在学校信息化资源(图书和数据库的数量、质量等)的满意度为
		Q39.您对学校提供的教学管理和服务(教务管理、学生管理、平台系统服务等)的满意度为
教学满意度	维度5：教学内容	Q30.您对所在专业课程设置(课程结构、学分设置等)的整体满意度为
		Q31.您对所学公共课(包括思想道德修养、大学英语、政治课、数学课、计算机课等)教学内容的满意度为
		Q32.您对所学专业课教学内容的满意度为
		Q33.您对所学课程使用的教材(科学性、适用性、先进性)的满意度为
		Q34.您对实践类课程(实习课、实践课、实验课)教学内容的满意度为
	维度6：教学效果	Q40.您对公共课教学效果的整体满意度为
		Q41.您对专业课教学效果的整体满意度为
		Q42.您对公共课教学活动在提高您的思维能力、学习能力和综合能力方面的满意度为
		Q43.您对专业课教学活动在提高您的思维能力、学习能力和综合能力方面的满意度为
		Q44.您对公共课教学活动在提高您解决本学科或相关学科具体问题的能力方面的满意度为
		Q45.您对专业课教学活动在提高您解决本学科或相关学科具体问题的能力方面的满意度为
教学忠诚	维度7：教学忠诚	Q46.如果再给您一次机会,您是否还愿意选择来现在这所高校求学
		Q47.如果再给您一次机会,您是否还愿意选择现在的专业
		Q48.如果有可能,您是否愿意对自己所在专业的教学提出改进建议
		Q49.您是否愿意向自己的学弟学妹提出选课建议(推荐选某门课或反对选某门课)

第二节 高校教学系统教师评价工具编制

一、研究设计

在高校教学系统中,除了学生之外,还有另一个"主体",即教师。一份可以较为准确地测量教师对高校教学系统评价的问卷,亦是构建本研究评价模型的关键。目前,针对高校教学系统并没有一个统一的、现成的问卷或量表,本研究需要编制教师主体调查问卷。教师问卷编制过程与学生问卷编制过程基本一致,很多步骤也是与学生问卷编制过程一同实施的。

(一)调查对象

1. 调查对象选择倾向

本次调查问卷的样本选取的原则是以江苏区域内高等院校从事一线教学的教师为主。

以江苏省内高校教师为主要调查对象,是为了与学生调查问卷的样本来源地域保持一致。此外,江苏省内高校类型较为丰富,涵盖"985高校""211高校"、其他普通本科院校以及高职院校,在江苏省区域开展教师样本的调查,比较有代表性,得出的研究结果便于推广。

2. 样本量的确定

我们将使用结构方程模型作为主要的分析工具。参照前文提到的相关样本量标准,本研究初始问卷共有38个题项,所以研究样本应不少于190个。考虑到教师问卷调查的难度,本研究拟将最终样本控制不少于400个。

(二) 调查工具

本研究在问卷题项设计上,参考了美国顾客满意度指数(ACSI)量表关于结构模型各个潜在变量的衡量维度。[①] 问卷题项的设置参考了现有的教师教学评价量表、学生满意度量表。在问卷设计环节采用了李克特量表(Likert scale),5点记分,用满意度表示教师主体对所在教学系统的满意情况,分数越高表示满意程度越高。

本研究使用 SPSS 进行样本的描述性统计以及问卷信度和效度检验。

二、变量分类与初始测量题项

本研究在参考相关量表的基础上,结合高校教学系统的要素、结构以及功能等内容,编制完成高校教学系统教师评价初始问卷,见附录 B。设置 38 个初始测量题项(变量指标),变量维度分类如表 2-39。初始问卷的设计以教学系统理论为指导,并参考了已有教学评价量表。

表 2-39 教师问卷变量的分类表

变量分类	变量维度	变量指标
教学期望	教学期望	教学环境、教学管理服务、学生学习态度、师生关系等期望
教学系统主体	学生要素	学生知识基础、学习方法、学习态度、个性品德等评价
	教师要素	教师知识水平、教学方法、教学态度、个性品质等评价
	师生关系	师生心理距离、师生课堂气氛、师生关系效果
教学内容	教学内容	整体教学内容、课程设置、教材等评价
教学环境	教学环境	学术文化氛围、教学基础设施、教学资源、教学管理服务等评价

---

① 廖颖林.结构方程模型及其在顾客满意度研究中的应用[J].统计与决策,2005(18):24-26.

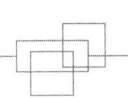

续表

变量分类	变量维度	变量指标
教学效果	教学效果	整体教学效果、教学任务完成、提高学生能力等评价
教学忠诚	教学忠诚	高校忠诚度、教学投入忠诚度、专业教学忠诚度、教学活动忠诚度等

(一) 教学期望

结合刘丽红和姚清如[①]、丁蕙和屠国元[②]、李红梅和靳玉乐[③]等人关于教师教学期望的研究,参考美国顾客满意度评价模型,本研究认为教师对高校教学系统的期望要从以下方面考虑:对学生的期望(知识基础期望、学习态度期望、学习方法期望、学习风气期望等),教学内容期望(教材期望),教学环境期望(教学硬环境期望、教学管理服务期望),师生关系期望,教学效果期望。在参考了前人的相关研究的基础上,得出教师教学期望的初始测量量表,如表 2-40。

表 2-40 教师问卷中教学期望变量名称、测量题项

变量名称	测量题项
教学环境期望	您对学校教学环境(教室、图书馆、多媒体、实验室、网络等)的期望度有多高
教学管理服务期望	您对学校提供的教学管理和服务(教务管理、学生管理、平台系统服务等)的期望度有多高
学生知识基础期望	您对所教学生原有知识基础的期望值有多高

---

① 刘丽红,姚清如.教师期望对学生学业成绩的影响[J].心理科学,1996(6):348-350,384.
② 丁蕙,屠国元.教师期望对学生自我概念形成的实证研究[J].湖南师范大学教育科学学报,2014(5):80-84.
③ 李红梅,靳玉乐.教师教学业绩的影响因素研究——基于全国 2380 名中小学教师的调查分析[J].湖南师范大学教育科学学报,2018,17(1):63-68.

续表

变量名称	测量题项
学生学习态度期望	您对所教学生学习态度的期望值有多高
学生学习风气期望	您对所教学生学习风气的期望值有多高
学生学习方法期望	您对所教学生掌握学习方法(例如自主学习法、合作与探究法)期望值有多高
师生关系期望	您对与所教学生之间和谐师生关系的期望值有多高
教学内容期望	您对所教课程教材(科学性、适用性、先进性)的期望值有多高
教学效果期望	您对所教课程教学效果的期望值有多高

(二) 教学系统主体之教师要素

高等教育研究者对教师要素的测量是一种"综合测量"。通过对教师素质、人格特征、教学态度、教学方法等的测量，评价教师在教与学过程中的作用。学校往往通过学生对教师的个人特质和教学行为的判断来评价教师的作用，事实上针对教师教学的评价，除了学生评价外，教师自评也非常重要。[1] 综合麦基奇[2]、史静寰[3]等、程末[4]、熊卓[5]、吴薇[6]等人的研究，可以发现在高等教育教学实践中，对教师评价的测量指标通常有教师水平、教学方法、教学态度、教师品行等。因此采用组合方法测量教师作用，具体见表 2-41。

---

[1] 王芳亮.影响教师自评有效性的因素分析及对策[J].黑龙江高教研究,2005(3):108-109.
[2] Mckeachie W J. Research on college teaching: The historical background[J]. Journal of Educational Psychology, 1990, 82(2): 189-200.
[3] 史静寰,许甜,李一飞.我国高校教师教学学术现状研究——基于 44 所高校的调查分析[J].高等教育研究,2011(12):52-66.
[4] 程末.强化分类评聘机制推动高校教师评价科学化[J].中国高等教育,2013(8):58-60.
[5] 熊卓.高校教学评估中教学质量评价的 SPSS 分析[J].科技通报,2014(5):218-220,229.
[6] 吴薇,姚蕊,谢作栩.高校教师在线教学经历对自我教学评价的影响——基于全国 334 所高校的调查分析[J].高等教育研究,2020,41(8):63-72.

表 2-41 教师问卷中教师要素变量名称、测量题项

变量名称	测量题项
教师知识水平评价	理想情况下,任课教师应该知识结构合理、专业水平较高。总体而言,您认为所在学校任课教师的实际情形与此理想情况的符合程度是
教师教学方法评价	理想情况下,任课教师教学方法应该新颖,语言富有亲和力和感染力,有课堂互动,气氛活跃。您认为,您所在学校的实际情形与此理想情况的符合程度是
教师教学态度评价	理想情况下,任课教师应该教学态度认真,备课充分,按时上下课、不随意漏课、调课;上课时不吸烟,不接电话和做其他与教学无关的事情。您认为,您所在学校实际情形与此理想情况的符合程度是
教师个人品行评价	理想情况下,任课教师应该品行端正,平易近人,关爱学生,乐于与学生交流,能公平对待学生。您认为,您所在学校实际情形与此理想情况的符合程度是
教师多媒体素养评价	理想情况下,任课教师应能熟练应用多媒体设备以及其他教具辅助教学。您认为您所在学校实际情形与此理想情况的符合程度是
教师信息交流素养评价	理想情况下,任课教师应善于利用网络、电子通信等工具与学生进行课上课下的良好交流互动。您认为所在学校教师的实际情形与此理想情况的符合程度是

(三) 教学系统主体之学生要素

结合相关文献,参考美国顾客满意度评价模型,本研究认为对学生所进行的评价可以从如下几个方面考虑:学生基础知识,学习方法,学习态度,学生个性品德,以及学生信息化素养。参考齐默尔曼和班杜拉[1]、雷斯尼克和霍尔[2]、刘超[3]、路迪[4]等人的研究,得出学生要素的初始测量题项,如表 2-42。

---

[1] Zimmerman, B. J., & Bandura, A. (1994). Impact of self-regulatory influences on writing course attainment. American Educational Research Journal, 31(3), 845-862.
[2] Resnick L. B., Hall M. W. "Principles of Learning for Effort-based Education."[Z] the CD-ROM Principles of Learning:Study Tools for Educators.
[3] 刘超,王宇翔,何学敏.学校学风建设及其评价体系研究[J].教学与管理,2010(27):15-16.
[4] 路迪.新型人才需要新的培养方式[J].教育与职业,2012(1):94-95.

表 2-42 教师问卷中学生要素变量名称、测量题项

变量名称	测量题项
学生基础知识满意度	理想情况下,学生在学习一门课程前应具有相应的基本知识和认知结构。总体而言,您所教学生的实际情形与此理想情况的符合程度是
学生学习方法满意度	理想情况下,大学生应具有适应大学课程的学习方法(如自主学习、探究学习、协作学习等),您认为您所教学生的实际情形与此理想情况的符合程度是
学生学习态度满意度	理想情况下,学生在上课前进行预习与课前准备,上课注意力集中,积极参与课堂,课后认真完成作业。您认为,您所在学校实际情形与此理想情况的符合程度是
学生个性品德满意度	理想情况下,学生应该品行端正,尊敬师长,团结同学。您认为,您所教学生的实际情形与此理想情况的符合程度是
学生信息化素养满意度	理想情况下,大学生应能熟练使用各种信息化工具,来获取信息、处理信息、生成信息、创造信息并进行信息协作。您认为您所教学生的实际情形与此理想情况的符合程度是

(四) 师生关系

基于已有研究成果,教学系统中师生关系的测量主要从师生交往、课堂气氛等方面进行测量。初始测量问项,如下表 2-43。

表 2-43 教师问卷中教学环境变量名称、测量题项

变量名称	测量题项
师生交往相处满意度	理想情况下,师生之间应该交往和交流密切,心理距离较近,并相处融洽。您认为,您授课过程中的实际情形与此理想情况的符合程度是
师生课堂气氛满意度	理想情况下,课堂应该气氛活跃、秩序井然。您认为,您授课过程中的实际情形与此理想情况的符合程度是
师生关系效果满意度	理想情况下,师生各自的角色定位明确,学生在交往过程中能够学会认识自己,增长交往经验和社会能力,形成正确的自我意识。您认为,您与学生交往的实际情形与此理想情况的符合程度是

(五) 教学环境

基于已有研究成果,教学系统所涉环境的测量主要从学术氛围、教学基

础设施、教学资源等方面进行测量。初始测量问项,如下表 2-44。

表 2-44 教师问卷中教学环境变量名称、测量题项

变量名称	测量题项
学术文化氛围满意度	您对所在学校的学术氛围和文化氛围的满意度为
教学基础设施满意度	您对所在学校教学信息化基础设施(网络系统、多媒体教室、现代化教学设施等)的满意度为
教学资源满意度	您对所在学校教学信息化资源(图书和数据库的数量、质量等)的满意度为
教学管理服务满意度	您对学校提供的教学管理和服务(教务管理、学生管理、平台系统服务等)的满意度为

(六) 教学内容

基于安春元[①]、周义军[②]等的研究成果,教学内容的测量主要从课程设置、教材、课堂教学内容等方面进行测量。初始测量问项,如下表 2-45。

表 2-45 教师问卷中教学内容变量名称、测量题项

变量名称	测量题项
整体教学内容满意度	您对所教课程教学内容(课程标准、课程结构等)的整体满意度为
课程设置满意度	您对所教课程的学分设置、学时分配等的满意度为
教材满意度	您对所教课程使用的教材(科学性、适用性、先进性)的满意度为

(七) 教学效果

教学系统功能主要由教学效果反映,其最主要的体现是教学任务的完成

---

① 安春元.高校课程设置与教学改革新尝试[J].中国高教研究,2004(5):85-86.
② 周义军.关于建立高校教材评价体系的思考[J].现代出版,2011(3):24-26.

以及所教学生学习收获的满意度。因此,本书的教学系统功能采用教学效果满意度进行测量,见表 2-46。

表 2-46 教师问卷中教学效果变量名称、测量题项

变量名称	测量题项
教学效果	您对所教课程教学效果的整体满意度是
	您是否认为您较好完成了自己课程的教学任务,学生能够接受并掌握课程内容
	您是否认为通过您的教学活动,学生解决本学科或相关学科具体问题的能力得到了提高
	您是否认为通过您的教学活动,促进了学生思维能力、学习能力和综合能力的提高

(八) 教学忠诚度

教师职业忠诚是指教师对教育工作的热爱与积极追求,通常表现为对职业的忠实态度与积极进取的行为。[1] 结合罗斌[2]、高永红和李全生[3]、刘国权和彭学文[4]等人的教师教学忠诚度相关研究,参考美国顾客满意度评价模型,本研究认为教师对教学系统的忠诚要从以下方面考虑:高校忠诚度、专业忠诚度以及是否关心改进教学等。因此,从 4 个方面进行测量教学忠诚度,具体见表 2-47。

---

[1] 李欣,郑丽萍.新时代东盟五国本土中文教师职业忠诚度实证分析[J].华侨大学学报(哲学社会科学版),2024(3):39-49.

[2] 罗斌.影响高校教师忠诚度的非经济因素探析[J].辽宁教育研究,2004(9):64-66.

[3] 高永红,李全生.心理契约视阈下高校教师忠诚度管理研究[J].国家教育行政学院学报,2010(7):67-70.

[4] 刘国权,彭学文.治理视角下我国大学教师"双重忠诚"研究[J].大学教育科学,2015(1):25-29.

表 3-47　教师初始问卷教学忠诚度变量名称、测量题项

变量名称	测量题项
教学忠诚度	如果再给你一次机会,您是否还愿意选择来所在高校任教
	您是否愿意为了提高自己所授课程的教学效果,而在教学上投入更多的时间
	如果有可能,您是否愿意对自己所在专业的教学提出改进建议
	您是否愿意向自己所在学校提出课程设计/教学改革的建议

本研究测量题项的设置基于教学系统理论并借鉴了前人的研究成果,最终形成了具有合适结构的教师问卷测量题项。对于上文中梳理出来的测量题项,本研究予以选择性采用,并根据对高校教学系统的实际调查和访谈结果进行了适当的调整和补充。

三、小规模访谈

(一) 访谈目的

本研究的小规模访谈主要是为了达到以下目的:考察高校教学系统结构以及功能的影响因素有哪些,以验证本文提出的模型的合理性;在影响高等学校教学系统结构和功能的各类因素中,重点调查教师要素、学生要素、教学环境等因素所属维度的选取是否合理、全面;根据前人研究推导出教师问卷中各变量的测量题项,通过访谈确定各测量题项是否涵盖了相应变量的全部内容,是否应该增加相应的问题;与访谈者共同探讨从理论上得到的测量题项的合理性和表达上的易读性,考察测量题项是否具有歧义,表达是否清楚。

(二) 访谈过程

根据本文的访谈目的,访谈提纲如下:

1）访谈基本情况介绍；

2）哪些因素是教学成功的关键；

3）向被访者解释本研究的基本思路和初步构建的模型，与其互动考察本研究提出的教学系统要素、结构以及功能的关系的正确性；

4）向受访者展示基于已有研究设置的测量题项，考察测量题项的设置是否合理，题项的表述是否清晰；

5）通过咨询访谈对象，了解教师的哪些背景特征需要纳入本调查问卷；

6）讨论教师问卷与学生问卷的差异。

我们采用半结构访谈法进行访谈，在正式访谈之前，告知对象本次访谈的保密原则，营造轻松的交流环境。确保每位被访者充分理解访谈的目的以及内容，保证受访者对所有访谈问题进行回答。

(三) 访谈结果

小规模访谈后我们得到以下结果：

在教师教学效果的影响因素方面。受访者普遍认为教学效果的主要影响因素应包括：教师的教学态度、教学方法以及学生的学习态度等。另外，教学基础设施、教学资源、教学管理服务、学习氛围等也是影响教学效果的重要因素。

本文的模型框架方面。在访谈的过程中，受访者介绍了其对高校教学系统的认识，内容主要包括：高校教学系统教学功能正常发挥通常受哪些因素影响，因素之间的因果或相关关系，因素对教学效果和教学系统满意度又会产生何种作用。受访者普遍认为，教学系统中的环境因素是高校教学系统功能正常发挥的重要基础，而教师的教学行为是教学系统功能正常发挥的主导因素，教师素质和教学态度等会通过教师的教学表现进而影响教学效果。从访谈结果来看，本研究探讨教师素养和教学态度从直接和间接两条路径对教学效果产生作用是可行的。

在访谈的过程中，多数受访者谈到了教师期望、教师教学态度和教学方法、学生学习态度和学习方法、教学效果之间的因果关系。本研究认为教师期望会在一定程度上影响教学效果,教师的教学态度和教学行为会影响教学过程和教学环境的改变,并影响学生的学习态度,也将通过学生作用对教学效果产生间接作用。此外,部分受访者认为教师期望产生于教师内在并受教学环境的影响,或许对教学效果影响不大。

测量题项的精确性方面。在访谈中,请受访者阅读预先编制的各变量测量题项,请他们交流问卷题项的精确性、合理性和易读性情况。

对教学内容变量的测量。受访者认为"您对所教课程教学内容(课程标准、课程结构等)的整体满意度为"题项中的"课程标准"不易被多数教师理解,建议将其改为"教学规范"。同样,关于教学内容变量"您对所教课程的学分设置、学时分配等的满意度为"其中的"学分设置、学时分配"属于教学规范的内容,故建议将此题删除。关于教学内容变量"您对所教课程使用的教材(科学性、适用性、先进性)的满意度为"中的教材种类较多,建议将其拆分为"您对所授课程使用的自编教材(科学性、适用性、先进性)的满意度为"和"您对所授课程使用的他人教材(科学性、适用性、先进性)的满意度为"。

对教学忠诚度变量的测量。受访者认为"如果再给你一次机会,您是否还愿意选择来所在高校任教"仅能代表学校忠诚度涉及含义较窄,建议增加高校忠诚度和专业忠诚度,即增加题项"如果再给你一次机会,您是否还愿意选择到高校做教师"和"如果再给你一次机会,您是否还愿意选择到所在学科任教"。

在变量测量问项的表述方面,受访者也给出了建议,现场对各个问项进行了准确性和易读性的讨论,消除了问项不清晰和易误读的地方。

四、正式调查问卷测量量表

在初步编制好问卷后,在网上发布问卷,邀请部分专家和待测教师填写,并根据他们的反馈意见对问卷进一步修改和完善,形成了教师正式问卷见附录D[高校教学系统评价问卷(教师版)],测量量表和主要测量题项见表2-48。调查问卷所有题项主要包括两大部分:一是教师个人信息;二是测量题项。

其中测量题项主要由3方面构成,分别为与教学期望(9项)、教学满意度(27项)、教学忠诚度(4项及1项开放性问题)相关的题项,这3个方面又以教学满意度相关题项为主体。

已有研究显示,对教学行为的感知,对教学环境和教学效果的评价属于主观判断,这种判断反映了评价者的认知结果以及情感态度。由此,本研究在进行量表设计时借鉴了标准化的心理测量程序。在本研究的测评中,同样将测量变量设为几个不同的级别,并给每个级别赋予对应的分值,以此获得教师对高校教学系统评价的相关数据。采用对称量表形式,设立五个评分级度,同时赋予每一个评分级度对应的数值。具体如下:非常满意(非常符合、非常高、非常愿意)计为5分,比较满意(比较符合、高、愿意)计为4分,一般(符合、无所谓)计为3分,不满意(比较不符合、低、不愿意)计为2分,非常不满意(非常不符合、非常低、非常不愿意)计为1分,通过统计各分项得分后的均值,来确定各项指标的相应评价指数。

表2-48 教师问卷的变量类别及测量题项(访谈修改后)

变量类别		测量题项
教学期望	维度1:教学期望	Q1.您对学校教学硬件条件(教室、图书馆、多媒体、实验室、网络等)的心理预期有多高
		Q2.您对学校提供的教学管理和服务(教务管理、学生管理、平台系统服务等)的心理预期有多高
		Q3.您对所教学生原有知识基础的心理预期有多高
		Q4.您对所教学生学习态度的心理预期有多高
		Q5.您对所教学生学习风气的心理预期有多高
		Q6.您对所教学生掌握学习方法(例如自主学习法、合作与探究法)的心理预期有多高
		Q7.您对与所教学生之间和谐师生关系的心理预期有多高
		Q8.您对所授课程使用教材(科学性、适用性、先进性)的心理预期有多高
		Q9.您对所授课程教学效果的心理预期有多高

续表

变量类别		测量题项
教学系统主体	维度2：学生要素	Q10.理想情况下，学生在学习一门课程前应具有相应的基本知识和认知结构。您认为，您所教学生的实际情形与此理想情况的符合程度是
		Q11.理想情况下，大学生应具有适应大学课程的学习方法（如自主学习、探究学习、协作学习等）。您认为，您所教学生的实际情形与此理想情况符合程度是
		Q12.理想情况下，学生在上课前进行预习与课前准备，上课注意力集中，积极参与课堂，课后认真完成作业。您认为，您所教学生实际情形与此理想情况的符合程度是
		Q13.理想情况下，学生应该品行端正，尊敬师长，团结同学。您认为，您所教学生的实际情形与此理想情况的符合程度是
		Q14.理想情况下，大学生应能熟练使用各种信息化工具，来获取信息、处理信息、生成信息、创造信息并进行信息协作。您认为，您所教学生的实际情形与此理想情况的符合程度是
	维度3：教师要素	Q15.理想情况下，任课教师应该知识结构合理、专业水平较高。您认为，所在学科任课教师群体的实际情形与此理想情况的符合程度是
		Q16.理想情况下，任课教师教学方法应该新颖，语言富有亲和力和感染力，有课堂互动，气氛活跃。您认为，您所在学科任课教师群体的实际情形与理想情况的符合程度是
		Q17.理想情况下，任课教师应该教学态度认真，备课充分，按时上下课、不随意漏课、调课；上课时不吸烟，不接电话和做其他与教学无关的事情。您认为，您所在学科任课教师群体实际情形与此理想情况的符合程度是
		Q18.理想情况下，任课教师应该品行端正，平易近人，关爱学生，乐于与学生交流，能公平对待学生。您认为，您所在学科任课教师群体实际情形与理想情况的符合程度是
		Q19.理想情况下，任课教师应能熟练应用多媒体设备以及其他教具辅助教学。您认为，您所在学科任课教师群体实际情形与此理想情况的符合程度是
		Q20.理想情况下，任课教师应善于利用网络、电子通信等工具与学生进行课上课下的良好交流互动。您认为，您所在学科任课教师群体实际情形与此理想情况的符合程度是
		Q21.理想情况下，师生之间应该交往和交流密切，心理距离较近，并相处融洽。您认为，您授课过程中的实际情形与此理想情况的符合程度是

续表

变量类别		测量题项
教学系统主体	维度3：教师要素	Q22.理想情况下,课堂应该气氛活跃、秩序井然。您认为,您授课过程中的实际情形与此理想情况的符合程度是
		Q23.理想情况下,师生各自的角色定位明确,学生在交往过程中能够学会认识自己,增长交往经验和社会能力,形成正确的自我意识。您认为,您与学生交往的实际情形与此理想情况的符合程度是
教学环境	维度4：教学环境	Q27.您对所在学校的学术氛围和文化氛围的满意度为
		Q28.您对所在学校教学硬件条件(网络系统、多媒体教室、现代化教学设施等)的满意度为
		Q29.您对所在学校信息化资源(图书和数据库的数量、质量等)的满意度为
		Q30.您对学校提供的教学管理和服务(教务管理、学生管理、平台系统服务等)的满意度为
		Q31.您对所在学科组织开展的教研活动的满意度为(非必选题)
教学满意度	维度5：教学内容	Q24.您对所授课程教学内容(教学规范、课程结构等)的整体满意度为
		Q25.您对所授课程使用的自编教材(科学性、适用性、先进性)的满意度为(非必选题)
		Q26.您对所授课程使用的他人教材(科学性、适用性、先进性)的满意度为(非必选题)
	维度6：教学效果	Q32.您对所授课程教学效果的整体满意度是
		Q33.您是否认为,您较好完成了自己课程的教学任务,学生能够接受并掌握课程内容
		Q34.您是否认为,通过您的教学活动,学生解决本学科或相关学科具体问题的能力得到了提高
		Q35.您是否认为,通过您的教学活动,促进了学生思维能力、学习能力和综合能力的提高
教学忠诚	维度7：教学忠诚	Q36.如果再给你一次机会,您是否还愿意选择到高校做教师
		Q37.如果再给你一次机会,您是否还愿意选择到所在学校任教
		Q38.如果再给你一次机会,您是否还愿意选择到所在学科任教
		Q39.您是否愿意为了提高自己所授课程的教学效果,而在教学上投入更多时间
		Q40.如果没参加过教改课题,您是否愿意参加教学改革项目/课题研究
		Q41.如果有可能,您是否愿意对自己所在专业的教学提出改进建议
		Q42.您是否愿意向自己所在学校提出课程设计/教学改革的建议

第三节　高校教学系统"结构—功能"假设模型

在高校教学系统学生评价初始问卷探索性因子分析命名的基础上,结合教师评价问卷编制中的变量维度设置,使用 AMOS 构建了高校教学系统"结构—功能"假设模型。该模型包括基于学生视角的高校教学系统"结构—功能"模型和基于教师视角的高校教学系统"结构—功能"模型两部分,下文分别对两部分模型的假设进行描述。

一、基于学生评价的高校教学系统"结构—功能"假设模型

基于学生评价的高校教学系统"结构—功能"假设模型中包括 6 个潜在变量,分别为教学期望、教学环境、学生要素、教师要素、教学满意度、教学忠诚度。教学满意度维度反映高校教学系统的"功能",包括教学内容以及教学效果。教学期望作为系统主体的一种内在目标,必然会影响教学系统结构及其功能发挥,教学忠诚度作为教学系统的衍生功能,它与主体对系统结构、功能评价的结果密切相关。教学期望、教师要素、学生要素、教学环境为高校教学系统"结构—功能"的驱动因素(或原因变量),教学忠诚度、教学满意度作为高校教学系统"结构—功能"的结果变量。6 个变量相互作用,共同构成学生视角下的高校教学系统"结构—功能"体系。

胡安和米格尔(1997)在影响大学教学质量的学生和教师因素研究中提出,大学教学质量受到教师特征、教学效果、学生因素、学校基础条件等多层面因素的影响。[①] 奇克林和加姆森(1991)在美国高等院校提高本科教学质量

---

① Juan F, Migue A M. Student and faculty gender in ratings of university teaching quality[J]. Sex Roles, 1997,37(11), 997 – 1003.

的 7 条对策一文中提出,提高教学质量应该从师生交流、学生协作、主动学习、及时反馈等 7 个方面开展工作。[①] 洪艺敏(2019)认为教学质量的高低在很大程度上取决于师生主观能动性的发挥,提出本科教学质量标准应该从学生对学习的投入度、教师对学生的学习影响度、学校对学生学习的支持度和学生的学习获得度等 4 个维度去设定。[②] 兰皮基尼等人(2004)探讨了学生对教学质量的影响,研究认为教学质量受到学生对课程本身的兴趣特点和学生特点及其期望的影响。[③] 章玲等(2009)利用 DEMATEL 方法,探讨了教师对高校教学质量的影响,并指出教师的业务水平是影响高校教学质量的关键因素。[④] 综上,根据有关理论和相关研究,本研究提出以下假设。

第一,教学期望与教学环境、学生要素、教师要素、教学满意度之间的关系。

假设 1:教学期望与教学环境具有相关关系。

假设 2:教学期望与学生要素具有相关关系。

假设 3:教学期望对教师要素具有正向影响。

假设 4:教学期望对教学满意度具有正向影响。

第二,教学环境与学生要素、教师要素、教学满意度之间的关系。

假设 5:教学环境与学生要素具有相关关系。

假设 6:教学环境对教师要素具有正向影响。

假设 7:教学环境对教学满意度具有正向影响。

[①] Chickering A W, Gamson Z F. Seven principles for good practice in undergraduate education [M]. San Francisco: Jossey-Bass, 1991:36 – 38.
[②] 洪艺敏."以学生为中心"的本科教学质量"四维"评价[J].大学教育科学,2019(2):14 – 15,122.
[③] RAMPICHINI C, GRILLI L, PETRUCCI A. Analysis of university course evaluations: from descriptive measures to multilevel models[J]. Statistical Methods & Applications, 2004, 13(3): 357 – 373.
[④] 章玲,周德群,汤建影.基于 DEMATEL 方法的高等教育教学质量影响因素分析[J].南京航空航天大学学报(社会科学版),2009,11(1):49 – 52.

第三,学生要素对教师要素、教学满意度的影响。

假设 8:学生要素对教师要素具有正向影响。

假设 9:学生要素对教学满意度具有正向影响。

第四,教师要素与教学满意度的关系。

假设 10:教师要素对教学满意度有正向影响。

第五,教学满意度与教学忠诚度的关系。

假设 11:教学满意度对教学忠诚度有正向影响。

第六,基于学生评价的高校教学系统"结构—功能"假设路径。

路径分析(path analysis)是生物学家赖特(Wright)提出的一种用于分析因果模型的技术。在路径图中,用椭圆形表示可观测变量,用直线箭头表示假定变量之间具有因果关系,箭头方向从原因变量指向结果变量。用弧形的双向箭头表示假定两个变量之间是相关关系。[①] 根据路径图的表示方法,结合本研究模型的假设关系,得到基于学生评价的高校教学系统"结构—功能"SEM 假设路径图,见图 2-1。

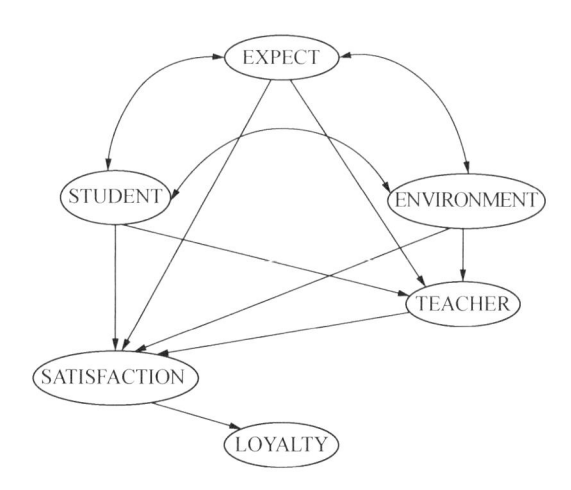

图 2-1 基于学生评价的高校教学系统"结构—功能"假设路径

---

① 张建平.一种新的统计方法和研究思路——结构方程建模述评[J].心理学报,1993,25(1):93-101.

二、基于教师评价的高校教学系统"结构—功能"假设模型

基于教师评价的高校教学系统"结构—功能"假设模型中同样包括6个潜在变量,分别为教学期望、教学环境、学生要素、教师要素、教学满意度、教学忠诚度。6个潜在变量相互作用,共同构成教师视角下的高校教学系统"结构—功能"体系。

根据教学系统理论和相关研究,分别提出基于教师评价的高校教学系统"结构—功能"模型假设。

第一,教学期望与教学环境、学生要素、教师要素、教学满意度、教学忠诚度之间的关系。

假设1:教学期望与教学环境有相关关系。

假设2:教学期望与学生要素有相关关系。

假设3:教学期望对教师要素有正向影响。

假设4:教学期望对教学满意度有正向影响。

假设5:教学期望对教学忠诚度有正向影响。

第二,教学环境与学生要素、教师要素、教学满意度、教学忠诚度的关系。

假设6:教学环境与学生要素有相关关系。

假设7:教学环境对教师要素有正向影响。

假设8:教学环境对教学满意度有正向影响。

假设9:教学环境对教学忠诚度有正向影响。

第三,学生要素与教师要素、教学满意度、教学忠诚度的关系。

假设10:学生要素对教师要素有正向影响。

假设11:学生要素对教学满意度有正向影响。

假设12:学生要素对教学忠诚度有正向影响。

第四,教师要素与教学满意度、教学忠诚度的关系。

假设13:教师要素对教学满意度有正向影响。

假设14:教师要素对教学忠诚度有正向影响。

第五,教学满意度与教学忠诚度的关系。

假设15:教学满意度对教学忠诚度有正向影响。

第六,基于教师评价的高校教学系统"结构—功能"假设路径。

根据结构方程模型路径图的表示方法,结合上述假设关系,得到基于教师评价的高校教学系统"结构—功能"路径图,见图2-2。

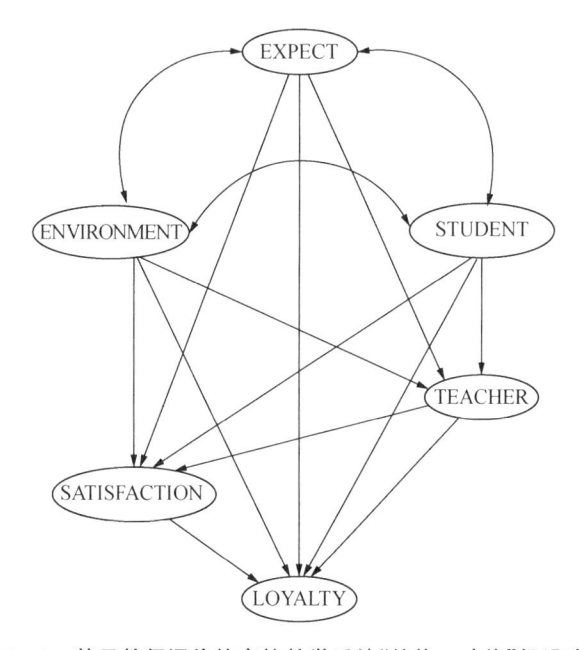

图2-2 基于教师评价的高校教学系统"结构—功能"假设路径

第四节 高校教学系统主体评价指标体系

当前,国内关于教学评价的研究,较多采用层次分析法、专家咨询法、模糊综合评价法等方式确定指标权重,其本质上是主观定权法。本研究旨在探求教学系统主体(教师和学生)对教学系统总体及其要素的评价情况,为更好

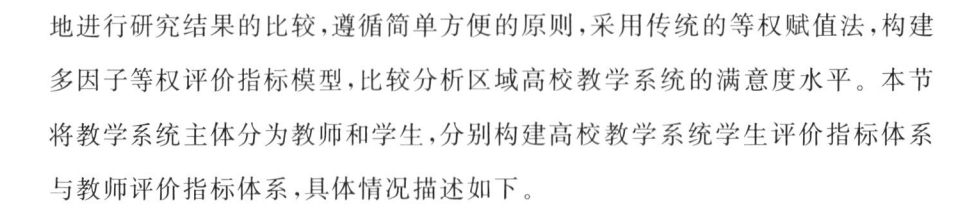

地进行研究结果的比较,遵循简单方便的原则,采用传统的等权赋值法,构建多因子等权评价指标模型,比较分析区域高校教学系统的满意度水平。本节将教学系统主体分为教师和学生,分别构建高校教学系统学生评价指标体系与教师评价指标体系,具体情况描述如下。

一、高校教学系统主体评价指标体系构建原则

建立高校教学系统主体评价指标体系是高校教学系统满意度测量的核心部分,在很大程度上决定了测评结果的有效性、可靠性以及公平性。在构建高校教学系统主体评价指标体系时需遵循一定的准则。

(一)建立的高校教学系统主体评价指标体系,必须是系统主体认为重要的

"由主体来确定评价指标体系"最基本的要求,这需准确把握主体的需求,选择主体认为最关键的测评指标,这符合"消费者"导向模式的理念,也是本节研究的主要基点。虽然同为高校教学系统主体,但教师和学生所处的立场和视角也会有所不同,因此构建的评价指标体系中两者应该既有共同之处又各有侧重。

(二)测评指标必须具有可控性

高校教学系统主体评价的过程和结果会使教师或学生产生对学校更高级的期望,促使学校以及相关管理部门采取改进措施,而那些客观上无法改变的指标不应列为测评指标,如学校的交通和地理位置等。

(三)测评指标必须具有可测性

高校教学系统主体评价的结果需是量化的值,这要求相关测评指标是能够实现统计、计算以及分析的。

二、高校教学系统学生评价指标体系的构成

当前,高校开展教学及管理活动的指标内容,通常是由学校或其上级教育管理部门的管理者确定的,学生属于指标体系的被动接受者。这种做法得到的测量指标极有可能出现误差,出现无法涵括学生所关心的内容,或是指标跟不上教学的需求导致脱节,造成考察结果的偏差,以至于提供的信息不准确。因此,本研究在参阅已有研究的基础上,进一步通过访谈和开放式问卷等形式与教师和学生充分沟通,确保指标的设置符合高校学生的认知。拟定的具体评价指标体系,见表 2-49。

表 2-49 高校教学系统学生评价指标体系

一级指标	二级指标	三级指标
高校教学系统学生满意度	教师要素满意度	教师知识水平满意度
		教师教学方法满意度
		教师教学态度满意度
		教师品行满意度
		教师多媒体素养满意度
		教师与学生沟通满意度
	学生要素满意度	学生求知欲满意度
		学生学习态度满意度
		学生学习方法满意度
		师生关系和谐满意度
		课堂气氛满意度
		师生交往满意度
	教学环境满意度	学习学术氛围满意度
		学校社团文体活动满意度
		教学基础设施满意度

续表

一级指标	二级指标	三级指标
高校教学系统学生满意度	教学环境满意度	教学资源满意度
		教学管理服务满意度
	教学内容满意度	专业课程设置满意度
		公共课教学内容满意度
		专业课教学内容满意度
		教材满意度
		实践课教学内容满意度
	教学效果满意度	教学效果整体满意度
		教学提高思维能力满意度
		教学提高实际能力满意度

三、高校教学系统教师评价指标体系的构成

同前,高校开展教学及管理活动的指标内容,通常是由学校或其上级教育管理部门的管理者确定的,而较少考虑教师的认知。为避免这方面的问题,本研究在参阅已有研究的基础上,进一步通过访谈和开放式问卷等形式与教师充分沟通,确保指标的设置符合高校教师的认知。拟定的具体评价指标体系见表2-50。

表2-50 高校教学系统教师评价指标体系

一级指标	二级指标	三级指标
高校教学系统教师满意度	学生要素满意度	学生知识基础满意度
		学生学习方法满意度
		学生学习态度满意度
		学生品行满意度
		学生信息素养满意度

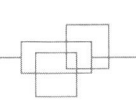

续表

一级指标	二级指标	三级指标
高校教学系统教师满意度	教师要素满意度	学科教师知识水平满意度
		学科教师教学方法满意度
		学科教师教学态度满意度
		学科教师品行满意度
		学科教师多媒体素养满意度
		学科教师网络满意度
		师生关系和谐满意度
		课堂气氛满意度
		师生交往满意度
	教学环境满意度	学术文化氛围满意度
		教学硬件条件满意度
		教学信息化资源满意度
		教学管理服务满意度
		学科教研活动满意度
	教学内容满意度	课堂教学内容满意度
		教材满意度
	教学效果满意度	授课教学效果满意度
		完成教学任务满意度
		提高学生专业能力满意度
		提高学生综合能力满意度

四、高校教学系统主体评价满意度指数分级标准

在学生和教师评价指标体系中，三级指标（即具体测量题项）中的满意度值共分为5级，即非常满意（5分）、满意（4分）、一般（3分）、不满意（2分）和非常不满意（1分）。二级指标和一级指标以满意度指数（satisfaction index，简称SI）表示，指数值等于其下级指数的均值，最终分级情况，见下表2-51。

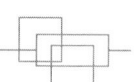

表 2-51 教学满意度指数及对应分级

满意度指数(SI)	分级
4.0≤SI≤5.0	优
3.5≤SI＜4.0	良
3.0≤SI＜3.5	中
1.0≤SI＜3.0	差

第三章　基于学生评价的高校教学系统实证研究

本部分实证研究基于学生评价的高校教学系统"结构—功能"理论模型展开。首先,在试调查的基础上对高校教学系统学生评价初始问卷进行修改并形成最终调查问卷,进行正式调查,并对问卷的信度和效度进行分析。其次,参考初始问卷探索性因子分析的结果,基于正式问卷探索性因子分析的结果确定基于学生评价的高校教学系统"结构—功能"模型的潜在变量及其测量指标。第三,基于正式调查问卷的样本数据统计区域高校教学系统学生总体满意度和各要素总体满意度情况,比较不同层次不同类型高校教学系统的学生满意度结果的差异,分析学生性别、年龄、专业、学段等背景特征对高校教学系统评价的影响差异。第四,运用验证性因子分析法验证基于学生评价高校教学系统"结构—功能"理论模型中教学期望、学生要素、教学环境、教师要素、教学满意度以及教学忠诚度等潜在变量与其测量指标之间的关系,并修正测量模型。第五,基于研究假设以及修正后的测量模型构建基于学生评价的高校教学系统"结构—功能"理论模型。第六,通过结构方程模型多群组分析法对不同性别、不同学校类型、不同学段等跨群组样本间的适配度进行分析,以检验理论模型的稳定性。

第一节 研究样本及数据质量分析

一、问卷样本概况

经过对初始问卷试调查数据的分析以及被调查者的现场反馈,并征求教学专家意见后,消除问卷题项的不明确和不全面之处,并改进部分题项的表述方式,得到各测量变量的正式测量题项,形成正式调查问卷见附录C[高校教学系统评价调查问卷(学生版)],正式测量量表和主要测量题项见表3-1。高校教学系统学生评价正式问卷的题项由学生个人信息和测量题项两部分构成。其中测量题项主要由三方面构成,分别为与教学期望(9项),教学满意度(36项),教学忠诚度(4项及1项开放性问题)相关的题项。教学满意度相关题项又分为教师要素、学生要素、教学环境、教学内容、教学效果等5个维度。与初始问卷相比,两者最大的差别在于两方面:一方面根据访谈结果将初始问卷中涉及"课程"的题项拆分为"公共课"和"专业课"两个题项,因此增加了9个题项;另一方面根据初始问卷探索性因子分析结果将师生关系维度划入学生要素维度。

在测评中,将测量变量设为几个不同的级别,并将每个级别赋予相应的分值,以便能将其与测量变量配合起来,以此获得学生对高校教学系统评价的相关数据。我们采用对称量表形式,设立五个评分级度:非常不满意(非常不符合、非常低、非常不愿意),不满意(比较不符合、低、不愿意),一般(符合、无所谓),比较满意(比较符合、高、愿意)和非常满意(非常符合、非常高、非常愿意)。同时,赋予每一个评分级度相应的分值,如:非常满意(非常符合、非常高、非常愿意)计为5分,比较满意(比较符合、高、愿意)计为4分,一般(符合、无所谓)计为 3 分,不满意(比较不符合、低、不愿意)计为 2 分,非常不满意(非常不符合、非常低、非常不愿意)计为 1 分,通过统计各分项得分后的均值,来确定各项指标的相应评价指数。

表 3-1 学生问卷观测变量的正式测量量表

变量类别		测量题项
教学期望	维度1:教学期望	Q1. 您对任课教师教学态度的心理预期有多高
		Q2. 您对任课教师教学水平的心理预期有多高
		Q3. 您对课堂教学内容先进性的心理预期有多高
		Q4. 您对任课教师教学方法科学性的心理预期有多高
		Q5. 您对实践类课程教学内容的心理预期有多高
		Q6. 您对课程教学效果的心理预期有多高
		Q7. 您对高校和谐师生关系的心理预期有多高
		Q8. 您对学校教学硬件条件(教室、图书馆、网络等)的心理预期有多高
		Q9. 您对学校提供的教学管理和服务(教务管理、学生管理、平台系统服务等)的心理预期有多高
教学系统主体	维度2:教师要素	Q10. 理想情况下,任课教师应该知识结构合理、专业水平较高。总体而言,您认为,公共课(政治、英语等)任课教师实际情形与此理想情况的符合程度是
		Q11. 理想情况下,任课教师应该知识结构合理、专业水平较高。总体而言,您认为,专业课任课教师的实际情形与此理想情况的符合程度是
		Q12. 理想情况下,任课教师教学方法应该新颖,语言富有亲和力和感染力,有课堂互动,气氛活跃。您认为,公共课任课教师的实际情形与此理想情况的符合程度是
		Q13. 理想情况下,任课教师教学方法应该新颖,语言富有亲和力和感染力,有课堂互动,气氛活跃。您认为,专业课任课教师的实际情形与此理想情况符合程度是
		Q14. 理想情况下,任课教师应该教学态度认真,备课充分,按时上下课、不随意漏课、调课;上课时不吸烟,不接电话和做其他与教学无关的事情。您认为,公共课任课教师的实际情形与此理想情况的符合程度是
		Q15. 理想情况下,任课教师应该教学态度认真,备课充分,按时上下课、不随意漏课、调课;上课时不吸烟,不接电话和做其他与教学无关的事情。您认为:专业课任课教师的实际情形与此理想情况的符合程度是

续表

变量类别		测量题项
教学系统主体	维度2：教师要素	Q16. 理想情况下,任课教师应该品行端正,平易近人,关爱学生,乐于与学生交流,能公平对待学生。您认为,公共课任课教师的实际情形与此理想情况的符合程度是
		Q17. 理想情况下,任课教师应该品行端正,平易近人,关爱学生,乐于与学生交流,能公平对待学生。您认为,专业课任课教师的实际情形与此理想情况的符合程度是
		Q18. 理想情况下,任课教师应能熟练应用多媒体设备以及其他教具辅助教学。您认为,公共课任课教师的实际情形与此理想情况的符合程度是
		Q19. 理想情况下,任课教师应能熟练应用多媒体设备以及其他教具辅助教学。您认为,专业课任课教师的实际情形与此理想情况的符合程度是
		Q20. 理想情况下,任课教师应善于利用网络、电子通信等工具与学生进行课上课下的良好交流互动。您认为,公共课任课教师的实际情形与此理想情况的符合程度是
		Q21. 理想情况下,任课教师应善于利用网络、电子通信等工具与学生进行课上课下的良好交流互动。您认为,专业课任课教师的实际情形与此理想情况的符合程度是
	维度3：学生要素	Q22. 理想情况下,学生应该有强烈的求知欲和清晰的学习目标。您认为,您所在专业学生的实际情形与此理想情况的符合程度是
		Q23. 理想情况下,学生应该学习态度端正,上课认真,作业按时上交。您认为,您所在专业学生的实际情形与此理想情况的符合程度是
		Q24. 理想情况下,学生应能够熟练运用自主学习、合作学习和探究学习等方法来实现学习目标。您认为,您所在专业学生的实际情形与此理想情况的符合程度是
		Q25. 您认为,您所在专业学生的知识基础和整体素质水平是
		Q26. 您认为,您所在专业学生的整体学习风气是
		Q27. 理想情况下,师生之间应该交往和交流密切,心理距离较近,并相处融洽。您认为,您所在专业的实际情形与此理想情况的符合程度是
		Q28. 理想情况下,课堂应该气氛活跃、秩序井然。您认为,您所在专业实际情形与此理想情况的符合程度是
		Q29. 理想情况下,学生在师生交往过程中能够学会认识自己,增长交往经验和社会能力,形成正确的自我意识。您认为,您本人在师生交往过程中的实际情形与此理想情况的符合程度是

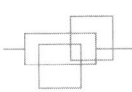

续表

变量类别		测量题项
教学环境	维度4：教学环境	Q35. 您对所在学校的学术文化氛围的满意度为
		Q36. 您对所在学校社团文体活动组织情况的满意度为
		Q37. 您对所在学校教学硬件条件(网络系统、多媒体教室、现代化教学设施等)的满意度为
		Q38. 您对所在学校信息化资源(图书和数据库的数量、质量等)的满意度为
		Q39. 您对学校提供的教学管理和服务(教务管理、学生管理、平台系统服务等)的满意度为
教学满意度	维度5：教学内容	Q30. 您对所在专业课程设置(课程结构、学分设置等)的整体满意度为
		Q31. 您对所学公共课(包括思想道德修养、大学英语、政治课、数学课、计算机课等)教学内容的满意度为
		Q32. 您对所学专业课教学内容的满意度为
		Q33. 您对所学课程使用的教材(科学性、适用性、先进性)的满意度为
		Q34. 您对实践类课程(实习课、实践课、实验课)教学内容的满意度为
	维度6：教学效果	Q40. 您对公共课教学效果的整体满意度为
		Q41. 您对专业课教学效果的整体满意度为
		Q42. 您对公共课教学活动在提高您的思维能力、学习能力和综合能力方面的满意度为
		Q43. 您对专业课教学活动在提高您的思维能力、学习能力和综合能力方面的满意度为
		Q44. 您对公共课教学活动在提高您解决本学科或相关学科具体问题的能力方面的满意度为
		Q45. 您对专业课教学活动在提高您解决本学科或相关学科具体问题的能力方面的满意度为
教学忠诚	维度7：教学忠诚	Q46. 如果再给您一次机会，您是否还愿意选择来现在这所高校求学
		Q47. 如果再给您一次机会，您是否还愿意选择现在的专业
		Q48. 如果有可能，您是否愿意对自己所在专业的教学提出改进建议
		Q49. 您是否愿意向自己的学弟学妹提出选课建议(推荐选某门课或反对选某门课)

采用网上问卷调查和现场直接发放调查问卷的方式进行正式问卷调查。网上问卷调查共有 814 人填写,现场发放问卷 6 400 份、实际回收 6 074 份。采用问卷表面直观判断和计算选项分值两种方式相结合,对每份问卷进行检阅(赵学勤,2012)。通过通览问卷,检查问卷是否存在空填、漏填或其他明显问题,通过对选项赋值后计算所有选项的标准差,判断被访者是否选择了同一选项,结果发现有 988 份问卷的填写满意度题目的选项回答相同率非常高(满意度标准差≤0.17)或者缺项比较严重,"年级"选项中填写"已毕业"或"工作"的有 9 份问卷,另有 147 份问卷的样本高校分布不集中或者是来自独立学院,我们将这三部分问卷均作无效问卷处理,最终得到有效问卷 5 744 份,问卷回收率 95.5%,有效率为 83.4%。

我们正式问卷调查的样本来源共涉及江苏省内有代表性的高校 43 所,其中 2 所"985 高校",7 所"211 高校",14 所其他普通本科院校,20 所高职院校,正式问卷的数据收集的高校样本数量分布,见表 3-2。

表 3-2 学生正式问卷样本高校分布

学校类型	学校名称	样本数量	学校类型	学校名称	样本数量
"985 高校"	东南大学	341	其他普通本科院校	江苏海洋大学	56
	南京大学	279		江苏师范大学	107
"211 高校"	河海大学	242		金陵科技学院	175
	南京理工大学	228		南京财经大学	262
	南京师范大学	314		南京工程学院	141
	苏州大学	172		南京工业大学	214
	中国药科大学	181		南京审计学院	12
	南京航空航天大学	249		南京体育学院	153
	南京农业大学	349		南京晓庄学院	347
高职院校	江苏财经职业技术学院	94		南京艺术学院	198
	江苏海事职业技术学院	187		南通大学	10

续表

学校类型	学校名称	样本数量	学校类型	学校名称	样本数量
高职院校	江苏经贸职业技术学院	173	其他普通本科院校	徐州工程学院	4
	江苏省青年管理干部学院	9		盐城工学院	55
	江苏信息职业技术学院	46		扬州大学	126
	南京工业职业技术学院	16			
	南京机电职业技术学院	13			
	南京交通职业技术学院	192			
	南京旅游职业学院	143			
	南京森林警察学院	14			
	南京特殊教育师范学院	91			
	南京铁道职业技术学院	42			
	南京信息职业技术学院	127			
	三江学院	42			
	苏州工业园区服务外包职业学院	192			
	苏州市职业大学	19			
	苏州卫生职业技术学院	33			
	无锡城市职业技术学院	25			
	无锡职业技术学院	42			
	徐州生物工程职业技术学院	29			

采用 SPSS 对得到的 5 744 个样本进行描述性统计分析,结果如下:男性 2 202 人,女性 3 542 人;样本的年龄分布情况为,19 岁及以下的有 1 077 人,20 岁的 1 633 人,21 岁的 1 401 人,22 岁的 801 人,23—25 岁的 646 人,26 岁及以上的 186 人。具体各项统计分布情况,见表 3-3 和表 3-4。

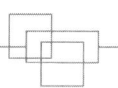

表 3-3　学生正式问卷样本的生理背景特征分布

特征	选项	代码	人数	百分比(%)
性别	男	1	2202	38.3
	女	2	3542	61.7
年龄	≤19	1	1077	18.8
	20	2	1633	28.4
	21	3	1401	24.4
	22	4	801	13.9
	23—25	5	646	11.2
	≥26	6	186	3.2

表 3-4　学生正式问卷样本的教育背景特征分布

特征	选项	代码	人数	百分比(%)
高校类型	"985高校"	1	620	10.8
	"211高校"	2	1735	30.2
	其他普通本科院校	3	1860	32.4
	高职院校	4	1529	26.6
年级	大一	1	1780	31.0
	大二	2	1898	33.0
	大三	3	1239	21.6
	大四	4	225	3.9
	硕士一年级	5	256	4.5
	硕士二、三年级	6	248	4.3
	博士	7	98	1.7
学段	专科生	1	1529	26.6
	本科生	2	3613	62.9
	硕士生	3	504	8.8
	博士生	4	98	1.7

续表

特征	选项	代码	人数	百分比(%)
专业	工学	1	1785	31.1
	理学	2	846	14.7
	管理学	3	770	13.4
	经济学	4	623	10.8
	医学	5	467	8.1
	教育学	6	388	6.8
	文学	7	287	5.0
	艺术学等专业	8	578	10.1
成绩排名	名列前茅	1	751	13.1
	中等偏上	2	2151	37.4
	中等	3	2107	36.7
	中等偏下	4	571	9.9
	相对较差	5	164	2.9

二、探索性因子分析及信效度检验

对高校教学系统评价问卷(学生问卷)正式问卷调查数据的可靠性分析包括效度分析和信度分析,其中效度分析采用因子分析方法检验。

针对正式调查结果,基于样本数据,首先进行探索性因子分析初步得到高校教学系统的结构、功能变量及其测量指标;其次,通过验证性因子分析对探索性因子分析所得到测量模型进行验证。通常 EFA 是基于一组样本数据来找出影响观测变量的因子,以及因子与其所对应的观测变量之间的关系,而 CFA 是运用总样本中的另一组样本数据对 EFA 得到因素与观测变量间的契合度进行检验。我们采用将样本数平均一分为三的方法,分别将三份样本数据应用于 EFA、CFA 和 SEM 分析。

(一) 学生评价正式问卷 EFA 以及 CFA 分析

探索性因子分析,是基于相关关系而进行的数据多元统计分析技术,是一种建立在众多观测数据基础上的降维处理方法,其最主要目的在于寻求一组变量变化的"共同因子",用少量的因子概括和解释大量的观测变量,从而建立起简洁而更具有一般意义的概念系统或结构。孙晓军的研究指出,其原理是在众多的可观测变量中根据他们之间相关性的大小将变量进行分组,使组内的变量间的相关度较高,而不同组的变量间的相关度较低,从而使每组变量能够形成一种相对独立的基本结构,而每种结构表示为一种公共因子,即"因子"。[①] 因子变量的构造和命名解释是因子分析的两个重要内容,其主要步骤如下:首先确定样本数据是否合适进行因子分析;其次进行因子提取和因子旋转,使因子具有命名可解释性,在因子提取和旋转后如果遇到因子归类难以解释的情况,那么需先进行修正然后再重新进行因子的提取和选择,最终得到各样本的因子得分。[②]

1. 因子分析的适应性分析

因子分析主要用于探寻变量间的结构关系,为了得到可靠的结论,要求样本数量是变量数的 5 倍以上,或者满足样本量不少于 200 份的要求。[③] 用于探索性因子分析的问卷样本是高校教学系统学生评价有效问卷中(全部有效正式问卷的三分之一,即 1 915 份)达到变量数(49)的 39.1 倍,能同时满足 200 份样本以及测量指标量 5 倍的要求,适合进行因子分析工作。

2. 斜交旋转因子探索

根据初始问卷数据分析结果以及相关研究成果,可以认为各测量变量间

[①] 孙晓军,周宗奎.探索性因子分析及其在应用中存在的主要问题[J].心理科学,2005,28(6):162-164,170.

[②] 张超,徐燕,陈平雁.探索性因子分析与验证性因子分析在量表研究中的比较与应用[J].南方医科大学学报,2007,27(11):1699-1700,1705.

[③] 陈寿雨.中小企业创新的风险与绩效研究[D].杭州:浙江大学,2014:89.

存在相关关系,所以针对正式问卷调查数据选用斜交旋转因子探索而非正交旋转法。在SPSS18.0中首先尝试抽取方式为基于特征值大于1,得到结果如下表3-5。

表3-5 学生正式问卷主成分分析解释总方差(斜交)

成分	初始因素值			提取平方和载入			旋转平方和载入
	共计	方差的%	累积%	共计	方差的%	累积%	共计
1	16.626	33.930	33.930	16.626	33.930	33.930	11.484
2	3.859	7.877	41.806	3.859	7.877	41.806	8.436
3	2.696	5.502	47.309	2.696	5.502	47.309	11.630
4	1.835	3.745	51.054	1.835	3.745	51.054	11.816
5	1.486	3.032	54.086	1.486	3.032	54.086	7.606
6	1.355	2.765	56.851	1.355	2.765	56.851	10.439
7	1.146	2.339	59.190	1.146	2.339	59.190	3.636
8	1.069	2.181	61.371	1.069	2.181	61.371	1.425
9	0.953	1.946	63.316				
10	0.850	1.734	65.050				
11	0.832	1.698	66.749				
12	0.784	1.601	68.349				
13	0.767	1.564	69.914				
14	0.705	1.439	71.353				
15	0.679	1.385	72.738				
16	0.600	1.225	73.964				
17	0.580	1.184	75.148				
18	0.557	1.138	76.286				
19	0.547	1.116	77.402				
20	0.529	1.081	78.482				
21	0.516	1.052	79.534				
22	0.508	1.037	80.572				

续表

成分	初始因素值			提取平方和载入			旋转平方和载入
	共计	方差的%	累积%	共计	方差的%	累积%	共计
23	0.496	1.012	81.584				
24	0.491	1.002	82.586				
25	0.467	0.954	83.540				
26	0.460	0.940	84.479				
27	0.428	0.873	85.352				
28	0.421	0.858	86.210				
29	0.419	0.855	87.065				
30	0.406	0.828	87.893				
31	0.399	0.814	88.707				
32	0.385	0.786	89.493				
33	0.379	0.774	90.267				
34	0.372	0.759	91.026				
35	0.368	0.752	91.777				
36	0.352	0.719	92.497				
37	0.344	0.701	93.198				
38	0.333	0.679	93.877				
39	0.323	0.658	94.535				
40	0.318	0.650	95.185				
41	0.304	0.621	95.806				
42	0.298	0.609	96.415				
43	0.286	0.584	96.999				
44	0.280	0.571	97.570				
45	0.274	0.558	98.129				
46	0.261	0.532	98.660				
47	0.242	0.494	99.154				
48	0.220	0.449	99.604				
49	0.194	0.396	100.000				

提取方法:主成分分析

由上表可知,从 49 个题项中可以提取 8 个公因子,它们的提取平方和符合累计达到 61.371%。各题项归入 8 个因子的情况见下表 3-6。

表 3-6　学生正式问卷斜交旋转成分矩阵

	成分							
	1	2	3	4	5	6	7	8
教学态度期望		0.787						
教学水平期望		0.825						
课堂教学内容期望		0.827						
教学方法期望		0.853						
实践教学内容期望		0.778						
教学效果期望		0.838						
师生关系期望		0.661						
教学条件期望		0.606						
教学管理服务期望		0.608						
公共课教师知识水平							0.662	
专业课教师知识水平						0.456		
公共课教学方法							0.608	
专业课教学方法							0.386	
公共课教学态度	0.718							
专业课教学态度	0.813							
公共课教师品行	0.781							
专业课教师品行	0.778							
公共课教师多媒体素养	0.878							
专业课教师多媒体素养	0.906							
公共课教师网络素养	0.648							
专业课教师网络素养	0.684							
学生学习目标				0.847				
学生学习态度				0.859				
学生学习方法				0.842				

续表

	成分							
	1	2	3	4	5	6	7	8
学生知识基础				0.647				
学习风气				0.719				
师生交流				0.648				
课题气氛				0.626				
师生交往效果				0.472				
专业课程设置			0.322					
公共课教学内容			0.664					
专业课教学内容						0.491		
教材			0.464					
实践课教学内容			0.476					
学术文化氛围					0.468			
社团文体活动					0.553			
教学硬件条件					0.771			
信息化资源					0.719			
教学管理服务					0.569			
公共课教学效果			0.808					
专业课教学效果						0.505		
公共课思维能力培养			0.845					
专业课思维能力培养						0.552		
公共课专业能力培养			0.820					
专业课专业能力培养						0.564		
高校忠诚度						0.650		
专业忠诚度						0.914		
教学忠诚度1							0.783	
教学忠诚度2							0.751	
提取方法:主成分								
a.旋转在15次迭代后收敛								

从上表可见,如果将49个题项变量归入8个因子,前6个因子中的变量个数相对较多且较集中,但是第7和第8个因子中每个因子仅包含2个变量,从此方面判断提取8个因子不甚合理。结合初始问卷因子分析提取结果,将此正式问卷因子提取个数限定为6个较为科学。

仍利用SPSS软件,采用主成分分析法,旋转方法为Promax斜交旋转,抽取方式改为"因子的固定数量为6个",得到结果如下表3-7。

表3-7 学生正式问卷主成分分析解释总方差(斜交抽取6个因子)

成分	初始因素值 合计	初始因素值 方差的%	初始因素值 累积%	提取平方和载入 合计	提取平方和载入 方差的%	提取平方和载入 累积%	旋转平方和载入 合计
1	16.626	33.930	33.930	16.626	33.930	33.930	11.165
2	3.859	7.877	41.806	3.859	7.877	41.806	13.179
3	2.696	5.502	47.309	2.696	5.502	47.309	8.046
4	1.835	3.745	51.054	1.835	3.745	51.054	11.622
5	1.486	3.032	54.086	1.486	3.032	54.086	7.546
6	1.355	2.765	56.851	1.355	2.765	56.851	7.398
7	1.146	2.339	59.190				
8	1.069	2.181	61.371				
9	0.953	1.946	63.316				
10	0.850	1.734	65.050				
11	0.832	1.698	66.749				
12	0.784	1.601	68.349				
13	0.767	1.564	69.914				
14	0.705	1.439	71.353				
15	0.679	1.385	72.738				
16	0.600	1.225	73.964				
17	0.580	1.184	75.148				
18	0.557	1.138	76.286				

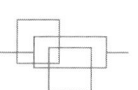

续表

成分	初始因素值			提取平方和载入			旋转平方和载入
	合计	方差的%	累积%	合计	方差的%	累积%	合计
19	0.547	1.116	77.402				
20	0.529	1.081	78.482				
21	0.516	1.052	79.534				
22	0.508	1.037	80.572				
23	0.496	1.012	81.584				
24	0.491	1.002	82.586				
25	0.467	0.954	83.540				
26	0.460	0.940	84.479				
27	0.428	0.873	85.352				
28	0.421	0.858	86.210				
29	0.419	0.855	87.065				
30	0.406	0.828	87.893				
31	0.399	0.814	88.707				
32	0.385	0.786	89.493				
33	0.379	0.774	90.267				
34	0.372	0.759	91.026				
35	0.368	0.752	91.777				
36	0.352	0.719	92.497				
37	0.344	0.701	93.198				
38	0.333	0.679	93.877				
39	0.323	0.658	94.535				
40	0.318	0.650	95.185				
41	0.304	0.621	95.806				
42	0.298	0.609	96.415				
43	0.286	0.584	96.999				
44	0.280	0.571	97.570				

续表

成分	初始因素值			提取平方和载入			旋转平方和载入
	合计	方差的%	累积%	合计	方差的%	累积%	合计
45	0.274	0.558	98.129				
46	0.261	0.532	98.660				
47	0.242	0.494	99.154				
48	0.220	0.449	99.604				
49	0.194	0.396	100.000				
提取方法：主成分分析							

由上表可看出，从49个题项中提取6个公因子，它们的提取平方和载入累计达到56.468%。也就是说学生问卷提取的6个公因子包含了原来49个变量56.468%的信息，超过了社会科学50%的要求，表明这6个公因子具有代表性。各题项归入6个因子的情况，见下表3-8。

表3-8 学生正式问卷斜交旋转成分矩阵(6个因子)

	成分					
	1	2	3	4	5	6
教学态度期望			0.751			
教学水平期望			0.788			
课堂教学内容期望			0.804			
教学方法期望			0.828			
实践教学内容期望			0.762			
教学效果期望			0.824			
师生关系期望			0.661			
教学条件期望			0.629			
教学管理服务期望			0.643			
公共课教师知识水平		0.531				

续表

	成分					
	1	2	3	4	5	6
专业课教师知识水平	0.485					
公共课教师教学方法		0.653				
专业课教师教学方法		0.434				
公共课教学态度	0.775					
专业课教学态度	0.836					
公共课教师品行	0.799					
专业课教师品行	0.786					
公共课教师多媒体素养	0.819					
专业课教师多媒体素养	0.830					
公共课教师网络素养	0.587					
专业课教师网络素养	0.610					
学生学习目标				0.822		
学生学习态度				0.842		
学生学习方法				0.812		
学生知识基础				0.638		
学习风气				0.705		
师生交流				0.641		
课题气氛				0.623		
师生交往效果				0.477		
专业课程设置		0.435				
公共课教学内容		0.714				
专业课教学内容		0.399				
教材		0.505				
实践课教学内容		0.506				
学术文化氛围					0.471	

续表

	成分					
	1	2	3	4	5	6
社团文体活动					0.555	
教学硬件条件					0.772	
信息化资源					0.743	
教学管理服务					0.579	
公共课教学效果		0.754				
专业课教学效果		0.449				
公共课思维能力培养		0.870				
专业课思维能力培养		0.491				
公共课专业能力培养		0.802				
专业课专业能力培养		0.448				
高校忠诚度						0.432
专业忠诚度						0.694
教学忠诚度1						0.811
教学忠诚度2						0.658
提取方法：主成分						
a.旋转在10次迭代后收敛。b.载荷系数低于0.45者未显示						

从上表可见，"公共课教师知识水平""公共课教师教学方法"归类不符合之前的假设，"专业课教学方法""专业课教学内容""专业课专业能力培养"等题项的成分矩阵系数相对低，因此需要进行修正。首先删除归类错误且系数较低的"公共课教学方法"题项后重新分析，发现"公共课教师知识水平"仍然归类不符合之前的假设且载荷系数较低，因此需要继续进行修正。再删除归类错误的"公共课教师知识水平"题项后，通过分析发现"专业课教师教学方法"的成分系数仍然过低（不足0.4），继续删除系数过低的"专业课教师教学方法"题项后得到表3-9。

表3-9 学生正式问卷斜交旋转成分矩阵(最终)

	成分					
	1	2	3	4	5	6
教学态度期望			0.759			
教学水平期望			0.797			
课堂教学内容期望			0.813			
教学方法期望			0.836			
实践教学内容期望			0.772			
教学效果期望			0.831			
师生关系期望			0.656			
教学条件期望			0.606			
教学管理服务期望			0.623			
专业课教师知识水平		0.469				
公共课教师教学态度		0.778				
专业课教师教学态度		0.843				
公共课教师品行		0.808				
专业课教师品行		0.790				
公共课教师多媒体素养		0.818				
专业课教师多媒体素养		0.829				
公共课教师网络素养		0.602				
专业课教师网络素养		0.618				
学生学习目标				0.830		
学生学习态度				0.834		
学生学习方法				0.826		
学生知识基础				0.609		
学习风气				0.671		
师生交流				0.626		
课堂气氛				0.606		

续表

	成分						
	1	2	3	4	5	6
师生交往效果				0.461		
专业课程设置	0.489					
公共课教学内容	0.719					
专业课教学内容	0.554					
教材	0.629					
实践课教学内容	0.585					
学术文化氛围					0.470	
社团文体活动					0.548	
教学硬件条件					0.789	
信息化资源					0.744	
教学管理服务					0.562	
公共课教学效果	0.762					
专业课教学效果	0.586					
公共课思维能力培养	0.899					
专业课思维能力培养	0.623					
公共课专业能力培养	0.825					
专业课专业能力培养	0.576					
高校忠诚度						0.443
专业忠诚度						0.643
教学忠诚度1						0.829
教学忠诚度2						0.712

提取方法：主成分

a.旋转在10次迭代后收敛。b.载荷系数低于0.40者未显示

至此，可以将学生正式问卷余下的46个题项归入这6个因子，且每个题项归入的因子系数均＞0.44，基本符合正式问卷设计时的维度情形。以下将6个因子按照题项出现的顺序进行排序分析。

(二) 学生正式问卷数据信度分析

我们使用SPSS对问卷进行内部一致性信度分析。理论上同一潜在变量对应的观测变量要保持一致性，Cronbach's α 系数正是测量同一潜在变量对应的观测变量间的一致性，Cronbach's α 系数越接近1，样本数据的信度越高。如果问卷的 Cronbach's α 系数在0.80以上代表问卷的信度较高，Cronbach's α 系数处于0.70~0.80 的区间也表示问卷数据是可靠的；就问卷的分量表而言，假如 Cronbach's α 系数在0.70以上说明其信度较高，但是如果该系数值在0.60之下或者总量表系数值在0.80之下，研究人员就需要对量表进行修订或增删测量题项。[1][2][3]

我们主要针对学生正式问卷探索性因子分析结果进行问卷的内部信度分析。运用SPSS18.0软件计算根据探索性因子分析结果而修正的整个正式问卷和6个因子的Cronbach's α 系数，结果如表3-13。同时对正式问卷和6个因子的项总计统计量进行分析，其结果分别见下表3-10~3-17。

表3-10 学生正式问卷(修改后)及各因子的Cronbach's α 系数

因子序号	项数	Cronbach α 系数
因子1	9	0.903
因子2	9	0.908
因子3	8	0.884
因子4	11	0.914
因子5	5	0.835
因子6	4	0.647
正式问卷总体(修改后)	46	0.954

---

[1] 亓莱滨,张亦辉,郑有增,等.调查问卷的信度效度分析[J].当代教育科学,2003(22):53-54.
[2] 李灿,辛玲.调查问卷的信度与效度的评价方法研究[J].中国卫生统计,2008,25(5):541-544.
[3] 李春霞.高信度调查问卷的设计[J].统计与决策,2009(11):189.

表 3-11　学生问卷因子 1 的项总计统计量

	项已删除的刻度均值	项已删除的刻度方差	校正的项总计相关性	项已删除的 Cronbach's α 值
教学态度期望	28.57	20.246	0.668	0.892
教学水平期望	28.49	20.036	0.718	0.889
课堂教学内容期望	28.61	19.714	0.731	0.888
教学方法期望	28.61	19.473	0.757	0.886
实践教学内容期望	28.57	19.428	0.675	0.892
教学效果期望	28.63	19.522	0.733	0.887
师生关系期望	28.47	19.905	0.644	0.894
教学条件期望	28.38	20.346	0.564	0.900
教学管理服务期望	28.52	20.239	0.594	0.898

表 3-12　学生问卷因子 2 的项总计统计量

	项已删除的刻度均值	项已删除的刻度方差	校正的项总计相关性	项已删除的 Cronbach's α 值
专业课教师知识水平	29.42	25.524	0.575	0.905
公共课教师教学态度	29.31	24.403	0.691	0.897
专业课教师教学态度	29.26	24.049	0.722	0.895
公共课教师品行	29.39	24.361	0.702	0.896
专业课教师品行	29.30	24.260	0.743	0.893
公共课教师多媒体素养	29.28	24.527	0.718	0.895
专业课教师多媒体素养	29.24	24.471	0.725	0.895
公共课教师网络素养	29.49	24.431	0.641	0.901
专业课教师网络素养	29.41	24.494	0.657	0.900

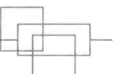

表 3-13 学生问卷因子 3 的项总计统计量

	项已删除的刻度均值	项已删除的刻度方差	校正的项总计相关性	项已删除的 Cronbach's α 值
学生学习目标	23.81	18.446	0.680	0.867
学生学习态度	23.72	18.660	0.675	0.868
学生学习方法	23.83	18.339	0.703	0.865
学生知识基础	23.62	19.724	0.620	0.874
学习风气	23.54	19.562	0.601	0.875
师生交流	23.79	18.681	0.661	0.869
课题气氛	23.82	18.522	0.668	0.869
师生交往效果	23.73	19.082	0.615	0.874

表 3-14 学生问卷因子 4 的项总计统计量

	项已删除的刻度均值	项已删除的刻度方差	校正的项总计相关性	项已删除的 Cronbach's α 值
专业课程设置	34.68	31.803	0.652	0.907
公共课教学内容	34.67	31.984	0.638	0.908
专业课教学内容	34.47	31.946	0.697	0.905
教材	34.68	32.022	0.635	0.908
实践课教学内容	34.64	31.666	0.641	0.908
公共课教学效果	34.61	32.201	0.660	0.907
专业课教学效果	34.44	31.999	0.707	0.905
公共课思维能力培养	34.67	31.531	0.683	0.906
专业课思维能力培养	34.49	31.711	0.697	0.905
公共课专业能力培养	34.68	31.647	0.680	0.906
专业课专业能力培养	34.47	31.963	0.667	0.906

表3-15 学生问卷因子5的项总计统计量

	项已删除的刻度均值	项已删除的刻度方差	校正的项总计相关性	项已删除的Cronbach's α值
学术文化氛围	14.08	6.734	0.622	0.805
社团文体活动	14.17	6.694	0.615	0.807
教学硬件条件	14.04	6.665	0.658	0.795
信息化资源	13.93	6.634	0.651	0.797
教学管理服务	14.03	6.884	0.628	0.803

表3-16 学生问卷因子6的项总计统计量

	项已删除的刻度均值	项已删除的刻度方差	校正的项总计相关性	项已删除的Cronbach's α值
高校忠诚度	10.92	3.512	0.475	0.543
专业忠诚度	10.94	3.371	0.486	0.536
教学忠诚度1	10.49	4.527	0.419	0.590
教学忠诚度2	10.41	4.643	0.356	0.624

表3-17 学生正式问卷的项总计统计量

	项已删除的刻度均值	项已删除的刻度方差	校正的项总计相关性	项已删除的Cronbach's α值
教学态度期望	158.57	428.443	0.450	0.954
教学水平期望	158.50	428.323	0.462	0.954
课堂教学内容期望	158.61	427.294	0.473	0.954
教学方法期望	158.61	427.288	0.464	0.954
实践教学内容期望	158.57	426.253	0.447	0.954
教学效果期望	158.63	427.053	0.463	0.954
师生关系期望	158.48	425.797	0.489	0.953
教学条件期望	158.38	428.345	0.401	0.954
教学管理服务期望	158.52	426.961	0.455	0.954

续表

	项已删除的刻度均值	项已删除的刻度方差	校正的项总计相关性	项已删除的 Cronbach's α 值
专业课教师知识水平	158.52	422.666	0.576	0.953
公共课教师教学态度	158.41	422.850	0.541	0.953
专业课教师教学态度	158.36	421.640	0.566	0.953
公共课教师品行	158.49	422.085	0.569	0.953
专业课教师品行	158.40	421.387	0.609	0.953
公共课教师多媒体素养	158.38	423.221	0.560	0.953
专业课教师多媒体素养	158.34	423.017	0.566	0.953
公共课教师网络素养	158.59	420.938	0.565	0.953
专业课教师网络素养	158.50	420.708	0.591	0.953
学生学习目标	158.80	420.529	0.576	0.953
学生学习态度	158.70	421.821	0.557	0.953
学生学习方法	158.81	419.995	0.596	0.953
学生知识基础	158.61	424.017	0.575	0.953
学习风气	158.53	423.246	0.564	0.953
师生交流	158.78	419.714	0.612	0.953
课题气氛	158.80	420.178	0.586	0.953
师生交往效果	158.72	420.593	0.598	0.953
专业课程设置	158.74	420.620	0.634	0.953
公共课教学内容	158.73	422.571	0.579	0.953
专业课教学内容	158.53	421.390	0.662	0.953
教材	158.73	422.290	0.589	0.953
实践课教学内容	158.70	420.465	0.615	0.953
学术文化氛围	158.63	419.830	0.626	0.953
社团文体活动	158.71	421.703	0.559	0.953
教学硬件条件	158.58	423.661	0.521	0.953
信息化资源	158.48	423.249	0.524	0.953

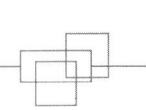

续表

	项已删除的 刻度均值	项已删除的 刻度方差	校正的项总计 相关性	项已删除的 Cronbach's α 值
教学管理服务	158.58	422.245	0.585	0.953
公共课教学效果	158.67	423.179	0.599	0.953
专业课教学效果	158.49	421.154	0.685	0.953
公共课思维能力培养	158.73	421.345	0.609	0.953
专业课思维能力培养	158.55	420.332	0.671	0.953
公共课专业能力培养	158.74	421.869	0.601	0.953
专业课专业能力培养	158.53	420.868	0.656	0.953
高校忠诚度	158.77	418.867	0.521	0.953
专业忠诚度	158.79	422.784	0.410	0.954
教学忠诚度1	158.35	432.168	0.295	0.954
教学忠诚度2	158.27	431.175	0.317	0.954

从表3-10～3-17可以发现,并不存在删除一题项后其所在因子的信度有显著增加的情况。从表3-13中可见,各因子的Cronbach α系数除因子6外其他5个因子的值均大于0.80,而且因子6的系数也大于0.60,样本总体信度可以接受,说明修改后的正式问卷量表具有良好的内部一致性。

三、正式问卷因子命名

通过对问卷的信度和效度进行分析,得到高校教学系统学生评价正式问卷的信度和效度均符合统计学指标,问卷是可信和有效的。参考学生初始问卷的因子提取与命名情况,修正后的学生正式问卷共获得6个因子,下面对这6个因子分别进行命名。

因子一共由9个题目组成,该题目都是描述学生对高校教学系统的期望,如"您对任课教师教学态度的心理预期有多高""您对任课教师教学水平的心理预期有多高""您对课堂教学内容先进性的心理预期有多高"等,所以把因子一命名为教学期望(EXPECT)。

因子二由9个题目组成,主要是描述教师的知识水平、教学态度等,如"理想情况下,任课教师应该知识结构合理、专业水平较高。总体而言,您认为,专业课任课教师的实际情形与此理想情况的符合程度是""理想情况下,任课教师应该教学态度认真,备课充分,按时上下课,不随意漏课、调课;上课时不吸烟,不接电话和做其他与教学无关的事情。您认为,公共课任课教师的实际情形与此理想情况的符合程度是""理想情况下,任课教师应该品行端正,平易近人,关爱学生,乐于与学生交流,能公平对待学生。您认为,公共课任课教师的实际情形与此理想情况的符合程度是"等。所以,可以把因子二命名为教师要素(TEACHER)。

因子三由8道题目组成,主要描述所在学生群体的表现和师生关系的和谐度。所在学生群体表现的题项有5项,如"理想情况下,学生应该有强烈的求知欲和清晰的学习目标。您认为,您所在专业学生的实际情形与此理想情况的符合程度是""理想情况下,学生应该学习态度端正,上课认真,作业按时上交。您认为,您所在专业学生的实际情形与此理想情况的符合程度是""理想情况下,学生应能够熟练运用自主学习、合作学习和探究学习等方法来实现学习目标。您认为,您所在专业学生的实际情形与此理想情况的符合程度是"等。师生关系相关题项有3项,如"理想情况下,师生之间应该交往和交流密切,心理距离较近,并相处融洽。您认为,您所在专业的实际情形与此理想情况的符合程度是""理想情况下,课堂应该气氛活跃、秩序井然。您认为,您所在专业实际情形与此理想情况的符合程度是""理想情况下,学生在师生交往过程中能够学会认识自己,增长交往经验和社会能力,形成正确的自我意识。您认为,您本人在师生交往过程中的实际情形与此理想情况的符合程度是"。与初始问卷探索性因子分析结果相同,将师生关系归属于学生要素的内容之一。由此,将因子三命名为学生要素(STUDENT)。

因子四由11个题目组成,主要包括教学内容和教学效果满意度的题项。教学内容方面包括的题项,如"您对所在专业课程设置(课程结构、学分设置等)的整体满意度为""您对所学公共课(包括思想道德修养、大学英语、政治课、数学课、计算机课等)教学内容的满意度为""您对所学专业课教学内容的满意度为"等。教学效果方面包括的题项,如"您对公共课教学效果的整体满意度为""您对专业课教学活动在提高您的思维能力、学习能力和综合能力方面的满意度为""您对专业课教学活动在提高您解决本学科或相关学科具体问题的能力方面的满意度为"。与初始问卷相同,把因子四命名为教学满意度(SATISFACTION)。

因子五由5道题目组成,主要描述高校的教学环境情况,如"您对所在学校教学硬件条件(网络系统、多媒体教室、现代化教学设施等)的满意度为""您对所在学校的学术文化氛围的满意度为""您对所在学校社团文体活动组织情况的满意度为"等。所以,可以把因子五命名为教学环境(ENVIRONMENT)。

因子六由4道题目组成,主要描述学生教学忠诚度相关情况,如"如果再给您一次机会,您是否还愿意选择来现在这所高校求学""如果再给您一次机会,您是否还愿意选择现在的专业""如果有可能,您是否愿意对自己所在专业的教学提出改进建议"等。所以,可以把因子六命名为教学忠诚度(LOYALTY)。

从以上分析可以看出,将测量题项归为6个因子较为合适,并且各个因子中包含的题项也与前文的假设基本一致。因此,在验证性因素分析和结构方程分析时我们将使用这6个因子作为潜在变量。

四、验证性因子分析

(一)测量模型验证性因素分析及适配度标准

在进行结构方程模型(structural equation modeling,简称SEM)分析之

前,需对各潜在变量的测量模型进行验证性因素分析(Confirmatory Factor Analysis,简称 CFA)。CFA 属于 SEM 的一种次模型,是 SEM 分析的一种特殊应用。SEM 具有高度的理论先验性,能够对潜在变量进行估计分析,若就潜在变量的内容与属性能提出适当的测量变量以组成测量模型,借由 SEM 的分析程序,便可对潜在变量的结构关系进行有效分析。因此,一般而言,CFA 是进行整合性 SEM 分析的一个前置步骤或基础架构。[①] 本书依照惯例使用最大似然估计法(Maximum Likelihood)进行模型运算。利用 Amos17.0 软件对第二章提出的基于学生评价的高校教学系统"结构—功能"假设模型中的测量模型进行分析。

在进行结构方程分析之前,先通过验证性因子分析法对基于学生评价的高校教学系统"结构—功能"假设模型的次模型,即第二章建立的潜在变量的测量模型进行分析。通过对教学期望、教学环境、学生要素、教师要素、教学满意度以及教学忠诚度,几个潜在变量与其测量指标之间关系的分析和模型有效性验证,修正测量模型。用于验证性因子分析的问卷样本为总有效样本拆分为三份中的第二份,样本量为1 915份。根据结构方程分析法,测量模型以及后续的结构方程模型需进行适配度检验,相关标准见表3-18。

表 3-18 模型适配度的评价指标及标准

适配度指数	统计检验量	适配标准或临界值
绝对适配度指数	卡方值(CMIN)	显著性概率值 p>0.05
	GFI	越接近1越好,一般>0.90
	AGFI	越接近1越好,一般>0.90
	RMR	<0.05
	SRMR	<0.05(适配良好)　　<0.08(适配合理)
	RMSEA	<0.05(适配良好)　　<0.08(适配合理)

[①] 周子敬.八大多元智慧问卷的信、效度分析[J].台湾师范大学教育心理学报,1996,37(3):215-229.

续表

适配度指数	统计检验量	适配标准或临界值
增值适配度指数	NFI	越接近1越好,一般>0.90
	RFI	越接近1越好,一般>0.90
	IFI	越接近1越好,一般>0.90
	TLI(NNFI)	越接近1越好,一般>0.90
	CFI	越接近1越好,一般>0.90
简约适配度指数	CN	>200
	NC(卡方自由度比值,CMIN/DF)	1<NC<3,表示模型有简约适配程度 NC>5,表示模型需要修正

(二) 教学期望变量测量模型

1. 教学期望变量测量模型 CFA 假设模型

教学期望变量的 CFA 测量模型假设模型如下图 3-1,其中假设 9 个误差变量相互独立,彼此间没有相关或共变关系。e1~e9 九个误差变量及共同因素"教学期望"(EXPECT)均为潜在变量,EXP1~EXP9 均为显在变量(测量指标)。将测量指标 EXP1 的路径参数 λ 设置为固定参数 1。之所以这样做,是因为若不将测量指标的其中一个路径参数 λ 界定为固定参数,则会因自由参数太多,使得模型无法识别,进而无法有效进行参数估计。

假设测量模型的群组(groups)名称设定为"正式问卷三分之二",测量模型的名称设定为"教学期望之测量模型(假设)"。正式问卷所有有效样本平均分为三份,此处选取第二份样本数据。将样本数据导入 AMOS 中运行后,模型方盒中的信息由[XX:教学期望之测量模型(假设)]变为[OK:教学期望之测量模型(假设)],说明 CFA 模型顺利得到识别,得到模型未标准化估计结果(见下图 3-2)。在未标准化估计结果中,9 个误差变量右上方的数值(即误差变量的方差)显示误差方差均为正数,这表示测量模型没有违反模型识别的规则。

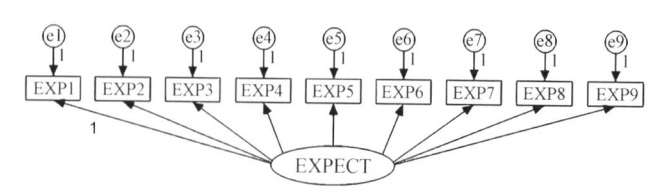

图 3-1　教学期望变量测量模型假设模型

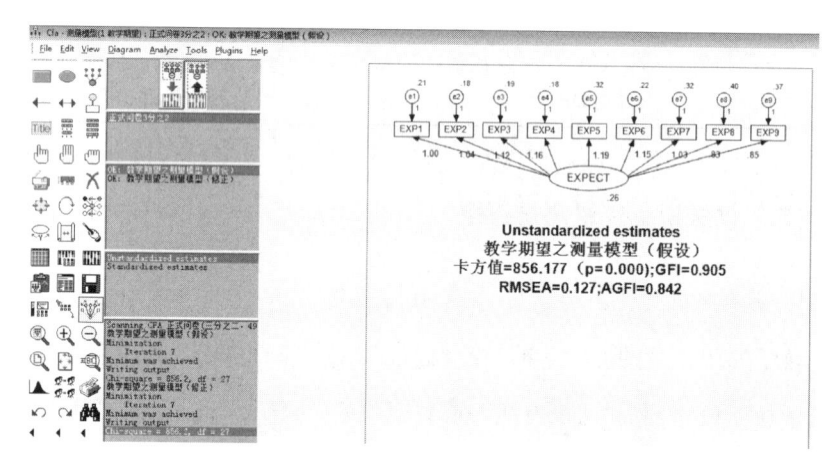

图 3-2　教学期望变量测量模型假设模型结果(非标准化估计)

标准化估计模型图如下图 3-3。可见,9 个测量指标的因素负荷量(λ值)分别为 0.74、0.78、0.80、0.82、0.74、0.78、0.68、0.56、0.58,说明 9 个测量指标能被其潜在变量解释的负荷量介于 0.5～0.95 之间,这意味着教学期望相关测量指标与潜在变量之间的假设关系能够确立。

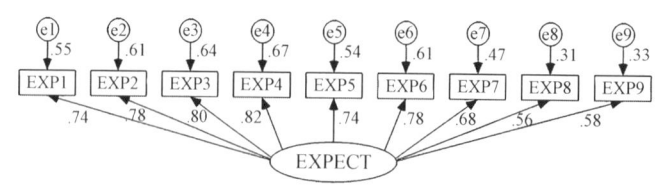

图 3-3　教学期望变量测量模型假设模型结果(标准化估计)

此时,虽然模型能够识别,但是模型整体适配度的卡方值为856.177,RMSEA值=0.127>0.080,AGFI值=0.842<0.900,相关适配度指数显示假设的测量模型与观察数据无法有效契合。

2. 教学期望变量测量模型CFA模型修正

在前文可以识别的模型中,假设的测量模型与观察数据无法有效契合,需对模型进行修正。查阅修正指标值(表3-19)发现,若增列误差项e1与误差项e2间的共变关系,则可以降低卡方值302.506,从而提高模型的适配程度。e1是学生对教师教学态度期望评价的误差,e2是学生对教师教学水平期望评价的误差,它们同属于学生对教师教学期望的评价,它们之间的共变界定符合教学期望变量测量模型的假定,因此可以增加此共变关系。

表3-19 Covariances:正式问卷三分之二——教学期望之测量模型(假设)1

			m.i.	Par Change
e8	<-->	e9	282.589	0.155
e7	<-->	e9	31.343	0.047
e7	<-->	e8	32.535	0.049
e6	<-->	e7	5.878	0.016
e5	<-->	e6	48.593	0.047
e4	<-->	e8	9.732	−0.021
e4	<-->	e7	9.858	−0.019
e4	<-->	e6	4.094	0.010
e3	<-->	e9	6.783	−0.017
e3	<-->	e7	13.299	−0.023
e3	<-->	e6	15.327	−0.021
e3	<-->	e4	38.699	0.030
e2	<-->	e9	53.855	−0.047
e2	<-->	e8	11.926	−0.023
e2	<-->	e7	10.082	−0.019

续表

			m.i.	Par Change
e2	<->	e6	10.249	−0.016
e2	<->	e5	25.067	−0.030
e2	<->	e4	5.942	−0.011
e2	<->	e3	10.717	0.016
e1	<->	e9	23.432	−0.034
e1	<->	e8	54.376	−0.053
e1	<->	e6	9.090	−0.017
e1	<->	e5	27.503	−0.034
e1	<->	e4	11.950	−0.018
e1	<->	e2	302.506	0.087

增列误差项 e1 与误差项 e2 间的共变关系后，重新运行模型，整体模型适配度的卡方值变为 528.466，RMSEA 值＝0.100＞0.080，AGFI 值＝0.897＜0.900，这表示修正一次后的模型与观察数据还是无法有效契合。继续查阅修正指标值（表3－20）发现，此时若增列误差项 e8 与误差项 e9 间的共变关系，则可以降低卡方值 265.355。e8 是学生对教学硬件条件期望评价的误差，e9 是学生对教学管理服务期望评价的误差，它们同属于学生对教学环境期望的评价，它们之间的共变界定符合教学环境变量测量模型的假定，因此可以增加此共变关系。

表3－20 Covariances：正式问卷三分之二——教学期望之测量模型（假设）2

			m.i.	Par Change
e8	<->	e9	265.355	0.148
e7	<->	e9	23.655	0.040
e7	<->	e8	25.331	0.043
e6	<->	e8	6.385	−0.018
e5	<->	e6	30.867	0.037

续表

			m.i.	Par Change
e4	<->	e9	7.400	−0.018
e4	<->	e8	22.062	−0.031
e4	<->	e7	17.288	−0.025
e3	<->	e9	12.504	−0.024
e3	<->	e8	4.005	−0.014
e3	<->	e7	14.462	−0.024
e3	<->	e6	21.227	−0.024
e3	<->	e5	8.433	−0.018
e3	<->	e4	34.408	0.028
e2	<->	e9	22.791	−0.028
e2	<->	e7	5.095	−0.013
e2	<->	e3	27.640	0.024
e1	<->	e8	26.465	−0.034
e1	<->	e7	13.232	0.022

继续增列学生对教学硬件条件期望评价的误差项 e8 与学生对教学管理服务期望评价的误差项 e9 间的共变关系后,模型顺利识别,标准化估计结果见图 3-4。此时,RMSEA 值＝0.068＜0.080,GFI 值＝0.971＞0.900,AGFI 值＝0.948＞0.900,TLI 值＝0.966＞0.900,CFI 值＝0.976＞0.900,均达到模型可以适配的标准。综合而言,修正后的教学期望变量测量模型拟合较好。

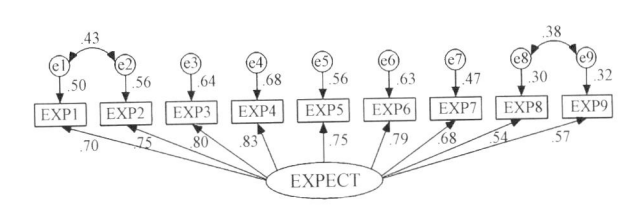

Standardized estimates
教学期望之测量模型（修正）
卡方值＝247.721（p＝0.000）;GFI＝0.971
RMSEA＝0.068;AGFI＝0.948

图 3-4 教学期望变量测量模型修正模型结果(标准化估计)

(三) 学生要素变量测量模型

1. 学生要素变量测量模型 CFA 假设模型

学生要素变量 CFA 测量模型假设模型如下图 3-5,其中假设 8 个误差变量相互独立,彼此间没有相关或共变关系。e1~e8 八个误差变量及共同因素"学生要素"(STUDENT)均为潜在变量,STU1~STU8 均为显在变量(测量指标)。为避免自由参数太多,将测量指标 STU1 的路径参数 λ 设为固定参数,其数值限制为 1。

沿袭前文的做法将假设测量模型的群组(groups)名称设定为"正式问卷三分之二",测量模型的名称设定为"学生要素变量之测量模型(假设)"。此处选取正式问卷第二份样本数据作为研究数据,将样本数据导入 AMOS17.0 软件中运行,模型方盒中的信息由[XX:学生要素变量之测量模型(假设)]变为[OK:学生要素变量之测量模型(假设)](见下图 3-6),表示 CFA 模型可以顺利识别。未标准化估计结果见图 3-6,从中可以发现,测量指标的 8 个误差方差均为正数,表示测量模型没有违反模型识别的规则。

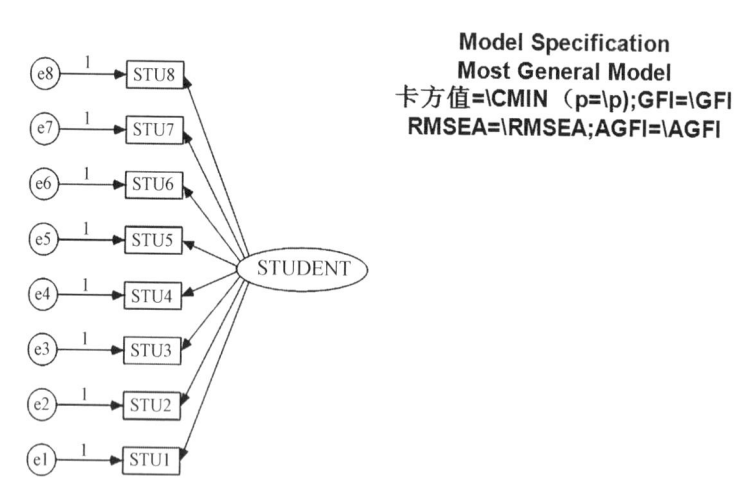

图 3-5 学生要素变量测量模型假设模型

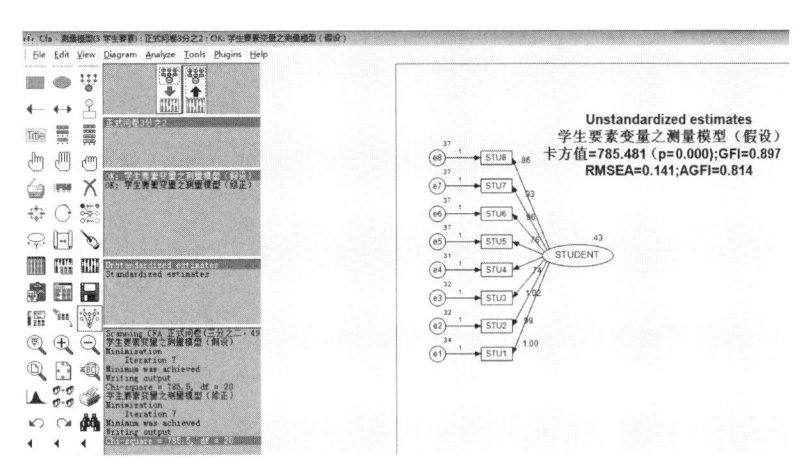

图 3-6　学生要素变量测量模型假设模型结果（非标准化估计）

对模型参数进行标准化处理后,得到模型的标准化估计结果见图 3-7。可见,8 个测量指标的因素负荷量分别为 0.68、0.71、0.72、0.64、0.66、0.77、0.76、0.75。可见,8 个测量指标能被其潜在变量解释的负荷量介于 0.64～0.77 之间,完全符合负荷量 λ 值的合理范围,表明相关测量指标与学生要素潜在变量的假设关系成立。

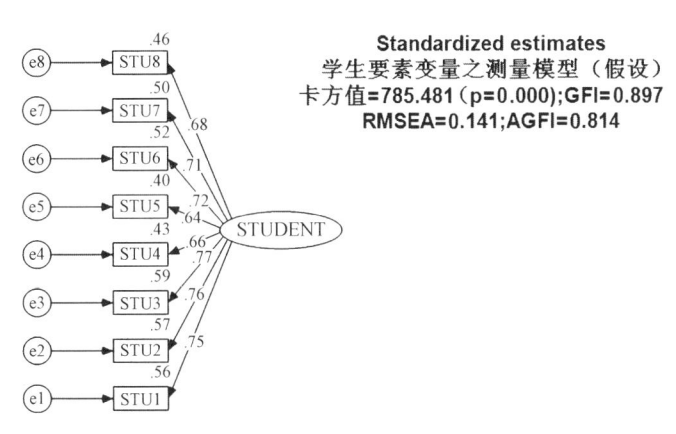

图 3-7　学生要素变量测量模型假设模型结果（标准化估计）

此时,虽然模型能够识别,但是适配指数 RMSEA 值＝0.141＞0.080,GFI 值＝0.897＜0.900,AGFI 值＝0.814＜0.900,表示假设的学生要素变量测量模型与样本数据契合度不佳。

2. 学生要素变量测量模型 CFA 模型修正

前文假设的学生要素变量测量模型与观察数据契合度不佳。查阅修正指标值(表3-21)后发现,若增列误差项 e4 与误差项 e5 间的共变关系(其修正指数 M.I.值最大),则可以降低卡方值 259.344。e4 为学生对学生要素的知识基础评价的误差,e5 为学生对学生要素学习风气评价的误差,此种共变界定符合测量模型的假定,因而可以增加它们之间的共变关系。

表3-21 Covariances:正式问卷三分之二——学生要素之测量模型(假设)1

			m.i.	Par Change
e7	<->	e8	191.682	0.130
e6	<->	e8	70.899	0.080
e6	<->	e7	55.527	0.071
e5	<->	e8	13.093	-0.033
e5	<->	e7	8.643	-0.027
e5	<->	e6	4.179	0.019
e4	<->	e8	16.274	-0.034
e4	<->	e7	10.584	-0.028
e4	<->	e5	259.344	0.135
e3	<->	e8	30.080	-0.049
e3	<->	e7	29.815	-0.049
e3	<->	e6	19.126	-0.039
e3	<->	e5	10.241	-0.028
e2	<->	e8	24.905	-0.044
e2	<->	e7	25.453	-0.045
e2	<->	e6	31.212	-0.050
e2	<->	e4	5.864	-0.019
e2	<->	e3	55.763	0.062
e1	<->	e8	12.522	-0.032
e1	<->	e7	8.109	-0.026

续表

			m.i.	Par Change
e1	<->	e6	28.398	−0.049
e1	<->	e5	24.243	−0.044
e1	<->	e4	15.463	−0.033
e1	<->	e3	66.356	0.070
e1	<->	e2	73.103	0.073

在增列误差项 e4 与误差项 e5 之间的共变关系后,重新运行模型,整体模型适配度 RMSEA 值=0.116>0.080,AGFI 值=0.859<0.900,表示修正一次后的学生要素变量测量模型与样本数据契合度仍不高。继续参考修正指标值,增列共变关系中 M.I.指数最高的误差项 e7(学生对课堂教学气氛评价的误差)与 e8(学生对师生交往过程评价的误差),它们间的共变界定符合学生要素变量测量模型的假定,继续增加此共变关系。

在增列了误差项 e7 与 e8 的共变关系后,重新运行模型,模型可以顺利识别,结果见图 3-8。此时模型的 GFI 值=0.958>0.900,AGFI 值=0.916>0.900,TLI 值=0.938>0.900,CFI 值=0.960>0.900,RMR 值=0.029<0.05,均达到模型可以适配的标准。此时,虽然整体模型适配度的 RMSEA 值=0.092>0.08,但是综合其他指标来看,修正后的学生要素变量测量模型拟合较好。

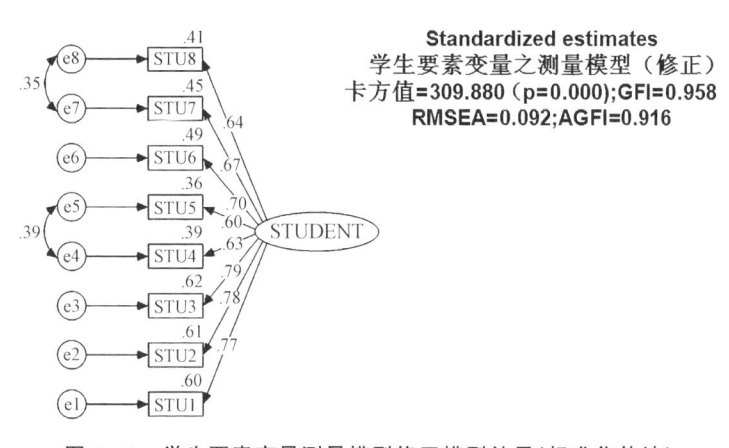

图 3-8 学生要素变量测量模型修正模型结果(标准化估计)

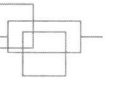

(四) 教学环境变量测量模型

1. 教学环境变量测量模型 CFA 假设模型

教学环境变量的 CFA 测量模型假设模型如下图 3-9,其中假设 5 个误差变量相互独立,彼此间没有相关或共变关系。e1~e5 五个误差变量及共同因素(ENVIRONMENT)均为潜在变量,ENV1~ENV5 均为显在变量(测量指标)。界定测量指标 ENV1 的路径参数 λ 设为固定参数,其数值限制为 1。

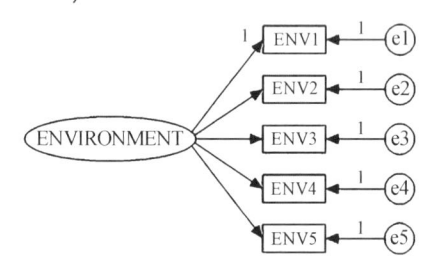

图 3-9 教学环境变量测量模型假设模型

将假设测量模型的群组(groups)名称设定为"正式问卷三分之二",测量模型的名称设定为"教学环境之测量模型(假设)"。将正式问卷第二份样本数据的 1 915 份样本数据导入 AMOS 17.0 软件中计算估计值,模型方盒中的信息由[XX:教学环境之测量模型(假设)]变为[OK:教学环境之测量模型(假设)],CFA 模型可以顺利识别,得到模型未标准化估计结果见下图 3-10。在未标准化估计结果中,5 个误差方差均大于 0,表示教学环境变量测量模型符合模型识别的规则。

为进一步了解测量指标与潜在变量之间的关系,对模型进行标准化处理,得到标准化估计结果如下图 3-11。相关数据显示,5 个测量指标的因素负荷量(λ值)分别为0.66、0.66、0.77、0.75、0.72。5 个测量指标能被潜在变

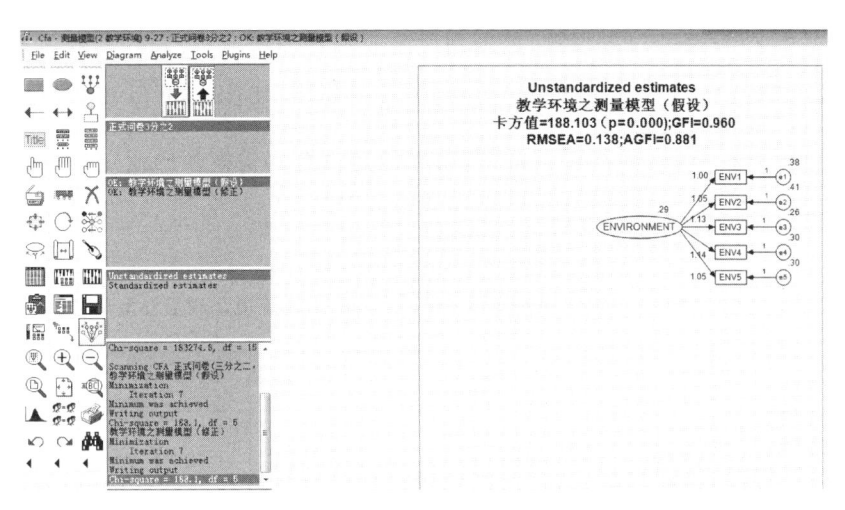

图 3-10　教学环境变量测量模型假设模型结果(非标准化估计)

量解释的负荷量介于 0.66~0.77 之间,完全符合负荷量 λ 值的合理范围(0.50~0.95),这说明教学环境相关测量指标与其潜在变量之间的假设关系是成立的。

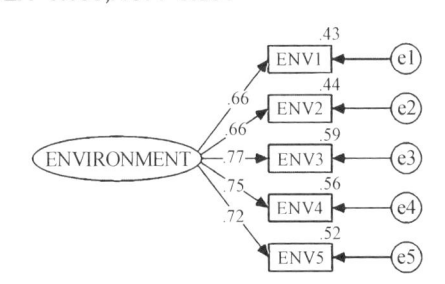

图 3-11　教学期望变量测量模型假设模型结果(标准化估计)

此时,虽然模型能够识别,但是适配指数 RMSEA 值＝0.138＞0.080, AGFI 值＝0.881＜0.900,样本数据和模型之间的适配度指数显示假设的测量模型与观察数据契合度不佳。

2. 教学环境变量测量模型 CFA 模型修正

在上文中,假设的教学环境变量测量模型与样本数据契合度不佳。参照修正指标值(表 3-22)发现,若增列误差项 e1 与误差项 e2 间的共变关系,则可以降低卡方值 141.164。e1 为学生对学术文化氛围评价的误差,e2 为学生对社团文体活动评价的误差,此种共变界定符合测量模型的假定,因而可以设定释放此项的参数估计。

表 3-22　Covariances:正式问卷三分之二——教学环境之测量模型(假设)1

			m.i.	Par Change
e3	<->	e4	39.093	0.049
e2	<->	e4	35.816	-0.057
e2	<->	e3	10.989	-0.029
e1	<->	e4	9.258	-0.028
e1	<->	e3	25.371	-0.043
e1	<->	e2	141.164	0.121

增列误差项 e1 与误差项 e2 的共变关系后,重新运行模型,模型得到顺利识别,标准化估计结果见下图 3-12。虽然整体模型适配度的卡方值的显著性概率值 p=0,但是 RMSEA 值=0.052<0.08,GFI 值=0.995>0.900,AGFI 值=0.981>0.900,TLI 值=0.985>0.900,CFI 值=0.994>0.900,均达到模型可以适配的标准。据此判断,修正后的教学环境测量模型拟合较好。

Standardized estimates
教学环境之测量模型(修正)
卡方值=24.695(p=0.000);GFI=0.995
RMSEA=0.052;AGFI=0.981

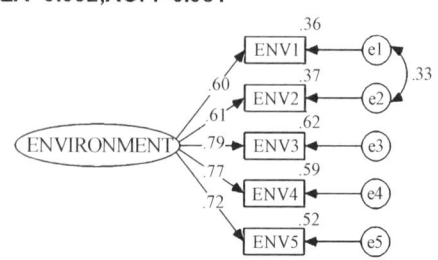

图 3-12　教学环境变量测量模型修正模型结果(标准化估计)

(五) 教师要素变量测量模型

1. 教师要素变量测量模型 CFA 假设模型

教师要素变量 CFA 测量模型假设模型如图 3-13，其中假设 9 个误差变量相互独立，彼此间没有相关或共变关系。e1～e9 九个误差变量及共同因素"教师要素"(TEACHER) 均为潜在变量，TEA1～TEA9 均为显在变量（测量指标）。为避免自由参数太多，将测量指标 TEA1 的路径参数 λ 设为固定参数，其数值限制为 1。

沿袭前文的做法将假设测量模型的群组(groups)名称设定为"正式问卷三分之二"，测量模型的名称设定为"教师要素变量之测量模型（假设）"。此处选取正式问卷第二份样本数据作为研究数据，将样本数据导入 AMOS 17.0 软件中运行，模型方盒中的信息由[XX:教师要素变量之测量模型（假设）]变为[OK:教师要素变量之测量模型（假设）]（见下图 3-14），表示 CFA 模型可以顺利识别。未标准化估计结果见图 3-14，从中可以发现，测量指标的 9 个误差方差均为正数，表示测量模型没有违反模型识别的规则。

Model Specification
Most General Model
卡方值=\CMIN (p=\p); RMR=\RMR; RMSEA=\RMSEA
GFI=\GFI; AGFI=\AGFI; TLI=\TLI; CFI=\CFI

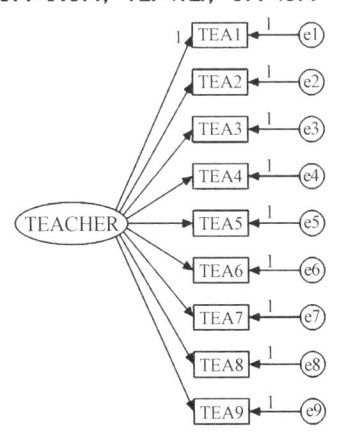

图 3-13 教师要素变量测量模型假设模型

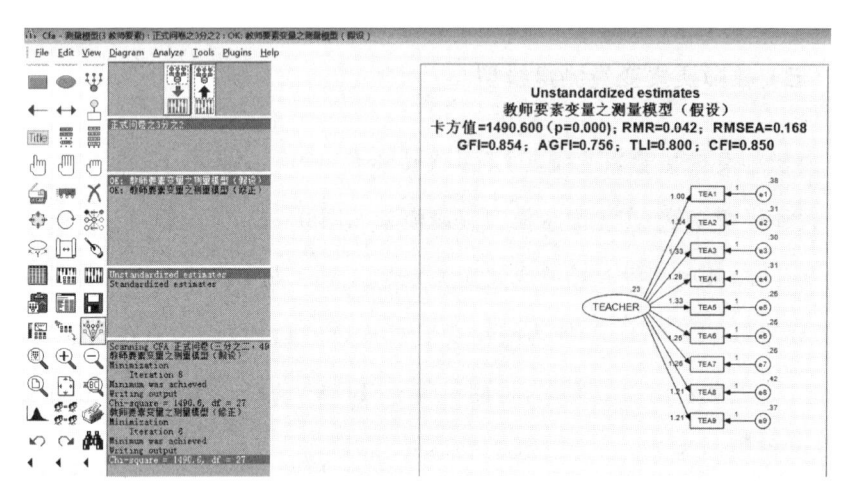

图 3-14 教师要素变量测量模型假设模型结果(非标准化估计)

对模型参数进行标准化处理后,得到模型的标准化估计结果见图 3-15。9 个测量指标的因素负荷量分别为 0.61、0.73、0.76、0.74、0.78、0.76、0.76、0.66、0.69;9 个测量指标能被其潜在变量解释的负荷量完全符合负荷量 λ 值的合理范围,表明相关测量指标与潜在变量教师要素的假设关系成立。

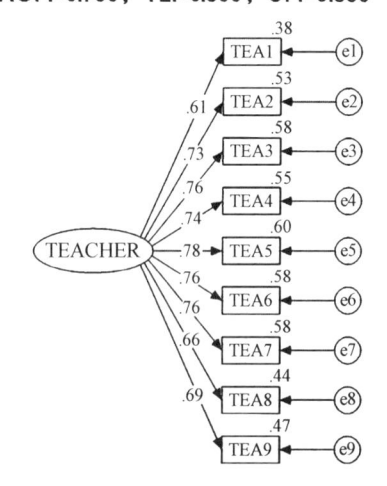

图 3-15 教师要素变量测量模型假设模型结果(标准化估计)

此时,虽然模型能够识别,但是适配指数 RMSEA 值＝0.159＞0.080,AGFI 值＝0.717＜0.900,表示假设的教师要素变量测量模型与样本数据无法有效契合。

2. 教师要素变量测量模型 CFA 模型修正

前文中假设的教师要素变量测量模型与观察数据无法有效契合。查阅修正指标值(表3-23)后发现,若增列误差项 e8 与误差项 e9 间的共变关系(其 M.I.值最大),则可以降低卡方值424.178。e8 为学生对公共课教师网络素养评价的误差,e9 为学生对专业课教师网络素养评价的误差,此种共变界定符合测量模型的假定,因而可以增加它们之间的共变关系。

表3-23 Covariances:正式问卷三分之二——教师要素之测量模型(假设)1

			m.i.	Par Change
e8	<->	e9	423.804	0.200
e7	<->	e9	20.870	0.036
e6	<->	e9	5.871	-0.019
e6	<->	e8	24.330	0.041
e6	<->	e7	331.664	0.121
e5	<->	e9	8.841	-0.024
e5	<->	e8	67.911	-0.069
e5	<->	e7	7.878	-0.019
e5	<->	e6	22.491	-0.032
e4	<->	e9	18.682	-0.037
e4	<->	e7	92.062	-0.069
e4	<->	e6	4.658	-0.016
e4	<->	e5	135.986	0.085
e3	<->	e9	20.903	-0.038
e3	<->	e8	67.097	-0.073
e3	<->	e7	23.148	-0.034
e3	<->	e6	71.293	-0.060

续表

			m.i.	Par Change
e3	<->	e5	38.648	0.045
e2	<->	e9	57.997	−0.065
e2	<->	e8	17.856	−0.038
e2	<->	e7	28.877	−0.039
e2	<->	e6	13.075	−0.026
e2	<->	e4	31.623	0.044
e2	<->	e3	247.725	0.122
e1	<->	e6	4.173	−0.016
e1	<->	e4	5.854	−0.020
e1	<->	e3	8.579	0.024

在教师要素变量初始假设测量模型中,增列误差项 e8 学生对公共课教师网络素养评价的误差与误差项 e9,学生对专业课教师网络素养评价的误差之间的共变关系后,重新运行模型,整体模型适配度的卡方值变为 1 027.715,RMSEA 值=0.142>0.080,AGFI 值=0.815<0.900,表示假设的教师要素变量测量模型与样本数据契合度还是不高。继续参考修正指标值,依次增列共变关系中 M.I.指数最高的误差项 e6(学生对公共课教师多媒体素养评价的误差)与 e7(学生对专业课教师多媒体素养评价的误差),误差项 e2(学生对公共课教师教学态度评价的误差)与 e3(学生对专业课教师教学态度评价的误差),它们间的共变界定符合教师要素变量测量模型的假定,因此可以增加此共变关系。

在分别增列了误差项 e6 与 e7、e2 与 e3 的共变关系后,重新运行模型,模型可以顺利识别,结果见图 3-16。此时模型的 GFI 值=0.948>0.900,AGFI 值=0.903>0.900,TLI 值=0.934>0.900,CFI 值=0.956>0.900,RMR 值=0.024<0.05,均达到模型可以适配的标准。虽然整体模型适配度的 RMSEA 值=0.096>0.080,但综合其他指标来看,修正后的教师要素测量模型拟合较好。

Standardized estimates
教师要素变量之测量模型（修正）
卡方值=450.157（p=0.000）；RMR=0.024；RMSEA=0.096
GFI=0.948；AGFI=0.903；TLI=0.934；CFI=0.956

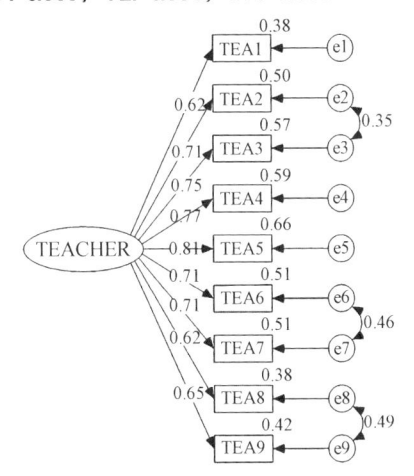

图 3-16 教师要素变量测量模型修正模型结果（标准化估计）

（六）教学满意度变量测量模型

1. 教学满意度变量测量模型 CFA 假设模型

教学满意度变量的 CFA 测量模型假设模型如下图 3-17，其中假设 11 个误差变量相互独立，彼此间没有相关或共变关系。e1～e11 共 11 个误差变量及共同因素"教学满意度"（SATISFACTION）均为潜在变量，SAT1～SAT11 均为显在变量（测量指标）。为避免自由参数太多，将测量指标 SAT11 的路径参数 λ 设为固定参数，其数值限制为 1。

同样将假设测量模型的群组（groups）名称设定为"正式问卷三分之二"，测量模型的名称设定为"教学满意度之测量模型（假设）"。将正式问卷中用于验证性因子分析的第二份样本数据导入 AMOS 17.0 软件中运行，模型方盒中的信息由[XX：教学满意度之测量模型（假设）]变为[OK：教学满意度之测量模型（假设）]，表示 CFA 模型可以顺利识别，得到测量模型的未标准化估计结果(见下图 3-18)。模型未标准化估计结果中,误差变量的 11 个误差方差均为正数,表示测量模型没有违反模型识别的规则。

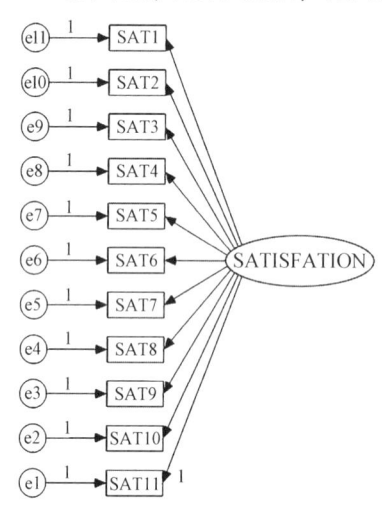

图 3-17 教学满意度变量测量模型假设模型

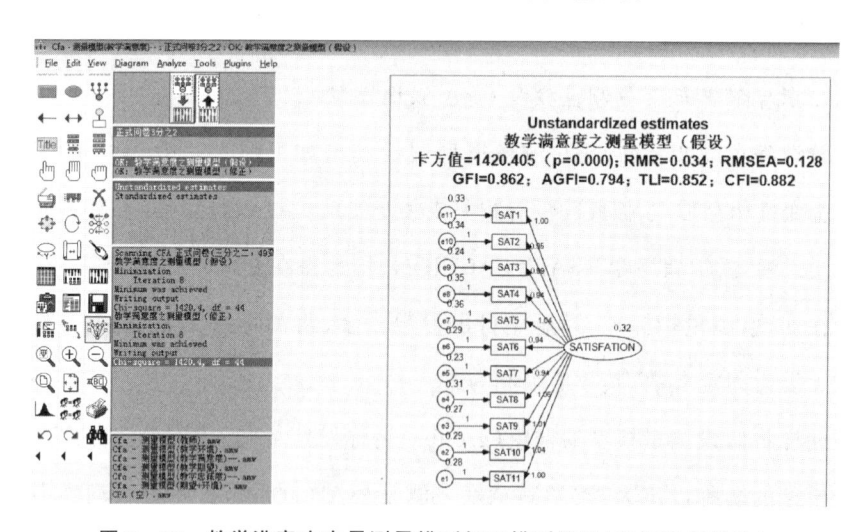

图 3-18 教学满意度变量测量模型假设模型结果(非标准化估计)

标准化估计模型图如图 3-19。可见,11 个测量指标的因素负荷量(λ值)分别为 0.70、0.67、0.75、0.67、0.70、0.70、0.74、0.73、0.74、0.74、0.73,说明 11 个测

量指标能被其潜在变量解释的负荷量完全符合负荷量 λ 值的合理区间,表明潜在变量教学满意度的相关测量指标与该潜在变量的假设关系是成立的。

Standardized estimates
教学满意度之测量模型(假设)
卡方值=1420.405 (p=0.000);RMR=0.034;RMSEA=0.128
GFI=0.862;AGFI=0.794;TLI=0.852;CFI=0.882

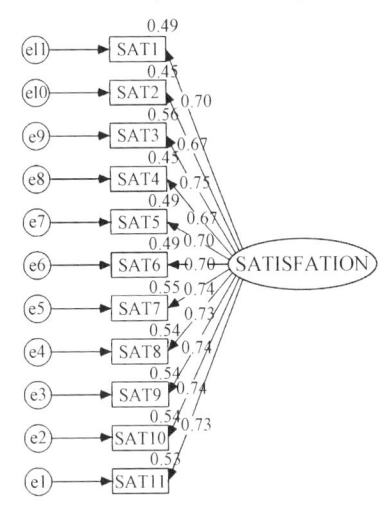

图 3-19 教学满意度变量测量模型假设模型结果(标准化估计)

此时,虽然模型能够识别,但是模型适配指数 RMSEA 值＝0.128＞0.080, GFI 值＝0.862＜0.900,AGFI 值＝0.794＜0.900,表示假设的教学满意度变量测量模型与样本数据不能有效契合,因此需修正模型。

2. 教学满意度变量测量模型 CFA 模型修正

在前文可以识别的教学满意度变量测量模型中,整体模型适配指数显示假设的教学满意度变量测量模型与样本数据契合度不佳。查找修正指标值(表 3-24)发现,误差项 e2 与误差项 e4 间的 M.I.值最大,误差项 e4 与误差项 e6 间的 M.I.值次之,此外误差项 e4 与误差项 e9 间的 M.I.值也较大,说明与误差项 e4 相关的测量指标 SAT8(指教学效果中的"公共课思维能力培养")与其他测量指标的相关关系较多较强,该指标不够独立。此时选用结构方程模型修正法之删除指标法,首先删除误差项 e4 及其相关的测量指标 SAT8。

表 3-24 Covariances:正式问卷三分之二——教学满意度之测量模型(假设)1

			m.i.	Par Change
e10	<->	e11	69.557	0.069
e9	<->	e11	75.107	0.062
e9	<->	e10	10.746	0.024
e8	<->	e11	23.502	0.040
e8	<->	e10	9.474	0.026
e8	<->	e9	29.381	0.039
e7	<->	e11	20.517	0.039
e7	<->	e9	5.489	0.017
e7	<->	e8	134.182	0.100
e6	<->	e11	22.580	−0.036
e6	<->	e10	35.464	0.046
e6	<->	e9	69.964	−0.055
e6	<->	e8	9.264	−0.024
e6	<->	e7	4.885	−0.017
e5	<->	e11	10.075	−0.022
e5	<->	e10	66.938	−0.057
e5	<->	e9	16.097	0.024
e4	<->	e11	10.474	−0.026
e4	<->	e9	100.676	−0.069
e4	<->	e8	29.639	−0.044
e4	<->	e6	143.981	0.089
e4	<->	e5	15.653	−0.026
e3	<->	e11	24.569	−0.037
e3	<->	e10	78.822	−0.067
e3	<->	e8	29.098	−0.041
e3	<->	e7	12.465	−0.027

续表

			m.i.	Par Change
e3	<->	e6	32.470	−0.040
e3	<->	e5	115.765	0.068
e2	<->	e11	27.274	−0.040
e2	<->	e10	13.300	0.028
e2	<->	e9	59.447	−0.052
e2	<->	e8	17.065	−0.032
e2	<->	e7	15.470	−0.031
e2	<->	e6	84.369	0.066
e2	<->	e5	35.097	−0.038
e2	<->	e4	185.077	0.101
e1	<->	e11	11.396	−0.026
e1	<->	e10	46.109	−0.052
e1	<->	e9	6.545	0.017
e1	<->	e8	13.191	−0.028
e1	<->	e7	15.207	−0.031
e1	<->	e6	12.554	−0.025
e1	<->	e5	57.186	0.049
e1	<->	e4	25.617	−0.037
e1	<->	e3	139.930	0.082

删除测量指标 SAT8("公共课思维能力培养")及与其相应的误差项 e4 后,重新运行模型,整体模型适配指数 RMSEA 值 $=0.122>0.080$,GFI 值 $=0.891<0.900$,AGFI 值 $=0.829<0.900$,TLI 值 $=0.873<0.900$,表示假设的教学满意度变量测量模型与样本数据契合度仍然不佳。继续查找修正指标值(表 3-25)发现,若增列 M.I.值最大的误差项 e2 与误差项 e6 的共变关系,则可以降低卡方值 147.127。e2 为学生对公共课能力培养效果评价的误差,e6 为学生对公共课综合教学效果评价的误差,它们之间的共变界

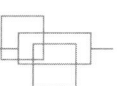

定符合教学满意度变量测量模型的假定,因此可以增加此共变关系。

表 3‐25 Covariances:正式问卷三分之二——教学满意度之测量模型(假设)2

			m.i.	*Par Change*
e10	<->	e11	68.614	0.069
e9	<->	e11	47.112	0.047
e9	<->	e10	5.418	0.016
e8	<->	e11	13.783	0.030
e8	<->	e10	7.574	0.023
e8	<->	e9	10.772	0.023
e7	<->	e11	14.807	0.032
e7	<->	e8	119.783	0.093
e6	<->	e11	11.564	−0.027
e6	<->	e10	58.543	0.062
e6	<->	e9	62.454	−0.053
e6	<->	e8	4.263	−0.016
e5	<->	e11	21.004	−0.031
e5	<->	e10	71.487	−0.059
e5	<->	e8	11.488	−0.023
e5	<->	e7	5.658	−0.017
e3	<->	e11	30.686	−0.042
e3	<->	e10	68.985	−0.064
e3	<->	e8	38.855	−0.047
e3	<->	e7	13.431	−0.029
e3	<->	e6	11.438	−0.025
e3	<->	e5	110.103	0.066
e2	<->	e11	13.168	−0.029
e2	<->	e10	32.011	0.046
e2	<->	e9	49.578	−0.048

续表

			m.i.	Par Change
e2	<->	e8	8.706	−0.024
e2	<->	e6	147.127	0.094
e2	<->	e5	16.531	−0.027
e1	<->	e11	22.820	−0.036
e1	<->	e10	50.024	−0.055
e1	<->	e8	27.291	−0.040
e1	<->	e7	23.904	−0.038
e1	<->	e6	4.456	−0.015
e1	<->	e5	42.178	0.041
e1	<->	e3	133.378	0.080
e1	<->	e2	9.419	0.023

增列误差项 e2 与误差项 e6 间的共变关系后,重新运行模型,整体模型适配指数 RMSEA 值＝0.113＞0.080,AGFI 值＝0.849＜0.900,TLI 值＝0.889＜0.900,表示假设的测量模型与观察数据仍无法有效契合。继续查阅修正指标值(表3-26)发现,误差项 e1 与误差项 e3 间的 M.I.值最大,误差项 e3 与 e5 间的 M.I.值以及 e3 与 e10 间的 M.I.值也较大,说明与误差项 e3 相关的测量指标 SAT9(指教学效果中的"专业课思维能力培养")与其他测量指标的相关关系较多、较强,该指标也不够独立,此时修正模型时可删除误差项 e3 及其相关的测量指标 SAT9。

表3-26　Covariances:正式问卷三分之二——教学满意度之测量模型(假设)3

			m.i.	Par Change
e10	<->	e11	70.731	0.070
e9	<->	e11	35.360	0.040
e9	<->	e10	4.942	0.016
e8	<->	e11	10.391	0.026

续表

			m.i.	Par Change
e8	<->	e10	8.416	0.024
e8	<->	e9	5.752	0.016
e7	<->	e11	11.670	0.029
e7	<->	e8	114.272	0.091
e6	<->	e10	51.495	0.056
e6	<->	e9	23.967	−0.031
e5	<->	e11	27.115	−0.035
e5	<->	e10	66.414	−0.057
e5	<->	e8	14.989	−0.027
e5	<->	e7	7.627	−0.020
e5	<->	e6	18.943	0.028
e3	<->	e11	37.681	−0.046
e3	<->	e10	64.009	−0.062
e3	<->	e8	45.150	−0.051
e3	<->	e7	16.275	−0.031
e3	<->	e6	7.264	−0.019
e3	<->	e5	105.490	0.065
e2	<->	e10	20.155	0.036
e2	<->	e9	15.888	−0.026
e2	<->	e5	12.930	−0.023
e2	<->	e3	13.513	0.026
e1	<->	e11	27.599	−0.039
e1	<->	e10	44.443	−0.052
e1	<->	e8	31.284	−0.042
e1	<->	e7	26.668	−0.040
e1	<->	e5	39.892	0.040
e1	<->	e3	130.722	0.079
e1	<->	e2	22.947	0.034

删除测量指标SAT9("专业课思维能力培养")及与其相应的误差项

e3 后,重新运行模型,整体模型适配指数 RMSEA 值=0.105>0.080, AGFI 值=0.893<0.900,表示假设的测量模型与观察数据仍然可进一步修正。继续查找修正指标值发现,若增列 M.I.值最大的误差项 e1 与误差项 e5 的共变关系,则可以降低卡方值 102.626。e1 为学生对专业课专业能力培养效果评价的误差,e5 为学生对专业课综合教学效果评价的误差,它们之间的共变界定符合教学满意度变量测量模型的假定,因此可以增加此共变关系。

再增列误差项 e1 与误差项 e5 间的共变关系后,重新运行模型,虽然整体模型适配指数 RMSEA 值=0.095>0.080,但是 GFI 值=0.953>0.900, AGFI 值=0.916>0.900,TLI 值=0.926>0.900,CFI 值=0.948>0.900, RMR 值=0.023<0.05,均达到模型可以适配的标准。综合而言,修正后的模型能够与样本数据拟合。

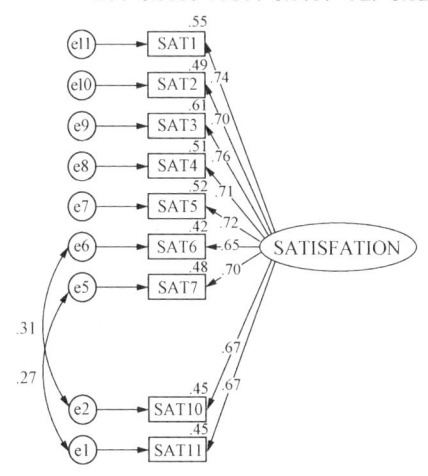

图 3-20 教学满意度变量测量模型修正模型结果(标准化估计)

(七) 教学忠诚度变量测量模型

1. 教学忠诚度变量测量模型 CFA 假设模型

教学忠诚度变量的 CFA 测量模型假设模型图如下图 3-21,其中假设 4

个误差变量相互独立,彼此间没有相关或共变关系。e1～e4 四个误差变量及共同因素"教学忠诚度"(LOYALTY)均为潜在变量,LOY1～LOY4 均为显在变量(测量指标)。为避免自由参数太多,将测量指标 LOY4 的路径参数 λ 设为固定参数,其数值限制为 1。

将测量模型假设模型的群组(groups)名称设定为"正式问卷三分之二",测量模型的名称设定为"教学忠诚度之测量模型(假设)"。将正式问卷中用于验证性因子分析的第二份样本数据导入 AMOS17.0 软件中运行,模型方盒中的信息由[XX:教学忠诚度之测量模型(假设)]变为[OK:教学忠诚度之测量模型(假设)],表示 CFA 模型可以顺利识别,得到测量模型的未标准化估计结果(见下图 3-22)。在模型未标准化估计结果中,误差变量的 4 个误差方差均为正数,表示测量模型没有违反模型识别的规则。

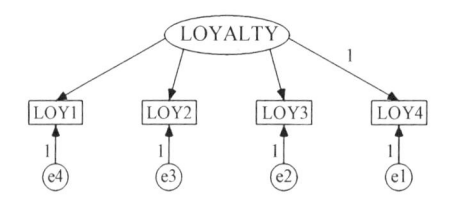

Model Specification
Most General Model
卡方值=\CMIN (p=\p); RMR=\RMR; RMSEA=\RMSEA
GFI=\GFI; AGFI=\AGFI; TLI=\TLI; CFI=\CFI

图 3-21 教学忠诚度变量测量模型假设模型

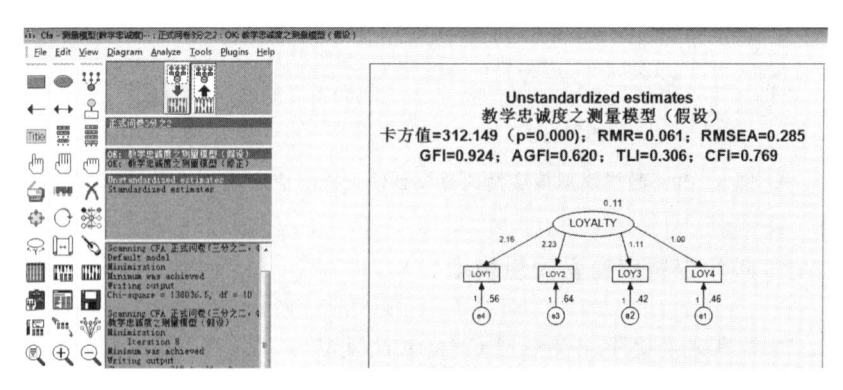

图 3-22 教学忠诚度变量测量模型假设模型结果(非标准化估计)

模型的标准化估计结果见下图 3-23。可见,4 个测量指标的因素负荷量(λ 值)分别为 0.69、0.67、0.49、0.43 说明 4 个测量指标能被其潜在变量解释的负荷量介于 0.43~0.69 之间,基本符合负荷量 λ 值的合理区间,表明潜在变量教学满意度的相关测量指标与该潜在变量的假设关系是成立的。

Standardized estimates
教学忠诚度之测量模型(假设)
卡方值=312.149(p=0.000);RMR=0.061;RMSEA=0.285
GFI=0.924;AGFI=0.620;TLI=0.306;CFI=0.769

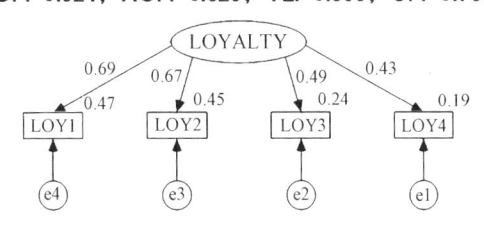

图 3-23 教学忠诚度变量测量模型假设模型结果(标准化估计)

虽然模型能够识别,但是此时模型的适配指数 RMSEA 值=0.285＞0.080,AGFI 值=0.620＜0.900,TLI 值=0.306＜0.900,CFI 值=0.769＜0.900,表示假设的教学忠诚度变量测量模型与样本数据不能有效契合。

2. 教学忠诚度变量测量模型 CFA 模型修正

前文假设的教学忠诚度变量测量模型与样本数据的契合不佳。查阅修正指标值(表 3-27)发现,若增列误差项 e1 与误差项 e2 间的共变关系,则可以降低卡方值 256.334。e1 为学生向学弟学妹推荐选课建议意愿度的误差,e2 为学生对专业教学提出建议的意愿度的误差,此种共变界定符合教学忠诚度测量模型的假定,因而可以设定释放此项的参数估计。

表 3-27 Covariances:正式问卷三分之二——教学忠诚度之测量模型(假设)1

			m.i.	Par Change
e3	<->	e4	34.633	0.103
e2	<->	e4	36.700	−0.081

续表

			m.i.	Par Change
e2	<->	e3	9.667	-0.044
e1	<->	e4	12.102	-0.048
e1	<->	e3	50.947	-0.105
e1	<->	e2	256.334	0.175

在误差项 e1 与误差项 e2 之间增加共变关系之后，再次运行模型，模型得到顺利识别，标准化估计结果见图 3-24。此时，虽然整体模型适配指数 RMSEA 值=0.080，但是 GFI 值=0.997>0.900，AGFI 值=0.966>0.900，TLI 值=0.945>0.900，CFI 值=0.991>0.900，RMR 值=0.011<0.05，都达到模型适配的标准。总的来说，修正后的模型拟合较好。

Standardized estimates
教学忠诚度之测量模型（修正）
卡方值=13.225（p=0.000）；RMR=0.011；RMSEA=0.080
GFI=0.997；AGFI=0.966；TLI=0.945；CFI=0.991

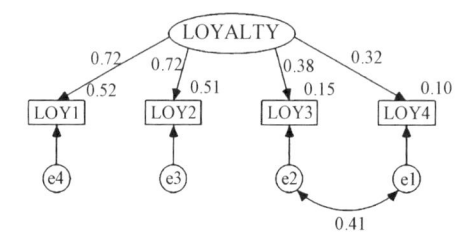

图 3-24 教学忠诚度变量测量模型修正模型结果（标准化估计）

五、高校教学系统学生满意度指数

基于教育测量理论构建学生满意度指数体系，将总体满意度与要素满意度作为潜变量，通过测量模型（表 3-1）中维度 2~7 的观测变量进行间接测量。采用均值法合成指数：总体满意度指数为维度 2~7 题项评价值的算术平均数，各要素满意度指数为对应维度题项的均值，该方法遵循经典测量理论中李克特量表的聚合效度原则。统计分析层面,运用方差分析检验学生背景特征对满意度指数的影响,其理论基础源于实验设计中的组间差异检验,以 P<0.05 作为显著性阈值,符合社会科学研究的通用标准。该框架既保证了测量工具的信效度,又为后续结构方程模型(SEM)分析提供了数据基础。

(一) 江苏高校教学系统学生总体满意度指数

表 3-28 至表 3-31 为江苏区域高校教学系统学生总体满意度指数及学生不同背景特征的总体满意度指数及其影响差异状况。

表 3-28　江苏区域高校教学系统学生总体满意度指数

	均值	分级
江苏省高校教学系统学生总体满意度指数	3.496	中

表 3-29　不同生理背景学生的教学系统总体满意度指数及影响差异

特征	选项	代码	总体满意度指数	f	p 值	验证结果
性别	男	1	3.48	4.916	0.027	差异显著
	女	2	3.51			
年龄	≤19	1	3.53	6.524	0.000	差异显著
	20	2	3.53			
	21	3	3.49			
	22	4	3.45			
	23—25	5	3.43			
	≥26	6	3.44			

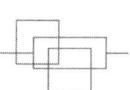

表 3-30 不同教育背景学生的教学系统总体满意度指数及影响差异

特征	选项	代码	总体满意度指数	f	p 值	验证结果
高校类型	985高校	1	3.57	25.104	0.000	差异显著
	211高校	2	3.50			
	其他普通本科院校	3	3.42			
	高职院校	4	3.55			
年级	大一	1	3.54	8.979	0.000	差异显著
	大二	2	3.50			
	大三	3	3.43			
	大四	4	3.58			
	硕士一年级	5	3.41			
	硕士二、三年级	6	3.43			
	博士	7	3.44			
学段	专科生	1	3.55	10.993	0.000	差异显著
	本科生	2	3.48			
	硕士生	3	3.42			
	博士生	4	3.44			
专业	工学	1	3.49	2.116	0.039	差异显著
	理学	2	3.53			
	管理学	3	3.51			
	经济学	4	3.49			
	医学	5	3.54			
	教育学	6	3.50			
	文学	7	3.47			
	艺术学等其他专业	8	3.44			
成绩排名	名列前茅	1	3.57	15.133	0.000	差异显著
	中等偏上	2	3.52			
	中等	3	3.49			
	中等偏下	4	3.39			
	相对较差	5	3.33			

表 3-31　不同家庭背景学生的教学系统总体满意度指数及影响差异

特征	选项	代码	总体满意度指数	f	p 值	验证结果
生活地区	直辖市或省会城市市区	1	3.47	3.440	0.008	差异显著
	大中城市市区	2	3.55			
	县城	3	3.49			
	乡镇	4	3.48			
	农村	5	3.49			
父亲职业	管理人员（例如公务员、企业管理层等）	1	3.51	1.902	0.091	差异不显著
	专业技术人员（含教师）	2	3.53			
	办事人员	3	3.53			
	个体户	4	3.49			
	工人	5	3.49			
	农民	6	3.47			
母亲职业	管理人员（例如公务员、企业管理层等）	1	3.54	2.262	0.046	差异显著
	专业技术人员（含教师）	2	3.52			
	办事人员	3	3.52			
	个体户	4	3.48			
	工人	5	3.50			
	农民	6	3.47			
父亲学历	大专及以上	1	3.52	3.105	0.015	差异显著
	高中或中专	2	3.52			
	初中	3	3.47			
	小学	4	3.48			
	小学以下	5	3.51			
母亲学历	大专及以上	1	3.55	8.742	0.000	差异显著
	高中或中专	2	3.54			
	初中	3	3.47			
	小学	4	3.46			
	小学以下	5	3.44			

续表

特征	选项	代码	总体满意度指数	f	p值	验证结果
是否独生子女	是	1	3.52	11.163	0.001	差异显著
	不是	2	3.47			

结果显示：

1) 江苏省高校教学系统学生总体满意度指数为3.496(见表3-21)，属于"中"的水平，接近"良"。

2) 不同性别学生的总体满意度指数差异显著(见表3-22)，女生的总体满意度指数显著高于男生。

3) 不同年龄学生的总体满意度指数评价结果的差异显著(见表3-22)，总体趋势是随着年龄的增长其满意度指数逐步降低，年龄最小的20岁及以下的学生其满意度最高。

4) 来自不同学校类型的学生总体满意度指数差异显著(见表3-23)，"985高校"的学生其满意度指数最高，其次是高职院校的学生，而来自其他普通本科院校的学生满意度指数最低。

5) 不同年级学生的总体满意度指数差异显著(见表3-23)，大四学生的满意度指数最高，其次是大一学生，满意度指数最低的是硕士一年级学生。

6) 不同学段学生的总体满意度指数差异显著(见表3-23)，专科生的满意度指数最高，硕士生的满意度指数最低。

7) 来自不同专业的学生的总体满意度指数差异显著(见表3-23)，医学和理学的学生其满意度指数较高，艺术学、文学等专业的学生满意度指数较低。

8) 成绩排名不同的学生其教学总体满意度指数差异显著(见表3-23)，总体趋势为成绩排名越高其总体满意度指数也越高。

9) 来自不同地区的学生对高校教学系统总体满意度水平有显著差异(见表3-24)，来自大中城市市区的学生满意度指数最高，来自直辖市或省会城市市区的学生满意度指数最低。

10）学生的母亲职业情况对教学总体满意度指数影响差异显著（见表 3-24），母亲职业为管理人员的学生其对教学满意度评价指数为最高，母亲职业为农民的学生其对教学满意度评价指数最低。

11）学生的父亲学历情况对教学总体满意度指数影响差异显著（见表 3-24），父亲学历为高中以上或小学以下的学生其对教学满意度指数较高，父亲学历为初中或小学的学生其满意度指数较低。

12）学生的母亲学历情况对教学总体满意度指数影响差异显著（见表 3-24），总体趋势为其母亲学历越高，则学生的教学满意度指数也越高。

13）学生是否为独生子女的情况对其教学满意度指数影响差异显著（见表 3-24），身为独生子女的学生总体满意度水平显著高于非独生子女。

14）学生的父亲职业情况对其教学总体满意度指数的影响差异不显著（见表 3-23）。

（二）江苏高校学生对教学系统各要素满意度指数

将学生正式调查问卷量表中"维度 2:教师要素"涉及的题项视为学生对"教师要素"的评价，将"维度 3:学生要素"涉及的题项视为学生对"学生要素"的评价，将"维度 4:教学环境"涉及的题项视为学生对"教学环境"要素的评价，将"维度 5:教学内容"涉及的题项视为学生对"教学内容"要素的评价，将"维度 6:教学效果"涉及的题项视为学生对"教学效果"的评价，评价值的均值作为对该要素评价的满意度指数，将某一类样本的要素评价满意度指数均值视为该类样本的要素满意度指数。

1. 江苏高校教学系统各要素满意度评价情况

江苏区域内高校学生对教师要素、学生要素、教学内容、教学环境等各要素及教学效果的满意度指数见表 3-32。对照第二章的满意度指数分级标准，结果显示：江苏高校学生对教学系统中各要素的平均满意度指数中，除教师要素满意度指数处于"良"的水平外，其他均为"中"的水平。

表 3-32　江苏区域高校教学系统各要素及教学效果满意度指数

指数类别	均值	分级
教师要素满意度指数	3.59	良
学生要素满意度指数	3.42	中
教学内容要素满意度指数	3.42	中
教学环境要素满意度指数	3.45	中
教学效果满意度指数	3.49	中

2. 不同背景特征学生对教学系统教师要素满意度指数

不同背景特征学生对教师要素的满意度指数见表 3-33 至表 3-35。

表 3-33　不同生理背景学生的教师要素满意度指数及影响差异

特征	选项	代码	教师要素指数	f	p 值	验证结果
性别	男	1	3.57	3.423	0.064	差异不显著
	女	2	3.60			
年龄	≤19	1	3.64	11.948	0.000	差异显著
	20	2	3.64			
	21	3	3.59			
	22	4	3.55			
	23~25	5	3.47			
	≥26	6	3.46			

表 3-34　不同学习背景学生的教师要素满意度指数及影响差异

特征	选项	代码	教师要素指数	f	p 值	验证结果
高校类型	"985高校"	1	3.62	9.760	0.000	差异显著
	"211高校"	2	3.62			
	其他普通本科院校	3	3.53			
	高职院校	4	3.62			

续表

特征	选项	代码	教师要素指数	f	p 值	验证结果
年级	大一	1	3.64	10.181	0.000	差异显著
	大二	2	3.61			
	大三	3	3.55			
	大四	4	3.60			
	硕士一年级	5	3.43			
	硕士二、三年级	6	3.46			
	博士	7	3.41			
学段	专科生	1	3.62	13.901	0.000	差异显著
	本科生	2	3.60			
	硕士生	3	3.45			
	博士生	4	3.41			
专业	工学	1	3.61	2.444	0.017	差异显著
	理学	2	3.62			
	管理学	3	3.60			
	经济学	4	3.57			
	医学	5	3.62			
	教育学	6	3.54			
	文学	7	3.53			
	艺术学等其他专业	8	3.53			
成绩排名	名列前茅	1	3.69	17.130	0.000	差异显著
	中等偏上	2	3.63			
	中等	3	3.56			
	中等偏下	4	3.48			
	相对较差	5	3.43			

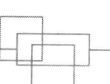

表 3-35 不同家庭背景学生的教师要素满意度指数及影响差异

特征	选项	代码	教师要素指数	f	p值	验证结果
生活地区	直辖市或省会城市市区	1	3.56	6.949	0.000	差异显著
	大中城市市区	2	3.68			
	县城	3	3.58			
	乡镇	4	3.55			
	农村	5	3.58			
父亲职业	管理人员（例如公务员、企业管理层等）	1	3.62	2.594	0.024	差异显著
	专业技术人员（含教师）	2	3.62			
	办事人员	3	3.62			
	个体户	4	3.58			
	工人	5	3.59			
	农民	6	3.54			
母亲职业	管理人员（例如公务员、企业管理层等）	1	3.64	3.969	0.001	差异显著
	专业技术人员（含教师）	2	3.64			
	办事人员	3	3.63			
	个体户	4	3.57			
	工人	5	3.60			
	农民	6	3.55			
父亲学历	大专及以上	1	3.62	2.577	0.036	差异显著
	高中或中专	2	3.61			
	初中	3	3.56			
	小学	4	3.57			
	小学以下	5	3.60			
母亲学历	大专及以上	1	3.64	7.607	0.000	差异显著
	高中或中专	2	3.64			
	初中	3	3.56			
	小学	4	3.56			
	小学以下	5	3.51			

续表

特征	选项	代码	教师要素指数	f	p 值	验证结果
是否独生子女	是	1	3.62	21.703	0.000	差异显著
	不是	2	3.55			

上表 3-33 至 3-35 结果显示：

1) 不同年龄学生的教师要素满意度评价结果的差异显著（见表 3-33），总体趋势是随着年龄的增长其满意度指数逐步降低，年龄最小的 20 岁及以下的学生其对教师要素的满意度指数最高。

2) 来自不同高校类型的学生对教师要素满意度指数差异显著（见表 3-34），其中"985 高校、211 高校"和高职院校的学生其对教师要素的满意度指数相对较高，而其他普通本科院校的学生对教师要素的满意度指数相对较低。

3) 不同年级学生的满意度指数差异显著（见表 3-34），大一学生对教师要素的满意度指数最高，博士生和硕士一年级学生的满意度指数较低。

4) 不同学段学生对教师要素满意度指数差异显著（见表 3-34），总体趋势为学段越高其满意度越低，即专科生的满意度指数最高，博士生的满意度指数最低。

5) 来自不同专业的学生对教师要素满意度指数差异显著（见表 3-34），医学和理学等专业的学生其满意度指数较高，文学、艺术学等专业的学生满意度指数较低。

6) 成绩排名不同的学生对教师要素的满意度指数差异显著（见表 3-34），总体趋势为成绩排名越高其满意度指数也越高。

7) 来自不同生活地区的学生对教师要素的满意度水平有显著差异（见表 3-35），来自大中城市市区的学生满意度指数最高，来自乡镇和直辖市或省会城市市区的学生满意度指数较低。

8) 学生的父亲职业情况对教师要素满意度指数影响差异显著（见表 3-35），

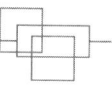

父亲职业为管理人员、专业技术人员或办事人员的学生其对教师要素满意度评价指数较高,父亲职业为农民的学生其对教师要素满意度评价指数最低。

9)学生的母亲职业情况对教师要素满意度指数影响差异显著(见表3-35),母亲职业为管理人员或专业技术人员的学生其对教师要素满意度评价指数较高,母亲职业为农民的学生其对教师要素满意度评价指数最低。

10)学生的父亲学历情况对教师要素满意度指数影响差异显著(见表3-35),父亲学历为高中及以上的学生其对教师要素满意度指数较高,父亲学历为初中或小学的学生其满意度指数较低。

11)学生的母亲学历情况对教师要素满意度指数影响差异显著(见表3-35),总体趋势为其母亲学历越高,则学生的教师要素满意度指数也越高。

12)学生是否为独生子女的情况对其教师要素满意度指数影响差异显著(见表3-35),身为独生子女的学生满意度水平显著高于非独生子女。

13)不同性别学生对教师要素的满意度指数差异不显著(见表3-33)。

3. 不同背景特征学生对教学系统学生要素满意度指数评价及影响差异

不同背景特征学生对学生要素的满意度指数见表3-36至表3-38。

表3-36 不同生理背景学生的学生要素满意度指数及影响差异

特征	选项	代码	学生要素指数	f	p值	验证结果
性别	男	1	3.37	20.162	0.000	差异显著
	女	2	3.45			
年龄	≤19	1	3.43	1.718	0.127	差异不显著
	20	2	3.45			
	21	3	3.42			
	22	4	3.38			
	23~25	5	3.38			
	≥26	6	3.42			

表 3-37 不同学习背景学生的学生要素满意度指数及影响差异

特征	选项	代码	学生要素指数	f	p 值	验证结果
高校类型	"985高校"	1	3.49	13.706	0.000	差异显著
	"211高校"	2	3.43			
	其他普通本科院校	3	3.35			
	高职院校	4	3.47			
年级	大一	1	3.44	3.002	0.006	差异显著
	大二	2	3.42			
	大三	3	3.37			
	大四	4	3.53			
	硕士一年级	5	3.38			
	硕士二、三年级	6	3.41			
	博士	7	3.42			
学段	专科生	1	3.47	3.515	0.015	差异显著
	本科生	2	3.40			
	硕士生	3	3.40			
	博士生	4	3.42			
专业	工学	1	3.37	4.506	0.000	差异显著
	理学	2	3.44			
	管理学	3	3.43			
	经济学	4	3.43			
	医学	5	3.51			
	教育学	6	3.50			
	文学	7	3.46			
	艺术学等其他专业	8	3.36			
成绩排名	名列前茅	1	3.44	4.145	0.002	差异显著
	中等偏上	2	3.44			
	中等	3	3.42			
	中等偏下	4	3.34			
	相对较差	5	3.30			

表3-38 不同家庭背景学生的学生要素满意度指数及影响差异

特征	选项	代码	学生要素指数	f	p值	验证结果
生活地区	直辖市或省会城市市区	1	3.42	1.610	0.169	差异不显著
	大中城市市区	2	3.46			
	县城	3	3.42			
	乡镇	4	3.40			
	农村	5	3.40			
父亲职业	管理人员（例如公务员、企业管理层等）	1	3.44	2.249	0.047	差异显著
	专业技术人员（含教师）	2	3.46			
	办事人员	3	3.47			
	个体户	4	3.42			
	工人	5	3.39			
	农民	6	3.39			
母亲职业	管理人员（例如公务员、企业管理层等）	1	3.46	1.651	0.143	差异不显著
	专业技术人员（含教师）	2	3.45			
	办事人员	3	3.43			
	个体户	4	3.43			
	工人	5	3.42			
	农民	6	3.38			
父亲学历	大专及以上	1	3.45	3.939	0.003	差异显著
	高中或中专	2	3.45			
	初中	3	3.38			
	小学	4	3.38			
	小学以下	5	3.43			
母亲学历	大专及以上	1	3.48	7.315	0.000	差异显著
	高中或中专	2	3.47			
	初中	3	3.39			
	小学	4	3.37			
	小学以下	5	3.38			

续表

特征	选项	代码	学生要素指数	f	p 值	验证结果
是否独生子女	是	1	3.44	9.457	0.002	差异显著
	不是	2	3.39			

表 3-36 至表 3-38 结果显示：

1) 不同性别学生对学生要素的满意度指数差异显著(见表 3-36)，女生对学生要素的满意度指数显著高于男生。

2) 来自不同学校类型的学生对学生要素满意度指数差异显著(见表 3-37)，其中"985 高校"和高职院校的学生对学生要素的满意度指数较高，而其他普通本科院校的学生对学生要素的满意度指数较低。

3) 不同年级学生的满意度指数差异显著(见表 3-37)，大四学生对学生要素的满意度指数最高，大三和硕士一年级学生的满意度指数较低。

4) 不同学段学生对学生要素满意度指数差异显著(见表 3-37)，专科生的满意度指数最高，本科生和硕士生的满意度指数较低。

5) 来自不同专业的学生对学生要素满意度指数差异显著(见表 3-37)，医学和教育学等专业的学生其满意度指数较高，工学、艺术学等专业的学生满意度指数较低。

6) 成绩排名不同的学生其对学生要素的满意度指数差异显著(见表 3-37)，总体趋势为成绩排名越高其满意度指数也越高。

7) 学生的父亲职业情况对教师要素满意度指数影响差异达到显著水平(见表 3-38)，父亲职业为专业技术人员或办事人员的学生其对学生要素满意度评价指数较高，父亲职业为工人或农民的学生其对学生要素满意度评价指数较低。

8) 学生的父亲学历情况对学生要素满意度指数影响差异显著(见表 3-38)，父亲学历为高中及以上的学生其对学生要素满意度指数较高，父亲学历为初中或小学的学生其满意度指数较低，父亲学历为小学以下的学生其满意度指

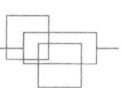

数处于中间水平。

9) 学生的母亲学历情况对学生要素满意度指数影响差异显著(见表3-38),总体趋势为其母亲学历越高,则学生的教师要素满意度指数也越高。

10) 学生是否为独生子女的情况对其学生要素满意度指数影响差异显著(见表3-38),身为独生子女的学生满意度水平显著高于非独生子女。

11) 不同年龄学生的学生要素满意度评价结果的差异不显著(见表3-36);来自不同生活地区的学生对教师要素的满意度水平无显著差异(见表3-37);学生的母亲职业情况对学生要素满意度指数影响差异不显著(见表3-37)。

4. 不同背景特征学生对教学系统教学内容满意度指数

不同背景特征学生对教学内容的满意度指数见表3-39至表3-41。

表3-39 不同生理背景学生的教学内容满意度指数及影响差异

特征	选项	代码	教学内容指数	f	p 值	验证结果
性别	男	1	3.42	0.182	0.670	差异不显著
	女	2	3.43			
年龄	≤19	1	3.46	5.979	0.000	差异显著
	20	2	3.46			
	21	3	3.42			
	22	4	3.37			
	23—25	5	3.35			
	≥26	6	3.34			

表3-40 不同学习背景学生的教学内容满意度指数及影响差异

特征	选项	代码	教学内容指数	f	p 值	验证结果
高校类型	"985高校"	1	3.44	35.347	0.000	差异显著
	"211高校"	2	3.40			
	其他普通本科院校	3	3.34			
	高职院校	4	3.55			

续表

特征	选项	代码	教学内容指数	f	p 值	验证结果
年级	大一	1	3.49	11.643	0.000	差异显著
	大二	2	3.43			
	大三	3	3.33			
	大四	4	3.53			
	硕士一年级	5	3.32			
	硕士二、三年级	6	3.33			
	博士	7	3.35			
学段	专科生	1	3.55	31.366	0.000	差异显著
	本科生	2	3.39			
	硕士生	3	3.32			
	博士生	4	3.35			
专业	工学	1	3.42	2.472	0.016	差异显著
	理学	2	3.45			
	管理学	3	3.42			
	经济学	4	3.44			
	医学	5	3.48			
	教育学	6	3.43			
	文学	7	3.35			
	艺术学等其他专业	8	3.35			
成绩排名	名列前茅	1	3.47	9.829	0.000	差异显著
	中等偏上	2	3.45			
	中等	3	3.43			
	中等偏下	4	3.33			
	相对较差	5	3.21			

表 3-41 不同家庭背景学生的教学内容满意度指数及影响差异

特征	选项	代码	教学内容指数	f	p 值	验证结果
生活地区	直辖市或省会城市市区	1	3.39	2.103	0.078	差异不显著
	大中城市市区	2	3.47			
	县城	3	3.41			
	乡镇	4	3.41			
	农村	5	3.43			
父亲职业	管理人员（例如公务员、企业管理层等）	1	3.40	0.955	0.444	差异不显著
	专业技术人员（含教师）	2	3.45			
	办事人员	3	3.45			
	个体户	4	3.42			
	工人	5	3.41			
	农民	6	3.42			
母亲职业	管理人员（例如公务员、企业管理层等）	1	3.45	0.422	0.833	差异不显著
	专业技术人员（含教师）	2	3.43			
	办事人员	3	3.45			
	个体户	4	3.41			
	工人	5	3.42			
	农民	6	3.42			
父亲学历	大专及以上	1	3.43	0.623	0.646	差异不显著
	高中或中专	2	3.44			
	初中	3	3.41			
	小学	4	3.42			
	小学以下	5	3.44			
母亲学历	大专及以上	1	3.47	4.031	0.003	差异显著
	高中或中专	2	3.46			
	初中	3	3.39			
	小学	4	3.41			
	小学以下	5	3.37			

续表

特征	选项	代码	教学内容指数	f	p 值	验证结果
是否独生子女	是	1	3.43	0.471	0.493	差异不显著
	不是	2	3.42			

表 3-39 至表 3-41 结果分析如下：

1) 不同年龄学生对教学内容满意度评价结果的差异显著(见表 3-39)，总体趋势为年龄越高其对教学内容的满意度水平越低。

2) 来自不同学校类型的学生对教学内容满意度指数差异显著(见表 3-40)，其中高职院校的学生对教学内容的满意度指数最高，而其他普通本科院校的学生对教学内容的满意度指数最低。

3) 不同年级学生的满意度指数差异显著(见表 3-40)，大四学生对教学内容的满意度指数最高，硕士一年级学生的满意度指数最低。

4) 不同学段学生对教学内容满意度指数差异显著(见表 3-40)，专科生的满意度指数最高，硕士生的满意度指数较低。

5) 来自不同专业的学生对教学内容满意度指数差异显著(见表 3-40)，医学、理学等专业的学生其满意度指数较高，文学、艺术学等专业的学生满意度指数较低。

6) 成绩排名不同的学生其对教学内容的满意度指数差异显著(见表 3-40)，总体趋势为成绩排名越高其满意度指数也越高。

7) 学生母亲学历情况对教学内容满意度指数影响差异显著(见表 3-41)，总体趋势为其母亲学历越高，学生对教学内容满意度指数也越高。

8) 不同性别学生对教学内容的满意度指数差异不显著(见表 3-39)；不同生活地区、其父亲职业情况、其母亲职业情况、其父亲学历情况、是否为独生子女等学生家庭背景对高校教学内容满意度影响差异均不显著(见表 3-41)。

5. 不同背景特征学生对教学系统教学环境满意度指数

不同背景特征学生对教学环境的满意度指数见表 3-42 至表 3-44。

表 3-42 不同生理背景学生的教学环境满意度指数及影响差异

特征	选项	代码	教学环境指数	f	p 值	验证结果
性别	男	1	3.44	1.954	0.162	差异不显著
	女	2	3.46			
年龄	≤19	1	3.48	2.836	0.015	差异显著
	20	2	3.47			
	21	3	3.44			
	22	4	3.39			
	23—25	5	3.45			
	≥26	6	3.50			

表 3-43 不同学习背景学生的教学环境满意度指数及影响差异

特征	选项	代码	教学环境指数	f	p 值	验证结果
高校类型	"985 高校"	1	3.65	47.043	0.000	差异显著
	"211 高校"	2	3.44			
	其他普通本科院校	3	3.35			
	高职院校	4	3.51			
年级	大一	1	3.50	8.437	0.000	差异显著
	大二	2	3.44			
	大三	3	3.37			
	大四	4	3.59			
	硕士一年级	5	3.45			
	硕士二、三年级	6	3.46			
	博士	7	3.54			
学段	专科生	1	3.51	7.776	0.000	差异显著
	本科生	2	3.43			

续表

特征	选项	代码	教学环境指数	f	p 值	验证结果
学段	硕士生	3	3.45			
	博士生	4	3.54			
专业	工学	1	3.44	2.007	0.051	差异不显著
	理学	2	3.49			
	管理学	3	3.47			
	经济学	4	3.43			
	医学	5	3.49			
	教育学	6	3.46			
	文学	7	3.48			
	艺术学等其他专业	8	3.40			
成绩排名	名列前茅	1	3.52	10.696	0.000	差异显著
	中等偏上	2	3.47			
	中等	3	3.45			
	中等偏下	4	3.35			
	相对较差	5	3.29			

表3-44 不同家庭背景学生的教学环境满意度指数及影响差异

特征	选项	代码	教学环境指数	f	p 值	验证结果
生活地区	直辖市或省会城市市区	1	3.45	0.814	0.516	差异不显著
	大中城市市区	2	3.48			
	县城	3	3.44			
	乡镇	4	3.44			
	农村	5	3.46			
父亲职业	管理人员(例如公务员、企业管理层等)	1	3.47	1.785	0.112	差异不显著
	专业技术人员(含教师)	2	3.49			
	办事人员	3	3.49			
	个体户	4	3.45			

续表

特征	选项	代码	教学环境指数	f	p 值	验证结果
父亲职业	工人	5	3.43			
	农民	6	3.43			
母亲职业	管理人员(例如公务员、企业管理层等)	1	3.52	1.638	0.146	差异不显著
	专业技术人员(含教师)	2	3.47			
	办事人员	3	3.48			
	个体户	4	3.45			
	工人	5	3.44			
	农民	6	3.43			
父亲学历	大专及以上	1	3.48	2.907	0.020	差异显著
	高中或中专	2	3.48			
	初中	3	3.42			
	小学	4	3.44			
	小学以下	5	3.48			
母亲学历	大专及以上	1	3.51	7.230	0.000	差异显著
	高中或中专	2	3.49			
	初中	3	3.43			
	小学	4	3.40			
	小学以下	5	3.41			
是否独生子女	是	1	3.47	3.656	0.056	差异不显著
	不是	2	3.44			

表 3-42 至表 3-44 结果分析如下：

1) 不同年龄学生对教学环境满意度评价结果的差异显著(见表 3-42)，年龄低于 20 岁或高于 26 岁的学生对教学环境的满意度水平较高，年龄为 22 岁的学生其满意度指数最低。

2) 来自不同学校类型的学生对教学环境满意度指数差异显著(见表 3-43)，其中 985 高校的学生对教学环境的满意度指数最高，而其他普通本科院校的学生对教学环境的满意度指数最低。

3）不同年级学生的满意度指数差异显著（见表3-43），大四学生对教学环境的满意度指数最高，大三学生的满意度指数最低。

4）不同学段学生对教学环境满意度指数差异显著（见表3-43），博士生的满意度指数最高，本科生的满意度指数较低。

5）成绩排名不同的学生其对教学环境的满意度指数差异显著（见表3-43），总体趋势为成绩排名越高其满意度指数也越高。

6）学生的父亲学历情况对教学环境满意度指数影响差异显著（见表3-44），父亲学历为高中及以上或小学以下的学生其对教学环境满意度指数较高，父亲学历为初中或小学的学生其满意度指数较低。

7）学生的母亲学历情况对教学环境满意度指数影响差异显著（见表3-44），总体趋势为其母亲学历越高，则学生的教学环境满意度指数也越高。

8）不同性别学生的教学环境的满意度指数差异不显著（见表3-42）；不同专业的学生对教学环境满意度指数差异不显著（见表3-43）；不同生活地区的学生对教学环境的满意度水平无显著差异（见表3-44）；学生父亲职业情况、学生母亲职业情况、学生是否为独生子女的情况对其教学环境满意度指数影响差异不显著（见表3-44）。

6. 不同背景特征学生对教学系统教学效果满意度指数

不同背景特征学生对教学效果的满意度指数见表3-45至表3-47。

表3-45 不同生理背景学生的教学效果满意度指数及影响差异

特征	选项	代码	教学效果指数	f	p值	验证结果
性别	男	1	3.48	2.353	0.125	差异不显著
	女	2	3.50			
年龄	≤19	1	3.53	4.090	0.001	差异显著
	20	2	3.53			
	21	3	3.48			

续表

特征	选项	代码	教学效果指数	f	p 值	验证结果
年龄	22	4	3.45			
	23—25	5	3.45			
	≥26	6	3.44			

表3-46 不同学习背景学生的教学效果满意度指数及影响差异

特征	选项	代码	教学效果指数	f	p 值	验证结果
高校类型	985高校	1	3.55	19.267	0.000	差异显著
	211高校	2	3.49			
	其他普通本科院校	3	3.42			
	高职院校	4	3.56			
年级	大一	1	3.54	7.661	0.000	差异显著
	大二	2	3.50			
	大三	3	3.42			
	大四	4	3.63			
	硕士一年级	5	3.42			
	硕士二、三年级	6	3.44			
	博士	7	3.45			
学段	专科生	1	3.56	10.376	0.000	差异显著
	本科生	2	3.47			
	硕士生	3	3.43			
	博士生	4	3.44			
专业	工学	1	3.48	1.233	0.281	差异不显著
	理学	2	3.52			
	管理学	3	3.50			
	经济学	4	3.48			
	医学	5	3.54			
	教育学	6	3.52			
	文学	7	3.46			
	艺术学等其他专业	8	3.47			

续表

特征	选项	代码	教学效果指数	f	p 值	验证结果
成绩排名	名列前茅	1	3.57	12.873	0.000	差异显著
	中等偏上	2	3.52			
	中等	3	3.49			
	中等偏下	4	3.38			
	相对较差	5	3.31			

表3-47　不同家庭背景学生的教学效果满意度指数及影响差异

特征	选项	代码	教学效果指数	f	p 值	验证结果
生活地区	直辖市或省会城市市区	1	3.45	1.389	0.235	差异不显著
	大中城市市区	2	3.53			
	县城	3	3.49			
	乡镇	4	3.49			
	农村	5	3.50			
父亲职业	管理人员（例如公务员、企业管理层等）	1	3.49	0.814	0.539	差异不显著
	专业技术人员（含教师）	2	3.53			
	办事人员	3	3.51			
	个体户	4	3.49			
	工人	5	3.49			
	农民	6	3.48			
母亲职业	管理人员（例如公务员、企业管理层等）	1	3.52	0.943	0.451	差异不显著
	专业技术人员（含教师）	2	3.51			
	办事人员	3	3.52			
	个体户	4	3.47			
	工人	5	3.50			
	农民	6	3.48			

续表

特征	选项	代码	教学效果指数	f	p值	验证结果
父亲学历	大专及以上	1	3.50	2.052	0.084	差异不显著
	高中或中专	2	3.52			
	初中	3	3.47			
	小学	4	3.47			
	小学以下	5	3.50			
母亲学历	大专及以上	1	3.53	5.584	0.000	差异显著
	高中或中专	2	3.55			
	初中	3	3.46			
	小学	4	3.46			
	小学以下	5	3.47			
是否独生子女	是	1	3.51	4.462	0.035	差异显著
	不是	2	3.48			

表 3-45 至表 3-47 结果分析如下：

1）不同年龄学生对教学效果满意度评价结果的差异显著（见表 3-45），总体趋势为学生年龄越高其对教学效果的满意度指数就越低。

2）来自不同学校类型的学生对教学效果满意度指数差异显著（见表 3-46），其中"985 高校"和高职院校的学生对教学效果的满意度指数较高，而其他普通本科院校的学生对教学效果的满意度指数较低。

3）不同年级学生的满意度指数差异显著（见表 3-46），大四学生对教学效果的满意度指数最高，大三和硕士一年级学生的满意度指数最低。

4）不同学段学生对教学效果满意度指数差异显著（见表 3-46），专科生的满意度指数最高，硕士生和博士生的满意度指数较低。

5）成绩排名不同的学生其对教学效果的满意度指数差异显著（见表 3-46），总体趋势为成绩排名越高其满意度指数也越高。

6）学生的母亲学历情况对教学效果满意度指数影响差异显著（见表 3-47），

其母亲学历为高中或以上的学生对教学效果满意度指数较高,其母亲学历为初中或以下的学生对教学效果满意度指数较低。

7) 学生是否为独生子女的情况对其教学效果满意度指数影响差异显著(见表 3-47),身为独生子女的学生满意度水平显著高于非独生子女。

8) 不同性别学生的教学效果的满意度指数差异不显著(见表 3-45);来自不同专业的学生的教学效果满意度指数差异不显著(见表 3-46);不同生活地区的学生对教学效果的满意度水平无显著差异(见表 3-47);学生的父亲职业情况、母亲职业情况、学生的父亲学历情况对教学效果满意度指数影响差异不显著(见表 3-47)。

第二节 基于学生评价的高校教学系统"结构—功能"模型构建

一、基于学生评价的高校教学系统"结构—功能"原型

根据本研究第二章的分析与假设,以及本章所验证和修正的 5 个测量模型所对应的测量指标,构建基于学生评价的高校教学系统"结构—功能"原型[以下简称"学生 SEM(A)"]如图 3-25。

学生 SEM(A)的群组(groups)名称设定为"正式问卷三分之三",结构方程模型的名称设定为"学生 SEM(A)"。将正式问卷所有样本平均分为三份,第一份用于探索性因子分析,第二份用于验证性因子分析,此处选取第三份样本数据。将样本数据导入 AMOS17.0 中运行,此时,模型方盒中的信息由[XX:学生 SEM(A)]变为[OK:学生 SEM(A)],表示学生 SEM(A)可以顺利识别,得到学生 SEM(A)未标准化估计结果(见图 3-26)。

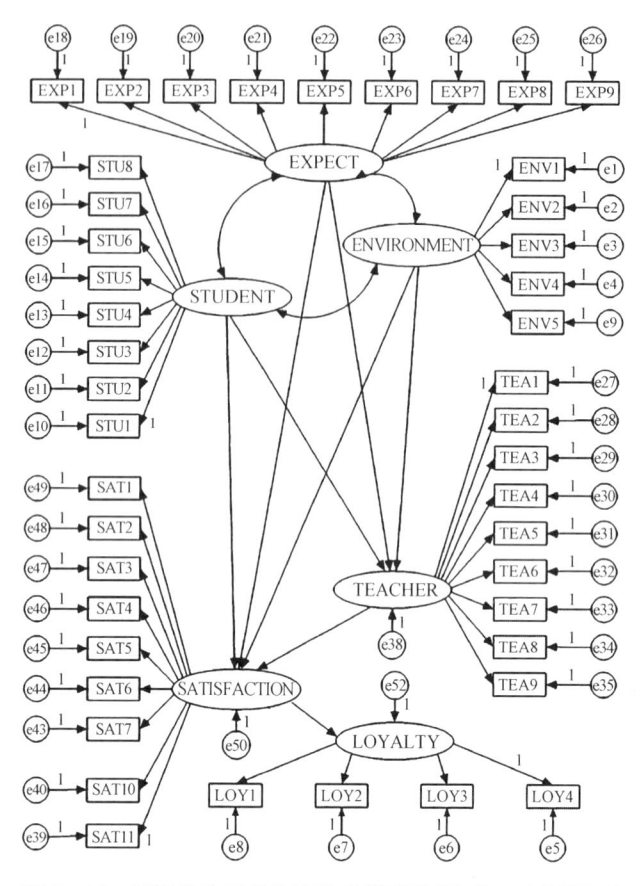

图 3-25 基于学生评价的高校教学系统"结构—功能"原型

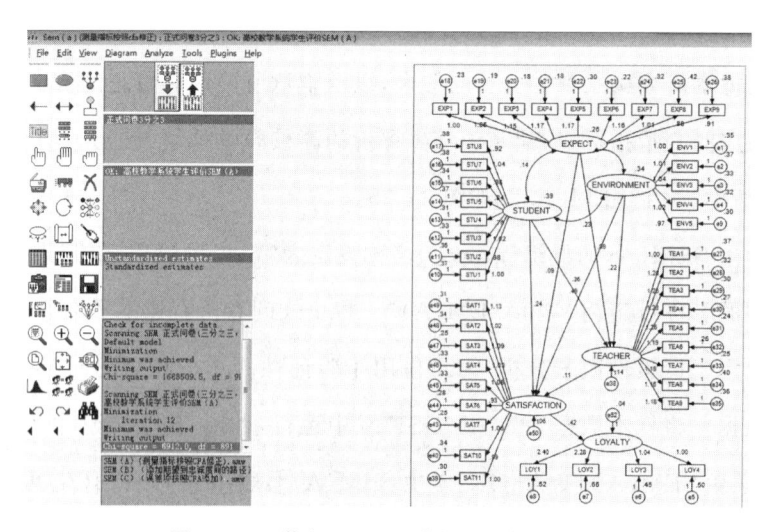

图 3-26 学生 SEM(A)非标准化估计结果

在学生 SEM(A)未标准化估计结果中,44 个误差变量右上方的误差方差均为正数,表示初始模型没有违反模型识别的规则。但是,初始模型的整体模型适配度的卡方值为 6 911.965,GFI 值＝0.846＜0.900,AGFI 值＝0.829＜0.900,TLI 值＝0.862＜0.900,CFI 值＝0.870＜0.900,表示 SEM(A)与观察数据无法有效契合,因此需要对初始模型进行修正。

二、基于学生评价的高校教学系统"结构—功能"原型修正

根据学生 SEM(A)的回归系数 MI 修正建议(见表 3-48),发现若增加潜在变量教学期望(EXPECT)到教学忠诚度(LOYALTY)之间的路径,可以降低卡方值 16.738,此种界定符合有关期望可能影响忠诚度的研究结论。[1][2] 根据模型修正方法中的添加部分路径的方法,添加教学期望(EXPECT)到教学忠诚度(LOYALTY)之间的路径后,重新运行模型,模型可以被识别。将此时的模型命名为"基于学生评价的高校教学系统'结构—功能'原型修正"[以下简称"学生 SEM(B)"],其非标准化估计结果见下图 3-27。在非标准化估计结果中,44 个误差方差均为正数,表示学生 SEM(B)没有违反模型识别的规则。

表 3-48 Regression Weights 修正建议——学生 SEM(A)

			m.i.	Par Change
LOYALTY	<--	EXPECT	16.738	0.057

---

[1] 宋之杰.团购网站消费者忠诚度研究——基于心流体验和信息系统持续使用理论[J].科技与管理,2013,15(5):30-34.
[2] 刘昊.基于 CRM 思维的大学生专业忠诚度培养探究[J].产业与科技论坛,2015,14(12):221-222.

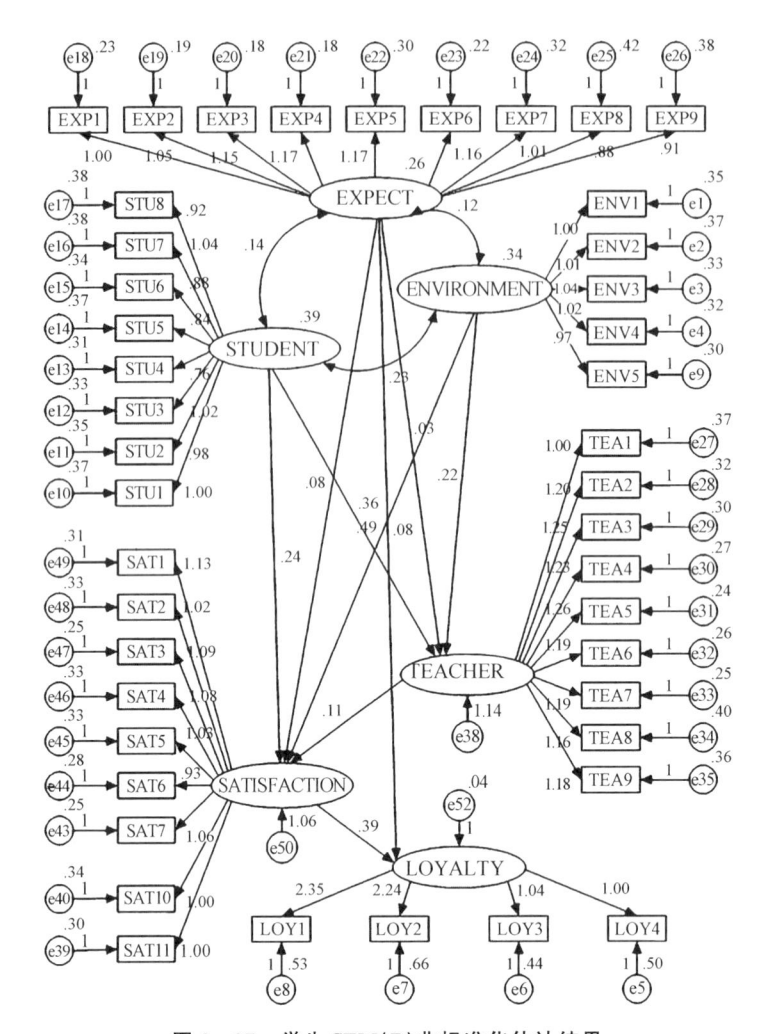

图 3-27 学生 SEM(B)非标准化估计结果

但是,虽然模型能够识别,此时学生 SEM(B)的适配指数 GFI 值=0.846<0.900, AGFI 值=0.829<0.900,TLI 值=0.863<0.900,CFI 值=0.871<0.900,表示学生 SEM(A)在第 1 次修改后与观察数据契合程度仍不太理想,应该进一步修正。

三、基于学生评价的高校教学系统"结构—功能"模型

在前文可以识别的学生 SEM(B)中,各项适配度指数显示学生 SEM(B)

无法与样本数据完全拟合,需要继续修正。参照文中各潜在变量测量模型的修正情况,分别增加潜在变量教学期望的误差项 e18(学生对教师教学态度期望评价的误差)与 e19(学生对教师教学水平期望评价的误差),误差项 e25(学生对教学硬件条件期望评价的误差)与 e26(学生对教学管理服务期望评价的误差);潜在变量教学环境的误差项 e10(学生对师生交往结果评价的误差)与 e11(学生对课堂教学气氛评价的误差),误差项 e13(学生对所在学生群体学习风气评价的误差)与 e14(学生对所在学生群体知识基础评价的误差),误差项 e3(学生对教学硬件条件评价的误差)与 e4(学生对信息化资源评价的误差);潜在变量教师要素的误差项 e28(学生对公共课教师教学态度评价的误差)与 e29(学生对专业课教师教学态度评价的误差),误差项 e32(学生对公共课教师多媒体素养评价的误差)与 e33(学生对专业课教师多媒体素养评价的误差),误差项 e34(学生对公共课教师网络素养评价的误差)与 e35(学生对专业课教师网络素养评价的误差);潜在变量教学满意度的误差项 e39(学生对专业课专业能力培养效果评价的误差)与 e43(学生对专业课综合教学效果评价的误差),误差项 e40(学生对公共课专业能力培养效果评价的误差)与 e44(学生对公共课综合教学效果评价的误差);潜在变量教学忠诚度的误差项 e5(学生向学弟学妹推荐选课建议意愿度的误差)与 e6(学生对专业教学提出建议的意愿度的误差)等的共变关系后,将样本数据导入 AMOS 17.0 中运行,模型方盒中的信息由[XX:学生 SEM(B)]变为[OK:学生 SEM(B)],表示修正后的学生 SEM(B)可以顺利识别,得到未标准化估计结果(见图 3-28)。在未标准化估计结果中,44 个误差方差均为正数,说明没有违反模型识别的规则。此时,卡方自由度比值为 4.739 未超过 5 的标准,GFI 值=0.904>0.900,TLI 值=0.925>0.900,CFI 值=0.930>0.900,RMR 值 0.027<0.05,RMSEA 值 0.044<0.05,SRMR 值=0.0418<0.05,综合而言,修正后的结构方程模型与样本数据拟合度较好。于是,将此时的结构方程模型的名称设定为"基于学生评价的高校教学系统'结构—功能'模型"[以

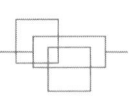

下简称"学生 SEM(C)"]。

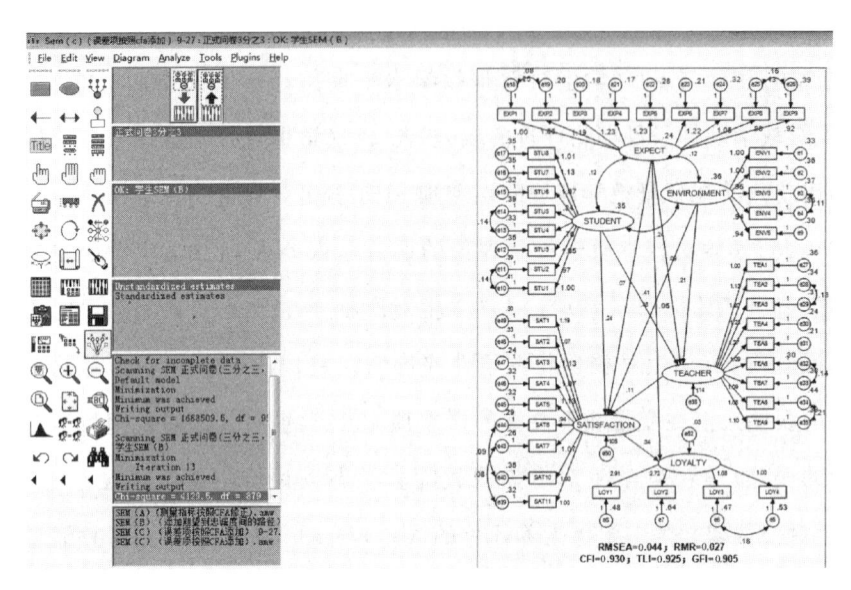

图 3-28　学生 SEM(C)非标准化估计结果

第三节　基于学生评价的高校
教学系统"结构—功能"分析

结构方程模型主要作用是揭示潜在变量和/或显在变量之间的结构关系,这些关系在模型中通过路径系数/载荷系数来体现。[1] 将学生 SEM(C)作为最终模型,数据采用学生问卷正式调查的全部 5 744 份有效样本,对高校教学系统功能及其影响因素之间的关系进行分析。

---

[1] 陈业华,梁丽转.基于 SEM 的文化创意产业投融资风险因素研究[J].科学决策,2012(7):67-80.

一、基于学生评价的高校教学系统"结构—功能"模型系数估计结果

考察 SEM 估计出的参数是否具有统计学意义,就需要对路径或载荷系数进行显著性检验。Amos 软件采用临界比(Critical Ratio,C.R.)值对此进行检验(汪潜,2014)。C.R.值是一个 Z 统计量,由回归系数估计值与其标准差之比构成。Amos 给出 C.R.值的同时也提供了其相伴概率 p,我们根据 p 值和 C.R.值进行路径或载荷系数的显著性检验。表 3-49 至表 3-55 为学生 SEM(C)各项回归系数估计结果。

表 3-49 学生 SEM(C)路径系数显著性检验结果

			estimate	s.e.	c.r.	p
TEACHER	<—	STUDENT	0.460	0.019	23.960	***
TEACHER	<—	ENVIRONMENT	0.184	0.015	11.924	***
TEACHER	<—	EXPECT	0.101	0.014	7.461	***
SATISFACTION	<—	STUDENT	0.240	0.015	15.638	***
SATISFACTION	<—	ENVIRONMENT	0.509	0.016	32.768	***
SATISFACTION	<—	EXPECT	0.077	0.011	7.172	***
SATISFACTION	<—	TEACHER	0.122	0.014	8.730	***
LOYALTY	<—	EXPECT	0.047	0.009	5.445	***
LOYALTY	<—	SATISFACTION	0.330	0.016	20.132	***

从表 3-49 中的 C.R.值及对应的 P 值可以看到,所有原因变量对结果变量都有正向影响。例如,潜在变量"学生要素"(STUDENT)对"教师要素"(TEACHER)的路径系数 C.R.值为 23.960,相应的 p 值小于 0.001,则可以认为这个路径系数较为显著。

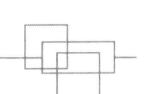

表 3-50　学生 SEM(C)载荷系数显著性检验结果

			estimate	s.e.	c.r.	p
学术文化氛围	<－－	ENVIRONMENT	1.000			
社团文体活动	<－－	ENVIRONMENT	0.968	0.019	50.077	＊＊＊
教学硬件条件	<－－	ENVIRONMENT	0.896	0.019	47.834	＊＊＊
信息化资源	<－－	ENVIRONMENT	0.893	0.019	46.736	＊＊＊
教学管理服务	<－－	ENVIRONMENT	0.908	0.018	50.231	＊＊＊
教学忠诚度 2	<－－	LOYALTY	1.000			
教学忠诚度 1	<－－	LOYALTY	1.053	0.047	22.609	＊＊＊
专业忠诚度	<－－	LOYALTY	2.603	0.120	21.713	＊＊＊
高校忠诚度	<－－	LOYALTY	3.034	0.137	22.214	＊＊＊
师生交往效果	<－－	STUDENT	1.000			
课题气氛	<－－	STUDENT	1.107	0.020	55.437	＊＊＊
师生交流	<－－	STUDENT	1.121	0.024	46.825	＊＊＊
学习风气	<－－	STUDENT	0.882	0.021	41.075	＊＊＊
学生知识基础	<－－	STUDENT	0.825	0.020	41.502	＊＊＊
学生学习方法	<－－	STUDENT	1.200	0.024	49.245	＊＊＊
学生学习态度	<－－	STUDENT	1.156	0.024	48.287	＊＊＊
学生学习目标	<－－	STUDENT	1.199	0.025	48.624	＊＊＊
教学态度期望	<－－	EXPECT	1.000			
教学水平期望	<－－	EXPECT	1.046	0.015	69.537	＊＊＊
课堂教学内容期望	<－－	EXPECT	1.180	0.021	57.433	＊＊＊
教学方法期望	<－－	EXPECT	1.217	0.021	58.600	＊＊＊
实践教学内容期望	<－－	EXPECT	1.220	0.023	53.180	＊＊＊
教学效果期望	<－－	EXPECT	1.204	0.021	56.759	＊＊＊
师生关系期望	<－－	EXPECT	1.046	0.022	48.481	＊＊＊
教学条件期望	<－－	EXPECT	0.860	0.022	39.517	＊＊＊
教学管理服务期望	<－－	EXPECT	0.883	0.021	41.671	＊＊＊

续表

			estimate	s.e.	c.r.	p
专业课教师知识水平	<--	TEACHER	1.000			
公共课教学态度	<--	TEACHER	1.138	0.025	45.501	***
专业课教学态度	<--	TEACHER	1.227	0.026	47.898	***
公共课教师品行	<--	TEACHER	1.249	0.025	49.751	***
专业课教师品行	<--	TEACHER	1.294	0.025	51.588	***
公共课教师多媒体素养	<--	TEACHER	1.108	0.024	46.713	***
专业课教师多媒体素养	<--	TEACHER	1.118	0.024	46.810	***
公共课教师网络素养	<--	TEACHER	1.104	0.026	42.921	***
专业课教师网络素养	<--	TEACHER	1.117	0.025	44.487	***
专业课专业能力培养	<--	SATISFACTION	1.000			
公共课专业能力培养	<--	SATISFACTION	0.992	0.021	46.279	***
专业课教学效果	<--	SATISFACTION	1.007	0.017	58.045	***
公共课教学效果	<--	SATISFACTION	0.924	0.020	46.026	***
实践课教学内容	<--	SATISFACTION	1.104	0.023	48.960	***
教材	<--	SATISFACTION	1.054	0.022	48.645	***
专业课教学内容	<--	SATISFACTION	1.082	0.021	52.469	***
公共课教学内容	<--	SATISFACTION	1.026	0.022	47.658	***
专业课程设置	<--	SATISFACTION	1.115	0.022	50.268	***

从表3-50 学生SEM(C)载荷系数显著性检验结果可以发现,测量指标(反映性指标)对潜在变量的载荷系数均达到显著水平。

表3-51 学生SEM(C)路径系数标准化估计结果

			Estimate
TEACHER	<--	STUDENT	0.494
TEACHER	<--	ENVIRONMENT	0.221
TEACHER	<--	EXPECT	0.097

续表

			Estimate
SATISFACTION	<--	STUDENT	0.253
SATISFACTION	<--	ENVIRONMENT	0.598
SATISFACTION	<--	EXPECT	0.073
SATISFACTION	<--	TEACHER	0.120
LOYALTY	<--	EXPECT	0.088
LOYALTY	<--	SATISFACTION	0.658

表3-51是学生SEM(C)模型路径系数标准化估计结果，从表中可以发现设立的原因变量对结果变量都具有正向影响，其中教学满意度对教学忠诚度的影响最大，其次是教学环境对教学满意度以及学生要素对教师要素的影响。

表3-52 学生SEM(C)载荷系数标准化估计结果

			Estimate
学术文化氛围	<--	ENVIRONMENT	0.741
社团文体活动	<--	ENVIRONMENT	0.700
教学硬件条件	<--	ENVIRONMENT	0.673
信息化资源	<--	ENVIRONMENT	0.658
教学忠诚度2	<--	LOYALTY	0.344
教学忠诚度1	<--	LOYALTY	0.371
专业忠诚度	<--	LOYALTY	0.641
高校忠诚度	<--	LOYALTY	0.779
教学管理服务	<--	ENVIRONMENT	0.703
师生交往效果	<--	STUDENT	0.655
课题气氛	<--	STUDENT	0.696
师生交流	<--	STUDENT	0.718

续表

			Estimate
学习风气	<－－	STUDENT	0.616
学生知识基础	<－－	STUDENT	0.623
学生学习方法	<－－	STUDENT	0.764
学生学习态度	<－－	STUDENT	0.746
学生学习目标	<－－	STUDENT	0.752
教学态度期望	<－－	EXPECT	0.709
教学水平期望	<－－	EXPECT	0.754
课堂教学内容期望	<－－	EXPECT	0.805
教学方法期望	<－－	EXPECT	0.823
实践教学内容期望	<－－	EXPECT	0.743
教学效果期望	<－－	EXPECT	0.795
师生关系期望	<－－	EXPECT	0.676
教学条件期望	<－－	EXPECT	0.550
教学管理服务期望	<－－	EXPECT	0.580
专业课教师知识水平	<－－	TEACHER	0.644
公共课教学态度	<－－	TEACHER	0.700
专业课教学态度	<－－	TEACHER	0.745
公共课教师品行	<－－	TEACHER	0.781
专业课教师品行	<－－	TEACHER	0.820
公共课教师多媒体素养	<－－	TEACHER	0.722
专业课教师多媒体素养	<－－	TEACHER	0.724
公共课教师网络素养	<－－	TEACHER	0.651
专业课教师网络素养	<－－	TEACHER	0.680
专业课专业能力培养	<－－	SATISFACTION	0.686
公共课专业能力培养	<－－	SATISFACTION	0.661
专业课教学效果	<－－	SATISFACTION	0.722

续表

			Estimate
公共课教学效果	<－－	SATISFACTION	0.657
实践课教学内容	<－－	SATISFACTION	0.701
教材	<－－	SATISFACTION	0.696
专业课教学内容	<－－	SATISFACTION	0.756
公共课教学内容	<－－	SATISFACTION	0.681
专业课程设置	<－－	SATISFACTION	0.722

表 3-52 学生 SEM(C)载荷系数标准化估计结果显示,相关测量指标与其对应的潜在变量的负荷量,几乎所有相关系数都处于 0.5~0.95 的理想区间,这说明所构建的相关变量的测量模型结构是合理的。

表 3-53 学生 SEM(C)协方差显著性检验结果

			estimate	s.e.	c.r.	p
STUDENT	<－>	EXPECT	0.113	0.005	23.271	＊＊＊
ENVIRONMENT	<－>	EXPECT	0.123	0.005	22.999	＊＊＊
ENVIRONMENT	<－>	STUDENT	0.222	0.007	30.165	＊＊＊
e34	<－>	e35	0.192	0.007	29.023	＊＊＊
e32	<－>	e33	0.142	0.005	28.101	＊＊＊
e25	<－>	e26	0.148	0.006	25.099	＊＊＊
e13	<－>	e14	0.124	0.005	22.923	＊＊＊
e29	<－>	e28	0.128	0.006	23.057	＊＊＊
e5	<－>	e6	0.190	0.007	25.622	＊＊＊
e18	<－>	e19	0.087	0.004	23.766	＊＊＊
e10	<－>	e11	0.126	0.006	19.998	＊＊＊
e3	<－>	e4	0.115	0.006	18.571	＊＊＊
e44	<－>	e40	0.088	0.005	18.100	＊＊＊
e39	<－>	e43	0.068	0.004	15.999	＊＊＊

表 3-53 学生 SEM(C)协方差显著性检验结果显示,各相关潜在变量及相关误差变量之间协方差系数均达到显著水平,它们之间具有显著的相关关系。

表 3-54　学生 SEM(C)相关系数标准化估计结果

			Estimate
STUDENT	<->	EXPECT	0.416
ENVIRONMENT	<->	EXPECT	0.408
ENVIRONMENT	<->	STUDENT	0.661
e34	<->	e35	0.473
e32	<->	e33	0.481
e25	<->	e26	0.375
e13	<->	e14	0.352
e29	<->	e28	0.383
e5	<->	e6	0.384
e18	<->	e19	0.393
e10	<->	e11	0.316
e3	<->	e4	0.305
e44	<->	e40	0.270
e39	<->	e43	0.244
e44	<->	e40	0.416

从表 3-54 学生 SEM(C)模型相关系数标准化估计结果可以看出各相关潜在变量及相关误差变量之间协方差系数的大小,可以据此了解学生要素和教学期望、教学环境和教学期望以及教学环境和学生要素之间的相关程度。

表 3-55　学生 SEM(C)方差估计结果及显著性检验

	estimate	*s.e.*	*c.r.*	*p*
ENVIRONMENT	0.375	0.012	30.887	* * *
STUDENT	0.302	0.011	26.630	* * *

续表

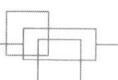

	estimate	s.e.	c.r.	p
EXPECT	0.244	0.008	29.867	* * *
e38	0.130	0.005	24.792	* * *
e50	0.048	0.002	19.933	* * *
e52	0.035	0.003	11.280	* * *
e1	0.309	0.007	43.238	* * *
e2	0.364	0.008	45.443	* * *
e3	0.364	0.008	46.149	* * *
e4	0.391	0.008	46.657	* * *
e5	0.512	0.010	51.319	* * *
e6	0.477	0.009	50.897	* * *
e7	0.666	0.016	41.052	* * *
e8	0.408	0.015	26.451	* * *
e9	0.317	0.007	45.341	* * *
e10	0.402	0.008	48.622	* * *
e11	0.394	0.008	47.501	* * *
e12	0.357	0.008	46.968	* * *
e13	0.385	0.008	49.664	* * *
e14	0.324	0.007	49.521	* * *
e15	0.310	0.007	44.814	* * *
e16	0.322	0.007	45.777	* * *
e17	0.333	0.007	45.458	* * *
e18	0.241	0.005	47.951	* * *
e19	0.202	0.004	46.440	* * *
e20	0.184	0.004	43.931	* * *
e21	0.173	0.004	42.614	* * *
e22	0.295	0.006	47.156	* * *
e23	0.206	0.005	44.583	* * *
e24	0.318	0.006	49.219	* * *

续表

	estimate	s.e.	c.r.	p
e25	0.417	0.008	51.291	***
e26	0.376	0.007	50.919	***
e27	0.369	0.007	49.539	***
e29	0.316	0.007	46.136	***
e30	0.261	0.006	44.579	***
e31	0.214	0.005	41.753	***
e32	0.295	0.006	47.070	***
e33	0.297	0.006	47.009	***
e34	0.433	0.009	49.225	***
e35	0.381	0.008	48.564	***
e28	0.353	0.007	47.684	***
e39	0.306	0.006	49.131	***
e43	0.253	0.005	48.199	***
e44	0.306	0.006	49.873	***
e45	0.342	0.007	49.031	***
e46	0.321	0.007	49.156	***
e47	0.238	0.005	47.266	***
e48	0.331	0.007	49.517	***
e49	0.311	0.006	48.463	***
e40	0.346	0.007	49.801	***

注:"＊＊＊"表示 0.001 水平上显著

表 3-55 学生 SEM(C)方差估计结果为 3 个外因潜在变量和 47 个误差变量的方差估计结果及其显著性检验。可以发现所有误差方差估计值均为正数,未出现不可理解情形,说明模型所得到参数估计结果可以进行合理解释。

二、基于学生评价的高校教学系统"结构—功能"模型假设检验结果

假设1:教学期望与教学环境具有相关关系(成立)。

通过学生SEM(C)协方差显著性检验结果(表3-53)和学生SEM(C)相关系数标准化估计结果(表3-53)可以发现,潜在变量"教学期望"(EXPECT)与"教学环境"(ENVIRONMENT)的协方差C.R.值为22.999>1.96,显著性p值<0.001,达到高度显著水平,二者相关系数为0.408,说明假设1成立,因此,在高校教学系统内部学生对教学期望与学生对教学环境的评价具有显著的正相关关系,对教学期望高的学生对教学环境的满意度也较高,对教学环境评价越高的学生,往往也都有着较高的教学期望。

假设2:教学期望与学生要素具有相关关系(成立)。

通过学生SEM(C)协方差显著性检验结果(表3-53)和学生SEM(C)相关系数标准化估计结果(表3-54)可以发现,潜在变量"教学期望"(EXPECT)与"学生要素"(STUDENT)的协方差C.R.值为23.271>1.96,显著性p值<0.001,达到高度显著水平,二者相关系数为0.416,假设2成立,说明学生的教学期望越高对学生要素的满意度也越高,对学生要素评价高的学生,往往也具有较高的教学期望。

假设3:教学期望对教师要素有正向影响(成立)。

通过学生SEM(C)路径系数显著性检验结果(表3-49)和学生SEM(C)路径系数标准化估计结果(表3-51)可以发现,潜在变量"教学期望"(EXPECT)对"教师要素"(TEACHER)的路径回归系数C.R.值为7.461>1.96,显著性p值<0.001,达到高度显著水平,标准化路径系数为0.097,假设3成立,教学期望越高的学生对教师的满意度越高。因此,教学期望对教师要素具有正向影响。

假设4:教学期望对教学满意度有正向影响(成立)。

通过学生 SEM(C)路径系数显著性检验结果(表 3-49)和学生 SEM(C)路径系数标准化估计结果(表 3-51)可以发现,潜在变量"教学期望"(EXPECT)对"教学满意度"(SATISFACTION)的路径回归系数 C.R.值为 7.172>1.96,显著性 p 值<0.001,达到高度显著水平,标准化路径系数为 0.073,假设 4 成立,学生的期望越高对教学系统功能的满意度越高。因此,教学期望对教学满意度具有显著的正向影响。

假设 5:教学环境与学生要素具有相关关系(成立)。

通过学生 SEM(C)协方差显著性检验结果(表 3-53)和学生 SEM(C)相关系数标准化估计结果(表 3-54)可以发现,潜在变量"教学环境"(ENVIRONMENT)与"学生要素"(STUDENT)的协方差 C.R.值为 30.165>1.96,显著性 p 值<0.001,达到高度显著水平,二者相关系数为 0.661,假设 5 成立,这意味着学生对学生要素的评价越高,则对教学环境的评价也较高,反之亦然。因此,教学环境与学生要素为具有高度显著的正相关关系。

假设 6:教学环境对教师要素具有正向影响(成立)。

通过学生 SEM(C)路径系数显著性检验结果(表 3-49)和学生 SEM(C)路径系数标准化估计结果(表 3-51)可以发现,潜在变量"教学环境"(ENVIRONMENT)对"教师要素"(TEACHER)的路径回归系数 C.R.值为 11.924>1.96,显著性 p 值<0.001,达到高度显著水平,标准化路径系数为 0.221,假设 6 成立,说明学生对教学环境的评价越高,则其对教师要素的评价也较高。因此,教学环境对教师要素具有显著的正向影响。

假设 7:教学环境对教学满意度具有正向影响(成立)。

通过学生 SEM(C)路径系数显著性检验结果(表 3-49)和学生 SEM(C)路径系数标准化估计结果(表 3-51)可以发现,潜在变量"教学环境"(ENVIRONMENT)对"教学满意度"(SATISFACTION)的路径回归系数 C.R.值为 32.768>1.96,显著性 p 值<0.001,达到高度显著水平,标准化路径系数为 0.598,假设 7 成立,说明学生对教学环境的评价越高,则其对所在教学系统功能

的满意度也越高。因此,教学环境对教学满意度具有显著的正向影响。

假设8:学生要素对教师要素具有正向影响(成立)。

通过学生SEM(C)路径系数显著性检验结果(表3-49)和学生SEM(C)路径系数标准化估计结果(表3-51)可以发现,潜在变量"学生要素"(STUDENT)对"教师要素"(TEACHER)的路径回归系数C.R.值为23.960>1.96,显著性p值<0.001,达到高度显著水平,标准化路径系数为0.494,假设8成立,说明学生对学生要素的评价越高,则对教师的评价也越高。因此,学生要素对教师要素具有显著的正向影响。

假设9:学生要素对教学满意度具有正向影响(成立)。

通过学生SEM(C)路径系数显著性检验结果(表3-49)和学生SEM(C)路径系数标准化估计结果(表3-51)可以发现,潜在变量"学生要素"(STUDENT)对"教学满意度"(SATISFACTION)的路径回归系数C.R.值为15.638>1.96,显著性p值<0.001,达到高度显著水平,标准化路径系数为0.253,假设9成立,说明学生对学生要素的评价越高,则对所在教学系统功能的满意度也越高。因此,学生要素对教学满意度具有显著的正向影响。

假设10:教师要素对教学满意度具有正向影响(成立)。

通过学生SEM(C)路径系数显著性检验结果(表3-49)和学生SEM(C)路径系数标准化估计结果(表3-51)可以发现,潜在变量"教师要素"(TEACHER)对"教学满意度"(SATISFACTION)的路径回归系数C.R.值为8.730>1.96,显著性p值<0.001,达到高度显著水平,标准化路径系数为0.120,假设10成立,说明学生对教师要素的评价越高,则其对所在教学系统功能的满意度也越高。可见,教师要素对教学满意度具有显著的正向影响。

假设11:教学满意度对教学忠诚度具有正向影响(成立)。

通过学生SEM(C)路径系数显著性检验结果(表3-49)和学生SEM(C)路径系数标准化估计结果(表3-51)可以发现,潜在变量"教学满意度"(SATISFACTION)对"教学忠诚度"(LOYALTY)的路径回归系数C.R.值为 20.132＞1.96,显著性 p 值＜0.001,达到高度显著水平,标准化路径系数为 0.658,假设 11 成立,说明学生对所在教学系统功能的满意度越高,则其教学忠诚度也越高。由此,教学满意度对教学忠诚度有着显著的正向影响。

此外,通过模型修正过程,还新发现一个关系:教学期望对教学忠诚度有正向影响。通过学生 SEM(C)路径系数显著性检验结果(表 3-49)和学生 SEM(C)路径系数标准化估计结果(表 3-51)可以进一步证实,潜在变量"教学期望"(EXPECT)对"教学忠诚度"(LOYALTY)的路径回归系数 C.R.值(即 t 值)为 5.445＞1.96,显著性 p 值＜0.001,达到高度显著水平,标准化路径系数为 0.088,说明教学期望越高的学生其教学忠诚度越高。可见,教学期望对教学忠诚度有显著的正向影响。

三、基于学生评价的高校教学系统结构效应

对于学生 SEM(C),Amos 软件输出的各潜在变量之间的直接效应、间接效应以及总效应如表 3-56,它们显示了高校教学系统中学生要素、教学环境、教师要素等原因变量与教师要素、教学满意度等结果变量之间的效应强度。

表 3-56 学生 SEM(C)潜在变量间的标准化效应

	teacher			satisfaction			loyalty		
	总效应	直接效应	间接效应	总效应	直接效应	间接效应	总效应	直接效应	间接效应
EXPECT	0.097	0.097		0.084	0.073	0.012	0.144	0.088	0.055
STUDENT	0.494	0.494		0.312	0.253	0.059	0.205		0.205
ENVIRONMENT	0.221	0.221		0.624	0.598	0.026	0.411		0.411
TEACHER				0.12	0.12		0.079		0.079
SATISFACTION							0.658	0.658	

（一）直接效应

直接效应是指原因变量对结果变量的直接影响，SEM 中使用两者间的路径系数来表示直接效应的大小（刘超和王婧，2005）。比如，通过表 3-51 学生 SEM(C)路径系数标准化估计结果，可以看到潜在变量教学期望到教师要素的标准化路径系数是 0.097，表明教学期望到教师要素的直接效应是 0.097。这说明当其他条件不变时，潜在变量教学期望每提升 1 个单位，教师要素将直接提升 0.097 个单位。

根据表 3-56，可以看到教学期望对教师要素的直接效应为 0.097，教学期望对教学满意度的直接效应为 0.073，教学期望对教学忠诚度的直接效应为 0.088；学生要素对教师要素的直接效应为 0.494，学生要素对教学满意度的直接效应为 0.253；教学环境对教师要素的直接效应为 0.221，教学环境对教学满意度的直接效应为 0.598；教师要素对教学满意度的直接效应为 0.12；教学满意度对教学忠诚度的直接效应为 0.658。

（二）间接效应

间接效应是指原因变量通过影响一个或多个中介变量，来对结果变量产生影响。当中介变量仅有 1 个时，间接效应的值就是原因变量与中间变量的路径系数乘以中间变量与结果变量路径系数的结果。[1] 比如在表 3-56 中，潜在变量教学期望到教师要素的标准化路径系数是 0.097，教师要素到教学满意度的标准化路径系数是 0.012，则教学期望到教学满意度的间接效应就是 0.097×0.12＝0.012。这说明当其他条件不变时，教学期望每提升 1 个单位，教学满意度将间接提升 0.012 个单位。

根据表 3-56 可知，教学期望对教学满意度的间接效应为 0.012，教学期

---

[1] 李文虎.基于结构方程模型的房地产虚拟化影响因素研究[D].哈尔滨：哈尔滨工业大学，2010：78.

望对教学忠诚度的间接效应为0.055；学生要素对教学满意度的间接效应是0.059，学生要素对教学忠诚度的间接效应是0.205；教学环境对教学满意度的间接效应是0.026，教学环境对教学忠诚度的间接效应是0.411；教师要素对教学忠诚度的间接效应是0.079。

（三）总效应

总效应是指原因变量对结果变量效应的合计结果，是原因变量对结果变量的直接效应与间接效应的总和。[1] 比如在表3-56中，教学期望到教学满意度的直接效应是0.073，教学期望到教学满意度的间接效应是0.012，则教学期望到教学满意度的总效应为0.073+0.012=0.084。这说明当其他条件不变时，潜在变量"教学期望"每提升1个单位，潜在变量"教学满意度"总共将提升0.084个单位。

原因变量与结果变量之间的总效应情况如下（见表3-56）：教学期望对教学满意度的总效应为0.084，这意味着当其他条件不变时，教学期望每提升一个单位，教学满意度总共会提升0.084个单位；教学期望对教学忠诚度的总效应为0.144；学生要素对教学满意度的总效应为0.312；教学环境对教学满意度的总效应为0.624。

在高校教学系统中，总效应最大的是教学环境对教学满意度的效应，其次是学生要素对教师要素的效应，再次是学生要素对教学满意度的效应，再次是教学环境对教师要素的效应。这意味着在高校教学系统中：

教学环境（ENVIRONMENT）对教学满意度（SATISFACTION）具有正向影响，且影响程度最大。教学环境包括高校的校园网、多媒体教室、图书资料和文献数据库等现代化教学设施以及学校的学术氛围等。结果显示，虽然教学环境在教学系统中处于相对静止的状态，但它实实在在地影响着教学系统中教师

---

[1] 郭彬彬.煤矿人的不安全行为的影响因素研究[D].西安：西安科技大学，2011：122.

的教学过程、学生的学习过程以及学生对教学效果的满意度。

学生要素(STUDENT)对教师要素(TEACHER)具有正向影响。基于试调查数据探索性因子分析结果将学生群体及师生关系作为学生要素,学生对师生关系的感知以及对学生同辈群体的评价,在一定程度上决定了其对教师要素的整体评价。

学生要素(STUDENT)对教学满意度(SATISFACTION)具有正向影响。学生的教学满意度,不仅是其对教学内容以及教学对提升自己能力的感知,他们对同辈群体的评价事实上间接影响到其教学满意度。

教学环境(ENVIRONMENT)对教师要素(TEACHER)具有正向影响。结果显示,虽然教学环境在教学系统中处于相对静止的状态,但它实实在在地影响着教学系统中教师的教学方法、教学过程并通过教师要素影响学生对教学效果的满意度。

第四节 学生不同特征多群组结构方程模型分析

多群组 SEM 分析检验的目的在于,评估适配于某一样本群体的模型是否也适配于其他样本群体,即评估研究者所提的理论模型在不同样本群体间是否具有参数不变性。若多群组 SEM 分析检验结果表明模型是可以被接受的,表示模型具有跨群组稳定性。

多群组 SEM 参数不变性的检验,具有严格的逻辑次序,一般从基线模型逐渐增加参数限制条件到最严格限制模型。[1][2] 将在学生的背景特征中选取

---

[1] 彭正霞,陆根书.大学生创业意向的性别差异:多群组结构方程模型分析[J].高等工程教育研究,2013(5):57-63.

[2] 熊华军,马大力.教育科学研究中的结构方程模型应用[J].教育科学,2013(5):24-32.

具有代表性意义的性别特征、学校类型特征、学段特征作为学生 SEM(C)稳定性探索的群组变量。

一、不同性别群组结构方程模型分析

(一)绘制不同性别群组 Amos 理论模型图

此理论模型的基础为文中形成的学生 SEM(C)。在理论模型中两个群组名称为"male"(男性)和"female"(女性)。

(二)读取样本数据并设定群组变量及水平数值

此处选取正式调查的所有有效样本数据(SPSS 原始数据文件)。两个群组变量名称在原始文件中为"性别",男生群体的水平数值编码为 1,有效样本数有 2 202 个;女生群体的水平数值编码为 2,有效样本数有 3 542 个,全部样本观察值有 5 744 个。

(三)设定多群组分析模型

Amos 软件根据两个群组的理论模型图提供了 5 个内定的参数限制模型。模型 1(XX:Measurement weights)设定测量系数相等;模型 2(XX:Structural weights)在模型 1 的基础上,增列结构系数相等;模型 3(XX:Structural covariances)在模型 2 的基础上,增列结构协方差相等;模型 4(XX:Structural residuals)在模型 3 的基础上,增列结构残差相等;模型 5(XX:Measurement residuals)在模型 4 的基础上,增列测量残差相等。这五个模型限制条件逐步增加,五个限制参数模型与原先未限制参数的基线模型中的参数设定如下表 3-57。

表 3-57　不同性别学生群组限制参数模型参数界定

未限制参数	限制参数模型				
学生 SEM(C)	模型 1	模型 2	模型 3	模型 4	模型 5
测量系数	ai_1=ai_2;i=1,2,3,…,38				
结构系数		bi_1=bi_2;i=1,2,3,…,9			
结构协方差			ccci_1=ccci_2,vvvi_1=vvvi_2; i=1,2,3		
结构残差变量方差				vvi_1=vvi_2; i=1,2,3	
测量残差变量方差					ci_1=ci_2;vj_1=vj_2; i=1,2,3…,11; j=1,2,3,…,44

多群组模型设定完成后,包含 6 个模型,其中第一个模型为参数,均未加限制模型即"学生 SEM(C)"。

构建的男生群组 Amos 理论模型图及变量参数名称见图 3-29。

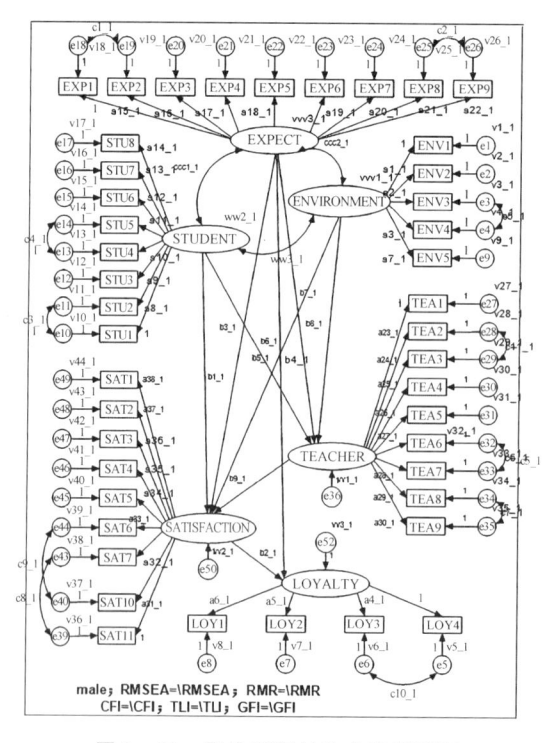

图 3-29　男生群组结构方程模型图

女生群组 Amos 理论模型图及变量参数名称见图 3-30。

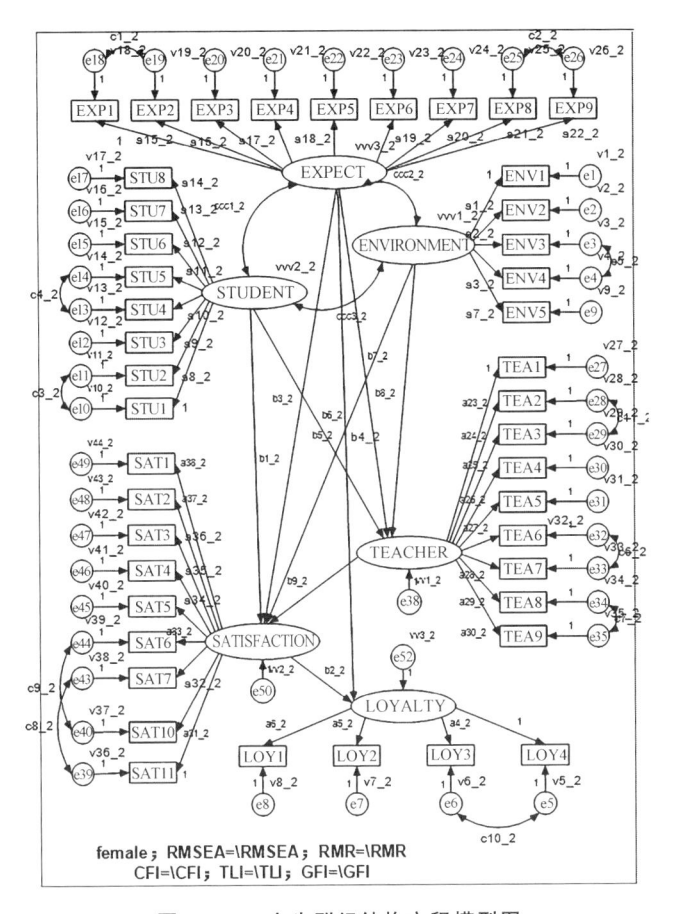

图 3-30　女生群组结构方程模型图

(四) 不同性别群组模型执行结果

在 Amos 软件中进行估值计算,上述男女群组的参数未限制模型和 5 个参数限制模型均可辨识,6 个模型的模型名称前均出现[OK:],表示参数没有限制的模型和限制参数模型均可以顺利估计出各项统计量。

(五) 模型适配度检验

我们选取 Standardized RMR(即 SRMR)、TLI(即 NNFI)、CFI 和

RMSEA 四个指数值进行适配度检验。表 3-58 至表 3-60 为各个模型适配度检验结果。

首先对男生和女生群组的理论模型的适配度进行检验。由各适配度结果表可以看出,学生 SEM(C)的 SRMR 值为 0.0411＜0.05 的标准,TLI 值为 0.927、CFI 值为 0.932 均大于 0.90 的标准,RMSEA 值为 0.031＜0.05 适配非常好的标准,综合来看理论模型适配度佳。

由各参数受限制模型适配度结果表可以发现,SRMR 值均小于 0.05,TLI 值、CFI 值均大于 0.90,6 个模型不变性的 RMSEA 值均小于或等于 0.031,小于 0.05 适配非常好的标准,表示模型适配情况较好。综合而言,6 个假设模型与样本数据均能够很好地适配。

表 3-58 不同性别群组模型适配度指数——SRMR

model	standardized rmr
学生 SEM(C)	0.0411
模型 1	0.0427
模型 2	0.0433
模型 3	0.0463
模型 4	0.0463
模型 5	0.0447

表 3-59 不同性别群组模型适配度指数——Baseline Comparisons

model	nfi delta1	rfi rho1	ifi delta2	tli rho2	cfi
学生 SEM(C)	0.889	0.879	0.924	0.927	0.932
模型 1	0.888	0.881	0.924	0.928	0.932
模型 2	0.888	0.882	0.925	0.928	0.932
模型 3	0.888	0.882	0.924	0.928	0.9321
模型 4	0.888	0.882	0.924	0.928	0.931
模型 5	0.886	0.883	0.923	0.924	0.925

表 3 - 60　不同性别群组模型适配度指数——RMSEA

model	rmsea	lo 90	hi 90	pclose
学生 SEM(C)	0.031	0.030	0.032	1.000
模型 1	0.030	0.030	0.032	1.000
模型 2	0.030	0.030	0.032	1.000
模型 3	0.030	0.030	0.032	1.000
模型 4	0.030	0.030	0.032	1.000
模型 5	0.031	0.030	0.031	1.000

模型 5（最严格限制模型）中男生群体非标准化估计值路径图，如图 3 - 31，模型中没有出现负的误差方差，表示模型基本适配度合理。

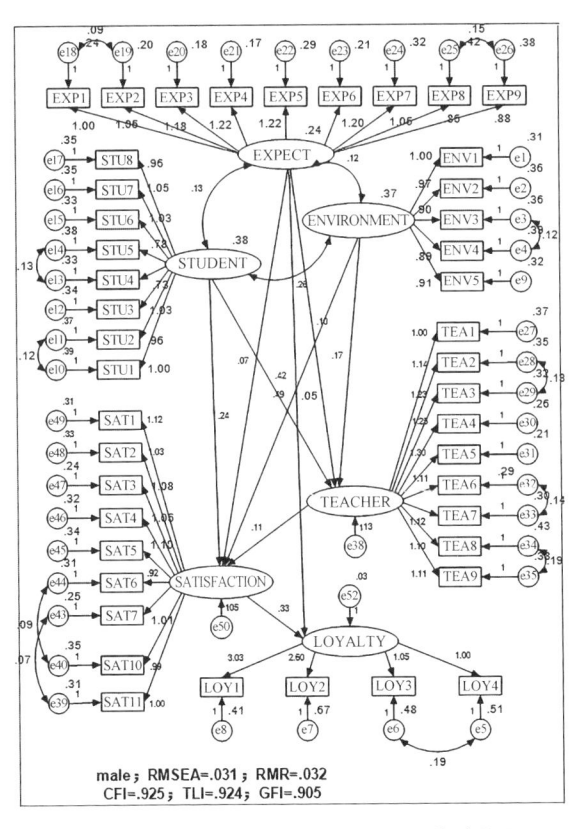

图 3 - 31　模型 5 男生群组非标准化估计结果

模型 5(最严格限制模型)中男生群组标准化估计值路径图,如图 3-32,6 个潜在变量中除教学忠诚度(LOYALTY)变量的测量指标中有 2 个 λ 值小于 0.5 之外,其他各潜在变量的 42 个测量指标的 λ 值均在 0.5 至 0.96 之间。女生群组非标准化估计值模型图中的自由参数数值(包括回归系数、协方差、方差等)均与男生群组的相同,其标准化估计值结果也是完全相同。

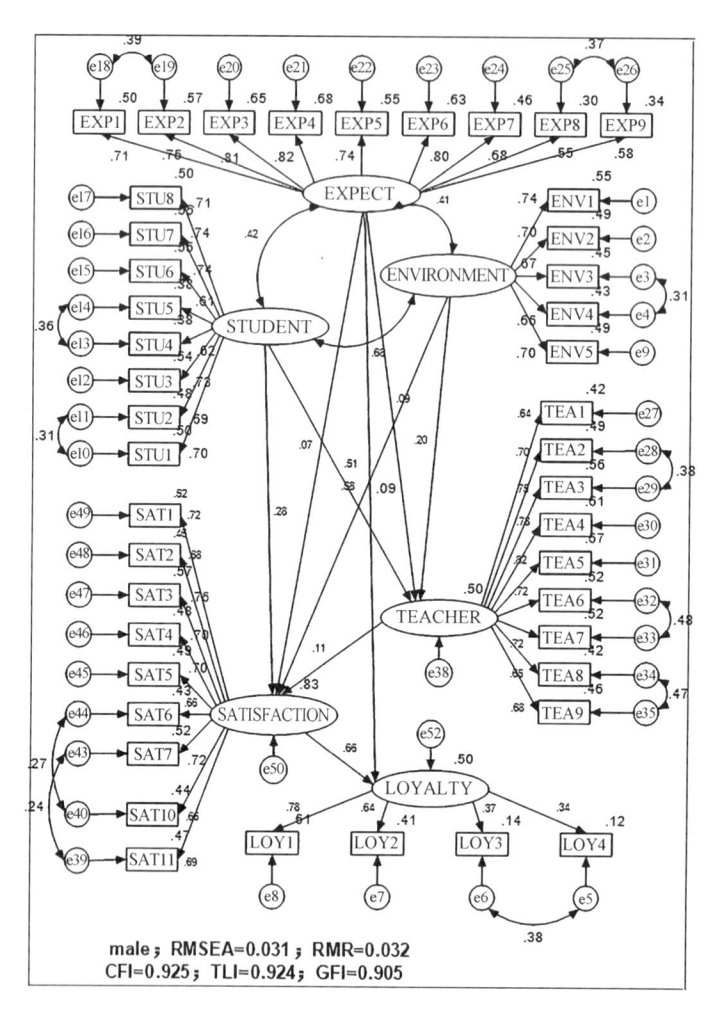

图 3-32 模型 5 男生群组标准化估计结果

在多群组分析中如果有数个模型均是适配的模型,则需要选出一个最适配、最精简的模型,由此比较各模型的 AIC 指标值(表 3-61)和 ECVI 指标值

(表 3 - 62),模型的 AIC 指标值、ECVI 指标值最小者,表示学生 SEM(C)是最适配的。

表 3 - 61　不同性别群组模型适配度指数——AIC

model	aic	bcc	bic	caic
学生 SEM(C)	11627.208	11634.708		
模型 1	11627.617	11633.833		
模型 2	11687.041	11692.954		
模型 3	11698.384	11704.093		
模型 4	11696.989	11702.597		
模型 5	12552.551	12556.301		
Saturated model	3960.000	4026.895		
Independence model	141224.853	141227.826		

表 3 - 62　不同性别群组模型适配度指数——ECVI

model	ecvi	lo 90	hi 90	mecvi
学生 SEM(C)	2.025	1.967	2.084	2.026
模型 1	2.025	1.967	2.084	2.026
模型 2	2.035	1.977	2.094	2.036
模型 3	2.037	1.979	2.096	2.038
模型 4	2.037	1.979	2.096	2.038
模型 5	2.186	2.126	2.248	2.187
Saturated model	0.690	0.690	0.690	0.701
Independence model	24.595	24.381	24.810	24.596

整体而言,学生 SEM(C)在不同样本群体间具有参数不变性,也即意味着,本研究所提出的学生 SEM(C)适用于不同性别学生群体,该模型具有较好的稳定性。

二、不同学校类型群组结构方程模型分析

(一) 绘制不同学校类型群组 Amos 理论模型图

此理论模型的基础为文中形成的学生 SEM(C)。在理论模型中四个群组名称分别为"985 高校""211 高校""其他普通本科院校"和"高职院校"。

(二) 读取样本数据并设定群组变量及水平数值

此处选取学生正式问卷的所有有效样本数据。群组变量名称在原 SPSS 文件中为"学校类型"。"985 高校"群体的水平数值编码为 1,有效样本数有 620 个;"211 高校"群体的水平数值编码为 2,有效样本数有 1 735 个;其他普通本科院校群体的水平数值编码为 3,有效样本数有 1 860 个;高职院校群体的水平数值编码为 4,有效样本数有 1 529 个,全部样本观察值共计 5 744 个。

(三) 设定多群组分析模型

Amos 软件根据 4 个群组的理论模型图提供了 5 个内定的参数限制模型。模型 1(XX:Measurement weights)设定测量系数相等;模型 2(XX:Structural weights)在模型 1 的基础上,增列结构系数相等;模型 3(XX:Structural covariances)在模型 2 的基础上,增列结构协方差相等;模型 4(XX:Structural residuals)在模型 3 的基础上,增列结构残差相等;模型 5(XX:Measurement residuals)在模型 4 的基础上,增列测量残差相等。这五个模型限制条件逐步增加,五个限制参数模型与原先未限制参数的基线模型中的参数设定如下表 3-63。

表 3-63　不同学校类型群组限制参数模型参数界定

未限制参数	限制参数模型				
学生 SEM(C)	模型 1	模型 2	模型 3	模型 4	模型 5
测量系数	ai_1=ai_2=ai_3=ai_4; i=1,2,3,…,38				
结构系数		bi_1=bi_2=bi_3=bi_4; i=1,2,3,…,9			

结构协方差			ccci_1=ccci_2=ccci_3=ccci_4;
			vvvi_1=vvvi_2=vvvi_3=vvvi_4;
			i=1,2,3		

结构残差 变量方差				vvi_1=vvi_2=vvi_3=vvi_4;i=1,2,3	

测量残差
变量方差
					ci_1=ci_2=ci_3=ci_4;
					vj_1=vj_2=vj_3=vj_4;
					i=1,2,3,…,11;j=1,
					2,3,…,44

多群组模型设定完成后，包含 6 个模型，其中基线模型为参数均未加限制模型[学生 SEM(C)]。

构建的"985 高校"群组 Amos 理论模型图及变量参数名称见图 3-33。其他群组理论模型图与"985 高校"群组类似。

(四) 不同学校类型群组模型执行结果

在 Amos 软件中进行估值计算，上述群组的参数未限制模型和 5 个参数限制模型均可辨识，6 个模型的模型名称前均出现[OK:]，表示基线模型和限制参数模型均可以顺利估计出各项统计量。

(五) 模型适配度检验

表 3-64 至表 3-66 为各个模型适配度检验结果。

首先对各个群组的基线模型的适配度进行检验。由各适配度结果表可以看出，模型 C 的 SRMR 值为 0.0602<0.08 的标准，TLI 值为 0.924、CFI 值

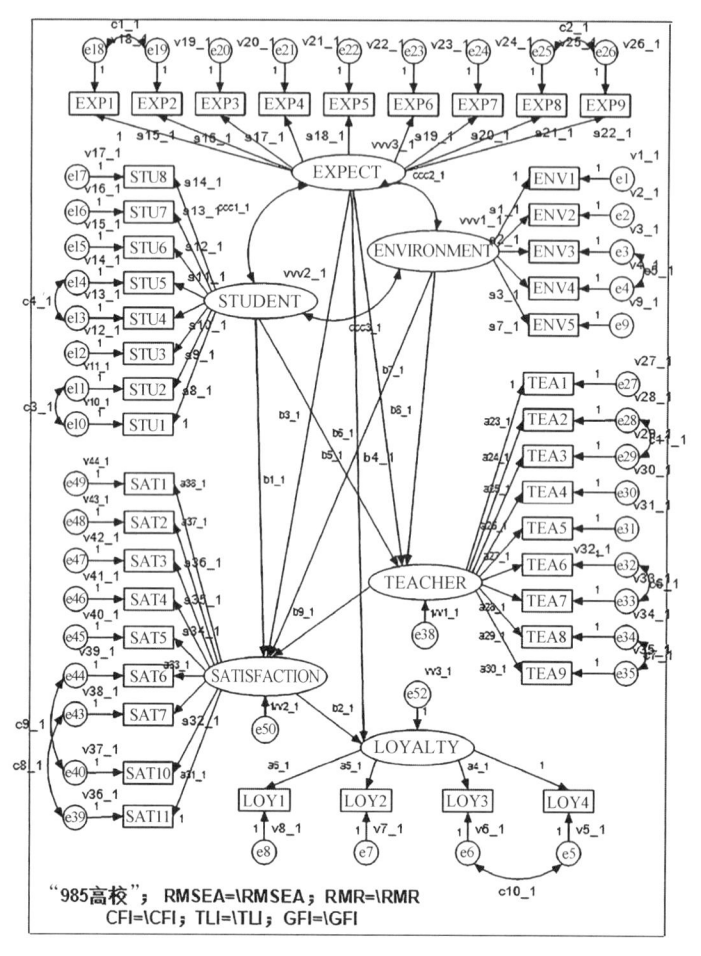

图 3-33 "985 高校"群组结构方程模型图

为 0.929 均大于 0.90 的标准,RMSEA 值为 0.022<0.05 适配非常好的标准,综合来看基线模型适配度佳。

由各适配度结果表可以发现,SRMR 值均小于 0.08,模型适配度佳;TLI 值、CFI 值均大于 0.90,表示各个模型不变性的适配度佳;6 个模型不变性的 RMSEA 值均小于或等于 0.023,小于 0.05 适配非常好的标准,表示模型适配情况非常好。综合而言,6 个假设模型与样本数据均能够很好地适配。

表3-64 不同学校类型群组模型适配度指数——SRMR

model	standardized rmr
学生SEM(C)	0.0602
模型1	0.0604
模型2	0.0628
模型3	0.0676
模型4	0.0675
模型5	0.0727

表3-65 不同学校类型群组模型适配度指数——Baseline Comparisons

model	nfi delta1	rfi rho1	ifi delta2	tli rho2	cfi
学生SEM(C)	0.906	0.899	0.929	0.924	0.929
模型1	0.905	0.901	0.928	0.925	0.928
模型2	0.904	0.900	0.927	0.925	0.927
模型3	0.903	0.900	0.927	0.925	0.927
模型4	0.903	0.900	0.927	0.925	0.927
模型5	0.894	0.896	0.919	0.920	0.919
Saturated model	1.000		1.000		1.000
Independence model	0.000	0.000	0.000	0.000	0.000

表3-66 不同学校类型群组模型适配度指数——RMSEA

model	rmsea	lo 90	hi 90	pclose
学生SEM(C)	0.022	0.022	0.023	1.000
模型1	0.022	0.022	0.022	1.000
模型2	0.022	0.022	0.022	1.000
模型3	0.022	0.022	0.022	1.000
模型4	0.022	0.022	0.022	1.000

续表

model	rmsea	lo 90	hi 90	pclose
模型 5	0.023	0.022	0.023	1.000
Independence model	0.080	0.080	0.080	0.000

模型5(最严格限制模型)中"985高校"群体非标准化估计值路径图,如图 3-34,模型中没有出现负的误差方差,表示模型基本适配度较好。

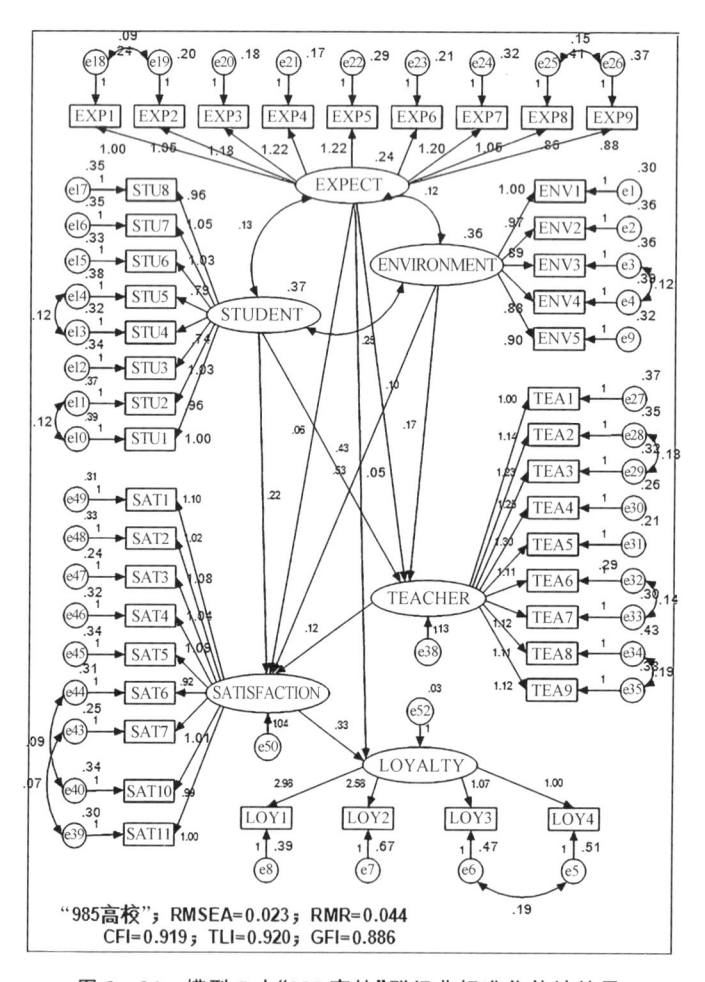

图 3-34 模型 5 中"985 高校"群组非标准化估计结果

模型5(最严格限制模型)中"985高校"群组标准化估计路径图,如图 3-35,

6个潜在变量中除教学忠诚度(LOYALTY)变量的 2 个测量指标小于0.5 之外,其他潜在变量的 47 个测量指标值均在 0.5 至 0.96 之间。"211 高校"群组,其他普通本科院校群组,高职院校群组非标准化估计值模型图中的自由参数数值(包括回归系数、协方差、方差等)均与"985 高校"群组的相同,其标准化估计值结果也是相等。

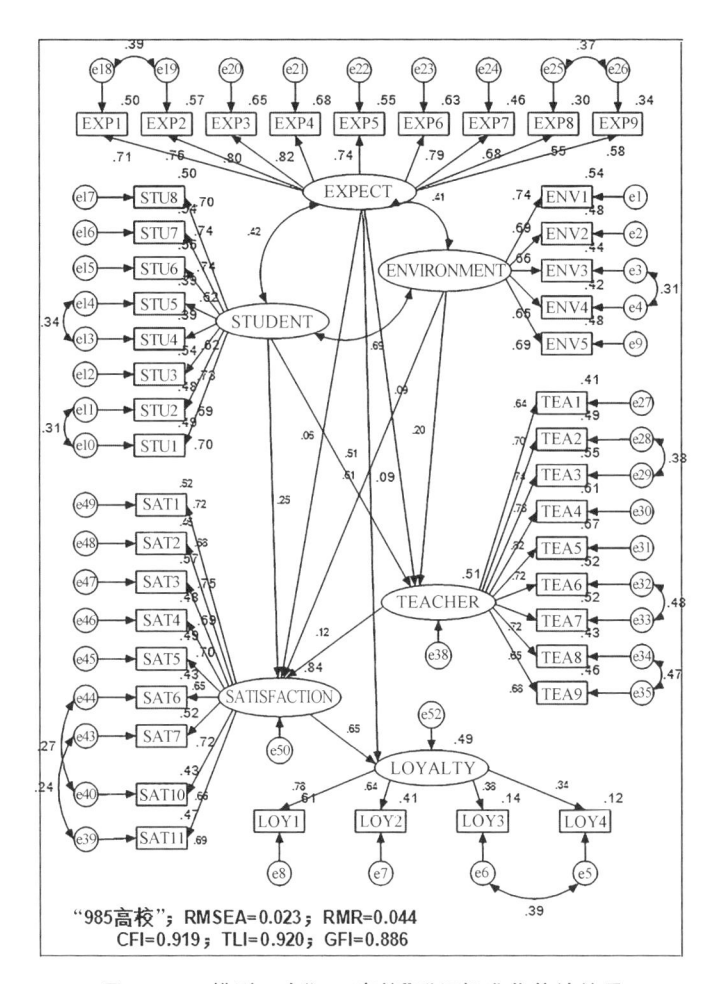

图 3-35 模型 5 中"985 高校"群组标准化估计结果

在多群组分析中,如果有数个模型均是适配的模型,要选出一个最适配、最精简的模型,比较各模型的 AIC 指标值(表 3-67)和 ECVI 指标值(表 3-68),

模型的 AIC 指标值、ECVI 指标值最小者,表示学生 SEM(C)是最适配的。

表 3-67　不同学校类型群组模型适配度指数——AIC

model	aic	bcc	bic	caic
学生 SEM(C)	14 295.757	14 331.466		
模型 1	14 318.003	14 344.543		
模型 2	14 409.118	14 433.487		
模型 3	14 464.602	14 487.523		
模型 4	14 475.452	14 497.649		
模型 5	15 352.300	15 361.228		
Saturated model	7 920.000	8 238.486		
Independence model	143 541.575	143 555.730		

表 3-68　不同学校类型群组模型适配度指数——ECVI

model	ecvi	lo 90	hi 90	mecvi
学生 SEM(C)	2.491	2.429	2.553	2.497
模型 1	2.494	2.433	2.557	2.499
模型 2	2.510	2.448	2.574	2.515
模型 3	2.520	2.458	2.583	2.524
模型 4	2.522	2.459	2.585	2.526
模型 5	2.675	2.609	2.741	2.676
Saturated model	1.380	1.380	1.380	1.435
Independence model	25.007	24.792	25.223	25.010

整体而言,不同学校类型群组参数限制的全部不变性(full invariance)的模型可以被接受,也即意味着,我们所提的结构方程假设模型适用于不同学校类型的样本,该模型具有较好的稳定性。

三、不同学段群组结构方程模型分析

(一) 绘制不同学段群组 Amos 理论模型图

此理论模型的基础为文中形成的学生 SEM(C)。在理论模型中四个群组名称分别为"专科生""本科生""硕士生"和"博士生"。

(二) 读取样本数据并设定群组变量及水平数值

此处选取学生正式调查的所有有效样本数据。群组变量名称在原 SPSS 文件中为"学段"。"专科生"群组的水平数值编码为 1,有效样本数有 1 529 个;"本科生"群组的水平数值编码为 2,有效样本数有 3 613 个;"硕士生"群组的水平数值编码为 3,有效样本数有 504 个;"博士生"群组的水平数值编码为 4,有效样本数有 98 个,全部样本观察值共计 5 744 个。

(三) 设定多群组分析模型

Amos 软件根据 4 个群组的理论模型图提供了 5 个内定的参数限制模型。模型 1(XX:Measurement weights)设定测量系数相等;模型 2(XX:Structural weights)在模型 1 的基础上,增列结构系数相等;模型 3(XX:Structural covariances)在模型 2 的基础上,增列结构协方差相等;模型 4(XX:Structural residuals)在模型 3 的基础上,增列结构残差相等;模型 5(XX:Measurement residuals)在模型 4 的基础上,增列测量残差相等。这五个模型限制条件逐步增加,五个限制参数模型与原先未限制参数的基线模型中的参数设定如下表 3-69。

表 3-69 不同学段群组限制参数模型参数界定

未限制参数	限制参数模型				
学生 SEM(C)	模型 1	模型 2	模型 3	模型 4	模型 5
测量系数	$ai\_1=ai\_2=ai\_3=ai\_4$; $i=1,2,3,\cdots,38$				
结构系数		$bi\_1=bi\_2=bi\_3=bi\_4$; $i=1,2,3,\cdots,9$			
结构协方差			$ccci\_1=ccci\_2=ccci\_3=ccci\_4$; $vvvi\_1=vvvi\_2=vvvi\_3=vvvi\_4$; $i=1,2,3$		
结构残差变量方差				$vvi\_1=vvi\_2=vvi\_3=vvi\_4$; $i=1,2,3$	
测量残差变量方差					$ci\_1=ci\_2=ci\_3=ci\_4$; $vj\_1=vj\_2=vj\_3=vj\_4$; $i=1,2,3,\cdots,11;j=1,2,3,\cdots,44$

多群组模型设定完成后,包含 6 个模型,其中第一个模型为参数均未加限制模型[学生 SEM(C)]。

构建的"专科生"群组 Amos 理论模型图及变量参数名称见图 3-36。其他群组的理论模型图与专科生群组类似。

(四) 不同学段群组模型执行结果

在 Amos 软件中进行估值计算,上述群组的未限制参数模型和 5 个参数限制模型均可辨识,6 个模型的模型名称前均出现[OK:],表示未限制参数模型和限制参数模型均可以顺利估计出各项统计量。

(五) 模型适配度检验

我们选取 Standardized RMR(即 SRMR)、TLI(即 NNFI)、CFI 和 RMSEA 四个指数值进行适配度检验,同时也在一定程度上参考 CMIN/DF (卡方自由度比)的数值。表 3-70 至表 3-72 为各个模型适配度检验结果。

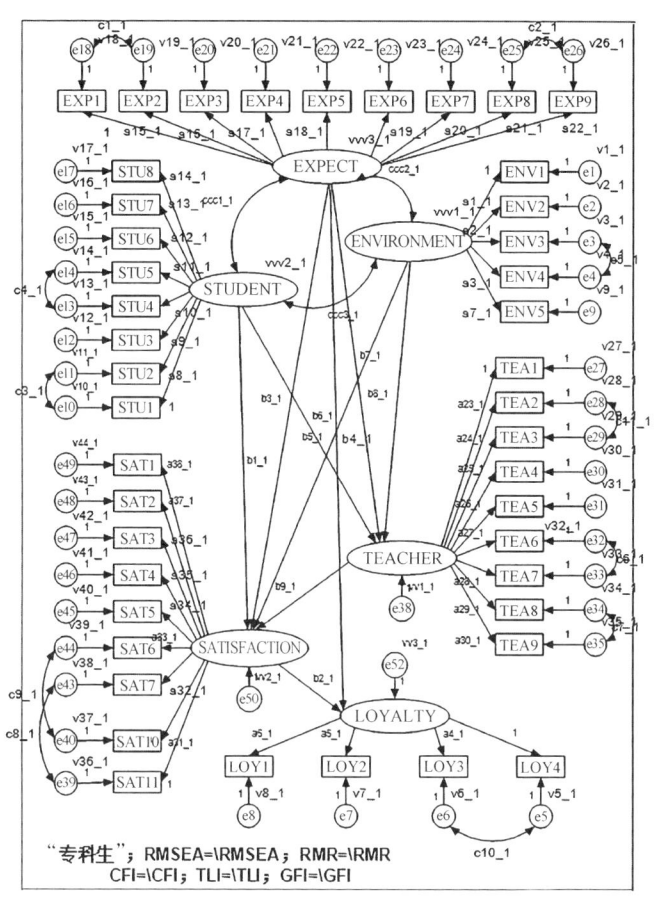

图 3-36 "专科生"群组结构方程模型图

首先对各个群组的参数无限制模型的适配度进行检验。由各适配度结果表可以看出,模型 C 的 SRMR 值为 0.0370＜0.05 的标准,TLI 值为 0.922、CFI 值为 0.927 均大于 0.90 的标准,RMSEA 值为 0.022＜0.05 适配非常好的标准,综合来看学生 SEM(C)适配度佳。

由各参数受限制模型适配度检验结果表可以发现,SRMR 值均小于 0.08,模型适配度佳;TLI 值、CFI 值均大于 0.90,表示各个模型不变性的适配度佳;6 个模型不变性的 RMSEA 值均小于或等于 0.023,小于 0.05 适配非常好的标准,表示模型适配情况佳。综合而言,6 个假设模型与观察数据均可以适配。

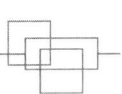

表 3-70　不同学段群组模型适配度指数——SRMR

model	standardized rmr
学生 SEM(C)	0.0370
模型 1	0.0441
模型 2	0.0461
模型 3	0.0654
模型 4	0.0662
模型 5	0.0767

表 3-71　不同学段群组模型适配度指数——Baseline Comparisons

model	nfi delta1	rfi rho1	ifi delta2	tli rho2	cfi
学生 SEM(C)	0.905	0.897	0.927	0.922	0.927
模型 1	0.903	0.899	0.926	0.923	0.926
模型 2	0.902	0.898	0.925	0.923	0.925
模型 3	0.901	0.898	0.925	0.923	0.925
模型 4	0.901	0.898	0.924	0.922	0.924
模型 5	0.894	0.896	0.919	0.920	0.919
Saturated model	1.000		1.000		1.000
Independence model	0.000	0.000	0.000	0.000	0.000

表 3-72　不同学段群组模型适配度指数——RMSEA

model	rmsea	lo 90	hi 90	pclose
学生 SEM(C)	0.022	0.022	0.023	1.000
模型 1	0.022	0.022	0.023	1.000
模型 2	0.022	0.022	0.023	1.000
模型 3	0.022	0.022	0.023	1.000
模型 4	0.022	0.022	0.023	1.000

续表

model	rmsea	lo 90	hi 90	pclose
模型 5	0.023	0.022	0.023	1.000
Independence model	0.080	0.080	0.081	0.000

模型 5（最严格限制模型）的"专科生"群组非标准化估计结果见图 3-37，模型中没有出现负的误差方差，表示模型基本适配度合理。

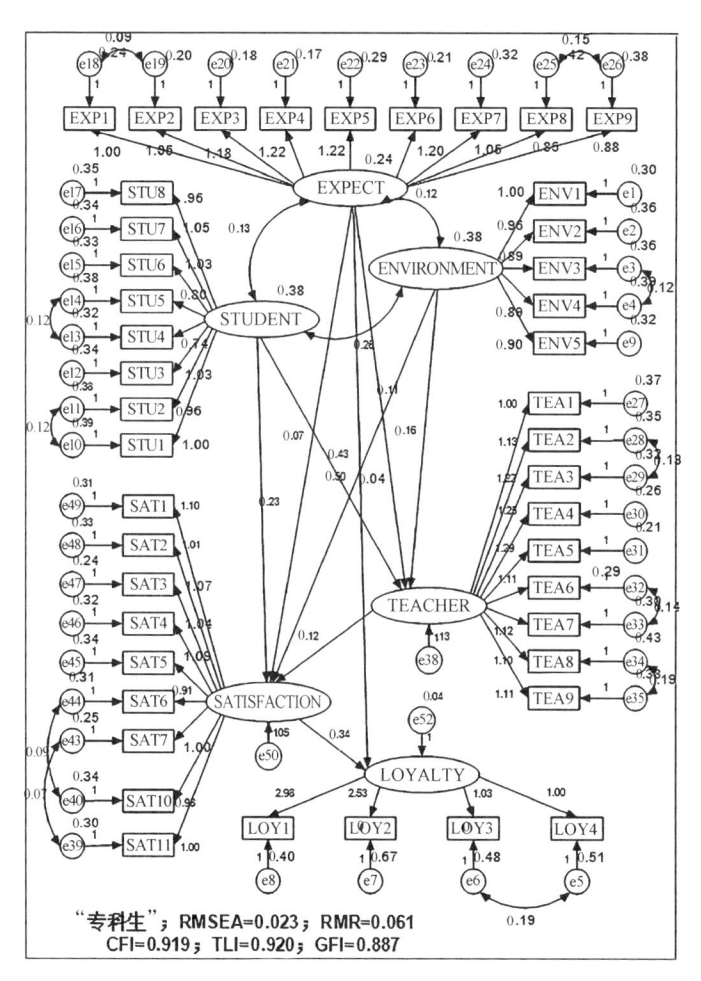

图 3-37 模型 5"专科生"群组非标准化估计结果

模型 5（最严格限制模型）的"专科生"群组标准化估计结果见图 3-38，

6个潜在变量中除教学忠诚度(LOYALTY)变量的2个测量指标小于0.5之外,其他潜在变量的47个测量指标值均在0.5至0.96之间。"本科生"群组、"硕士生"群组和"博士生"群组非标准化估计值模型图中的自由参数数值(包括回归系数、协方差、方差等)均与"专科生"群组的相等,其标准化估计值结果也是相等。

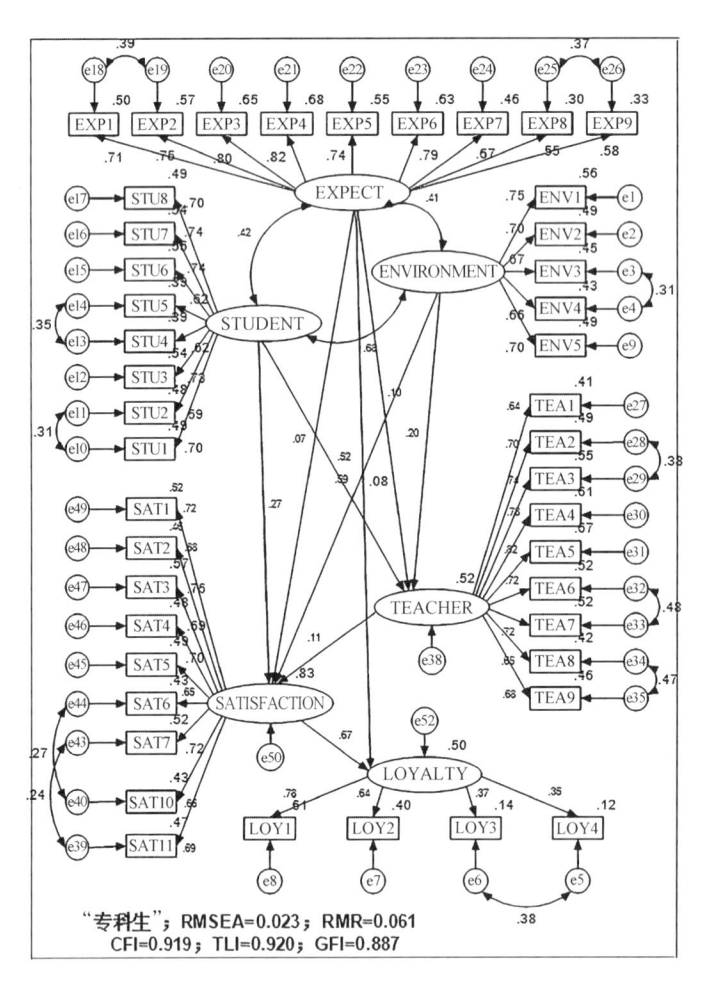

图3-38 模型5"专科生"群组标准化估计结果

在多群组分析中,如果有数个模型均是适配的模型,要选出一个最适配、最精简的模型,比较各模型的AIC指标值(表3-73)和ECVI指标值(表3-74),模型的AIC指标值、ECVI指标值最小者即是最适配的模型,可判断学生 SEM(C)是最适配的。

表 3-73 不同学段群组模型适配度指数—AIC

model	aic	bcc	bic	caic
学生 SEM(C)	14 598.267	14 825.920		
模型 1	14 628.647	14 797.849		
模型 2	14 745.412	14 900.770		
模型 3	14 767.084	14 913.213		
模型 4	14 822.188	14 963.702		
模型 5	15 423.871	15 480.784		
Saturated model	7 920.000	9 950.419		
Independence model	144 111.400	144 201.641		

表 3-74 不同学段群组模型适配度指数—ECVI

model	ecvi	lo 90	hi 90	mecvi
学生 SEM(C)	2.543	2.481	2.607	2.583
模型 1	2.549	2.486	2.612	2.578
模型 2	2.569	2.506	2.633	2.596
模型 3	2.573	2.510	2.637	2.598
模型 4	2.582	2.519	2.647	2.607
模型 5	2.687	2.622	2.754	2.697
Saturated model	1.380	1.380	1.380	1.734
Independence model	25.107	24.891	25.323	25.122

整体而言,不同学段群组参数限制的全部不变性(full invariance)的模型可以被接受,也即意味着,本文所提的结构方程假设模型适用于不同学段的学生样本,该模型具有较好的稳定性。

第五节 小结

本章首先在试调查的基础上对高校教学系统学生评价初始问卷进行修改并形成最终调查问卷，进行正式调查，并对问卷的信度和效度进行分析。其次，参考初始问卷探索性因子分析的结果，基于正式问卷探索性因子分析结果，确定基于学生评价的高校教学系统"结构—功能"模型的潜在变量及其测量指标。第三，基于正式调查问卷的样本数据统计区域高校教学系统学生总体满意度和各要素满意度情况，比较不同层次、不同类型高校教学系统的学生满意度结果的差异，分析学生性别、年龄、专业、学段等背景特征对高校教学系统评价的影响差异。第四，运用验证性因子分析法验证测量模型中教学期望、教学环境、学生要素、教师要素、教学满意度以及教学忠诚度几个潜在变量与其测量指标之间的关系，并修正相关测量模型。第五，基于研究假设以及修正后的测量模型构建基于学生评价的高校教学系统"结构—功能"理论模型。第六，通过多群组结构方程模型分析法对不同性别、不同学校、不同学段等跨群组样本间的适配度进行分析，检验理论模型的稳定性。得到如下结论：

高校教学系统功能发挥（反映在教学满意度上）是一个要素众多、关系错综的过程。教学系统各要素（教学环境、学生要素、教师要素等）不仅对教学满意度具有显著的直接作用，还通过对其他系统要素的影响对教学满意度产生间接效应。

教学系统各有关要素之间相互作用有机联系。教学环境和学生要素间具有显著的正相关关系。已有研究通常将教学期望作为教学系统的促进因素，视其为教学系统功能的一个自变量。本文研究结果则表明在学生教学期望受到来自教学环境和学生要素的影响,三者之间具有显著的正相关关系。

学生的不同特征对高校教学系统满意度评价有一定的影响。其中,学生年龄、高校类型、年级、成绩排名以及母亲最高学历对总体满意度、教师要素、教学内容、教学环境、教学效果的评价均有显著差异,学生年龄越高,其对各要素满意度越低;"985高校"和高职院校学生满意度较高,其他普通本科院校学生满意度较低;学生成绩排名越高,各方面满意度指数越高;其母亲学历越高,学生对教学系统的满意度越高。

本次调查研究结果显示,江苏省内学生对高校教学系统总体满意度指数为3.496。在系统各要素中对教师要素的满意度指数最高(为3.59),其次是对教学环境的满意度指数(为3.45),对学生要素和教学内容的满意度指数最低均为3.42。

多群组结构方程模型分析发现,不同性别、不同学校类型、不同学段学生群组变量对本文所提出的高校教学系统"结构—功能"理论模型没有显著差异,该模型具有较好的稳定性。

第四章　基于教师评价的高校教学系统实证研究

我们以教师评价为核心,通过"试调查优化问卷→正式调查数据采集→探索性因子分析确定潜变量→统计满意度差异→验证性因子分析修正测量模型→构建结构方程模型(SEM)→多群组分析检验模型稳定性"的技术路线,系统探讨高校教学系统的"结构—功能"关系。重点包括:基于试调查数据优化初始问卷,形成包含教学期望、学生要素、教学环境、教师要素、教学满意度及忠诚度等潜变量的正式测量工具;运用方差分析检验教师背景特征(性别/年龄/职称等)对满意度的影响差异;通过验证性因子分析(CFA)验证测量模型的信效度;构建结构方程模型(SEM)揭示教学系统要素间的作用路径;采用多群组分析检验模型在不同教师群体中的适用性。

第一节　研究样本及数据质量分析

一、问卷样本概况

本实证研究以区域高校教学系统作为研究对象,以江苏区域高校教学系统为例,基于高校教学系统中的教师主体对所在系统的评价,测评高校教学系统的状况。据此,我们的问卷调查以江苏区域各类型高等学校的一线教师为调查对象。

从调查对象的背景来看,我们所调查的教师覆盖各类型高校("985高校""211高校"、其他普通本科院校、高职院校);同时考虑了教师的教龄、职称、学历以及专业类别等因素,以此保证调查样本的代表性。

网上问卷调查共有394人填写,现场发放问卷150份、实际回收128份。采用问卷表面直观判断和计算选项分值两种方式相结合,对每份问卷进行检阅(赵学勤,2012)。通过浏览问卷查找问卷是否有空填、漏填或明显的错误,通过对选项赋值后计算所有选项的标准差,判断被访者是否选择了同一选项,最终发现有31份问卷在满意度判断方面的回答相同率非常高(满意度题项标准差≤0.21),另有22份问卷来自江苏省外高校。因此,我们将这两部分问卷均作无效问卷处理,最终得到有效问卷469份,问卷回收率96.0%,有效率为89.8%。

我们正式问卷调查的有效样本来源共涉及江苏区域有代表性的高校58所,其中2所"985高校"(东南大学和南京大学),8所"211高校"(如苏州大学、南京理工大学、南京师范大学等),19所其他普通本科院校(如江苏海洋大学、江苏师范大学、金陵科技学院等),29所高职院校(如江苏财经职业技术学院、江苏海事职业技术学院、江苏经贸职业技术学院等),正式问卷的有效样本的高校类型及高校样本数量分布见表4-1和表4-2。

表4-1 教师有效问卷样本高校类型分布

学校类型	学校数量	样本数量
"985高校"	2	58
"211高校"	8	94
其他普通本科院校	24	181

续表

学校类型	学校数量	样本数量
高职院校	29	136
总计	63	469

表 4-2 教师有效问卷样本高校分布

学校类型	学校名称	样本数量	学校类型	学校名称	样本数量
"985高校"	东南大学	3		河海大学	1
	南京大学	55		江南大学	16
高职院校	常州工程职业技术学院	1		南京师范大学	35
	江苏财经职业技术学院	1	"211高校"	苏州大学	13
	江苏城市职业学院	3		中国矿业大学	1
	江苏工程职业技术学院	1		南京农业大学	14
	江苏海事职业技术学院	1		南京航空航天大学	3
	江苏农牧科技职业学院	1		南京理工大学	11
	江苏信息职业技术学院	4		常州工学院	1
	连云港师范高等专科学校	1		江苏海洋大学	43
	南京工业职业技术学院	13		淮阴工学院	1
	南京交通职业技术学院	1		淮阴师范学院	3
	南京科技职业学院	2		江苏大学	14
	南京旅游职业学院	1		江苏开放大学	1
	南京特殊教育师范学院	5	其他普通本科院校	江苏师范大学	25
	南京铁道职业技术学院	2		金陵科技学院	1
	南京信息职业技术学院	29		南京财经大学	29
	三江学院	3		南京工程学院	7
	苏州工业园区服务外包职业学院	12		南京体育学院	10
	苏州工艺美术职业技术学院	21		南京晓庄学院	10
				南京艺术学院	11
	苏州健雄职业技术学院	1		南通大学	4

续表

学校类型	学校名称	样本数量	学校类型	学校名称	样本数量
高职院校	苏州经贸职业技术学院	1	其他普通本科院校	徐州医学院	2
	苏州市职业大学	3		盐城工学院	5
	苏州卫生职业技术学院	11		盐城师范学院	2
	无锡城市职业技术学院	10		扬州大学	7
	无锡机电高等职业技术学校	1		中国传媒大学南广学院	7
	武进技师学院	1			
	盐城工业职业技术学院	1			
	应天职业技术学院	1			
	正德职业技术学院	2			
	钟山职业技术学院	2			

采用SPSS18.0对469个教师样本进行描述性统计分析,结果如下:男性245人,女性224人;样本的年龄分布情况为,30岁及以下的49人,31~35岁133人,36~40岁127人,41~50岁121人,51岁及以上的39人。各项统计分布情况见表4-3~4-11。

表4-3 教师样本的性别和年龄分布

特征	选项	代码	人数	百分比(%)
性别	男	1	245	52.2%
	女	2	224	47.8%
年龄	25~30	1	49	10.4%
	31~35	2	133	28.4%
	36~40	3	127	27.1%
	41~50	4	121	25.8%
	≥51	5	39	8.3%

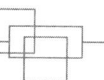

表 4-4 教师样本的学科分布

特征	选项	代码	人数	百分比(%)
学校类型	"985高校"	1	58	12.4%
	"211高校"	2	94	20.0%
	其他普通本科院校	3	181	38.6%
	高职院校	4	136	29.0%
学科	理学	1	69	14.7%
	工学	2	83	17.7%
	教育学	3	185	39.4%
	文学	4	30	6.4%
	哲学	5	5	1.1%
	历史学	6	2	0.4%
	管理学	7	23	4.9%
	经济学	8	5	1.1%
	艺术学	9	36	7.7%
	医学	10	17	3.6%
	农学	11	7	1.5%
	法学	12	7	1.5%

表 4-5 教师样本的教学时间、职称、是否研究生导师情况

特征	选项	代码	人数	百分比(%)
教学时间	0~5年	1	85	18.1%
	6~10年	2	140	29.9%
	11~20年	3	177	37.7%
	21~30年	4	52	11.1%
	31年以上	5	15	3.2%
职称	教授/研究员	1	62	13.2%
	副教授/副研究员	2	165	35.2%
	讲师/助理研究员	3	217	46.3%
	助教/实习研究员	4	25	5.3%

续表

特征	选项	代码	人数	百分比(%)
是否研究生导师	不是硕士生导师	1	342	72.9%
	硕士生导师	2	90	19.2%
	博士生导师	3	37	7.9%

表 4-6 教师样本的教学工作量规定及年均教学工作量

特征	选项	代码	人数	百分比(%)
教学工作量规定	没有规定	1	22	4.7%
	不清楚/不记得	2	15	3.2%
	0~200	3	121	25.8%
	201~300	4	113	24.1%
	301 以上	5	198	42.2%
年均教学工作量	0~100	1	86	18.3%
	100~200	2	62	13.2%
	200~350	3	144	30.7%
	350 以上	4	177	37.7%

表 4-7 教师样本教学投入时间比例

特征	选项	代码	人数	百分比(%)
教学时间占所有工作时间的比例	0~20%	1	102	21.7%
	30%~40%	2	97	20.7%
	50%~60%	3	121	25.8%
	70%~80%	4	109	23.2%
	90%	5	40	8.5%

表 4-8 教师样本担任行政职务情况

特征	选项	代码	人数	百分比(%)
担任行政职务情况	没有职务	1	373	79.5%
	系副主任/副所长	2	20	4.3%
	系主任/所长	3	41	8.7%
	学院副院长/学部副部长	4	15	3.2%
	学院院长/学部部长	5	10	2.1%
	学校行政职能机构副处长	6	9	1.9%
	学校行政职能机构正处长	7	1	0.2%

表 4-9 教师样本的学历及婚姻、子女情况

特征	选项	人数	百分比(%)
学历	本科	66	14.1%
	硕士	238	50.7%
	博士	165	35.2%
婚姻	未婚	41	8.7%
	已婚	422	90.0%
	离异或丧偶	6	1.3%
子女个数	0	76	16.2%
	1	366	78.0%
	2	26	5.5%
	≥3	1	0.2%

表 4-10 教师样本的年均收入及房产购置情况

特征	选项	代码	人数	百分比(%)
年均收入	≤均	1	19	4.1%
	5～6	2	41	8.7%
	6～7	3	59	12.6%
	7～8	4	61	13.0%

续表

特征	选项	代码	人数	百分比(%)
年均收入	8～9	5	79	16.8%
	9～10	6	77	16.4%
	10～15	7	96	20.5%
	15～20	8	37	7.9%
	20～30	9	19	4.1%
	≥0.1	10	41	8.7%
是否购买商品房	有	1	393	83.8%
	没有	2	76	16.2%
是否享受安置房	有	1	156	33.3%
	没有	2	313	66.7%

表 4-11 教师样本的上班交通方式及路上所需时间

特征	选项	代码	人数	百分比(%)
上班交通方式	步行	1	42	9.0%
	自行车	2	47	10.0%
	电动车/摩托车	3	83	17.7%
	公共汽车/地铁	4	67	14.3%
	单位班车	5	36	7.7%
	私家车(含拼车、打车等)	6	194	41.4%
路上所需时间	0～10 分钟	1	76	16.2%
	10～20 分钟	2	108	23.0%
	20～30 分钟	3	91	19.4%
	30～40 分钟	4	66	14.1%
	40～50 分钟	5	60	12.8%
	50～60 分钟	6	34	7.2%
	60 分钟以上	7	34	7.2%

二、探索性因子分析及信效度检验

对教师正式问卷调查数据的可靠性分析包括效度分析和信度分析两个方面,其中效度分析采用因子分析方法检验。

我们是在教师正式问卷调查结果分析的基础上开展的。针对正式调查结果,基于样本数据首先进行探索性因子分析,初步得到高校教学系统的潜在变量及其测量指标;其次,通过验证性因子分析对探索性因子分析所得到测量模型进行验证。通常 EFA 是基于一组样本数据来找出影响观测变量的因子,以及因子与其所对应的观测变量之间的关系,CFA 则是运用总样本中的另一组样本数据对 EFA 得到因素与观测变量间的契合度进行检验。因此,我们选用将样本数据一分为二的方法分别进行 EFA 和 CFA 分析。

(一) 教师评价正式问卷 EFA 以及 CFA 分析

1. 因子分析的适应性分析

我们用于探索性因子分析的问卷样本包括两个部分:一部分是高校教学系统教师评价有效问卷中样本高校分布较分散(一个高校中样本不足 10 份)的问卷,共 106 份;另一部分为余下的 363 份有效问卷中随机抽出的 100 份问卷;这样得到的样本量为 206 份。高校教学系统教师评价问卷中总的测量指标共计 41 个,我们选用的 206 份样本量能同时满足 200 份样本以及测量指标量 5 倍的要求。

2. 斜交旋转因子探索

参考学生正式问卷数据分析结果,以及相关教师教学评价研究成果,可以确定各变量间存在相关关系。因此,针对正式问卷调查数据,我们选用斜交旋转因子探索而非正交旋转法,采用主成分分析法,旋转方法为 Promax 斜交旋转,在 SPSS18.0 中首先尝试抽取方式为基于特征值大于 1,得到结果如表 4-12。

表 4-12 教师问卷主成分分析解释总方差（斜交）

成分	初始因素值			提取平方和载入			旋转平方和载入
	合计	方差的%	累积%	合计	方差的%	累积%	合计
1	11.980	29.221	29.221	11.980	29.221	29.221	7.076
2	3.665	8.938	38.159	3.665	8.938	38.159	6.876
3	2.913	7.105	45.263	2.913	7.105	45.263	7.318
4	2.084	5.083	50.347	2.084	5.083	50.347	6.264
5	1.824	4.449	54.796	1.824	4.449	54.796	7.154
6	1.746	4.259	59.055	1.746	4.259	59.055	3.177
7	1.241	3.028	62.083	1.241	3.028	62.083	5.965
8	1.128	2.750	64.833	1.128	2.750	64.833	4.413
9	1.095	2.671	67.504	1.095	2.671	67.504	4.636
10	1.015	2.474	69.979	1.015	2.474	69.979	3.284
11	0.900	2.196	72.175				
12	0.746	1.819	73.994				
13	0.714	1.741	75.735				
14	0.697	1.701	77.436				
15	0.654	1.596	79.032				
16	0.618	1.507	80.539				
17	0.576	1.406	81.944				
18	0.524	1.277	83.221				
19	0.503	1.226	84.447				
20	0.485	1.183	85.630				
21	0.469	1.145	86.775				
22	0.443	1.081	87.856				
23	0.413	1.008	88.864				

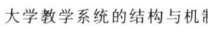

续表

成分	初始因素值			提取平方和载入			旋转平方和载入
	合计	方差的%	累积%	合计	方差的%	累积%	合计
24	0.408	0.995	89.859				
25	0.374	0.911	90.770				
26	0.348	0.850	91.619				
27	0.332	0.809	92.429				
28	0.326	0.794	93.223				
29	0.321	0.783	94.006				
30	0.281	0.686	94.692				
31	0.272	0.662	95.355				
32	0.261	0.635	95.990				
33	0.253	0.617	96.607				
34	0.237	0.577	97.185				
35	0.220	0.536	97.721				
36	0.197	0.480	98.201				
37	0.184	0.450	98.651				
38	0.166	0.404	99.055				
39	0.146	0.357	99.412				
40	0.126	0.307	99.719				
41	0.115	0.281	100.000				

提取方法：主成分分析

由表4-12可看出，从41个题项中可以提取10个公共因子，它们的提取平方和载入累计达到69.979%。各题项归入10个因子的情况见下表4-13。

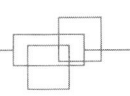

表 4-13 教师问卷斜交旋转成分矩阵(10 因子)

	成分									
	1	2	3	4	5	6	7	8	9	10
教学硬件期望									0.837	
教学管理服务期望									0.761	
学生知识基础期望		0.802								
学生学习态度期望		0.917								
学生学习风气期望		0.920								
学生学习方法期望		0.732								
师生关系期望		0.463								
教材期望										0.596
教学效果期望		0.524								
学生知识基础					0.764					
学生学习方法					0.891					
学生学习态度					0.839					
学生品行					0.526					
学生信息素养					0.621					
学科教师知识水平	0.597									
学科教师教学方法	0.488									
学科教师教学态度	0.874									
学科教师品行	0.819									
学科教师多媒体素养	0.940									
学科教师网络素养	0.796									
师生关系相处							0.808			
课堂气氛							0.853			
师生交往情形							0.659			
课程教学内容					0.536					
教材满意度										0.849

续表

	成分									
	1	2	3	4	5	6	7	8	9	10
学术文化氛围			0.555							
教学硬件条件			0.837							
信息化资源			0.845							
教学管理服务			0.838							
学科教研活动			0.777							
授课教学效果				0.665						
完成教学任务				0.762						
提高学生学科能力				0.701						
提升学生综合能力				0.811						
高校忠诚度								0.847		
学校忠诚度								0.588		
学科忠诚度								0.783		
教学投入忠诚度						0.504				
教改课题参与度						0.804				
教学建议忠诚度						0.809				
教改建议忠诚度						0.869				
提取方法:主成分										
a.旋转在7次迭代后收敛										

从表4-13可见,如果将41个题项归入10个因子,前6个因子中的变量个数相对较多且较集中,但是第7至第10个因子中每个因子最多仅包含3个变量,据此判断提取8个因子不甚合理。在对照因子碎石图的结果,以及参考学生正式问卷因子分析提取结果后,可见取6个因子较为科学,于是将教师问卷因子提取个数限定为6个。

碎石图

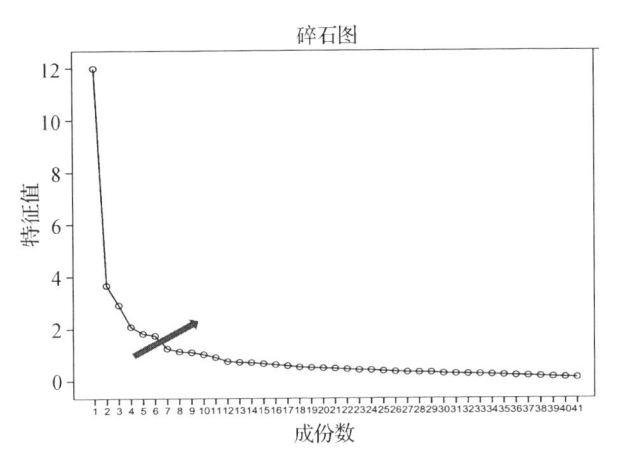

图 4-1 教师问卷因子分析碎石图

再次利用 SPSS18.0 软件,采用主成分分析法,旋转方法为 Promax 斜交旋转,将抽取方式改为"因子的固定数量为 6 个",得到结果如下表 4-14。

表 4-14 教师问卷斜交旋转成分矩阵(6 因子)

	成分					
	1	2	3	4	5	6
教学硬件期望	0.657					
教学管理服务期望	0.573					
学生知识基础期望	0.776					
学生学习态度期望	0.802					
学生学习风气期望	0.778					
学生学习方法期望	0.651					
师生关系期望	0.645					
教材期望	0.554					
教学效果期望	0.713					
学生知识基础					0.729	
学生学习方法					0.867	
学生学习态度					0.841	

续表

	成分					
	1	2	3	4	5	6
学生品行					0.488	
学生信息素养					0.601	
学科教师知识水平		0.583				
学科教师教学方法		0.578				
学科教师教学态度		0.824				
学科教师品行		0.841				
学科教师多媒体素养		0.900				
学科教师网络素养		0.827				
师生关系相处		0.491				
课堂气氛					0.403	
师生交往情形		0.440				
课程教学内容				0.483		
教材满意度			0.376			
学术文化氛围			0.585			
教学硬件条件			0.853			
信息化资源			0.781			
教学管理服务			0.823			
学科教研活动			0.814			
授课教学效果				0.751		
完成教学任务				0.831		
提高学生学科能力				0.688		
提升学生综合能力				0.733		
高校忠诚度				0.383		
学校忠诚度			0.409			
学科忠诚度				0.563		

续表

	成分					
	1	2	3	4	5	6
教学投入忠诚度						0.512
教改课题参与度						0.843
教学建议忠诚度						0.832
教改建议忠诚度						0.815
提取方法：主成分						

a.旋转在7次迭代后收敛。b.载荷系数低于0.40者未显示

从表4-14可见，整体而言各题项能较好地归入相应的因子。但变量"教材满意度""课堂气氛""高校忠诚度""学校忠诚度"归类不符合之前的假设且负荷值较低，"学科忠诚度"归类不符合之前的假设，因此需要进行修正。首先删除归类错误和负荷值较低的"教材满意度"题项；再次进行斜交旋转因子分析后，发现变量"课堂气氛""高校忠诚度""学校忠诚度"归类不符合之前的假设且负荷值较低，仍需进行修正。按照删除负荷值较低、归类不正确的变量的修正规则，依次删除"课堂气氛""高校忠诚度""学校忠诚度"和"学科忠诚度"题项并分别进行探索性因子分析，最终得到表4-15。

表4-15 教师问卷探索性因子斜交旋转成分矩阵（最终）

	成分					
	1	2	3	4	5	6
教学硬件期望		0.694				
教学管理服务期望		0.640				
学生知识基础期望		0.778				
学生学习态度期望		0.837				
学生学习风气期望		0.804				
学生学习方法期望		0.651				

续表

	成分					
	1	2	3	4	5	6
师生关系期望		0.663				
教材期望		0.551				
教学效果期望		0.717				
学生知识基础				0.767		
学生学习方法				0.897		
学生学习态度				0.848		
学生品行				0.471		
学生信息素养				0.575		
学科教师知识水平	0.626					
学科教师教学方法	0.643					
学科教师教学态度	0.824					
学科教师品行	0.845					
学科教师多媒体素养	0.917					
学科教师网络素养	0.845					
师生关系相处	0.534					
师生交往情形	0.489					
课程教学内容					0.509	
学术文化氛围			0.578			
教学硬件条件			0.865			
信息化资源			0.807			
教学管理服务			0.839			
学科教研活动			0.820			
授课教学效果					0.722	
完成教学任务					0.853	
提高学生学科能力					0.713	

续表

	成分					
	1	2	3	4	5	6
提升学生综合能力					0.768	
教学投入忠诚度						0.537
教改课题参与度						0.849
教学建议忠诚度						0.832
教改建议忠诚度						0.826
提取方法：主成分 旋转法：具有 Kaiser 标准化的倾斜旋转法						
a.旋转在 6 次迭代后收敛						

至此，可以将 36 个题项归入这 6 个因子，且每个题项归入的因子系数均大于 0.45，与正式问卷设计时的维度情形基本契合。我们将按照这 6 个因子中题项出现的顺序进行排序和分析。

（二）教师正式问卷数据信度分析

我们使用 SPSS 针对教师正式问卷样本数据探索性因子分析结果，通过计算 Cronbach's α 系数，对问卷的内部一致性进行信度分析。

运用 SPSS18.0 软件分析正式问卷数据（删除"教材满意度""课堂气氛""高校忠诚度""学校忠诚度"和"学科忠诚度"题项后）和 6 个因子的 Cronbach's α 系数，结果如表 4-16。同时对正式问卷（修改后）和 6 个因子的项总计统计量进行分析，结果见表 4-17 至表 4-23。可以发现，在因子的项总计统计量方面，除了因子 6 的第一个题项（教学投入度）被删除后因子信度略有增加外，各个因子在删除其中一题项后其信度都没有显著的增加，且除因子 6 内部一致性系数为 0.765 外其他 5 个因子的内部一致性系数均大于 0.8，如表 4-16 所示，这说明修改后的正式问卷量表具有较好的内部一致性。

表 4-16 教师正式问卷(修改后)及各因子的 Cronbach's α 系数

因子序号	项数	Cronbach's α 系数
因子 1(教学期望)	9	0.884
因子 2(学生要素)	5	0.843
因子 3(教师要素)	8	0.885
因子 4(教学满意度)	5	0.830
因子 5(教学环境)	5	0.904
因子 6(教学忠诚度)	4	0.765
问卷总体(修改后)	36	0.931

表 4-17 教师问卷因子 1 的项总计统计量

	项已删除的刻度均值	项已删除的刻度方差	校正的项总计相关性	项已删除的 Cronbach's α 值
教学硬件期望	26.23	17.819	0.567	0.877
教学管理服务期望	26.19	17.787	0.575	0.876
学生知识基础期望	26.61	17.293	0.679	0.867
学生学习态度期望	26.47	16.728	0.754	0.860
学生学习风气期望	26.45	17.087	0.723	0.863
学生学习方法期望	26.54	17.264	0.663	0.868
师生关系期望	26.10	18.658	0.579	0.876
教材期望	26.29	18.098	0.535	0.879
教学效果期望	26.13	18.062	0.625	0.872

表 4-18 教师问卷因子 2 的项总计统计量

	项已删除的刻度均值	项已删除的刻度方差	校正的项总计相关性	项已删除的 Cronbach's α 值
学生知识基础	12.00	7.259	0.676	0.804
学生学习方法	12.12	6.972	0.752	0.782
学生学习态度	12.21	6.917	0.708	0.795

续表

	项已删除的刻度均值	项已删除的刻度方差	校正的项总计相关性	项已删除的 Cronbach's α 值
学生品行	11.68	8.188	0.563	0.833
学生信息素养	11.72	7.959	0.550	0.837

表 4-19　教师问卷因子 3 的项总计统计量

	项已删除的刻度均值	项已删除的刻度方差	校正的项总计相关性	项已删除的 Cronbach's α 值
学科教师知识水平	24.06	16.055	0.631	0.873
学科教师教学方法	24.16	16.044	0.678	0.869
学科教师教学态度	23.83	14.987	0.696	0.867
学科教师品行	23.83	15.498	0.728	0.864
学科教师多媒体素养	23.83	15.605	0.699	0.867
学科教师网络素养	24.03	15.843	0.681	0.869
师生关系相处	24.08	16.404	0.551	0.881
师生交往情形	24.11	16.379	0.582	0.878

表 4-20　教师问卷因子 4 的项总计统计量

	项已删除的刻度均值	项已删除的刻度方差	校正的项总计相关性	项已删除的 Cronbach's α 值
课程教学内容	14.67	4.055	0.545	0.819
授课教学效果	14.84	3.507	0.660	0.788
完成教学任务	14.65	3.488	0.687	0.779
提高学生学科能力	14.59	3.824	0.652	0.791
提升学生综合能力	14.67	3.824	0.604	0.803

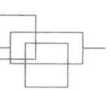

表 4 – 21　教师问卷因子 5 的项总计统计量

	项已删除的 刻度均值	项已删除的 刻度方差	校正的项总计 相关性	项已删除的 $Cronbach's\ \alpha$ 值
学术文化氛围	12.90	8.277	0.724	0.890
教学硬件条件	12.83	8.272	0.730	0.889
信息化资源	12.76	8.143	0.757	0.883
教学管理服务	12.87	7.588	0.823	0.868
学科教研活动	12.94	8.001	0.764	0.882

表 4 – 22　教师问卷因子 6 的项总计统计量

	项已删除的 刻度均值	项已删除的 刻度方差	校正的项总计 相关性	项已删除的 $Cronbach's\ \alpha$ 值
教学投入忠诚度	12.31	1.942	0.432	0.790
教改课题参与度	12.06	1.903	0.720	0.640
教学建议忠诚度	12.10	2.053	0.602	0.698
教改建议忠诚度	12.27	1.728	0.573	0.709

表 4 – 23　教师问卷修改后的项总计统计量

	项已删除的 刻度均值	项已删除的 刻度方差	校正的项总计 相关性	项已删除的 $Cronbach's\ \alpha$ 值
教学硬件期望	119.26	197.577	0.434	0.930
教学管理服务期望	119.22	196.825	0.472	0.930
学生知识基础期望	119.63	197.883	0.430	0.930
学生学习态度期望	119.50	194.807	0.563	0.929
学生学习风气期望	119.47	195.889	0.533	0.929
学生学习方法期望	119.57	196.198	0.500	0.930
师生关系期望	119.13	198.130	0.527	0.930
教材期望	119.31	196.371	0.504	0.930
教学效果期望	119.15	196.782	0.548	0.929

续表

	项已删除的刻度均值	项已删除的刻度方差	校正的项总计相关性	项已删除的Cronbach's α 值
学生知识基础	119.72	192.115	0.597	0.929
学生学习方法	119.83	192.392	0.585	0.929
学生学习态度	119.93	191.746	0.577	0.929
学生品行	119.40	194.437	0.583	0.929
学生信息素养	119.44	194.501	0.527	0.929
学科教师知识水平	119.29	194.422	0.598	0.929
学科教师教学方法	119.39	194.853	0.611	0.929
学科教师教学态度	119.07	194.610	0.500	0.930
学科教师品行	119.06	196.050	0.511	0.930
学科教师多媒体素养	119.06	197.240	0.449	0.930
学科教师网络素养	119.26	197.404	0.456	0.930
师生关系相处	119.31	196.166	0.500	0.930
师生交往情形	119.34	195.182	0.569	0.929
课程教学内容	118.97	198.272	0.554	0.929
学术文化氛围	119.48	190.885	0.709	0.927
教学硬件条件	119.40	194.193	0.560	0.929
信息化资源	119.34	192.947	0.613	0.928
教学管理服务	119.45	190.990	0.649	0.928
学科教研活动	119.51	192.729	0.603	0.929
授课教学效果	119.14	196.746	0.543	0.929
完成教学任务	118.94	197.909	0.488	0.930
提高学生学科能力	118.88	198.562	0.527	0.930
提升学生综合能力	118.96	199.267	0.456	0.930
教学投入忠诚度	118.71	203.405	0.192	0.932
教改课题参与度	118.47	204.611	0.176	0.932
教学建议忠诚度	118.50	205.656	0.104	0.933
教改建议忠诚度	118.67	202.408	0.243	0.932

三、正式问卷因子命名

通过对问卷的信度和效度进行分析后,发现高校教学系统教师评价正式问卷的信度和效度符合统计学指标,是可信和有效的。在参考学生正式问卷的因子提取与命名情况后,修正后的教师正式问卷共获得 6 个因子,并对这 6 个因子分别进行命名。

因子一包含了教师正式问卷中的 9 个测量题项,这些题项都用于测量高校教师对所在教学系统的期望,如"您对学校教学硬件条件(教室、图书馆、多媒体、实验室、网络等)的心理预期有多高""您对学校提供的教学管理和服务(教务管理、学生管理、平台系统服务等)的心理预期有多高""您对所教学生原有知识基础的心理预期有多高"等。所以,把因子一命名为教学期望(EXPECT)。

因子二由 5 个题目组成,主要用于测量教师对学生群体的评价,如"理想情况下,学生在学习一门课程前应具有相应的基本知识和认知结构。您认为,您所教学生的实际情形与此理想情况的符合程度是""理想情况下,大学生应具有适应大学课程的学习方法(如自主学习、探究学习、协作学习等)。您认为,您所教学生的实际情形与此理想情况符合程度是""理想情况下,学生在上课前进行预习与课前准备,上课注意力集中,积极参与课堂,课后认真完成作业。您认为,您所教学生实际情形与此理想情况的符合程度是"等。所以,将因子二命名为学生要素(STUDENT)。

因子三由 8 个题目组成,主要测量对所在教师群体教师的教学态度,多媒体素养等的评价。描述教师的题项有 6 项,如"理想情况下,任课教师应该教学态度认真,备课充分,按时上下课、不随意漏课、调课;上课时不吸烟,不接电话和做其他与教学无关的事情。您认为,您所在学科任课教师群体实际情形与此理想情况的符合程度是""理想情况下,任课教师应该品行端正,平

易近人,关爱学生,乐于与学生交流,能公平对待学生。您认为,您所在学科任课教师群体实际情形与理想情况的符合程度是""理想情况下,任课教师应能熟练应用多媒体设备以及其他教具辅助教学。师生关系相关题项有两项,包括"理想情况下,师生之间应该交往和交流密切,心理距离较近,并相处融洽。您认为,您授课过程中的实际情形与此理想情况的符合程度是""理想情况下,师生各自的角色定位明确,学生在交往过程中能够学会认识自己,增长交往经验和社会能力,形成正确的自我意识。您认为,您与学生交往的实际情形与此理想情况的符合程度是"等。对于教师视角下的教学系统来说,其中师生关系的和谐度实际上是由教师主导并深刻影响教师教学,因此,可以把因子三综合命名为教师要素(TEACHER)。

因子四由 5 个题目组成,主要包括对教学内容和教学效果评价的题项,如"您对所授课程教学内容(教学规范、课程结构等)的整体满意度为""您对所授课程教学效果的整体满意度是""您是否认为,您较好完成了自己课程的教学任务,学生能够接受并掌握课程内容""您是否认为,通过您的教学活动,学生解决本学科或相关学科具体问题的能力得到了提高"等。综合来看,因子四主要反映高校教学系统功能发挥的情况,我们将其命名为教学满意度(SATISFACTION)。

因子五由 5 道题目组成,主要描述高校的教学环境情况,如"您对所在学校的学术氛围和文化氛围的满意度为""您对所在学校教学硬件条件(网络系统、多媒体教室、现代化教学设施等)的满意度为""您对所在学校信息化资源(图书和数据库的数量、质量等)的满意度为"等。所以,可以把因子五命名为教学环境(ENVIRONMENT)。

因子六由 4 道题目组成,主要描述教学忠诚度相关情况,如"您是否愿意为了提高自己所授课程的教学效果,而在教学上投入更多时间""如果没参加过教改课题,您是否愿意参加教学改革项目/课题研究""如果有可能,您是否愿意对自己所在专业的教学提出改进建议"等。所以,可以把因子六命名为

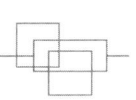

教学忠诚度(LOYALTY)。

从以上分析可以看出,将测量题项归为 6 个因子较为合适,并且各个因子中包含的题项也与前文的假设基本一致。由此,在验证性因素分析和结构方程分析时将使用这 6 个因子作为潜在变量。

四、验证性因子分析

验证性因子分析(CFA)是结构方程模型(SEM)的重要技术,用于检验观测变量和潜在变量间关系的假设模型是否合理。旨在评估测量效度,也能比较模型优劣。实施时,先依理论和目的设定模型、绘路径图,再收集符合质量要求的数据,然后用统计软件估计参数。通过卡方值、CFI、TLI、RMSEA 等拟合指标评价模型,若拟合不佳则依修正指数调整,直至拟合良好。CFA 广泛应用于社会科学、心理学、教育学等领域,本研究使用其来检验所构建模型的结构效度。

(一) 测量模型验证性因素分析及适配度标准

在进行结构方程分析之前,先通过验证性因子分析法对基于教师评价的高校教学系统"结构—功能"模型的次模型,即第二章建立的测量模型进行分析。通过对教学期望、学生要素、教学环境、教师要素、教学满意度以及教学忠诚度几个潜在变量与其测量指标之间的关系的分析验证模型的有效性,修正测量模型。用于验证性因子分析的问卷样本为总有效样本中减去探索性因子分析所用样本后余下的样本,样本量合计 469－206＝263 份。我们用于判断模型有效性的相关评价指标及评价标准,见表 4-24。

表 4-24　结构方程模型整体模型适配度的评价指标及其评价标准

适配度指数	统计检验量	适配标准或临界值
绝对适配度指数	卡方值(CMIN)	显著性概率值 p>0.05
	GFI	>0.90
	AGFI	>0.90
	RMR	<0.05
	RMSEA	<0.05(适配良好)　　<0.08(适配合理)
增值适配度指数	TLI(NNFI)	>0.90
	CFI	>0.90
简约适配度指数	NC(卡方自由度比值，CMIN/DF)	1<NC<3,表示模型有简约适配程度 NC>5,表示模型需要修正

（二）教学期望变量测量模型

1. 教学期望变量测量模型 CFA 假设模型

教学期望变量的 CFA 测量模型假设模型如图 4-2，其中假设 9 个误差变量相互独立，彼此间没有相关或共变关系。e1～e9 九个误差变量及共同因素"教学期望"(EXPECT)均为潜在变量，EXP1～EXP9 均为显在变量（测量指标）。将测量指标 EXP1 的路径参数 λ 设置为固定参数 1。之所以这样做是因为，若不将测量指标的其中一个路径参数 λ 界定为固定参数，则会因自由参数太多，使得模型无法识别，进而无法有效进行参数估计。

我们假设测量模型的群组（groups）名称设定为"正式问卷三分之二"，测量模型的名称设定为"教学期望之测量模型（假设）"。将正式问卷所有样本分为两份，分别进行探索性因子分析和验证性因子分析，此处选取第二份样本数据分析。将样本数据导入 AMOS 中运行后，得到测量模型的未标准化估计结果，见下图 4-3。模型方盒中的[XX:教学期望之测量模型（假设）]变为[OK:教学期望之测量模型（假设）]，CFA 模型顺利得到识别。未标准化

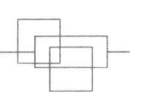

估计值显示,误差变量右上方的误差变量方差数值显示 9 个误差方差均为正数,这表示教学期望测量模型与模型识别的规则不相违背。

Model Specification
Most General Model
卡方/自由度=\CMINDF（p=\p）；RMSEA=\RMSEA
GFI=\GFI；TLI=\TLI；CFI=\CFI

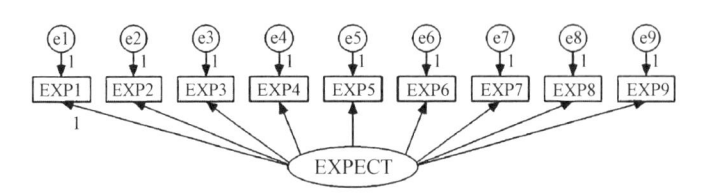

图 4-2 教学期望变量测量模型假设模型

Unstandardized estimates
教学期望之测量模型（假设）
卡方/自由度=9.244（p=0.000）；RMSEA=0.177
GFI=0.828；TLI=0.751；CFI=0.814

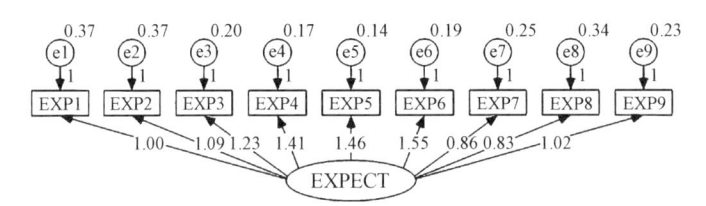

图 4-3 教学期望变量测量模型假设模型结果(非标准化估计)

对模型进行标准化后得到标准化估计模型图如图 4-4。其中,9 个测量指标的因素负荷量(λ 值)分别为 0.54、0.58、0.74、0.80、0.84、0.82、0.56、0.49、0.64,表明 9 个测量指标能被其潜在变量解释的负荷量介于 0.49～0.84 之间,基本符合测量指标因素负荷量的理想区间(0.50～0.95),这意味着教学期望相关测量指标与潜在变量之间的假设关系能够确立。

虽然模型能够识别,但整体模型适配度的卡方自由度比值为 9.244,RMSEA 值=0.177>0.080,GFI 值=0.828<0.900,TLI 值=0.751<0.900,CFI 值=0.814<0.900,相关适配度指数显示假设的测量模型与观察数据无法有效契合。

Standardized estimates
教学期望之测量模型（假设）
卡方/自由度=9.244（p=0.000）；RMSEA=0.177
GFI=0.828；TLI=0.751；CFI=0.814

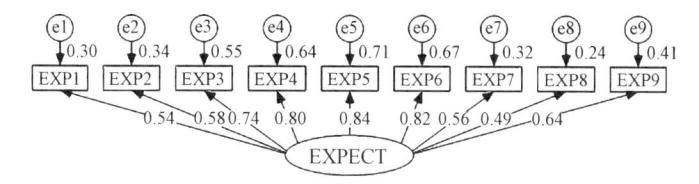

图4-4 教学期望变量测量模型假设模型结果(标准化估计)

2. 教学期望变量测量模型 CFA 模型修正

在前面可以识别的模型中，整体模型适配度的卡方自由度比值、RMSEA 值、GFI 值等指标显示假设的教学期望变量测量模型与观察数据无法有效契合。查阅修正指标值(表4-56)后发现，若增列误差项 e1 是(教师对教学硬件条件期望评价的误差)与误差项 e2(教师对教学管理和服务的期望评价的误差)间的共变关系，则可以降低卡方值 127.080。e1 和 e2 同属于教师对教学环境期望的评价的误差，它们之间的共变界定符合教学期望变量测量模型的假定，因此可以增加此共变关系。

表4-25 Covariances:教师问卷263——教学期望测量模型(假设)1

			m.i.	par change
e8	<->	e9	13.410	0.066
e7	<->	e9	12.269	0.056
e6	<->	e8	6.881	−0.045
e4	<->	e9	5.758	−0.034
e4	<->	e7	4.922	−0.032
e4	<->	e6	6.513	0.033
e4	<->	e5	10.359	0.037
e2	<->	e9	5.107	0.043

续表

			m.i.	par change
e2	<->	e5	5.999	−0.039
e2	<->	e4	16.679	−0.071
e1	<->	e6	6.685	−0.047
e1	<->	e4	13.710	−0.065
e1	<->	e2	127.080	0.269

增列误差项 e1（教师对教学硬件条件期望评价的误差）与误差项 e2（教师对教学管理和服务的期望评价的误差）间的共变关系后，重新运行模型，整体模型适配度的卡方自由度比值变为 3.329，RMSEA 值＝0.094＞0.080，表示修正一次后的模型与观察数据还是无法有效契合。继续参考修正指标值，依次增列共变关系中 M.I.指数最高的误差项 e8（教师对教材的期望的误差）与 e9（教师对教学效果期望的误差），误差项 e7（教师对师生关系期望的误差）与 e9（教师对教学效果期望的误差），这些共变界定符合测量模型的假定，因而可以设定释放此项的参数估计。

在分别增列误差项 e8 与 e9、误差项 e7 与 e9 的共变关系后，模型可以顺利识别，标准化估计结果见图 4-5。整体模型适配度 RMSEA 值＝0.075＜0.080，GFI 值＝0.952＞0.900，TLI 值＝0.955＞0.900，CFI 值＝0.970＞0.900，卡方自由度比值＝2.480 介于 1～3，均达到模型适配良好的标准。已有研究认为，绝对适配指数（absolute index）卡方值受到研究样本数量和模型复杂性的影响较大，因此在 SEM 中直接用卡方值显著性水平来推断模型的拟合效果并不稳妥，本书不予采用该项指标。[①] 综合而言，修正后的教学期望测量模型拟合较好。

---

① 刘军,富萍萍.结构方程模型应用陷阱分析[J].数理统计与管理,2007,26(2):268-272.

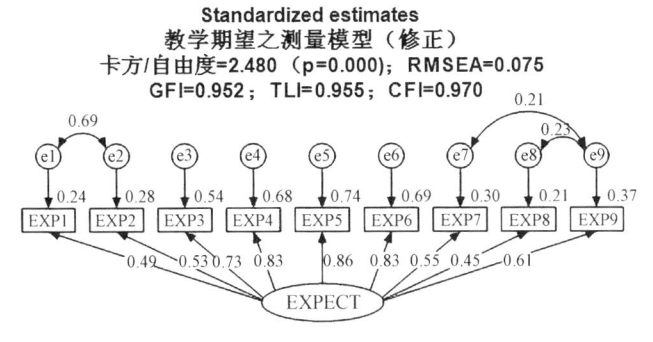

Standardized estimates
教学期望之测量模型（修正）
卡方/自由度=2.480（p=0.000）；RMSEA=0.075
GFI=0.952；TLI=0.955；CFI=0.970

图 4-5　教学期望变量测量模型修正模型结果（标准化估计）

（三）学生要素变量测量模型

1. 学生要素变量测量模型 CFA 假设模型

学生要素变量的 CFA 测量模型假设模型如图 4-6，其中假设 5 个误差变量相互独立，彼此间没有相关或共变关系。e1～e5 五个误差变量及共同因素"学生要素"（STUDENT）均为潜在变量，STU1～STU5 均为显在变量（测量指标）。同前，为了有效进行参数估计，将测量指标 STU5 的路径参数 λ 设定为固定参数，其数值限制为 1。

Model Specification
Most General Model
卡方/自由度=\CMINDF（p=\p）；RMSEA=\RMSEA
GFI=\GFI；TLI=\TLI；CFI=\CFI

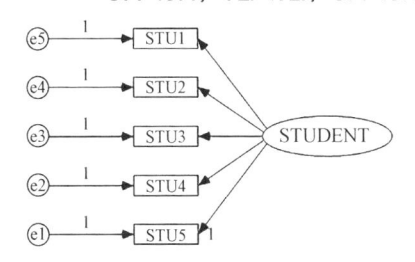

图 4-6　学生要素变量测量模型假设模型

将假设测量模型的群组（groups）名称设定为"正式问卷三分之二"，测量模型的名称设定为"学生要素之测量模型（假设）"。将 263 份问卷的数据导入 AMOS 17.0 软件中计算估计值，得到测量模型的未标准化估计结果（见图

4-7)。此时,模型方盒中的信息由[XX:学生要素之测量模型(假设)]变为[OK:学生要素之测量模型(假设)],表示 CFA 模型可以顺利识别。在模型运行后得到的未标准化估计值结果中,5 个测量指标的误差方差均为正数,说明学生要素测量模型没有违反模型识别的规则。

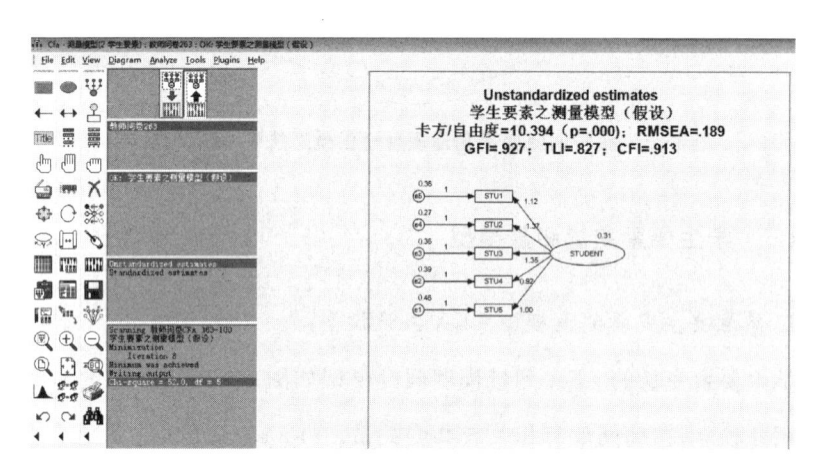

图 4-7　学生要素变量测量模型假设模型结果(非标准化估计)

为进一步了解测量指标与潜在变量之间的关系,对模型进行标准化处理,得到标准化估计模型图如下图 4-8。相关数据显示,5 个测量指标的因素负荷量(λ值)分别为 0.72、0.83、0.78、0.64、0.64,5 个测量指标能被潜在变量解释的负荷量介于 0.64~0.83 之间,完全符合负荷量 λ 值的理想范围(0.50~0.95),这说明学生要素相关测量指标与该潜在变量之间的假设关系是成立的。

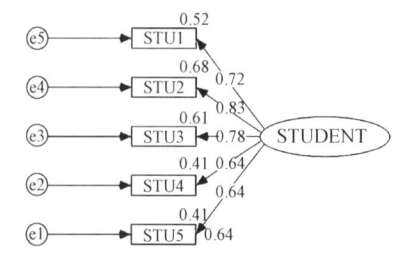

图 4-8　学生要素变量测量模型假设模型结果(标准化估计)

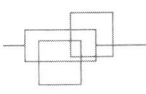

虽然模型能够识别,但是整体模型适配度的卡方自由度比值为10.394, RMSEA值=0.189>0.080,TLI值=0.827<0.900,样本数据和模型之间的适配度指数显示假设的测量模型与观察数据无法有效契合。

2. 学生要素变量测量模型CFA模型修正

在上文可以识别的初始模型中,模型适配度指标显示学生要素假设测量模型无法与样本数据的契合度不佳。参照修正指标值(表4-26)发现,若增列误差项e1与误差项e2间的共变关系,则可以降低卡方值20.545。e1为教师对学生知识基础评价的误差,e2为教师对学生学习方法评价的误差,此种共变界定符合测量模型的假定,因而可以设定释放此项的参数估计。

表4-26 Covariances:教师问卷263——学生要素测量模型(假设)1

			m.i.	Par Change
e4	<->	e5	15.932	0.096
e3	<->	e5	4.008	−0.053
e2	<->	e4	17.245	−0.102
e2	<->	e3	6.280	0.067
e1	<->	e5	5.335	−0.065
e1	<->	e2	20.545	0.129

增列误差项e1与误差项e2间的共变关系后,重新运行模型,整体模型适配度的卡方自由度比值变为7.136,RMSEA值=0.153>0.080,TLI值=0.887<0.900,这表示修正一次后的模型与观察数据还是无法有效契合。在参考修正指标值后,继续增列共变关系中M.I.指数最高的误差项e2(教师对学生学习方法评价的误差)与e3(教师对学生学习态度评价的误差),此共变界定符合测量模型的假定,因而可以设定释放此项的参数估计。

增列误差项e2与e3的共变关系后,模型得以顺利识别。模型的适配度指标 GFI 值＝0.983＞0.900,TLI 值＝0.948＞0.900,CFI 值＝0.985＞0.900,卡方自由度比值＝3.795 小于 4,均达到模型可以适配的标准。据此判断,修正后的学生要素变量测量模型拟合较好。

Standardized estimates
学生要素之测量模型（修正）
卡方/自由度=3.795（p=0.010）; RMSEA=0.103
GFI=0.983; TLI=0.948; CFI=0.985

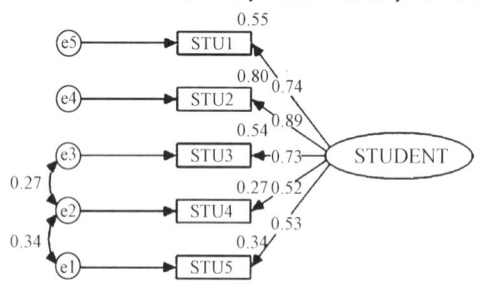

图 4-9　学生要素变量测量模型修正模型结果(标准化估计)

(四) 教学环境变量测量模型

1. 教学环境变量测量模型 CFA 假设模型

我们的教学环境变量的 CFA 测量模型假设模型图如图 4-10,其中假设 5 个误差变量相互独立,彼此间没有相关或共变关系。e1～e5 五个误差变量及共同因素"教学环境"(ENVIRONMENT)均为潜在变量,ENV1～ENV5 均为显在变量(测量指标)。同样将测量指标 ENV1 的路径参数 λ 为固定参数,其数值限制为 1。

将假设测量模型的群组(groups)名称设定为"正式问卷三分之二",测量模型的名称设定为"教学环境之测量模型(假设)"。此处选用的样本问卷与上文一致,为教师问卷的第二份。样本数据导入 AMOS 17.0 软件中运行,得到测量模型的未标准化估计结果(见图 4-11),模型方盒中的信息由[XX:教学环境之测量模型(假设)]变为[OK:教学之测量模型(假设)],这表示 CFA 模型可以顺利识别。模型未标准化估计结果中,5 个测量指标的误差方差均为正数,说明教学期望测量模型没有违反模型识别的规则。

Model Specification
Most General Model
卡方/自由度=\CMINDF（p=\p）；RMSEA=\RMSEA
GFI=\GFI；TLI=\TLI；CFI=\CFI

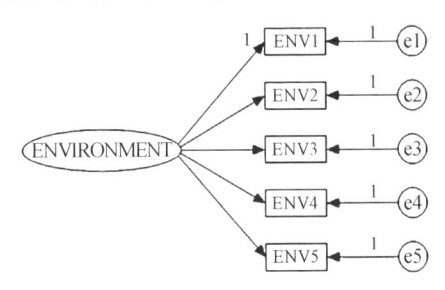

图 4-10　教学环境变量测量模型假设模型

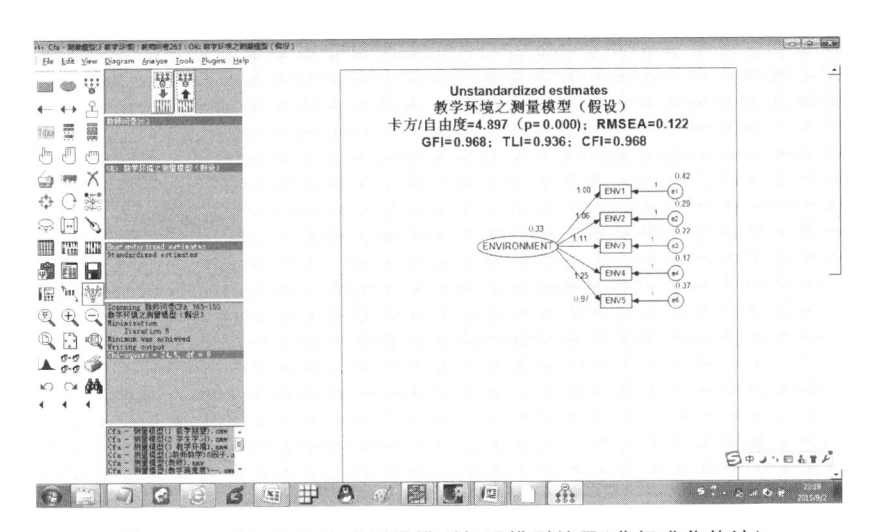

图 4-11　教学环境变量测量模型假设模型结果(非标准化估计)

为进一步了解测量指标与教学环境潜在变量之间的关系,对模型进行标准化处理,得到标准化估计模型图如图 4-12。其中,5 个测量指标的因素负荷量(λ值)分别为 0.66、0.75、0.81、0.87、0.67,5 个测量指标能被其潜在变量解释的负荷量介于 0.66~0.87 之间符合 0.50~0.95 的理想范围。表明,设定的 5 个教学环境潜在变量的测量指标与该潜在变量之间的假设关系成立。

Standardized estimates
教学环境之测量模型（假设）
卡方/自由度=4.897（p=0.000）；RMSEA=0.122
GFI=0.968；TLI=0.936；CFI=0.968

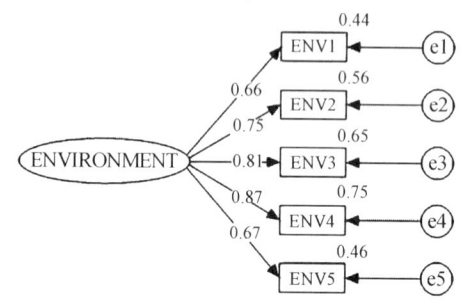

图 4-12 教学环境变量测量模型之假设模型结果(标准化估计)

此时,整体模型适配度的卡方自由度比值为 4.897,RMSEA 值=0.122＞0.080,样本数据和教学环境变量测量模型相关适配度指数表示假设的教学环境变量测量模型与样本数据的契合度不佳。

2. 教学环境变量测量模型 CFA 模型修正

在上面可以识别的模型中,模型适配度指标显示假设的教学环境测量模型与样本数据的契合度不佳。查找修正指标值(表 4-27)发现,若增列误差项 e3 与误差项 e5 间的共变关系,则可以降低卡方值 10.854,e3 为教师对图书和数据库等资源评价的误差,e5 为教师对教研环境评价的误差,此种共变界定符合测量模型的假定,因而可以设定释放此项的参数估计。

表 4-27 Covariances:教师问卷 263——教学环境测量模型(假设)1

			m.i.	*par change*
e3	<->	e5	10.854	−0.067
e1	<->	e5	5.555	0.063
e1	<->	e2	5.766	−0.058

从图 4-13 可以发现,增列误差项 e3 与误差项 e5 间的共变关系后,重新运行模型,整体模型适配度的卡方自由度比值变为 1.934,RMSEA 值=0.060＜0.080,

GFI 值＝0.988＞0.900，TLI 值＝0.985＞0.900，CFI 值＝0.994＞0.900，相关拟合指数均达到模型适配良好的标准，表示修正的测量模型与样本数据已能够很好契合。总的来说，修正后的模型拟合较好。

Standardized estimates
教学环境之测量模型（修正）
卡方/自由度＝1.934（p＝0.102）；RMSEA＝0.060
GFI＝0.988；TLI＝0.985；CFI＝0.994

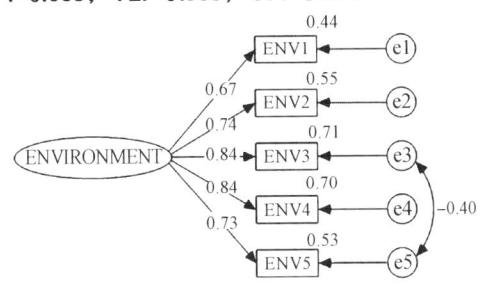

图 4－13　教学环境变量测量模型修正模型结果（标准化估计）

（五）教师要素变量测量模型

1. 教师要素变量测量模型 CFA 假设模型

教师要素变量 CFA 测量模型假设模型图如图 4－14，其中假设 8 个误差变量相互独立，彼此间没有相关或共变关系。e1～e8 八个误差变量及共同因素"教师要素"（TEACHER）均为潜在变量，TEA1～TEA8 均为显在变量（测量指标）。为避免自由参数太多，将测量指标 TEA8 的路径参数 λ 为固定参数，其数值限制为 1。

沿袭前文的做法将假设测量模型的群组（groups）名称设定为"正式问卷三分之二"，将测量模型的名称设定为"教师要素测量模型（假设）"。将正式问卷中用于验证性因子分析的 263 份样本导入 AMOS 17.0 软件中运行，得到测量模型的未标准化估计结果（见图 4－15），模型方盒中的信息由[XX：教师要素测量模型（假设）]变为[OK：教师要素测量模型（假设）]，说明 CFA 模型得以顺利识别。未标准化估计结果中，测量指标的 8 个误差方差均为正数,这表示测量模型没有违反模型识别的规则。

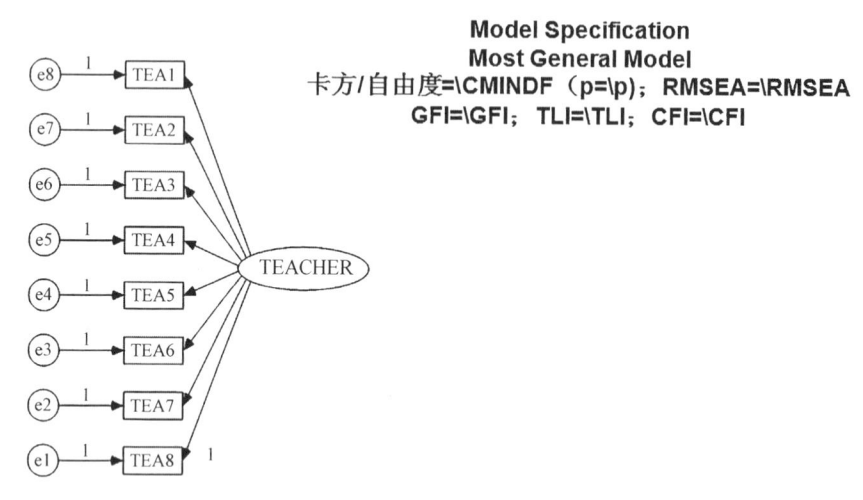

Model Specification
Most General Model
卡方/自由度=\CMINDF（p=\p）；RMSEA=\RMSEA
GFI=\GFI；TLI=\TLI；CFI=\CFI

图 4-14 教师要素变量测量模型之假设模型

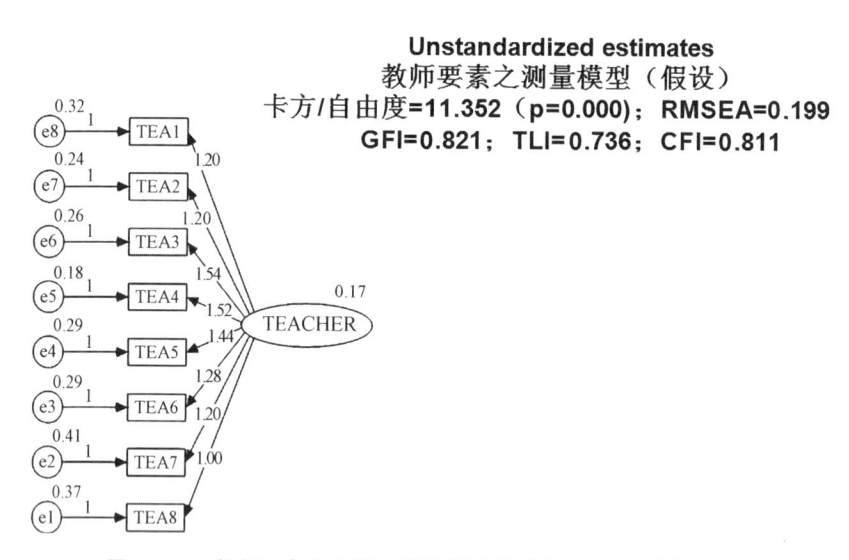

Unstandardized estimates
教师要素之测量模型（假设）
卡方/自由度=11.352（p=0.000）；RMSEA=0.199
GFI=0.821；TLI=0.736；CFI=0.811

图 4-15 教师要素变量测量模型假设模型结果(非标准化估计)

对模型参数进行标准化处理后,得到标准化估计模型图如图 4-16。其中,8 个测量指标的因素负荷量(λ值)分别为 0.66、0.71、0.78、0.83、0.74、0.70、0.61、0.56,可见,8 个测量指标能被其潜在变量解释的负荷量介于 0.56～0.83 之间,完全符合负荷量 λ 值的理想范围,表明潜在变量教师要素的相关测量指标与该潜在变量的假设关系是成立的。

Standardized estimates
教师要素之测量模型（假设）
卡方/自由度=11.352（p=0.000）；RMSEA=0.199
GFI=0.821；TLI=0.736；CFI=0.811

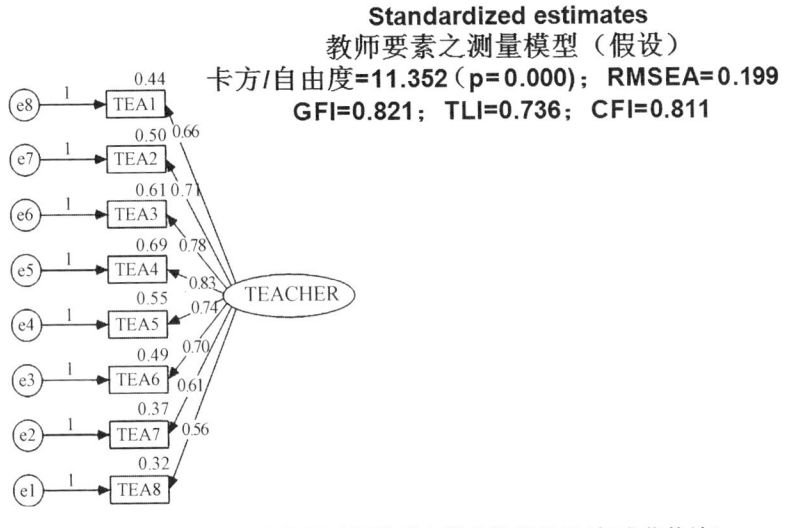

图 4－16　教师要素变量测量模型之假设模型结果（标准化估计）

此时，整体模型适配度的卡方自由度比值为 11.352，RMSEA 值＝0.199＞0.080，GFI 值＝0.821＜0.900，TLI 值＝0.736＜0.900，CFI 值＝0.811＜0.900，表示假设的教师要素测量模型与观察数据无法直接有效契合。

2. 教师要素变量测量模型 CFA 模型修正

在前面可以识别的初始模型中，模型适配度指标表明假设的教师要素测量模型与样本数据的契合度不佳。查找修正指标值（表 4－28）发现，若增列误差项 e1 与误差项 e2 间的共变关系（其 M.I.值最大），则可以降低卡方值 70.178。e1 为教师对师生交往评价的误差，e2 为教师对师生关系评价的误差，此种共变界定符合测量模型的假定，因而可以设定释放此项的参数估计。

表 4－28　Covariances：教师问卷 263——教师要素测量模型（假设）1

			m.i.	par change
e7	<->	e8	43.461	0.124
e5	<->	e6	13.760	0.060

续表

			m.i.	par change
e4	<->	e8	14.746	−0.079
e4	<->	e7	7.928	−0.051
e3	<->	e8	13.618	−0.075
e3	<->	e7	6.608	−0.047
e3	<->	e6	5.122	−0.044
e3	<->	e4	56.518	0.149
e1	<->	e7	4.579	0.043
e1	<->	e6	17.962	−0.090
e1	<->	e5	5.872	−0.044
e1	<->	e2	70.178	0.212

在初始模型中增列误差项 e1 与误差项 e2 间的共变关系后，重新运行模型，整体模型适配度的卡方自由度比值变为 7.804，RMSEA 值＝0.161＞0.080，GFI 值＝0.872＜0.900，TLI 值＝0.826＜0.900，CFI 值＝0.882＜0.900，表示假设的教师要素测量模型与样本数据的效契合度还是不够好。继续参考修正指标值，依次增列共变关系中 M.I.指数最高的误差项 e3（教师对所在群体教师网络素养评价的误差）与 e4（教师对所在群体教师多媒体素养评价的误差），误差项 e7（教师对所在群体教师要素方法评价的误差）与 e8（教师对所在群体教师知识结构和专业水平评价的误差），这些共变界定符合测量模型的假定，因而可以设定释放此项的参数估计。

在分别增列误差项 e3 与 e4、误差项 e7 与 e8 的共变关系后，模型可以顺利识别（见图 4-17）。此时，模型适配度指标 RMSEA 值＝0.078＜0.080，GFI 值＝0.962＞0.900，TLI 值＝0.955＞0.960，CFI 值＝0.976＞0.900，且卡方自由度比值＝2.579 介于 1～3，均达到模型适配良好的标准。综合而言，修正后的模型拟合较好。

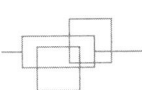

Standardized estimates
教师要素之测量模型（修正）
卡方/自由度=2.579（p=0.000）；RMSEA=0.078
GFI=0.962；TLI=0.960；CFI=0.976

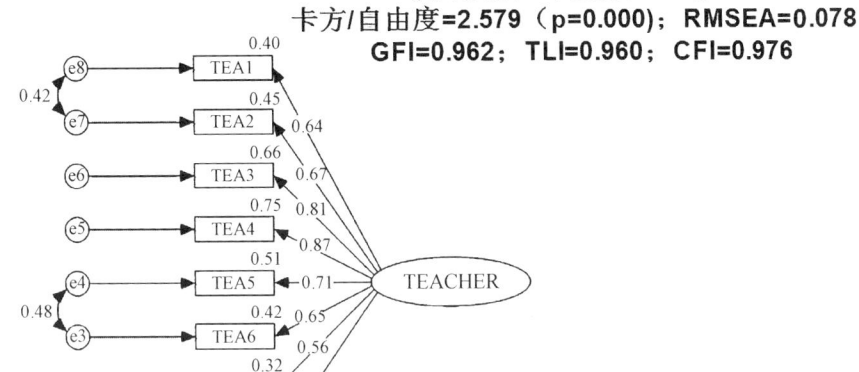

图 4-17 教师要素变量测量模型修正模型结果（标准化估计）

（六）教学满意度变量测量模型

1. 教学满意度变量测量模型 CFA 假设模型

教学满意度变量的 CFA 测量模型假设模型图，如图 4-18，其中假设 5 个误差变量相互独立，彼此间没有相关或共变关系。e1～e5 五个误差变量及共同因素"教学满意度"（SATISFACTION）均为潜在变量，SAT1～SAT5 均为显在变量（测量指标）。为避免因自由参数过多而导致模型无法识别，将测量指标 SAT5 的路径参数 λ 为固定参数，其数值限制为 1。

沿袭前文的做法将假设测量模型的群组（groups）名称设定为"正式问卷三分之二"，测量模型的名称设定为"教学满意度之测量模型（假设）"。将正式问卷中用于验证性因子分析的第二份样本数据导入 AMOS 17.0 软件中计算估计值，得到测量模型的未标准化估计结果（见图 4-19），模型方盒中的信息由[XX:教学满意度之测量模型（假设）]变为[OK:教学满意度之测量模型（假设）]，表示 CFA 模型可以顺利识别。模型未标准化估计结果中，误差变量的 5 个误差方差均为正数，表示测量模型没有违反模型识别的规则。

Model Specification
Most General Model
卡方值=\CMIN（p=\p）；RMSEA=\RMSEA
GFI=\GFI；TLI=\TLI；CFI=\CFI

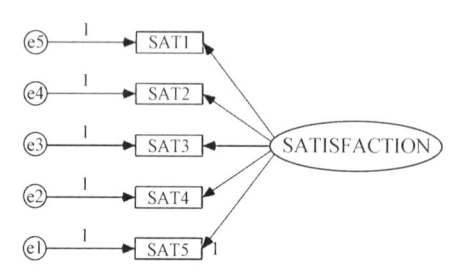

图 4-18　教学满意度变量测量模型之假设模型

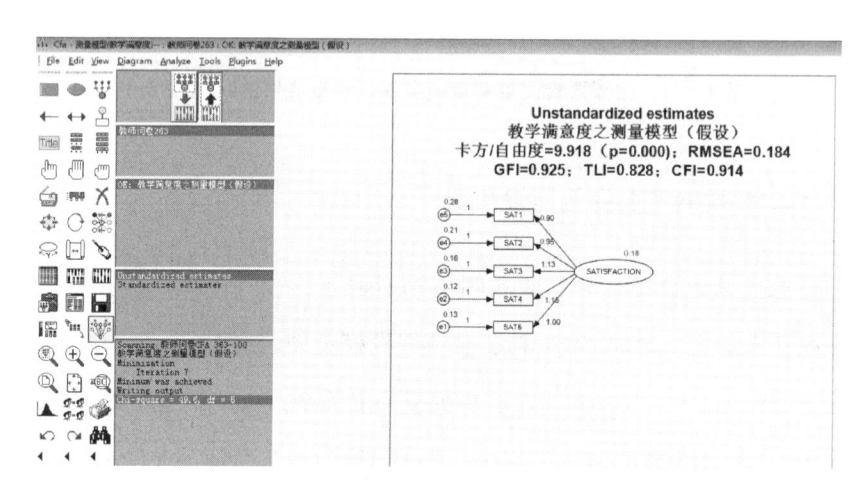

图 4-19　教学满意度变量测量模型之假设模型结果（非标准化估计）

为深入了解 5 个测量指标与教学满意度变量之间的关系,对模型进行标准化处理,标准化估计模型图,如图 4-20。数据显示,5 个测量指标的因素负荷量（λ 值）分别为 0.58、0.66、0.76、0.81、0.76,说明 5 个测量指标能被其潜在变量解释的负荷量介于 0.58～0.81 之间处于 λ 值的合理区间,说明我们设立的 5 个测量指标与教学满意度变量之间是适配的。

虽然模型能够识别,但此时整体模型适配度的卡方自由度比值为 9.918,RMSEA 值＝0.184＞0.080,TLI 值＝0.828＜0.900,样本数据和模型之间的适配度指数表示假设的教学满意度测量模型与样本数据的契合度不佳。

Standardized estimates
教学满意度之测量模型（假设）
卡方/自由度=9.918（p=0.000）；RMSEA=0.184
GFI=0.925；TLI=0.828；CFI=0.914

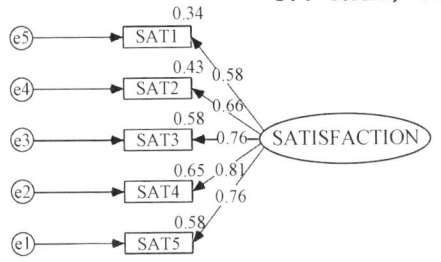

```
         0.34
e5 → SAT1
         0.43  0.58
e4 → SAT2
         0.66
         0.58
e3 → SAT3 ← 0.76  SATISFACTION
         0.65  0.81
e2 → SAT4
         0.76
         0.58
e1 → SAT5
```

图 4-20　教学满意度变量测量模型之假设模型结果（标准化估计）

2. 教学满意度变量测量模型 CFA 模型修正

在前面可以识别的初始模型中，模型适配度指标值显示初始模型中假设的测量模型与观察数据无法完全有效契合。查阅修正指标值（表 4-29）发现，若增列误差项 e4 与误差项 e5 间的共变关系（其 M.I.值最大），则可以降低卡方值 31.264，此种共变界定符合测量模型的假定，因而可以设定释放此项的参数估计。

表 4-29　Covariances：教师问卷 263——教学满意度测量模型（假设）1

			m.i.	par change
e4	<->	e5	31.264	0.092
e2	<->	e5	7.204	−0.037
e2	<->	e4	8.086	−0.035
e1	<->	e2	13.220	0.036

增列误差项 e4 教师对教学效果评价的误差与误差项 e5 教师对教学内容评价的误差间的共变关系后，重新运行模型，模型可以顺利识别。但是，模型适配度指标 RMSEA 值＝0.101＞0.080，模型还可以进一步修正。继续查找修正指标值（表 4-30）发现，若增列误差项 e3 与误差项 e4 间的共变关系，则可以降低卡方值 6.199，此种共变界定符合测量模型的假定，因而可以设定

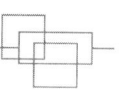

释放此项的参数估计。

表 4-30 Covariances:教师问卷 263——教学满意度测量模型(假设)

			m.i.	par change
e3	<->	e4	6.199	0.032

再增列误差项 e3 教师对教学任务完成情况评价的误差与误差项 e4 教师对教学效果评价的误差间的共变关系后,重新运行模型,模型可以顺利识别。此时,整体模型适配度的卡方自由度比值=2.530 介于 1～3 之间,RMSEA 值=0.076<0.080,GFI 值=0.989>0.900,TLI 值=0.970,CFI=0.991,相关指标均达到模型适配良好的标准。由此可见,修正后的模型拟合较好。

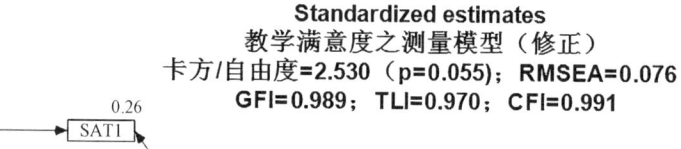

图 4-21 教学满意度变量测量模型修正模型结果(标准化估计)

(七) 教学忠诚度变量测量模型

1. 教学忠诚度变量测量模型 CFA 假设模型

教学忠诚度变量的 CFA 测量模型假设模型如图 4-22,其中假设 4 个误差变量相互独立,彼此间没有相关或共变关系。e1～e4 四个误差变量及共同因素"教学忠诚"(LOYALTY)均为潜在变量,LOY1～LOY4 均为显在变量

(测量指标)。为了有效进行参数估计,将测量指标 LOY4 的路径参数 λ 为固定参数,其数值限制为 1。

将假设测量模型的群组(groups)名称设定为"正式问卷三分之二",测量模型的名称设定为"教学忠诚度之测量模型(假设)"。将用于验证性因子分析的 263 份样本导入 AMOS 17.0 软件中运行,发现模型方盒中的信息由[XX:教学忠诚度之测量模型(假设)]变为[OK:教学忠诚度之测量模型(假设)](见图 4-23),这表示 CFA 模型可以顺利识别。在得到的未标准化估计值模型见图 4-23 中,误差变量的 4 个误差方差均为正数,表示教学忠诚度变量测量模型没有违反模型识别的规则。

Model Specification
Most General Model
卡方/自由度=\CMINDF (p=\p); RMSEA=\RMSEA
GFI=\GFI; TLI=\TLI; CFI=\CFI

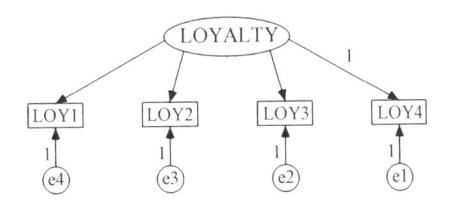

图 4-22 教学忠诚度变量测量模型之假设模型

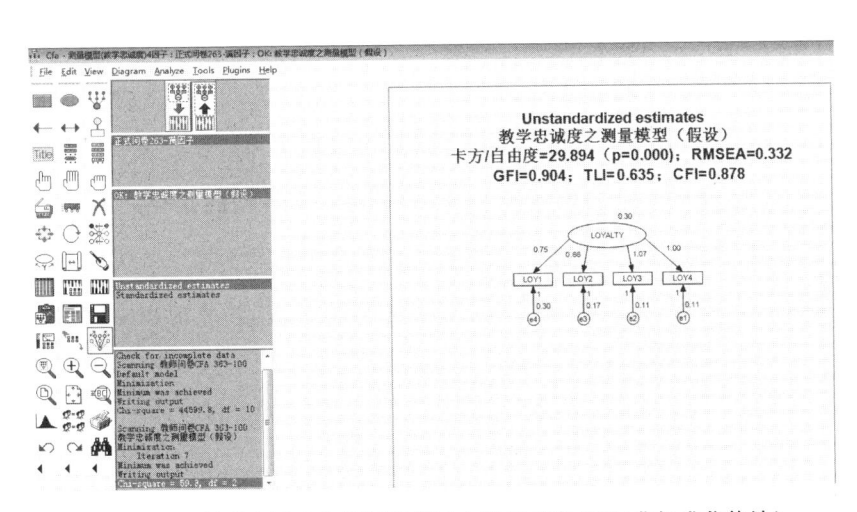

图 4-23 教学忠诚度变量测量模型之假设模型结果(非标准化估计)

将教学忠诚度测量模型标准化后得到标准化估计模型图,如图 4-24。如图所示,4 个测量指标的因素负荷量（λ值）分别为 0.60、0.65、0.87、0.85,4 个测量指标能被其潜在变量解释的负荷量介于 0.60~0.87 之间,符合测量指标因素负荷量的理想区间(0.50~0.95),这表示教学忠诚度变量的相关测量指标与它之间的假设关系符合模型适配条件。

Standardized estimates
教学忠诚度之测量模型（假设）
卡方/自由度=29.894（p=0.000）；RMSEA=0.332
GFI=0.904；TLI=0.635；CFI=0.878

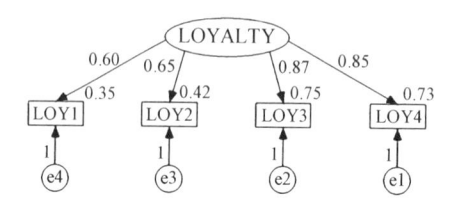

图 4-24　教学忠诚度变量测量模型之假设模型结果(标准化估计)

整体模型适配度的卡方自由度比值为 29.894,RMSEA 值 = 0.332 > 0.080,TLI 值 = 0.635 < 0.900,CFI 值 = 0.878 < 0.900,表示此时假设的教学忠诚度测量模型与样本数据无法直接有效契合。

2. 教学忠诚度变量测量模型 CFA 修正模型

在可以识别的初始模型中,模型适配度指标值显示虽然初始模型整体可以识别,但假设的教学忠诚度测量模型与样本数据还无法较好契合。经修正指标值(表 4-31)发现,若增列误差项 e3 与误差项 e4 间的共变关系,则可以降低卡方值 256.334,e3 为教师参与教改项目意愿度的误差,e4 为教师教学投入意愿度的误差,它们同属于教师教学忠诚度的误差,此种共变界定符合测量模型的假定,因而可以设定释放此项的参数估计。

表 4-31　Covariances:教师问卷 263—教学忠诚度测量模型(假设)

			m.i.	par change
e3	<->	e4	46.475	0.105
e2	<->	e3	8.952	−0.033
e1	<->	e4	12.728	−0.050

增列误差项 e3 与误差项 e4 间的共变关系后,重新运行模型,模型可以顺利识别。虽然整体模型适配度的卡方自由度比值＝8.874,RMSEA 值＝0.173＞0.080,但 GFI 值＝0.984＞0.900,TLI 值＝0.901＞0.900,CFI＝0.983＞0.900,均达到模型适配良好的标准。根据模型适配理论判断,修正后的模型能够与样本数据拟合。

Standardized estimates
教学忠诚度之测量模型（修正）
卡方/自由度=8.874（p=0.003）；RMSEA=0.173
GFI=0.984；TLI=0.901；CFI=0.983

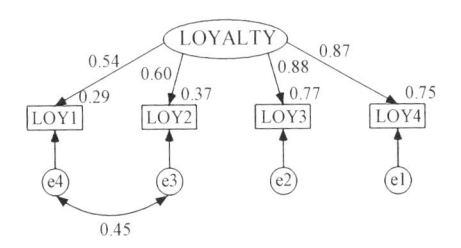

图 4-25　教学忠诚度变量测量模型修正模型结果(标准化估计)

五、高校教学系统教师满意度指标

将每个教师样本在所有教学满意度相关题项的评价值的均值,视为该样本的高校教学系统教师总体满意度指数,即每个样本在教师测量量表(表 2-56)中维度 2 至维度 6 所包含题项的评价值均值视为该样本的教师总体满意度指数;将每个教师样本在教学系统各要素或教学效果的评价值的均值,视为

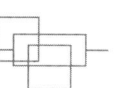

该样本对高校教学系统各要素或教学效果的满意度指数,即每个样本分别在教师测量量表(表2-56)中维度2、维度3、维度4和维度5、维度6所包含题项的评价值均值,分别视为该样本对学生要素、教师要素、教学环境、教学内容、教学效果的教师满意度指数。将某一类样本的教师满意度指数均值视为该类教师的满意度指数,分别得到江苏省高校教学系统教师总体满意度指数及各要素教师满意度指数。同时,采用方差分析来说明教师背景特征对满意度指数评价的差异是否显著,显著性概率P值小于0.05则表示该背景特征因素的影响差异达到显著水平。

(一) 江苏省高校教学系统教师总体满意度指数

表4-32至表4-40为江苏省高校教学系统教师总体满意度指数及教师不同背景特征的总体满意度指数及其影响差异状况。

表4-32 江苏省高校教学系统教师总体满意度指数

	均值	分级
江苏省高校教学系统教师总体满意度指数	3.414	中

表4-33 不同生理背景教师的总体满意度指数

特征	选项	代码	总体满意度指数	f	p值	验证结果
性别	男	1	3.433	1.064	0.303	差异不显著
	女	2	3.394			
年龄	25~30	1	3.575	2.734	0.029	差异显著
	31~35	2	3.383			
	36~40	3	3.384			
	41~50	4	3.395			
	≥51	5	3.479			

表 4-34 不同学校类型和学科教师的总体满意度指数

特征	选项	代码	总体满意度指数	f	p 值	验证结果
学校类型	985 高校	1	3.725	14.838	0.000	差异显著
	211 高校	2	3.367			
	其他普通本科院校	3	3.354			
	高职院校	4	3.395			
学科	理学	1	3.534	2.655	0.003	差异显著
	工学	2	3.445			
	教育学	3	3.376			
	文学	4	3.321			
	哲学	5	3.034			
	历史学	6	3.122			
	管理学	7	3.239			
	经济学	8	3.171			
	艺术学	9	3.463			
	医学	10	3.610			
	农学	11	3.538			
	法学	12	3.554			

表 4-35 不同教龄、职称、是否导师背景的教师的总体满意度指数

特征	选项	代码	总体满意度指数	f	p 值	验证结果
教龄	0~5 年	1	3.499	1.377	0.241	差异不显著
	6~10 年	2	3.402			
	11~20 年	3	3.403			
	21~30 年	4	3.349			
	31 年以上	5	3.404			
职称	教授/研究员	1	3.536	5.108	0.002	差异显著
	副教授/副研究员	2	3.372			

续表

特征	选项	代码	总体满意度指数	f	p 值	验证结果
职称	讲师/助理研究员	3	3.389			
	助教/实习研究员	4	3.616			
是否研究生导师	不是硕士生导师	1	3.383	8.190	0.000	差异显著
	硕士生导师	2	3.432			
	博士生导师	3	3.657			

表 4-36 不同教学工作量教师的总体满意度指数

特征	选项	代码	总体满意度指数	f	p 值	验证结果
年均教学工作量	0~100	1	3.631	14.059	0.000	差异显著
	100~200	2	3.483			
	200~350	3	3.372			
	350 以上	4	3.319			

表 4-37 不同教学投入和行政职务教师的总体满意度指数

特征	选项	代码	总体满意度指数	f	p 值	验证结果
教学时间占所有工作时间的比例	0%~20%	1	3.538	5.249	0.000	差异显著
	30%~40%	2	3.452			
	50%~60%	3	3.394			
	70%~80%	4	3.343			
	90%	5	3.262			
担任行政职务情况	没有职务	1	3.409	1.608	0.143	差异不显著
	系副主任/副所长	2	3.368			
	系主任/所长	3	3.373			
	学院副院长/学部副部长	4	3.649			
	学院院长/学部部长	5	3.624			
	学校行政职能机构副处长	6	3.351			
	学校行政职能机构正处长	7	3.103			

表 4-38 不同学历、婚姻、子女背景教师的总体满意度指数

特征	选项	代码	总体满意度指数	f	p 值	验证结果
学历	本科	1	3.418	3.322	0.037	差异显著
	硕士	2	3.371			
	博士	3	3.475			
婚姻	未婚	1	3.513	1.891	0.152	差异不显著
	已婚	2	3.403			
	离异或丧偶	3	3.569			
子女个数	0	1	3.531	4.745	0.003	差异显著
	1	2	3.384			
	2	3	3.522			
	≥3	4	2.675			

表 4-39 不同年均收入及房屋购置情况的教师总体满意度指数

特征	选项	代码	总体满意度指数	f	p 值	验证结果
年均收入	≤5	1	3.577	3.118	0.003	差异显著
	5~6	2	3.317			
	6~7	3	3.340			
	7~8	4	3.311			
	8~9	5	3.463			
	9~10	6	3.363			
	10~15	7	3.486			
	≥15	8	3.545			
是否购买商品房	有	1	3.408	0.692	0.406	差异不显著
	没有	2	3.449			
是否享受安置房	有	1	3.455	2.490	0.115	差异不显著
	没有	2	3.394			

表 4-40 不同交通情形的教师的总体满意度指数

特征	选项	代码	总体满意度指数	f	p 值	验证结果
上班交通方式	步行	1	3.383	0.753	0.584	差异不显著
	自行车	2	3.446			
	电动车/摩托车	3	3.360			
	公共汽车/地铁	4	3.477			
	单位班车	5	3.401			
	私家车(含拼车、打车等)	6	3.418			
路上所需时间	0~10 分钟	1	3.423	1.020	0.411	差异不显著
	10~20 分钟	2	3.346			
	20~30 分钟	3	3.472			
	30~40 分钟	4	3.399			
	40~50 分钟	5	3.463			
	50~60 分钟	6	3.413			
	60 分钟以上	7	3.400			

结果显示：

1) 江苏省高校教学系统教师总体满意度指数为 3.414(见表 4-32),对照第三章的满意度指数分级标准,属于"中"的水平。

2) 不同年龄段教师的总体满意度指数差异显著(见表 4-33),年龄在 25~30 岁的教师总体满意度指数最高,31~35 岁的教师总体满意度最低。

3) 来自不同学校类型的教师的总体满意度指数差异显著(见表 4-34),"985 高校"的教师总体满意度指数最高,来自其他普通本科院校教师的总体满意度指数最低。

4) 来自不同学科的教师总体满意度指数差异显著(见表 4-34),所在学科为医学的教师总体满意度指数最高,所在学科为哲学的教师的总体满意度指数最低。

5) 不同职称教师的满意度指数差异显著(见表4-35),初级职称教师的总体满意度指数最高,其次是正高级职称教师,副高级职称教师的总体满意度指数最低。

6) 是否为研究生导师的因素对教师的总体满意度指数差异显著(见表4-35),博士生导师的总体满意度指数最高,非研究生导师的总体满意度指数最低。

7) 年均教学工作量的因素对教师的总体满意度指数差异显著(见表4-36),总体趋势是教学工作量越大则总体满意度指数就越低。

8) 教学时间投入多少对教师的总体满意度指数差异显著(见表4-37),总体趋势为教学时间投入越多则总体满意度指数就越低。

9) 不同最后学历教师的总体满意度指数差异显著(见表4-38),博士学历教师的总体满意度指数最高,硕士学历的教师总体满意度最低。

10) 子女个数情况对教师的总体满意度指数影响显著(见表4-38),目前没有子女的教师其总体满意度指数最高,其次是有2个子女的教师,有3个以上子女的教师总体满意度指数最低。

11) 不同年均收入的教师总体满意度指数差异显著(见表4-38),收入最低的教师其总体满意度指数最高、其次是收入最高的教师,年均收入7~8万元的教师总体满意度指数最低。

12) 教师的其余背景特征变量对总体满意度指数影响均没有显著差异。包括:性别因素、教龄因素、担任行政职务情况、婚姻情况、是否购买商品房、是否享受学校安置房、教师上班所采用的交通方式以及路上所花费时间等变量。

(二) 江苏省高校教师对教学系统各要素及教学效果的满意度指数

将正式调查问卷量表中"维度2:学生要素"涉及的题项视为对"学生要

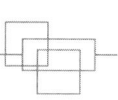

素"的评价;将"维度 3:教师要素"涉及的题项视为教师对"教师要素"的评价;对"维度 4:教学环境"涉及的题项视为教师对"教学环境"要素的评价;对"维度 5:教学内容"教涉及的题项视为学生对"教学内容"要素的评价;对"维度 6:教学效果"教涉及的题项视为学生对"教学效果"的评价;评价值的均值作为对该要素满意度指数,某一类样本的教学要素满意度指数均值视为该类样本的教学要素满意度指数。

1. 江苏省高校教学系统各要素满意度指数总体情况

江苏省域内高校教师对教师要素、学生要素、教学内容、教学环境等各要素及教学效果评价的满意度指数见表 4-41。

表 4-41 江苏省高校教学系统各要素满意度指数

指数名称	均值	级别
学生要素满意度指数	3.023	中
教师要素满意度指数	3.509	良
教学内容满意度指数	3.620	良
教学环境满意度指数	3.298	中
教学效果满意度指数	3.725	良

对照第二章的满意度指数分级标准,结果显示:

江苏省高校教师对教学系统中学生要素的平均满意度指数为 3.023,处于"中"的水平;对教师要素的平均满意度指数为 3.509,处于"良"的水平;对教学内容的平均满意度指数为 3.620,处于"良"的水平;对教学环境的平均满意度指数为 3.298,处于"中"的水平;对教学效果的平均满意度指数为 3.725,处于"良"的水平。

2. 不同背景特征教师对教学系统学生要素评价的满意度指数

不同背景特征的教师对高校教学系统学生要素满意度指数见表 4-42 至表 4-45。

表 4－42　不同性别和年龄教师的学生要素满意度指数

特征	选项	代码	学生要素满意度指数	f	p 值	验证结果
性别	男	1	3.019	0.024	0.878	差异不显著
	女	2	3.029			
年龄	25～30	1	3.388	6.182	0.000	差异显著
	31～35	2	3.107			
	36～40	3	2.980			
	41～50	4	2.891			
	≥51	5	2.836			

表 4－43　不同类型学校和学科背景教师的学生要素满意度指数

特征	选项	代码	学生要素满意度指数	f	p 值	验证结果
学校类型	985 高校	1	3.483	15.322	0.000	差异显著
	211 高校	2	3.168			
	其他普通本科院校	3	2.933			
	高职院校	4	2.849			
学科	理学	1	3.026	1.719	0.067	差异不显著
	工学	2	2.957			
	教育学	3	3.072			
	文学	4	2.853			
	哲学	5	2.920			
	历史学	6	2.700			
	管理学	7	2.626			
	经济学	8	2.760			
	艺术学	9	3.250			
	医学	10	3.259			
	农学	11	3.086			
	法学	12	3.086			

表 4-44 不同职称和学历背景教师的学生要素满意度指数

特征	选项	代码	学生要素满意度指数	f	p 值	验证结果
职称	教授/研究员	1	3.187	5.914	0.001	差异显著
	副教授/副研究员	2	2.902			
	讲师/助理研究员	3	3.023			
	助教/实习研究员	4	3.424			
学历	本科	1	2.885	6.504	0.002	差异显著
	硕士	2	2.958			
	博士	3	3.173			

表 4-45 不同年均收入教师的学生要素满意度指数

特征	选项	代码	学生要素满意度指数	f	p 值	验证结果
年均收入	≤5	1	3.305	2.134	0.039	差异显著
	5~6	2	3.190			
	6~7	3	2.847			
	7~8	4	2.911			
	8~9	5	2.970			
	9~10	6	2.992			
	10~15	7	3.079			
	≥15	8	3.195			

结果显示：

1）不同年龄段教师对学生要素的满意度指数差异显著（见表 4-42），年龄越高其对学生要素的满意度水平越低。

2）来自不同类型学校的教师对学生要素的满意度指数差异显著（见表 4-43），"985 高校"教师的满意度指数最高，来自高职院校教师的满意度指数最低。

3) 不同职称教师对学生要素的满意度指数差异显著(见表4-44),初级职称教师的满意度指数最高,其次是正高级职称的教师,副高级职称教师的满意度指数最低。

4) 不同最后学历教师对学生要素的满意度指数差异显著(见表4-44),具有博士学历的教师其满意度指数最高,最高学历为本科的教师对学生群体满意度最低。

5) 不同年均收入的教师对学生要素满意度指数差异显著(见表4-45),收入最低的教师其对学生要素的满意度指数最高,其次是收入最高的教师,年均收入6~7万元的教师其对学生群体的满意度指数最低。

6) 不同性别教师对学生要素的满意度指数没有显著差异;来自不同学科的教师其满意度指数差异不显著。

3. 不同背景特征教师对教学系统教师要素评价的满意度指数

不同背景特征教师对高校教学系统教师要素评价的满意度指数见表4-46至表4-49。

表4-46 不同性别和年龄教师的教师要素满意度指数

特征	选项	代码	教师要素满意度指数	f	p值	验证结果
性别	男	1	3.433	8.233	0.004	差异显著
	女	2	3.592			
年龄	25~30	1	3.731	1.943	0.102	差异不显著
	31~35	2	3.501			
	36~40	3	3.484			
	41~50	4	3.467			
	≥51	5	3.462			

表 4-47 不同类型学校和学科背景教师的教师要素满意度指数

特征	选项	代码	教师要素满意度指数	f	p 值	验证结果
学校类型	985 高校	1	3.690	3.034	0.029	差异显著
	211 高校	2	3.578			
	其他普通本科院校	3	3.456			
	高职院校	4	3.453			
学科	理学	1	3.517	0.895	0.545	差异不显著
	工学	2	3.560			
	教育学	3	3.460			
	文学	4	3.622			
	哲学	5	3.300			
	历史学	6	3.167			
	管理学	7	3.290			
	经济学	8	3.600			
	艺术学	9	3.611			
	医学	10	3.618			
	农学	11	3.738			
	法学	12	3.476			

表 4-48 不同职称和学历背景教师的教师要素满意度指数

特征	选项	代码	教师要素满意度指数	f	p 值	验证结果
职称	教授/研究员	1	3.497	0.673	0.569	差异不显著
	副教授/副研究员	2	3.484			
	讲师/助理研究员	3	3.512			
	助教/实习研究员	4	3.667			
学历	本科	1	3.442	1.184	0.307	差异不显著
	硕士	2	3.489			
	博士	3	3.563			

表 4-49　不同年均收入教师的教师要素满意度指数

特征	选项	代码	教师要素满意度指数	f	p 值	验证结果
年均收入	≤5	1	3.667	1.464	0.178	差异不显著
	5~6	2	3.699			
	6~7	3	3.452			
	7~8	4	3.577			
	8~9	5	3.530			
	9~10	6	3.459			
	10~15	7	3.405			
	≥15	8	3.523			

结果显示：

1) 仅有不同性别因素(见表 4-46)和不同高校类型因素(见表 4-47)对教师要素的满意度评价差异显著。其中女教师对教师要素评价的满意度指数显著高于男教师；"985 高校"教师对其教师要素的满意度指数最高，其他普通本科院校和高职院校教师对教师要素的满意度指数较低。

2) 评价主体的其他各因素包括年龄、学科、职称、最后学历、年均收入等对评价结果的差异均不显著。

4. 不同背景特征教师对教学系统教学内容要素评价的满意度指数

不同背景特征的教师对高校教学系统教学内容的满意度指数见表 4-50 至表 4-53。

表 4-50　不同性别和年龄教师的教学内容满意度指数

特征	选项	代码	教学内容满意度指数	f	p 值	验证结果
性别	男	1	3.618	0.008	0.931	差异不显著
	女	2	3.623			

续表

特征	选项	代码	教学内容满意度指数	f	p 值	验证结果
年龄	25～30	1	3.694	0.659	0.621	差异不显著
	31～35	2	3.575			
	36～40	3	3.634			
	41～50	4	3.603			
	≥51	5	3.692			

表 4-51 不同学校类型和学科背景教师的教学内容满意度指数

特征	选项	代码	教学内容满意度指数	f	p 值	验证结果
学校类型	985 高校	1	3.948	12.201	0.000	差异显著
	211 高校	2	3.702			
	其他普通本科院校	3	3.483			
	高职院校	4	3.607			
学科	理学	1	3.674	1.143	0.325	差异不显著
	工学	2	3.723			
	教育学	3	3.589			
	文学	4	3.450			
	哲学	5	3.400			
	历史学	6	3.750			
	管理学	7	3.435			
	经济学	8	3.600			
	艺术学	9	3.708			
	医学	10	3.647			
	农学	11	3.786			
	法学	12	3.500			

表 4-52 不同职称和学历背景教师的教学内容满意度指数

特征	选项	代码	教学内容满意度指数	f	p 值	验证结果
职称	教授/研究员	1	3.798	3.154	0.025	差异显著
	副教授/副研究员	2	3.636			
	讲师/助理研究员	3	3.560			
	助教/实习研究员	4	3.600			
学历	本科	1	3.538	5.267	0.005	差异显著
	硕士	2	3.567			
	博士	3	3.730			

表 4-53 不同年均收入教师的教学内容满意度指数

特征	选项	代码	教学内容满意度指数	f	p 值	验证结果
年均收入	≤5	1	3.684	1.836	0.079	差异不显著
	5~6	2	3.659			
	6~7	3	3.492			
	7~8	4	3.598			
	8~9	5	3.570			
	9~10	6	3.584			
	10~15	7	3.661			
	≥15	8	3.865			

结果显示：

1) 来自不同类型学校的教师对教学内容的满意度指数影响差异显著（见表 4-51），"985 高校"教师的满意度指数最高，其次是"211 高校"教师，来自其他普通本科院校的教师其满意度指数最低。

2) 不同职称教师对教学内容的满意度指数差异显著（见表 4-52），正高级职称教师的满意度指数最高，中级职称教师的满意度指数最低。

3) 不同最后学历教师对教学内容的满意度指数差异显著（见表 4-52），

与其他学历背景的教师相比,具有博士学历的教师满意度指数最高,最高学历为本科的教师对教学内容的满意度处于最低水平。

4) 我们发现不同性别、不同年龄的教师对教学内容的满意度指数没有显著差异;不同学科背景的教师对教学内容的评价差异不显著;不同年均收入的教师对教学内容的满意度指数评价差异不显著。

5. 不同背景特征教师的教学系统教学环境满意度指数

不同背景特征的教师对高校教学系统教学环境的满意度指数见表 4-54 至表 4-57。

表 4-54　不同性别和年龄教师的教学环境满意度指数

特征	选项	代码	教学环境满意度指数	f	p 值	验证结果
性别	男	1	3.300	0.004	0.949	差异不显著
	女	2	3.296			
年龄	25~30	1	3.637	4.194	0.002	差异显著
	31~35	2	3.323			
	36~40	3	3.235			
	41~50	4	3.190			
	≥51	5	3.323			

表 4-55　不同学校类型和学科背景教师的教学环境满意度指数

特征	选项	代码	教学环境满意度指数	f	p 值	验证结果
学校类型	985 高校	1	3.848	22.220	0.000	差异显著
	211 高校	2	3.409			
	其他普通本科院校	3	3.078			
	高职院校	4	3.278			
学科	理学	1	3.507	3.099	0.000	差异显著
	工学	2	3.376			

续表

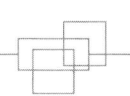

特征	选项	代码	教学环境满意度指数	f	p 值	验证结果
学科	教育学	3	3.190	3.099	0.000	差异显著
	文学	4	3.147			
	哲学	5	3.160			
	历史学	6	3.400			
	管理学	7	2.861			
	经济学	8	3.080			
	艺术学	9	3.478			
	医学	10	3.600			
	农学	11	3.743			
	法学	12	3.343			

表 4-56 不同职称和学历背景教师的教学环境满意度指数

特征	选项	代码	教学环境满意度指数	f	p 值	验证结果
职称	教授/研究员	1	3.487	5.132	0.002	差异显著
	副教授/副研究员	2	3.188			
	讲师/助理研究员	3	3.288			
	助教/实习研究员	4	3.632			
学历	本科	1	3.170	4.070	0.018	差异显著
	硕士	2	3.253			
	博士	3	3.413			

表 4-57 不同年均收入教师的教学环境满意度指数

特征	选项	代码	教学环境满意度指数	f	p 值	验证结果
年均收入	≤5	1	3.484	2.717	0.009	差异显著
	5～6	2	3.361			
	6～7	3	3.071			

续表

特征	选项	代码	教学环境满意度指数	f	p 值	验证结果
年均收入	7~8	4	3.148	2.717	0.009	差异显著
	8~9	5	3.233			
	9~10	6	3.343			
	10~15	7	3.394			
	≥15	8	3.535			

结果如下：

1) 不同年龄段教师对教学环境的满意度指数差异显著（见表4-54），年龄在25～30岁之间的教师其满意度指数水平最高，年龄在41～50岁之间的教师对教学环境的满意度指数水平最低。

2) 来自不同类型学校的教师对教学环境的满意度指数差异显著（见表4-55），"985高校"教师的满意度指数最高，来自其他普通本科院校的教师其满意度指数较低。

3) 来自不同学科的教师对教学环境的满意度指数水平差异显著（见表4-55），农学和医学学科的教师满意度指数较高，而管理学和经济学所在学科的教师对教学环境的满意度指数较低。

4) 不同职称教师对教学环境的满意度指数差异显著（见表4-56），初级职称教师的满意度指数最高、其次是正高级职称的教师，副高级职称教师的满意度指数最低。

5) 不同学历背景教师对教学环境的满意度指数差异显著（见表4-56），具有博士学历的教师其满意度指数最高，最高学历为本科的教师对教学环境满意度最低。

6) 不同年均收入的教师对教学环境满意度指数差异显著（见表4-57），收入最高的教师群体其对教学环境的满意度指数最高、其次则是收入最低的教师群体，而年均收入6～7万元和7～8万元的教师对教学环境的满意度指数最低。

7）仅有性别因素对教学环境的满意度指数没有显著差异。

6．不同背景特征教师的教学系统教学效果满意度指数

不同背景特征的教师对高校教学系统教学效果的满意度指数见表4-58至表4-61。

表4-58 不同性别和年龄教师的教学效果满意度指数

特征	选项	代码	教学效果满意度指数	f	p值	验证结果
性别	男	1	3.730	0.035	0.851	差异不显著
	女	2	3.721			
年龄	25～30	1	3.842	2.549	0.039	差异显著
	31～35	2	3.645			
	36～40	3	3.703			
	41～50	4	3.744			
	≥51	5	3.872			

表4-59 不同学校类型和学科背景教师的教学效果满意度指数

特征	选项	代码	教学效果满意度指数	f	p值	验证结果
学校类型	985高校	1	3.948	10.053	0.000	差异显著
	211高校	2	3.867			
	其他普通本科院校	3	3.630			
	高职院校	4	3.660			
学科	理学	1	3.725	3.049	0.001	差异显著
	工学	2	3.762			
	教育学	3	3.703			
	文学	4	3.625			
	哲学	5	3.750			
	历史学	6	3.000			

续表

特征	选项	代码	教学效果满意度指数	f	p 值	验证结果
学科	管理学	7	3.424	3.049	0.001	差异显著
	经济学	8	3.400			
	艺术学	9	3.958			
	医学	10	3.897			
	农学	11	4.143			
	法学	12	3.714			

表 4-60 不同职称和学历背景教师的教学效果满意度指数

特征	选项	代码	教学效果满意度指数	f	p 值	验证结果
职称	教授/研究员	1	3.899	3.666	0.012	差异显著
	副教授/副研究员	2	3.711			
	讲师/助理研究员	3	3.676			
	助教/实习研究员	4	3.820			
学历	本科	1	3.701	1.084	0.339	差异不显著
	硕士	2	3.701			
	博士	3	3.771			

表 4-61 不同年均收入教师的教学效果满意度指数

特征	选项	代码	教学效果满意度指数	f	p 值	验证结果
年均收入	≤5	1	3.697	1.901	0.068	差异不显著
	5~6	2	3.793			
	6~7	3	3.623			
	7~8	4	3.631			
	8~9	5	3.712			
	9~10	6	3.675			
	10~15	7	3.820			
	≥15	8	3.872			

结果如下：

1）不同年龄段教师对教学效果的满意度指数差异显著（见表4-58），年龄超过51岁年龄段的教师对教学效果的满意度水平最高，31～35岁年龄段的教师其满意度水平最低。

2）来自不同类型学校的教师在教学效果的满意度指数方面差异显著（见表4-59），"985高校"教师的满意度指数最高，来自其他普通本科院校的教师其满意度指数较低。

3）来自不同学科的教师对教学效果的满意度指数差异显著（见表4-59），农学、艺术学、医学的教师其满意度指数较高，历史学、管理学的教师对教学效果的满意度指数较低。

4）不同职称教师对教学效果的满意度指数差异显著（见表4-60），正高级职称教师的满意度指数最高，中级职称教师的满意度指数最低。

5）不同性别教师对教学效果的满意度指数没有显著差异；不同学历的教师对教学效果的满意度指数差异不显著；不同年收入的教师对教学效果的满意度指数差异也不显著。

第二节 基于教师评价的高校教学系统"结构—功能"模型构建

基于系统论视角，以教师评价为切入点，构建基于教师评价的高校教学系统"结构—功能"原型。研究遵循"理论假设→模型构建→适配检验→动态修正"的技术路径；基于教学期望、要素互动、满意度及忠诚度等理论假设构建初始模型；继而通过验证性因子分析（CFA）与结构方程模型（SEM）检验模型适配度，采用误差项共变释放等方法逐步优化模型；最终形成兼具理论合理性与数据适配性的修正模型。研究结果揭示了教师视角下教学系统要素间的作用机制。

一、基于教师评价的高校教学系统"结构—功能"原型

根据第二章的分析与假设，以及我们所构建的测量模型，构建基于教师评价的高校教学系统"结构—功能"原型[以下简称"教师 SEM(A)"]如图 4-26。

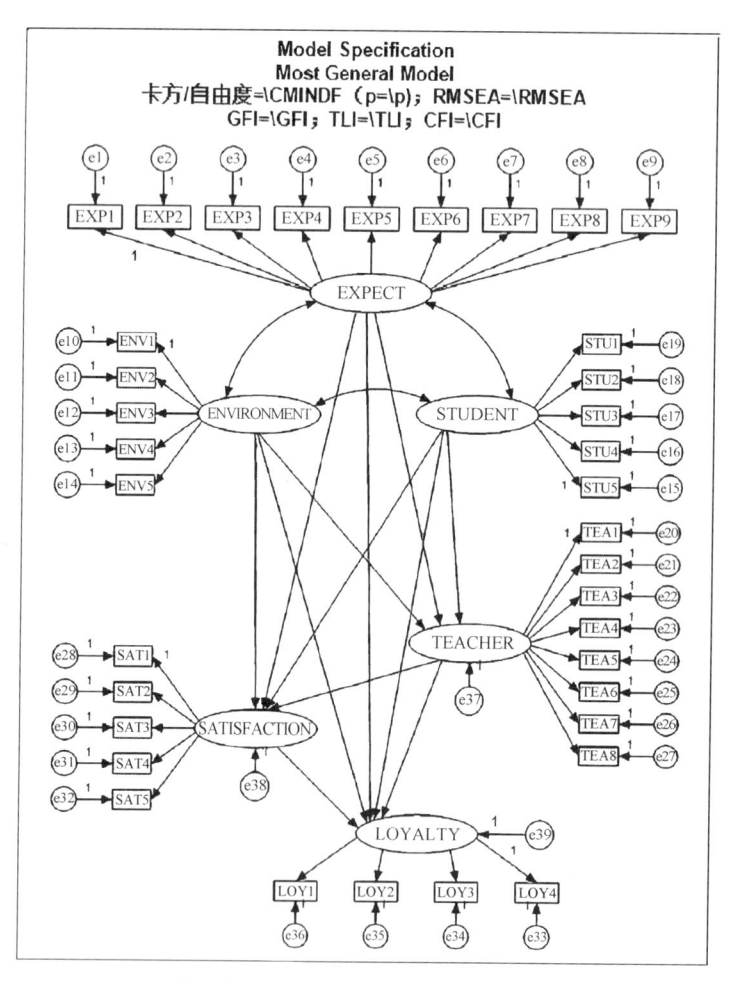

图 4-26 基于教师评价的高校教学系统"结构—功能"原型

首先，将教师 SEM(A)的群组(groups)名称设定为"教师问卷363"，将结

构方程模型的名称设定为"教师 SEM(A)"。使用正式有效问卷除去分布较散的 106 份样本后的样本作为数据,共 363 份。在 AMOS17.0 软件中,运行计算估计值,模型方盒中的信息由[XX:教师 SEM(A)]变为[OK:教师 SEM(A)](见下图 4-27),表示 SEM 模型可以顺利识别。在模型未标准化估计结果中,误差变量右上方 36 个误差方差均为正数,这表示教师 SEM(A)没有违反模型识别的规则。

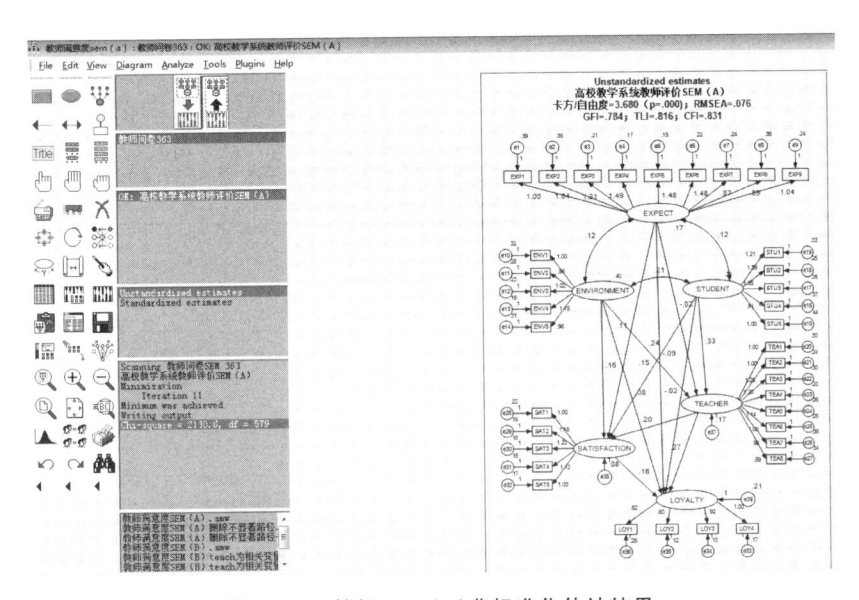

图 4-27 教师 SEM(A)非标准化估计结果

整体模型适配度的卡方自由度比值为 3.680,显著性概率值 $p=0.00<0.05$,拒绝虚无假设。GFI 值 $=0.784<0.900$,TLI 值 $=0.816<0.900$,CFI 值 $=0.831<0.900$,这表示虽然教师 SEM(A)能够顺利识别,但该模型与观察数据无法完全契合,因此需要对模型进行修正。

二、基于教师评价的高校教学系统"结构—功能"原型修正

根据教师 SEM(A)的回归系数估计结果(见表 4-62),发现潜在变量教

学期望(EXPECT)对教师要素(TEACHER)的路径系数未达到显著性标准(p值＝0.750＞0.05);潜在变量教学满意度(SATISFACTION)对教学忠诚度(LOYALTY)的路径系数,也未达到显著性标准(p值＝0.99＞0.05);潜在变量学生要素(STUDENT)对教学忠诚度(LOYALTY)的路径系数,未达到显著性标准(p值＝0.799＞0.05);潜在变量教学环境(ENVIRONMENT)对教学忠诚度(LOYALTY)的路径系数,未达到显著性标准(p值＝0.188＞0.05);潜在变量教学期望(EXPECT)对教学忠诚度(LOYALTY)的路径系数,也未达到显著性标准(p值＝0.231＞0.05)。

表 4-62 Regression Weights:教师问卷 363——教师 SEM(A)

			estimate	s.e.	c.r.	p	label
TEACHER	<--	ENVIRONMENT	0.243	0.053	4.610	***	par_34
TEACHER	<--	EXPECT	-0.022	0.069	-0.318	0.750	par_35
TEACHER	<--	STUDENT	0.329	0.067	4.926	***	par_44
SATISFACTION	<--	ENVIRONMENT	0.163	0.041	4.014	***	par_33
SATISFACTION	<--	EXPECT	0.112	0.053	2.128	0.033	par_36
SATISFACTION	<--	TEACHER	0.196	0.045	4.360	***	par_42
SATISFACTION	<--	STUDENT	0.153	0.050	3.046	0.002	par_43
LOYALTY	<--	SATISFACTION	0.162	0.098	1.647	0.099	par_37
LOYALTY	<--	ENVIRONMENT	0.081	0.062	1.316	0.188	par_38
LOYALTY	<--	STUDENT	-0.019	0.076	-0.255	0.799	par_39
LOYALTY	<--	EXPECT	-0.095	0.079	-1.199	0.231	par_40
LOYALTY	<--	TEACHER	0.272	0.069	3.931	***	par_41

根据模型修正方法中的释放部分限制路径的方法,依次删除这些不显著的路径系数后,重新运行模型,模型可以被识别。将此时的模型命名为"基于教师评价的高校教学系统'结构—功能'原型修正"[以下简称"教师 SEM(B)"],非标准化估计结果见下图 4-28。

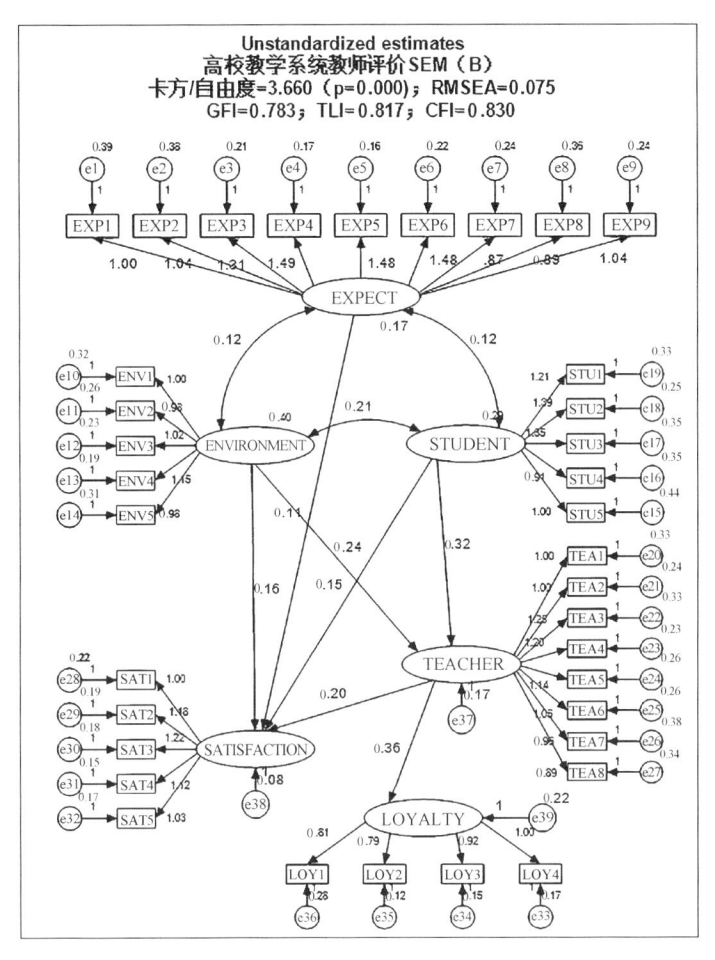

图 4-28 基于教师评价的高校教学系统"结构—功能"原型修正

此时,相关适配指标如下:整体模型适配度的卡方自由度比值为 3.660,RMSEA 值=0.075<0.08,但是 GFI 值=0.783<0.900,TLI 值=0.817<0.900,CFI 值=0.830<0.900,意味着删除不显著路径系数后教师 SEM(B)与观察数据契合程度仍然不太理想。

三、基于教师评价的高校教学系统"结构—功能"模型

我们可以识别的教师 SEM(B)中,模型适配度指标值显示删除不显著路

径系数后模型与观察数据契合程度仍不太理想。查找修正指标值(表4-63)后发现,可以增列误差项e1(教师对教学硬件期望的误差)与误差项e2(教师对教学管理服务期望的误差)间的共变关系,则可以降低卡方值169.116,此种共变界定符合测量模型的假定,因而可以设定释放此项的参数估计。

表4-63 Covariances:教师问卷363——教师SEM(B)

			m.i.	par change
e1	<->	e2	169.116	0.24
e24	<->	e25	81.3	0.129
e26	<->	e27	68.602	0.146
e20	<->	e21	52.555	0.099
e4	<->	e5	37.144	0.055
e35	<->	e36	34.775	0.059
e16	<->	e37	33.655	0.078
e22	<->	e23	33.55	0.077
e31	<->	e32	33.427	0.05

注:MI值小于30的省略。

采用模型修正中添加新路径的方法,增列误差项e1与误差项e2间的共变关系后,重新运行模型,整体模型的RMSEA值=0.075<0.08,但模型适配度的卡方自由度比值为3.321,GFI值=0.799<0.900,TLI值=0.840<0.900,CFI值=0.852<0.900,表示假设的基于教师评价的高校教学系统"结构—功能"SEM与样本数据的契合度不够高。继续查找修正指标值(表4-64)又发现,若增列误差项e24(教师对所在群体教师多媒体素养评价的误差)与误差项e25(教师对所在群体教师网络素养评价的误差)间的共变关系,则可以降低卡方值81.303,此种共变界定符合测量模型的假定,因而可以设定释放此项的参数估计。

表 4-64　Covariances：教师问卷 363——教师 SEM(B)

			m.i.	par change
e24	<->	e25	81.303	0.129
e26	<->	e27	68.603	0.146
e20	<->	e21	52.549	0.099
e35	<->	e36	34.775	0.059
e16	<->	e37	33.674	0.078
e22	<->	e23	33.552	0.077
e31	<->	e32	33.528	0.051

注：略去 M.I.<30 的值

增列误差项 e24 与误差项 e25 间的共变关系后，重新运行模型，整体模型的 RMSEA 值=0.068<0.08，但模型适配度的卡方自由度比值为 3.173，GFI 值=0.806<0.900，TLI 值=0.850<0.900，CFI 值=0.862<0.900，表示假设的基于教师评价的高校教学系统"结构—功能"SEM 型与样本数据的契合度仍未达到标准。按照上述操作流程，在保证添加的误差项之间的共变界定符合测量模型的假定下，依次增加误差项 e26（教师对师生关系评价的误差）与误差项 e27（教师对师生交往评价的误差）误差项 e35（教师参与教改项目意愿度的误差）与误差项 e36（教师教学投入意愿度的误差）间的共变关系。

然后，重新运行模型，模型可以顺利识别。此时，模型适配度的卡方自由度比值为 2.979 介于 1~3 之间，RMSEA 值=0.065<0.08，RMR 值=0.043<0.050，Standardized RMR=0.0796<0.08，均满足模型适配度要求。GFI 值=0.819，TLI 值=0.864，CFI 值=0.875，虽然未达 0.9，但已超过 0.8 且接近 0.9，同时考虑到这 3 个指数受样本影响较大，因为适配时采用的样本量不足 400，参考结构方正模型的相关研究成果，这 3 个指数值也是基本可以接受的。综合而言，修正后的模型能够与样本数据拟合。修正后的模型命名为"基于教师评价的

高校教学系统'结构—功能'模型"[以下简称"教师 SEM(C)"],其非标准化估计结果见图 4-29。

值得指出的是,相较于前文的教师 SEM(B),教师 SEM(C)中所增加的误差项共变关系,均不违背文中测量模型验证性因素分析修正时所增加的关系,且比验证性因素分析中的共变关系更少,模型也更为简单。

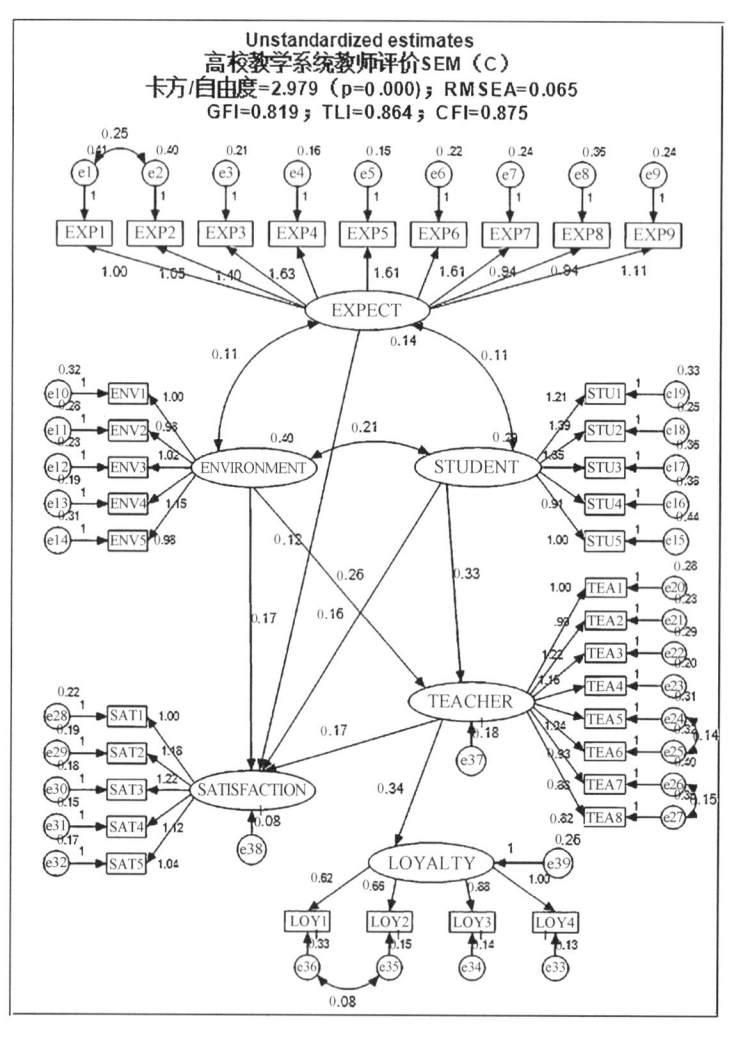

图 4-29 教师 SEM(C)非标准化估计结果

第三节 基于教师评价的高校教学系统"结构—功能"分析

结构方程模型的主要作用是揭示潜在变量和/或显在变量之间的结构关系,这些关系在模型中通过路径系数/载荷系数来体现(陈业华和梁丽转,2012)。将教师 SEM(C)作为我们的最终模型,数据采用教师问卷正式调查的全部 469 份有效样本,对高校教学系统功能及其影响因素之间的关系进行分析。

一、基于教师评价的高校教学系统"结构—功能"模型系数估计结果

首先应考察 SEM 估计出的参数是否具有统计学意义,因此需要对路径或载荷的回归系数进行显著性检验。Amos 软件采用临界比(Critical Ratio,C.R.)值进行检验。[①] C.R.值是一个 Z 统计量,由回归系数估计值与其标准差之比构成。Amos 给出 C.R.值的同时也提供了其相伴概率 p,研究者可以根据 p 值和 C.R.值进行路径或载荷系数的显著性检验。教师 SEM(C)的参数估计结果如表 4-65 至表 4-70。

---

① 汪潜.就业信心 SEM 最优模型构建及拟合指数修正.统计与决策,2014(20):35-38.

表 4-65　教师 SEM(C)路径系数估计结果

			estimate	s.e.	c.r.	p	label
TEACHER	<--	ENVIRONMENT	0.260	0.054	4.850	***	par_34
TEACHER	<--	STUDENT	0.327	0.065	5.023	***	par_39
SATISFACTION	<--	ENVIRONMENT	0.166	0.041	4.063	***	par_33
SATISFACTION	<--	EXPECT	0.121	0.057	2.132	0.033	par_35
LOYALTY	<--	TEACHER	0.342	0.056	6.065	***	par_36
SATISFACTION	<--	TEACHER	0.173	0.043	3.995	***	par_37
SATISFACTION	<--	STUDENT	0.158	0.051	3.133	0.002	par_38

表 4-66　教师 SEM(C)因子载荷系数估计结果

			estimate	s.e.	c.r.	p	label
教学硬件期望	<--	EXPECT	1.000				
教学管理服务期望	<--	EXPECT	1.048	0.075	13.958	***	par_1
学生知识基础期望	<--	EXPECT	1.404	0.131	10.740	***	par_2
学生学习态度期望	<--	EXPECT	1.631	0.145	11.268	***	par_3
学生学习风气期望	<--	EXPECT	1.614	0.143	11.312	***	par_4
学生学习方法期望	<--	EXPECT	1.606	0.146	11.008	***	par_5
师生关系期望	<--	EXPECT	0.939	0.100	9.372	***	par_6
教材期望	<--	EXPECT	0.942	0.110	8.567	***	par_7
教学效果期望	<--	EXPECT	1.109	0.112	9.929	***	par_8
学术文化氛围	<--	ENVIRONMENT	1.000				
教学硬件条件	<--	ENVIRONMENT	0.982	0.060	16.243	***	par_9
信息化资源	<--	ENVIRONMENT	1.016	0.059	17.198	***	par_10
教学管理服务	<--	ENVIRONMENT	1.147	0.062	18.362	***	par_11
学科教研活动	<--	ENVIRONMENT	0.981	0.062	15.916	***	par_12
学生信息素养	<--	STUDENT	1.000				
学生品行	<--	STUDENT	0.908	0.079	11.454	***	par_13
学生学习态度	<--	STUDENT	1.349	0.100	13.462	***	par_14

续表

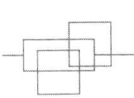

			estimate	s.e.	c.r.	p	label
学生学习方法	<--	STUDENT	1.389	0.098	14.129	***	par_15
学生知识基础	<--	STUDENT	1.213	0.092	13.236	***	par_16
学科教师知识水平	<--	TEACHER	1.000				
学科教师教学方法	<--	TEACHER	0.986	0.067	14.659	***	par_17
学科教师教学态度	<--	TEACHER	1.223	0.080	15.255	***	par_18
学科教师品行	<--	TEACHER	1.158	0.073	15.893	***	par_19
学科教师多媒体素养	<--	TEACHER	1.040	0.075	13.937	***	par_20
学科教师网络素养	<--	TEACHER	0.934	0.071	13.113	***	par_21
师生关系相处	<--	TEACHER	0.883	0.075	11.834	***	par_22
师生交往情形	<--	TEACHER	0.816	0.069	11.747	***	par_23
课程教学内容	<--	SATISFACTION	1.000				
授课教学效果	<--	SATISFACTION	1.180	0.093	12.727	***	par_24
完成教学任务	<--	SATISFACTION	1.224	0.094	13.016	***	par_25
提高学生学科能力	<--	SATISFACTION	1.122	0.086	13.012	***	par_26
提升学生综合能力	<--	SATISFACTION	1.037	0.084	12.376	***	par_27
教改建议忠诚度	<--	LOYALTY	1.000				
教学建议忠诚度	<--	LOYALTY	0.885	0.058	15.140	***	par_28
教改课题参与度	<--	LOYALTY	0.659	0.048	13.674	***	par_29
教学投入忠诚度	<--	LOYALTY	0.619	0.062	9.940	***	par_30

表 4-67　教师 SEM(C) 系数标准化估计结果

			Estimate
TEACHER	<--	ENVIRONMENT	0.311
TEACHER	<--	STUDENT	0.336
SATISFACTION	<--	ENVIRONMENT	0.266
SATISFACTION	<--	EXPECT	0.116
LOYALTY	<--	TEACHER	0.333

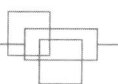

续表

			Estimate
SATISFACTION	<－－	TEACHER	0.232
SATISFACTION	<－－	STUDENT	0.219
教学硬件期望	<－－	EXPECT	0.507
教学管理服务期望	<－－	EXPECT	0.528
学生知识基础期望	<－－	EXPECT	0.752
学生学习态度期望	<－－	EXPECT	0.838
学生学习风气期望	<－－	EXPECT	0.847
学生学习方法期望	<－－	EXPECT	0.793
师生关系期望	<－－	EXPECT	0.584
教材期望	<－－	EXPECT	0.507
教学效果期望	<－－	EXPECT	0.645
学术文化氛围	<－－	ENVIRONMENT	0.745
教学硬件条件	<－－	ENVIRONMENT	0.758
信息化资源	<－－	ENVIRONMENT	0.800
教学管理服务	<－－	ENVIRONMENT	0.853
学科教研活动	<－－	ENVIRONMENT	0.744
学生信息素养	<－－	STUDENT	0.633
学生品行	<－－	STUDENT	0.625
学生学习态度	<－－	STUDENT	0.772
学生学习方法	<－－	STUDENT	0.831
学生知识基础	<－－	STUDENT	0.754
学科教师知识水平	<－－	TEACHER	0.703
学科教师教学方法	<－－	TEACHER	0.737
学科教师教学态度	<－－	TEACHER	0.769
学科教师品行	<－－	TEACHER	0.805
学科教师多媒体素养	<－－	TEACHER	0.700

续表

			Estimate
学科教师网络素养	<－－	TEACHER	0.657
师生关系相处	<－－	TEACHER	0.590
师生交往情形	<－－	TEACHER	0.585
课程教学内容	<－－	SATISFACTION	0.639
授课教学效果	<－－	SATISFACTION	0.726
完成教学任务	<－－	SATISFACTION	0.749
提高学生学科能力	<－－	SATISFACTION	0.749
提升学生综合能力	<－－	SATISFACTION	0.699
教改建议忠诚度	<－－	LOYALTY	0.836
教学建议忠诚度	<－－	LOYALTY	0.792
教改课题参与度	<－－	LOYALTY	0.674
教学投入忠诚度	<－－	LOYALTY	0.500

表 4-68 教师 SEM(C) 协方差估计结果

			estimate	s.e.	c.r.	p	label
EXPECT	<->	ENVIRONMENT	0.113	0.017	6.746	***	par_31
EXPECT	<->	STUDENT	0.108	0.016	6.774	***	par_32
ENVIRONMENT	<->	STUDENT	0.212	0.025	8.361	***	par_40
e1	<->	e2	0.245	0.023	10.695	***	par_41
e24	<->	e25	0.141	0.018	7.676	***	par_42
e35	<->	e36	0.085	0.013	6.438	***	par_43
e26	<->	e27	0.149	0.020	7.290	***	par_44

表 4-69 教师 SEM(C) 相关系数估计结果

			Estimate
EXPECT	<->	ENVIRONMENT	0.477
EXPECT	<->	STUDENT	0.529

续表

			Estimate
ENVIRONMENT	<->	STUDENT	0.624
e1	<->	e2	0.602
e24	<->	e25	0.449
e35	<->	e36	0.375
e26	<->	e27	0.394

表 4-70 教师 SEM(C)方差估计结果

	estimate	*s.e.*	*c.r.*	*p*	*label*
EXPECT	0.142	0.025	5.634	***	par_45
ENVIRONMENT	0.395	0.043	9.099	***	par_46
STUDENT	0.292	0.040	7.228	***	par_47
e37	0.182	0.023	8.035	***	par_48
e38	0.084	0.012	6.837	***	par_49
e39	0.259	0.027	9.454	***	par_50
e1	0.410	0.028	14.779	***	par_51
e2	0.403	0.027	14.720	***	par_52
e3	0.215	0.016	13.347	***	par_53
e4	0.160	0.014	11.725	***	par_54
e5	0.146	0.013	11.476	***	par_55
e6	0.216	0.017	12.741	***	par_56
e7	0.242	0.017	14.528	***	par_57
e8	0.364	0.025	14.784	***	par_58
e9	0.244	0.017	14.235	***	par_59
e10	0.317	0.024	13.178	***	par_60
e11	0.282	0.022	12.994	***	par_61
e12	0.229	0.019	12.249	***	par_62
e13	0.195	0.018	10.718	***	par_63
e14	0.307	0.023	13.190	***	par_64

续表

	estimate	s.e.	c.r.	p	label
e15	0.438	0.032	13.882	***	par_65
e16	0.376	0.027	13.938	***	par_66
e17	0.361	0.030	12.120	***	par_67
e18	0.254	0.024	10.503	***	par_68
e19	0.327	0.026	12.468	***	par_69
e20	0.283	0.021	13.416	***	par_70
e21	0.226	0.017	13.007	***	par_71
e22	0.285	0.023	12.495	***	par_72
e23	0.201	0.017	11.729	***	par_73
e24	0.312	0.023	13.400	***	par_74
e25	0.318	0.023	13.757	***	par_75
e26	0.404	0.028	14.249	***	par_76
e27	0.353	0.025	14.272	***	par_77
e28	0.222	0.016	13.535	***	par_78
e29	0.191	0.015	12.426	***	par_79
e30	0.179	0.015	11.997	***	par_80
e31	0.151	0.013	12.005	***	par_81
e32	0.172	0.013	12.838	***	par_82
e33	0.126	0.017	7.301	***	par_83
e34	0.135	0.015	9.117	***	par_84
e35	0.153	0.012	12.524	***	par_85
e36	0.335	0.024	14.105	***	par_86

注：***表示0.001水平上显著，C.R值即t值。

二、基于教师评价的高校教学系统"结构—功能"模型假设检验结果

从教师SEM(C)的参数估计结果(表4－65至表4－70)可以看到该模型

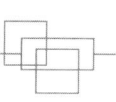

的路径系数和相关系数,利用这些系数对第 3 章提出的假设进行检验,检验结果如下。

假设 1:教学期望与教学环境具有相关关系(成立)。

通过教师 SEM(C)的协方差系数估计结果(表 4-68)和教师 SEM(C)相关系数估计结果(表 4-69)可以发现,潜在变量"教学期望"(EXPECT)与"教学环境"(ENVIRONMENT)的协方差 C.R.值(即 t 值)为 6.746>1.96,显著性 p 值<0.001,达到显著水平,二者相关系数为 0.477,假设 1 成立,因此,教学期望与教学环境具有显著的正相关关系。

假设 2:教学期望与学生要素具有相关关系(成立)。

通过教师 SEM(C)协方差系数估计结果(表 4-68)和教师 SEM(C)相关系数估计结果(表 4-69)可以发现,潜在变量"教学期望"(EXPECT)与"学生要素"(STUDENT)的协方差 C.R.值为 6.774>1.96,显著性 p 值<0.001,达到显著水平,二者相关系数为 0.529,假设 2 成立,由此,教学期望与学生要素具有显著的正相关关系。

假设 3:教学期望对教师要素有正向影响(不成立)。

通过表 4-62 可以发现,潜在变量"教学期望"(EXPECT)对"教师要素"(TEACHER)的路径回归系数 C.R.值为-0.318,绝对值<1.96,显著性 p 值=0.750>0.05,未达到显著标准,假设 3 不成立,因此,在教师模型中,教师期望对教师要素没有显著影响。

假设 4:教学期望对教学满意度有正向影响(成立)。

通过教师 SEM(C)路径系数估计结果(表 4-65)和教师 SEM(C)系数标准化估计结果(表 4-67)可以发现,潜在变量"教学期望"(EXPECT)对"教学满意度"(SATISFACTION)的路径回归系数 C.R.值为 2.132>1.96,显著性 p 值=0.033<0.05,达到显著标准,标准化路径系数为 0.116,假设 4 成立,因此,在高校教学系统中,教师的教学期望对其教学满意度呈现显著的正向影响关系。

假设5：教学期望对教学忠诚度有正向影响（不成立）。

通过表4-62可以发现，潜在变量"教学期望"（EXPECT）对"教学忠诚度"（LOYALTY）的路径回归系数C.R.值（即t值）为-1.199，其绝对值<1.96，显著性p值=0.231>0.05，未达到显著标准，假设5不成立，因此，在教师模型中教学期望对教学忠诚度没有显著影响。

假设6：教学环境与学生要素具有相关关系（成立）。

通过教师SEM(C)的协方差系数估计结果（表4-68）和教师SEM(C)相关系数估计结果（表4-69）可以发现，潜在变量"教学环境"（ENVIRONMENT）与"学生要素"（STUDENT）的协方差C.R.值为8.361>1.96，显著性p值<0.001，达到显著水平，二者相关系数为0.624，假设6成立，因此，教学环境与学生要素具有高度显著的正相关关系。

假设7：教学环境对教师要素具有正向影响（成立）。

通过教师SEM(C)路径系数估计结果（表4-65）和教师SEM(C)系数标准化估计结果（表4-67）可以发现，潜在变量"教学环境"（ENVIRONMENT）对"教师要素"（TEACHER）的路径回归系数C.R.值为4.850>1.96，显著性p值<0.001，达到显著水平，标准化路径系数为0.311，假设7成立，因此，教学环境对教师要素具有显著的正向影响。

假设8：教学环境对教学满意度具有正向影响（成立）。

通过教师SEM(C)路径系数估计结果（表4-65）和教师SEM(C)系数标准化估计结果（表4-67）可以发现，潜在变量"教学环境"（ENVIRONMENT）对"教学满意度"（SATISFACTION）的路径回归系数C.R.值为4.063>1.96，显著性p值<0.001，达到显著水平，标准化路径系数为0.266，假设8成立，因此，教学环境对教学满意度具有显著的正向影响。

假设9：教学环境对教学忠诚度具有正向影响（不成立）。

通过表4-62可以发现，潜在变量教学环境（ENVIRONMENT）对教学忠诚度（LOYALTY）的路径系数，未达到显著性标准（p值=0.188>0.05）；

假设9不成立,即教学环境并不影响教师的教学忠诚度。

假设10:学生要素对教师要素具有正向影响(成立)。

通过教师 SEM(C)路径系数估计结果(表4-64)和教师 SEM(C)系数标准化估计结果(表4-66)可以发现,潜在变量"学生要素"(STUDENT)对"教师要素"(TEACHER)的路径回归系数 C.R.值为5.023＞1.96,显著性 p 值＜0.001,达到显著水平,标准化路径系数为0.336,假设9成立,因此,学生要素对教师要素具有显著的正向影响。

假设11:学生要素对教学满意度具有正向影响(成立)。

通过教师 SEM(C)路径系数估计结果(表4-65)和教师 SEM(C)系数标准化估计结果(表4-67)可以发现,潜在变量"学生要素"(STUDENT)对"教学满意度"(SATISFACTION)的路径回归系数 C.R.值为3.133＞1.96,显著性 p 值=0.002＜0.05,达到显著标准,标准化路径系数为0.219,假设10成立,因此,学生要素对教学满意度具有显著的正向影响。

假设12:学生要素对教学忠诚度有正向影响(不成立)。

通过表4-62可以发现,潜在变量学生要素(STUDENT)对教学忠诚度(LOYALTY)的路径系数,未达到显著性标准(p 值=0.799＞0.05),假设12不成立。因此,教师对学生要素的评价并不影响教学忠诚度。

假设13:教师要素对教学满意度具有正向影响(成立)。

通过教师 SEM(C)路径系数估计结果(表4-65)和教师 SEM(C)系数标准化估计结果(表4-67)可以发现,潜在变量"教师要素"(TEACHER)对"教学满意度"(SATISFACTION)的路径回归系数 C.R.值为3.995＞1.96,显著性 p 值＜0.001,达到显著标准,标准化路径系数为0.232,假设11成立,因此,教师要素对教学满意度具有显著的正向影响。

假设14:教师要素对教学忠诚度具有正向影响(成立)。

通过教师 SEM(C)路径系数估计结果(表4-65)和教师 SEM(C)系数标准化估计结果(表4-67)可以发现,潜在变量"教师要素"(TEACHER)对"教学忠诚度"(LOYALTY)的路径回归系数 C.R.值为 6.065＞1.96,显著性 p 值＜0.001,达到显著标准,标准化路径系数为 0.333,假设 12 成立,因此,教师要素对教学忠诚度具有显著的正向影响。

假设 15:教学满意度对教学忠诚度具有正向影响(不成立)。

通过表 4-62 可以发现,潜在变量"教学满意度"(SATISFACTION)对"教学忠诚度"(LOYALTY)的路径回归系数 C.R.值为 1.647＜1.96,显著性 p 值＝0.099＞0.05,未达到显著标准,假设 13 不成立,因此,教学满意度对教学忠诚度并没有显著影响。

三、基于教师评价的高校教学系统"结构—功能"模型结构效应

对于教师 SEM(C),Amos 软件输出的各潜在变量之间的直接效应、间接效应以及总效应如表 4-71,它们显示了高校教学系统教学环境、学生因素、教学期望等原因变量与教学满意度、教学忠诚度等结果变量之间的效应强度。

表 4-71 教师 SEM(C)潜在变量间的标准化效应

	teacher 总效应	teacher 直接效应	teacher 间接效应	loyalty 总效应	loyalty 直接效应	loyalty 间接效应	satisfaction 总效应	satisfaction 直接效应	satisfaction 间接效应
STUDENT	0.336	0.336		0.112		0.112	0.297	0.219	0.078
ENVIRONMENT	0.311	0.311		0.104		0.104	0.338	0.266	0.072
EXPECT							0.116	0.116	
TEACHER				0.333	0.333		0.232	0.232	

(一) 直接效应

直接效应是指原因变量对结果变量的直接影响,SEM 中使用两者间的路径系数来表示直接效应的大小。① 比如,利用教师 SEM(C)系数标准化估

---

① 刘超,王婧.客户满意度分析及其在保险公司的应用[J].统计与决策,2005(5):23-24.

计结果(表 4-67),潜在变量"教学环境"到潜在变量"教师要素"的标准化路径系数是 0.311,则教学环境到教师要素的直接效应是 0.311。这说明当其他条件不变时,潜在变量"教学环境"每提升 1 个单位,潜在变量"教师要素"将直接提升 0.311 个单位。

根据教师 SEM(C)潜在变量间的标准化效应(表 4-71),可以看到学生要素对教师要素的直接效应为 0.336,学生要素对教学满意度的直接效应为 0.219;教学环境对教师要素的直接效应为 0.311,教学环境对教学满意度的直接效应为 0.266;教学期望对教学满意度的直接效应为 0.116;教师要素对忠诚度的直接效应为 0.333,教师要素对教师教学满意度的直接效应为 0.232。

(二)间接效应

间接效应是指原因变量通过影响一个或多个中介变量,来对结果变量产生影响。当中介变量仅有 1 个时,间接效应的值就是原因变量与中间变量的路径系数乘以中间变量与结果变量路径系数的结果。[①] 比如,利用教师 SEM(C)系数标准化估计结果(表 4-67),潜在变量"教学环境"到潜在变量"教师要素"的标准化路径系数是 0.311,潜在变量"教师要素"到潜在变量"教学满意度"的标准化路径系数是 0.232,则教学环境到教学满意度的间接效应就是 $0.311 \times 0.232 \approx 0.072$。这说明当其他条件不变时,潜在变量"教学环境"每提升 1 个单位,潜在变量教师"教学满意度"将间接提升 0.072 个单位。

根据表 4-71,可以看到在本书中学生要素对教学忠诚度的间接效应为 0.112,学生要素对教学满意度的间接效应为 0.078;教学环境对教学忠诚度的间接效应是 0.104,教学环境对教学满意度的间接效应为 0.072。

(三)总效应

总效应是指原因变量对结果变量效应的总计结果,是原因变量对结果变

[①] 李文虎.基于结构方程模型的房地产虚拟化影响因素研究[D].哈尔滨:哈尔滨工业大学,2010:96.

量的直接效应与间接效应的总和。① 比如利用教师 SEM(C)系数标准化估计结果(表 4-67),教学环境到教学满意度的直接效应是 0.266,教学环境到教学满意度的间接效应是 0.072,则教学环境到教学满意度的总效应为 0.266+0.072=0.338。这说明当其他条件不变时,潜在变量"教学环境"每提升 1 个单位,潜在变量"教学满意度"总共将提升 0.338 个单位。

原因变量与结果变量之间的总效应情况如下(见表 4-71):学生要素对教师要素为 0.336,这意味着当其他条件不变时,潜在变量"学生要素"每提升 1 个单位,潜在变量"教师要素"总共会提升 0.336 个单位;教学环境对教师要素的总效应为 0.311,教学环境对教师忠诚度的总效应为 0.104,教学环境对教师教学满意度的总效应为 0.338;教学期望对教师教学满意度的总效应为 0.116;教师要素对教学忠诚度的总效应为 0.333,教师要素对教师教学满意度的总效应为 0.232。

在教师 SEM(C)中,直接效应最大的是学生要素对教师要素,其次是教师要素对教学忠诚度,再次是教学环境对教师要素。

这意味着在基于教师评价的高校教学系统"结构—功能"理论模型中:

学生要素(STUDENT)对教师要素(TEACHER)具有正向影响,且影响程度最大。在以学生学习为主要模式的时代,教师和学生作为教学系统中的两个主体,学生的学习基础、学习方法、学习态度以及学生对老师的态度等必然影响教师的教学方法、教学态度以及师生关系。

教学环境(ENVIRONMENT)对教师要素(TEACHER)具有正向影响。教学环境包括高校的校园网、多媒体教室、图书资料和文献数据库等现代化教学设施,以及学校的学术氛围和课堂教学氛围等。本书的结果显示,虽然教学环境在教学系统中处于相对静止的状态,但它却实实在在地影响着教学系统中教师的教学过程。

---

① 郭彬彬.煤矿人的不安全行为的影响因素研究[D].西安:西安科技大学,2011:156.

教学期望(EXPECT)对教学满意度(SATISFACTION)具有正向影响。教学期望作为教师心中对教学活动的一种期待,体现了教师对教学活动的态度和信念。研究的结果体现,教师内心对教学的期望的高低会影响到他们对教学系统满意度的评价结果。

教师要素(TEACHER)对教学忠诚度(LOYALTY)以及教学满意度(SATISFACTION)均具有正向影响。这意味着教师对所在群体知识结构、专业水平、教学方法以及品行等的认可状况影响到其对教学的忠诚度以及教学的满意度。

第四节 教师不同背景特征多群组结构方程模型分析

多群组 SEM 分析检验的目的在于,评估适配于某一样本群体的模型,是否也适配于其他样本群体,即评估研究者所提的理论模型在不同样本群体间是否具有参数不变性。若多群组 SEM 分析检验结果表明模型是可以被接受的,表示模型具有跨群组稳定性。

我们将教师的性别特征、学校类型特征、职称类型作为教师 SEM(C)稳定性探索的群组变量。

一、不同性别群组结构方程模型分析

(一) 绘制 Amos 理论模型图

此理论模型的基础为文中形成的教师 SEM(C)。在理论模型中两个群组名称设定为"male"(男性)和"female"(女性)。

(二) 读取样本数据并设定群组变量及水平数值

将正式问卷所有有效样本合成一份,此处选取此样本数据。两个群组变量名称在数据中为"性别",将男教师群体的水平数值编码为 1,有效样本数有 245 个;将女教师群体的水平数值编码为 2,有效样本数有 224 个,全部有效样本共计 469 个。

(三) 设定多群组分析模型

根据两个群组的理论模型[教师 SEM(C)],在 Amos 软件选定 5 个参数限制模型。模型 1(XX:Measurement weights)设定测量系数相等;模型 2(XX:Structural weights)在模型 1 的基础上,增列结构系数相等;模型 3(XX:Structural covariances)在模型 2 的基础上,增列结构协方差相等;模型 4(XX:Structural residuals)在模型 3 的基础上,增列结构残差相等;模型 5(XX:Measurement residuals)在模型 4 的基础上,增列测量残差相等。这五个模型限制条件逐步增加,五个限制参数模型与原先未限制参数的基准模型中的参数界定如下表 4-72。

表 4-72 不同性别教师群组限制参数模型参数界定

未限制参数	限制参数模型				
教师 SEM(C)	模型 1	模型 2	模型 3	模型 4	模型 5
测量系数	$ai\_1=ai\_2$ $i=1,2,3,\cdots,30$				
结构系数		$bi\_1=bi\_2$ $i=1,2,3,\cdots,7$			
结构协方差			$ccci\_1=ccci\_2;$ $vvvi\_1=vvvi\_2$ $i=1,2,3$		
结构残差 变量方差				$vvi\_1=vvi\_2$ $i=1,2,3$	

续表

未限制参数	限制参数模型			
测量残差 变量方差				ci_1=ci_2 vj_1=vj_2 i=1,2,3,4 j=1,2,3,…,36

多群组模型设定完成后,包含 6 个模型,其中第一个模型为参数未加限制的基准模型[教师 SEM(C)]。

构建的男教师群组 Amos 理论模型图及变量参数名称见图 4-30。

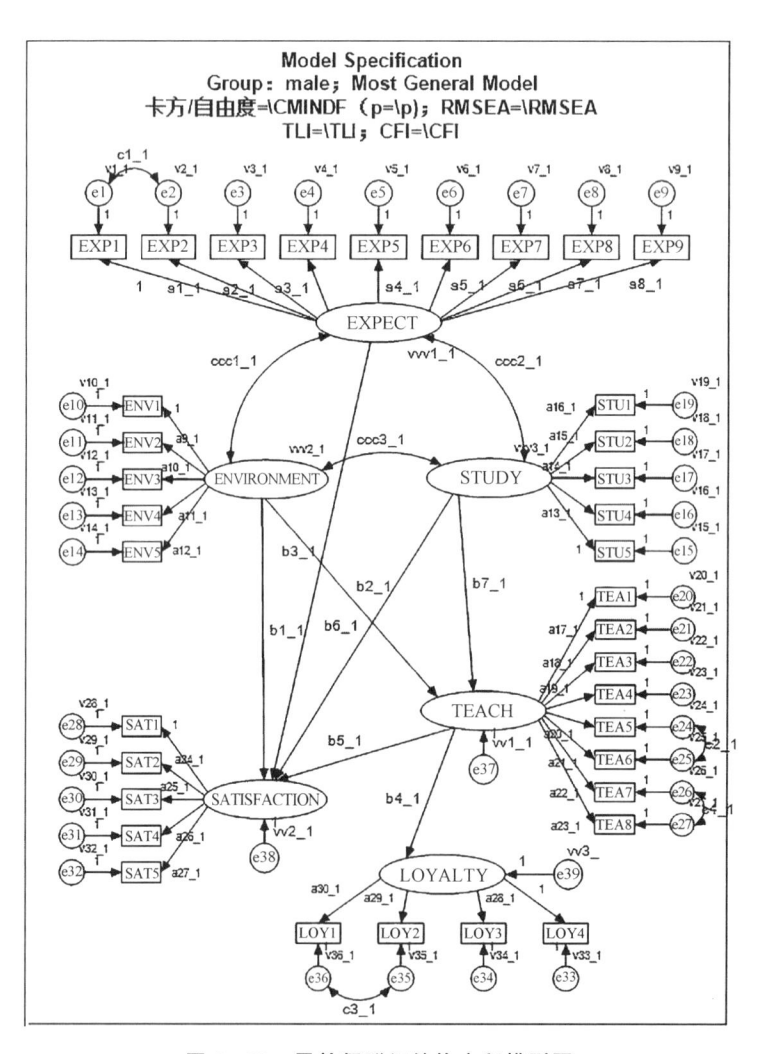

图 4-30 男教师群组结构方程模型图

女教师群组 Amos 理论模型图及变量参数名称见图 4-31。

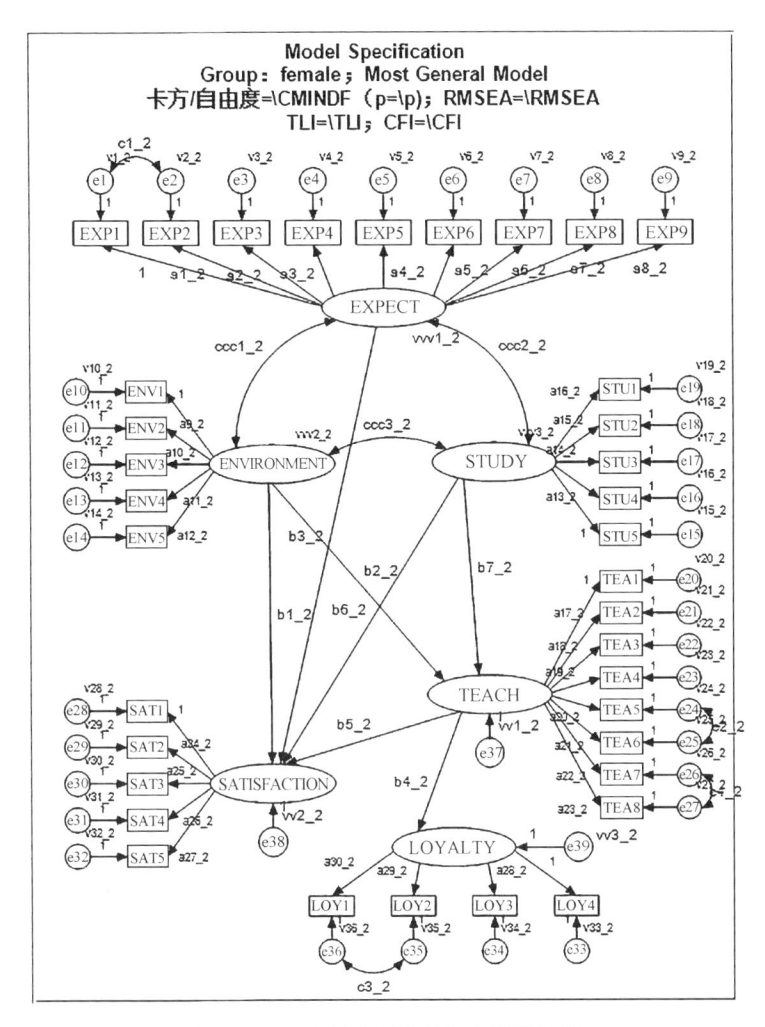

图 4-31　女教师群组结构方程模型图

（四）不同性别群组模型执行结果

在 Amos 软件中进行估值计算,上述群组的参数未限制模型和 5 个参数限制模型均可辨识,6 个模型的模型名称前均出现[OK:],表示未限制参数模型和限制参数模型均可以顺利估计出各项统计量。

(五) 模型适配度检验

考虑到样本量相对测量题项量偏少,根据结构方程模型适配指数的适用情形,我们选取受样本量影响较小的 TLI(即 NNFI)、CFI 和 RMSEA 三个指数值进行适配度检验,同时在一定程度上参考 CMIN/DF(卡方自由度比)的数值。在结构方程模型中,TLI 值、CFI 值的变化区间在 0~1 之间,越接近 1 表示拟合度越好;RMSEA 的变化区间也在 0~1 之间,越接近 0 表示拟合度越好,小于 0.05 表示模型拟合较好,在 0.05~0.08 间表示模型拟合尚可。表 4-73 至表 4-75 为 6 个模型适配度的检验结果。

从各模型适配度结果表可以发现,TLI 值、CFI 值均大于 0.84 接近 1,表示各个模型不变性的适配度尚可;6 个模型不变性的 RMSEA 值均等于 0.049,达到小于 0.05 适配较好的标准,表示模型适配情况较好。6 个模型的卡方自由度比(CMIN/DF)均小于 3,表示参数界定的理论模型适配度佳。综合而言,6 个参数限制模型与样本数据均能够适配。

表 4-73　不同性别教师 SEM 适配结果——Baseline Comparisons

model	NFI delta1	RFI rho1	IFI delta2	TLI rho2	CFI
教师 SEM(C)	0.765	0.745	0.860	0.846	0.858
模型 1	0.762	0.748	0.859	0.850	0.858
模型 2	0.761	0.748	0.858	0.849	0.857
模型 3	0.759	0.748	0.857	0.849	0.856
模型 4	0.758	0.747	0.856	0.848	0.855
模型 5	0.751	0.748	0.851	0.849	0.851
Saturated model	1.000		1.000		1.000
Independence model	0.000	0.000	0.000	0.000	0.000

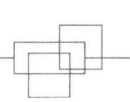

表 4-74　不同性别教师 SEM 适配结果——RMSEA

model	rmsea	lo 90	hi 90	pclose
教师 SEM(C)	0.049	0.047	0.052	0.666
模型 1	0.049	0.046	0.051	0.780
模型 2	0.049	0.046	0.051	0.776
模型 3	0.049	0.046	0.051	0.761
模型 4	0.049	0.046	0.052	0.740
模型 5	0.049	0.046	0.051	0.772
Independence model	0.126	0.123	0.128	0.000

表 4-75　不同性别教师 SEM 适配结果——CMIN

model	npar	cmin	df	p	cmin/df
模型 C	172	2475.895	1160	0.000	2.134
模型 1	142	2510.080	1190	0.000	2.109
模型 2	135	2526.392	1197	0.000	2.111
模型 3	129	2543.541	1203	0.000	2.114
模型 4	126	2555.892	1206	0.000	2.119
模型 5	86	2632.338	1246	0.000	2.113
Saturated model	1332	0.000	0		
Independence model	72	10555.106	1260	0.000	8.377

模型 5(即参数限制最多的模型)中男教师群体非标准化估计值路径图,如图 4-32,模型中所有误差方差均为正,表示模型能够基本适配。

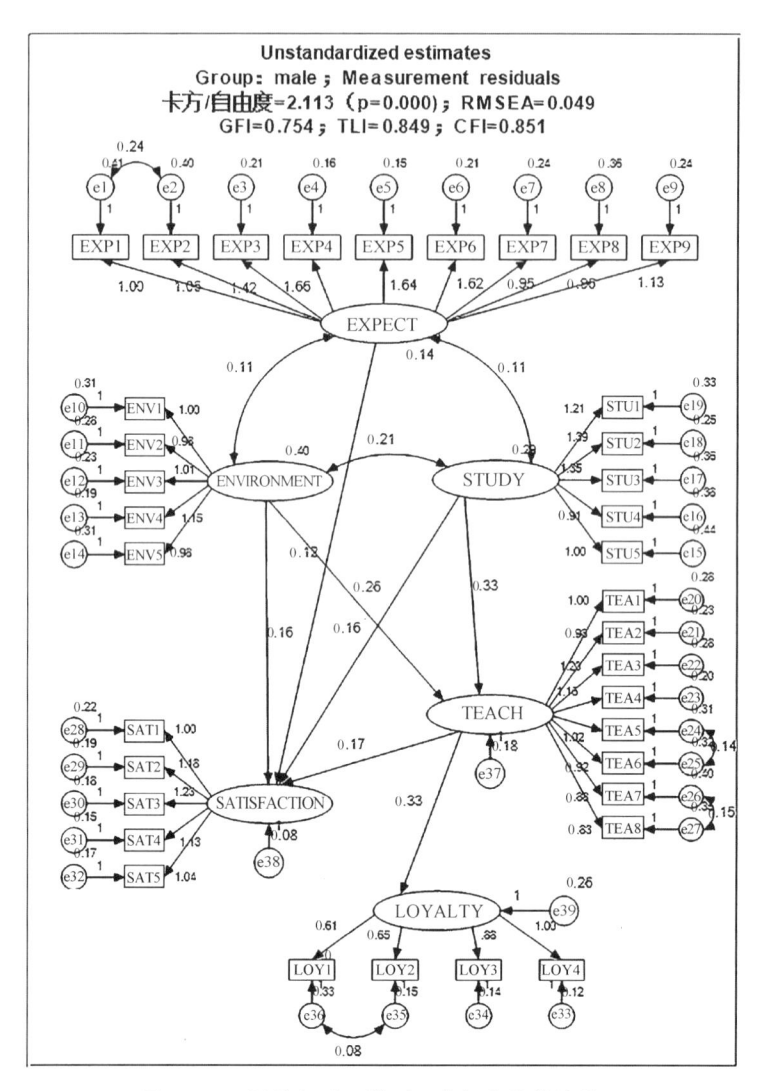

图 4-32 男教师群组模型 5 非标准化估计结果

模型5(参数限制最多的模型)中男教师群组标准化估计值路径图,如图4-33,6个潜在变量中的所有36个测量指标均在0.45至0.96之间。女教师群组非标准化估计值模型图中的自由参数数值(包括回归系数、协方差、方差等)均与男教师群组的相同,参数估计的标准化数值也相同。

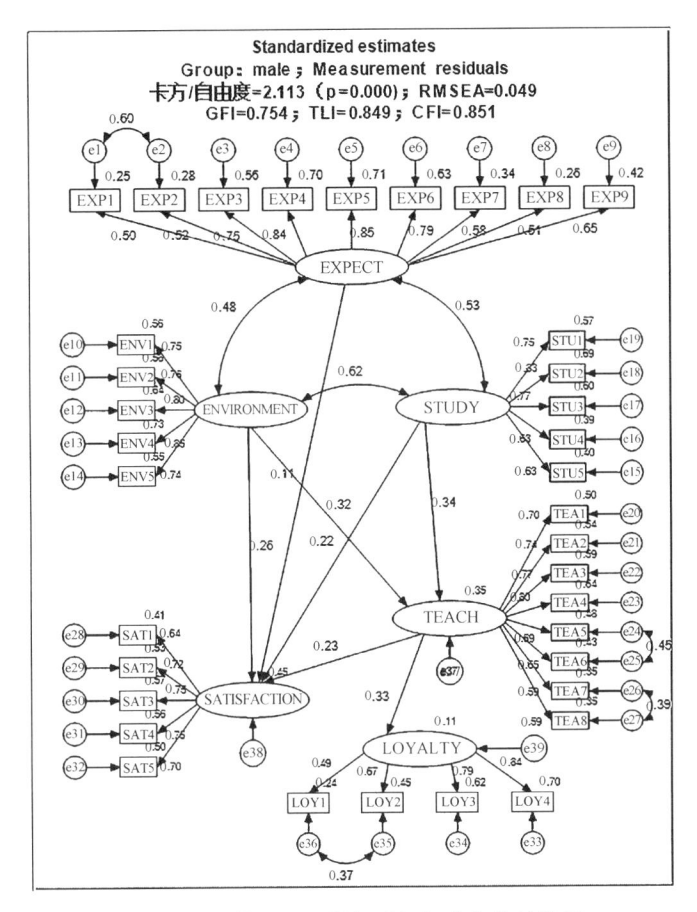

图 4-33 模型 5 男教师群组标准化估计结果

上述结果说明,我们所构建的教师 SEM(C)关于不同性别群组参数限制的部分不变性(测量系数和路径系数)的模型可以被接受,也即意味着,所提的结构方程假设模型适用于不同性别的教师样本,该模型具有较好的稳定性。

二、不同学校类型群组结构方程模型分析

(一) 绘制 Amos 理论模型图

此理论模型的基础为文中形成的教师 SEM(C)。在理论模型中 4 个群

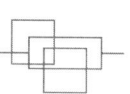

组名称为"985高校""211高校""其他普通本科院校"和"高职院校"。

(二) 读取样本数据并设定群组变量及水平数值

此处采用正式问卷所有有效样本数据。4个群组变量名称在数据文件中为"学校类型","985高校"的水平数值编码为1,有效样本数有58个;"211高校"的水平数值编码为2,有效样本数有94个;其他普通本科院校的水平数值编码为3,有效样本数有181个;高职院校的水平数值编码为4,有效样本数有136个;全部有效样本数共计469个。

(三) 设定多群组分析模型

根据四个群组的理论模型图[教师SEM(C)],在Amos软件中选择5个内定的参数限制模型。模型1(XX:Measurement weights)设定测量系数相等;模型2(XX:Structural weights)增列结构系数相等;模型3(XX:Structural covariances)增列结构协方差相等;模型4(XX:Structural residuals)增列结构残差相等;模型5(XX:Measurement residuals)增列测量残差相等。五个限制参数模型与原先未限制参数的基线模型(SEM模型C)中的参数设定如下表4-76。

表4-76 不同学校类型教师群组限制参数模型参数界定

未限制参数	限制参数模型				
教师SEM(C)	模型1	模型2	模型3	模型4	模型5
测量系数	ai_1=ai_2=ai_3=ai_4 i=1,2,3,…,30				
结构系数		bi_1=bi_2=bi_3=bi_4 i=1,2,3,…,7			
结构协方差			ccci_1=ccci_2=ccci_3=ccci_4; vvvi_1=vvvi_2=vvvi_3=vvvi_4 i=1,2,3		

续表

未限制参数	限制参数模型
结构残差变量方差	vvi_1＝vvi_2＝vvi_3＝vvi_4 i＝1,2,3
测量残差变量方差	ci_1＝ci_2＝ci_3＝ci_4 vj_1＝vj_2＝vj_3＝vj_4 i＝1,2,3,4 j＝1,2,3,…,36

多群组模型设定完成后，包含 6 个模型，其中第一个模型为参数未加限制模型［教师 SEM(C)］。

构建的"985 高校"教师群组 Amos 理论模型图及变量参数名称见图 4-34。

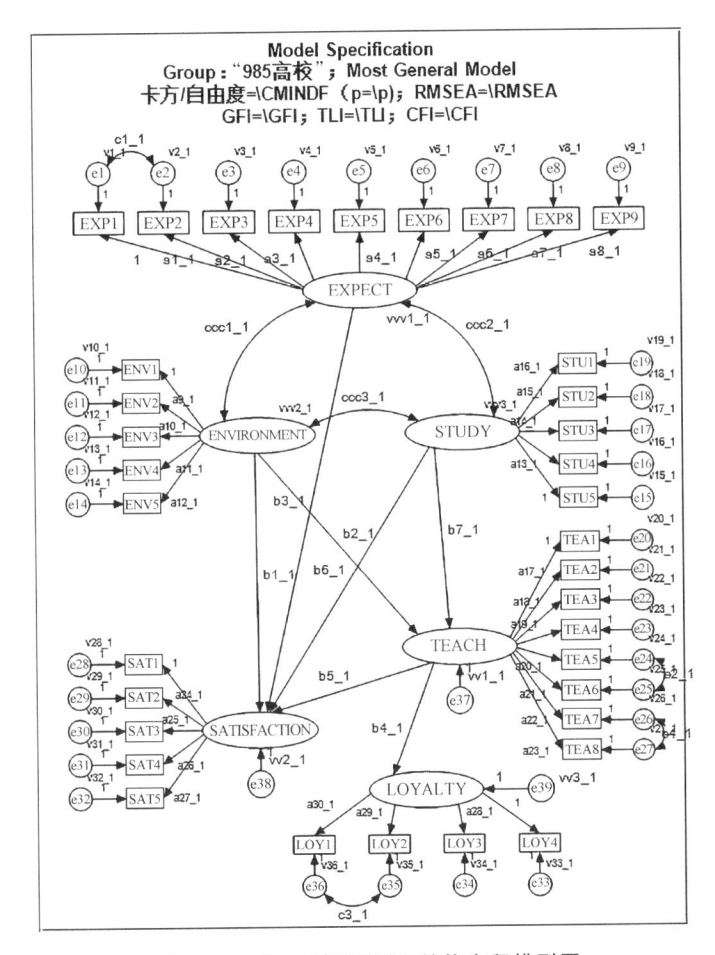

图 4-34 "985 高校"群组结构方程模型图

(四) 不同学校类型群组模型执行结果

在 Amos 中进行估值计算后,上述群组的 5 个模型的模型名称前均出现 [OK:],表示这 5 个参数限制模型均可辨识,能够顺利估计出各项统计量。而参数未限制模型名称前未出现[OK:],这说明该模型由于待估计参数过多未能识别。

(五) 模型适配度检验

选取 TLI(即 NNFI)、CFI 和 RMSEA 三个指数值进行适配度检验,并同时在一定程度上参考 CMIN/DF(卡方自由度比)的数值。表 4-77 至表 4-79 为各个模型适配度检验结果。

表 4-77 不同学校类型教师群组 SEM—Baseline Comparisons

model	NFI delta1	RFI rho1	IFI delta2	TLI rho2	CFI
模型 C	0.625	0.593	0.776	0.752	0.771
模型 1	0.613	0.596	0.769	0.755	0.766
模型 2	0.611	0.597	0.768	0.757	0.766
模型 3	0.607	0.596	0.765	0.756	0.763
模型 4	0.604	0.594	0.761	0.753	0.759
模型 5	0.578	0.588	0.738	0.746	0.740
Saturated model	1.000		1.000		1.000
Independence model	0.000	0.000	0.000	0.000	0.000

表 4-78　不同学校类型教师群组 SEM—RMSEA

model	rmsea	lo 90	hi 90	pclose
模型 C	0.046	0.044	0.048	1.000
模型 1	0.045	0.043	0.047	1.000
模型 2	0.045	0.043	0.047	1.000
模型 3	0.045	0.043	0.047	1.000
模型 4	0.045	0.043	0.047	1.000
模型 5	0.046	0.044	0.048	1.000
Independence model	0.091	0.090	0.093	0.000

表 4-79　不同学校类型教师群组 SEM——CMIN

model	npar	cmin	df	p	cmin/df
模型 C	344	4466.655	2320	0.000	1.925
模型 1	254	4605.852	2410	0.000	1.911
模型 2	233	4631.461	2431	0.000	1.905
模型 3	215	4676.111	2449	0.000	1.909
模型 4	206	4715.784	2458	0.000	1.919
模型 5	86	5021.287	2578	0.000	1.948
Saturated model	2664	0.000	0		
Independence model	144	11907.668	2520	0.000	4.725

查找模型适配度的几个指标后发现,TLI值、CFI值均大于0.74且接近1,表示各个模型的适配度一般;各个模型不变性的RMSEA值均不高于0.046,小于0.05适配非常好的标准,表示模型适配情况很好。各个模型的卡方自由度比(CMIN/DF)均小于2,表示参数界定的理论模型适配度佳。综上判断,5个参数限制的假设模型与样本数据均能够适配。

模型5(参数限制最多的模型)中"985高校"群组非标准化估计值如图4-35,模型中所有误差方差均为正,表示模型能够基本适配。

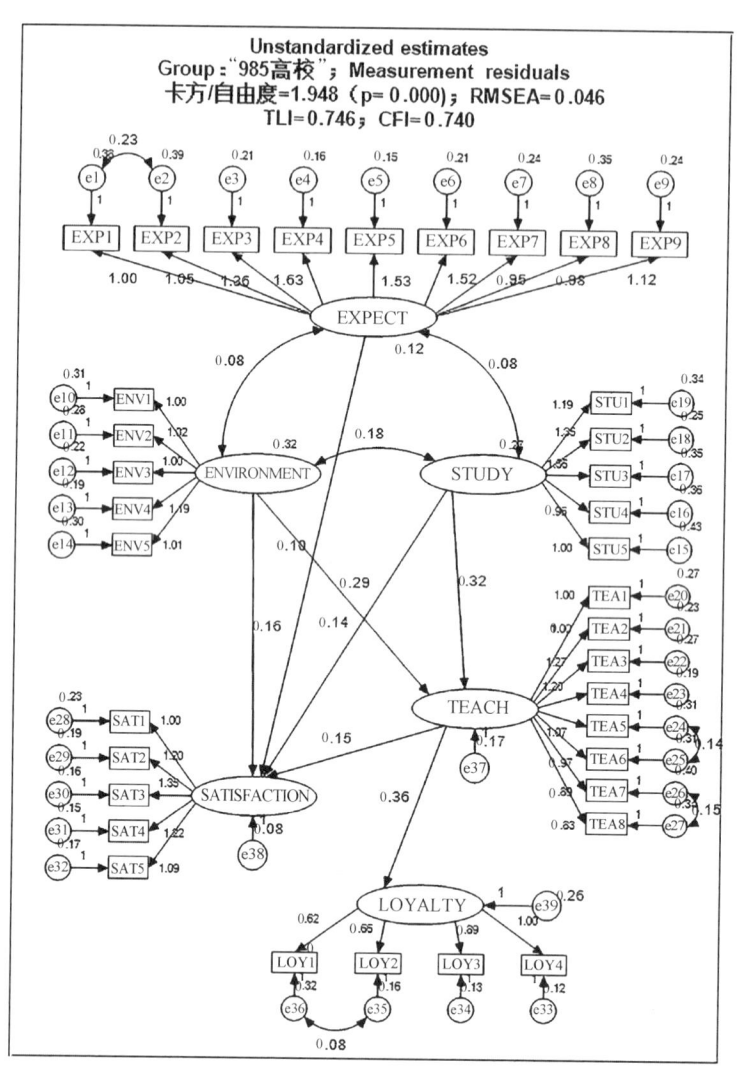

图 4-35 模型 5 的"985 高校"教师群组非标准化估计结果

模型 5(参数限制最多的模型)中"985 高校"教师群组标准化估计值路径图如图 4-36,6 个潜在变量中的所有 36 个测量指标均在 0.45 至 0.96 之间。其他群组非标准化估计值模型图中的自由参数数值(包括回归系数、协方差、方差等)均与"985 高校"群组相等,其标准化估计值结果也相等。

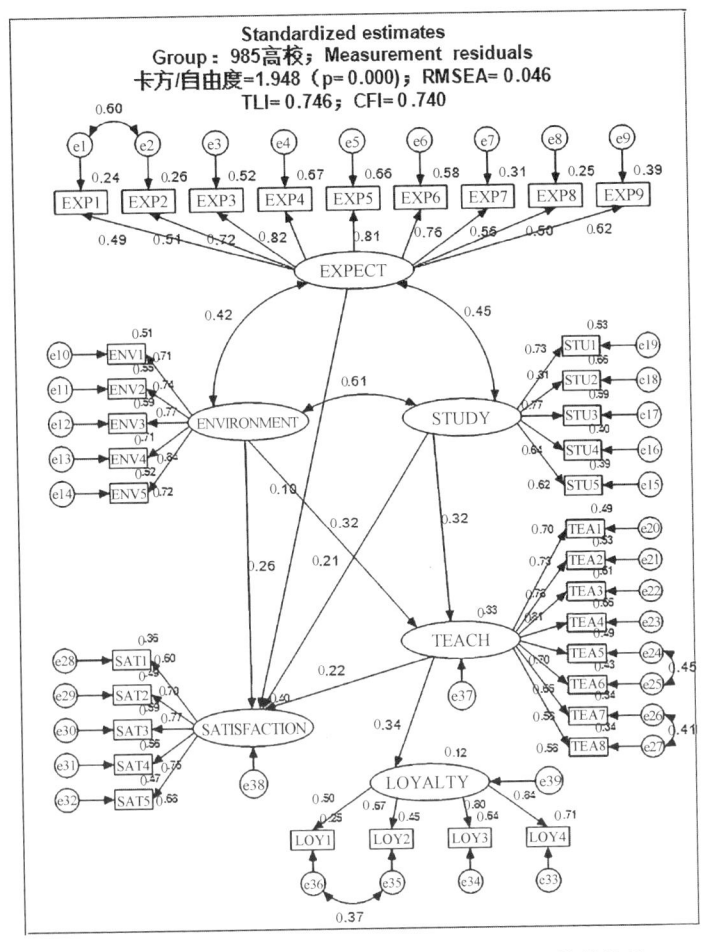

图 4-36　模型 5 的"985 高校"教师群组标准化估计结果

这意味着,我们所提出的结构方程理论模型适用于不同学校类型的样本,该模型具有较好的稳定性。

三、不同职称群组结构方程模型分析

(一)绘制 Amos 理论模型图

同前文,多群组分析的理论模型的基础为文中形成的教师 SEM(C)。在理论模型中4个群组名称为"高级职称""副高级职称""中级职称"和"初级职称",群组变量名称在原SPSS文件中为"职称",学校类型变量为4分名义变量。

(二)读取样本数据并设定群组变量及水平数值

此处采用正式问卷所有有效样本数据。4个群组变量名称在原始文件中为"职称",高级职称群体的水平数值编码为1,有效样本数有62个;"副高级职称"群体的水平数值编码为2,有效样本数有165个;"中级职称"群体的水平数值编码为3,有效样本数有217个;初级职称群体的水平数值编码为4,有效样本数有25个,全部有效样本观察值共计469个。

(三)设定多群组分析模型

根据上述4个群组的理论模型图,在Amos软件中选定5个参数限制模型。模型1(XX:Measurement weights)设定测量系数相等;模型2(XX:Structural weights)增列结构系数相等;模型3(XX:Structural covariances)增列结构协方差相等;模型4(XX:Structural residuals)增列结构残差相等;模型5(XX:Measurement residuals)增列测量残差相等。五个限制参数模型与原先未限制参数的基线模型中的参数设定如下表4-80。

表4-80 不同学校类型群组限制参数模型参数界定

未限制参数	限制参数模型				
教师SEM(C)	模型1	模型2	模型3	模型4	模型5
测量系数	ai_1=ai_2=ai_3=ai_4 i=1,2,3,…,30				
结构系数		bi_1=bi_2=bi_3=bi_4 i=1,2,3,…,7			
结构协方差			ccci_1=ccci_2=ccci_3=ccci_4; vvvi_1=vvvi_2=vvvi_3=vvvi_4 i=1,2,3			
结构残差 变量方差				vvi_1=vvi_2=vvi_3=vvi_4 i=1,2,3	

续表

未限制参数	限制参数模型			
测量残差 变量方差				ci_1＝ci_2＝ci_3＝ci_4 vj_1＝vj_2＝vj_3＝vj_4 i＝1,2,3,4 j＝1,2,3,…,36

多群组模型设定完成后,包含 6 个模型,其中第一个模型为参数均未加限制模型[教师 SEM(C)]。

构建的高级职称群组 Amos 理论模型图及变量参数名称见图 4-37。

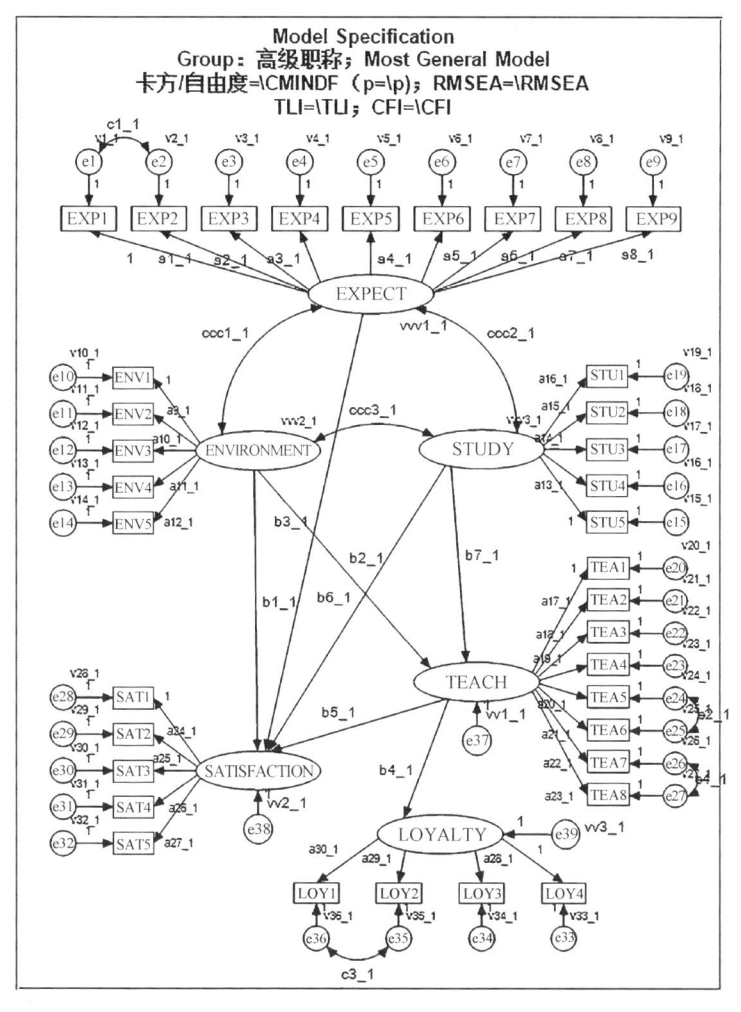

图 4-37 高级职称教师群组未限制结构方程模型图

(四) 不同学校类型群组模型执行结果

在 Amos 中进行估值计算,提示由于样本量少而无法运行,删除样本量过少(仅 25 个)的初级职称群组,重新在 Amos 中进行估计计算,另三个群组的参数未限制模型以及 5 个参数限制模型均可辨识,6 个模型的模型名称前均出现[OK:],表示所有模型均可以顺利估计出各项统计量。

(五) 模型适配度检验

同样选取模型适配度的 TLI(即 NNFI)、CFI 和 RMSEA 三个指数值进行适配度检验,在一定程度上参考 CMIN/DF(卡方自由度比)的数值。表 4-81 至表 4-83 为各个模型适配度检验结果。

表 4-81　不同职称教师群组 SEM—Baseline Comparisons

model	NFI delta1	RFI rho1	IFI delta2	TLI rho2	cfi
教师 SEM(C)	0.680	0.653	0.806	0.786	0.803
模型 1	0.672	0.655	0.801	0.789	0.799
模型 2	0.670	0.656	0.800	0.790	0.798
模型 3	0.668	0.656	0.799	0.790	0.797
模型 4	0.667	0.656	0.798	0.790	0.796
模型 5	0.654	0.658	0.789	0.792	0.790
Saturated model	1.000		1.000		1.000
Independence model	0.000	0.000	0.000	0.000	0.000

表 4-82　不同职称教师群组 SEM—RMSEA

model	rmsea	lo 90	hi 90	PCLOSE
教师 SEM(C)	0.049	0.047	0.051	0.805
模型 1	0.048	0.046	0.051	0.872
模型 2	0.048	0.046	0.051	0.885
模型 3	0.048	0.046	0.051	0.895
模型 4	0.048	0.046	0.051	0.891
模型 5	0.048	0.046	0.050	0.930
Independence model	0.105	0.104	0.107	0.000

表 4-83　不同职称教师群组 SEM—CMIN

model	npar	cmin	df	p	cmin/df
模型 C	258	3567.432	1740	0.000	2.050
模型 1	198	3662.904	1800	0.000	2.035
模型 2	184	3685.136	1814	0.000	2.031
模型 3	172	3703.988	1826	0.000	2.028
模型 4	166	3718.814	1832	0.000	2.030
模型 5	86	3858.031	1912	0.000	2.018
Saturated model	1998	0.000	0		
Independence model	108	11153.894	1890	0.000	5.902

查找模型适配度的几个指标后发现，6 个模型的 TLI 值、CFI 值均大于 0.79 接近 1，表示各个模型的适配度一般；6 个模型的 RMSEA 值均不高于 0.049，小于 0.05 适配非常好的标准，表示模型适配情况非常好。6 个模型的卡方自由度比(CMIN/DF)均小于 3，表示参数界定的理论模型适配度佳。由此综合判断，6 个假设模型与样本数据均能够适配。

在模型 5(参数限制最多的模型)中高级职称群体的非标准化估计结果如图 4-38，模型中所有误差方差都大于 0，这表示教师 SEM(C)在限制了测量系数相等、结构系数相等、结构协方差相等、结构残差相等以及测量残差相等后,基本适配情况还是可接受的。

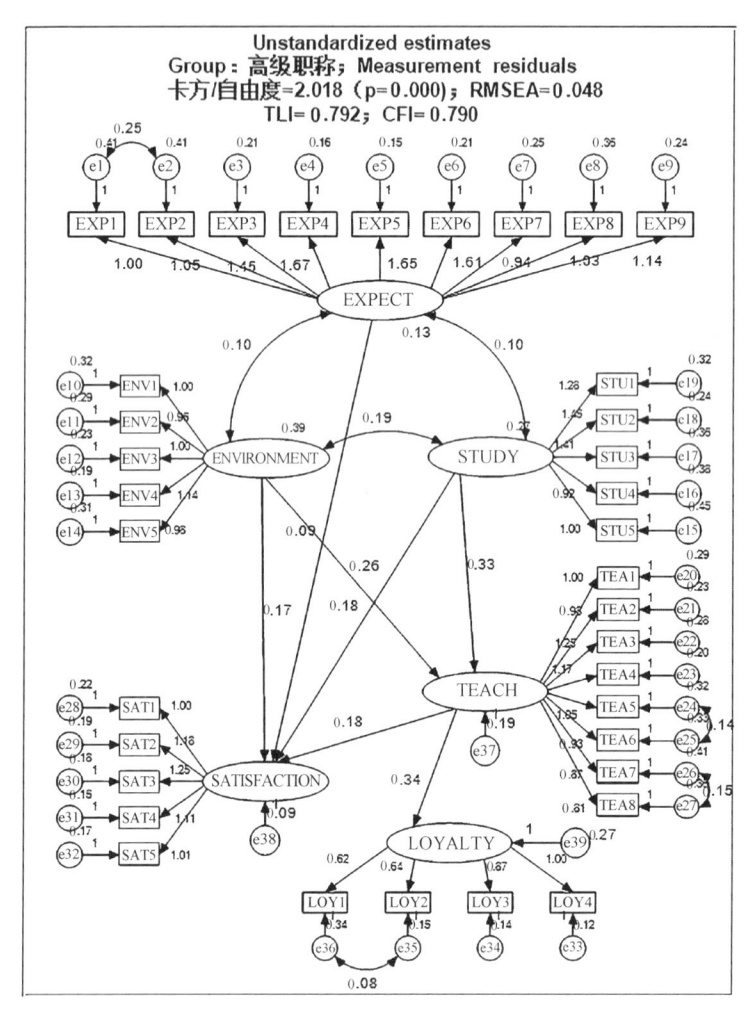

图 4-38 模型 5 的高级职称群组非标准化估计结果

模型5(参数限制最多的模型)中高级职称群组的标准化估计值如图 4-39,6 个潜在变量中的所有 36 个测量指标均在 0.45 至 0.96 区间内。其他群组非标准化估计值模型图中的自由参数数值(包括回归系数、协方差、方差等)均与高级职称群组相等,其标准化估计值结果也相等。

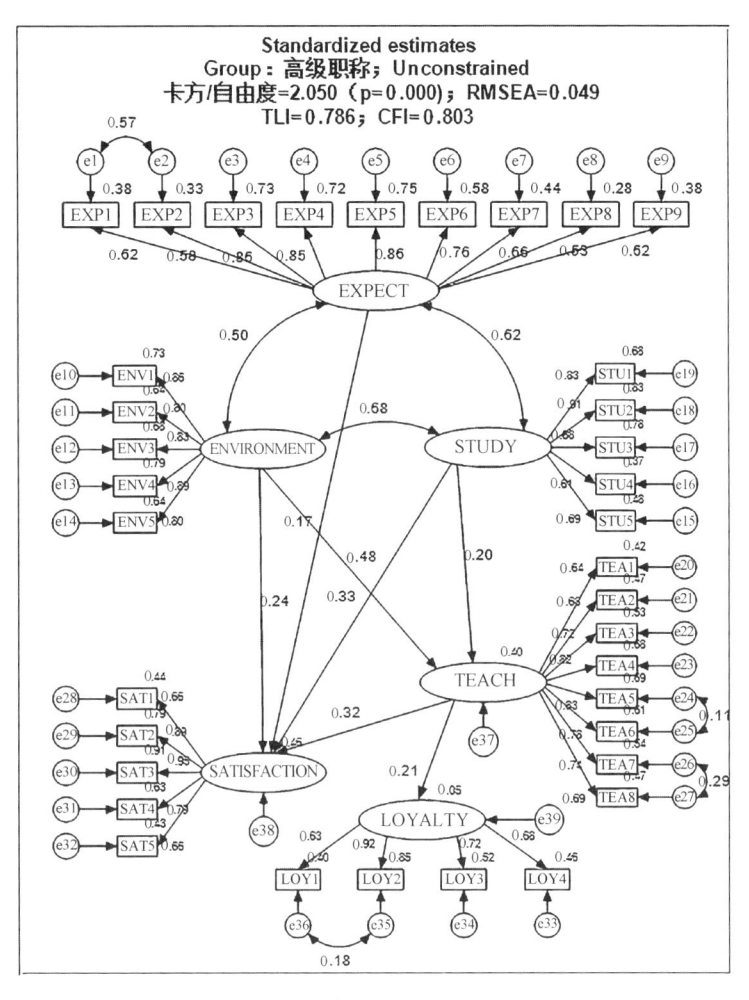

图 4-39　模型 5 的高级职称群组标准化估计结果

这表明,我们所构建结构方程假设模型适用于不同职称教师的样本群体,该模型具有较好的稳定性。

第五节　小结

我们首先在访谈的基础上对高校教学系统教师评价初始问卷进行修改

形成最终调查问卷,进行正式调查,并对问卷的信度和效度进行分析。其次,参考初始问卷探索性因子分析的结果,基于正式问卷探索性因子分析的结果,确定基于教师评价的高校教学系统"结构—功能"模型的潜在变量及其测量指标。第三,基于正式调查问卷的样本数据统计江苏省内教师对教学系统总体满意度和各要素总体满意度情况,比较不同类型学校教师对教学系统的满意度结果的差异,分析教师的性别、年龄、学校类型、职称、学历、收入等背景特征对高校教学系统评价的影响差异。第四,运用验证性因子分析法验证教学期望、教学环境、教师教学、教学满意度以及教学忠诚度几个潜在变量与其测量指标之间的关系,并修正测量模型。第五,基于研究假设以及修正后的测量模型构建基于教师评价的高校教学系统"结构—功能"理论模型。第六,通过结构方程模型多群组分析法对不同性别、不同学校、不同职称教师等跨群组样本间的适配度进行分析,检验理论模型的稳定性。我们的研究得到如下结论。

高校教学系统功能发挥(主要反映在教学满意度上)是一个要素众多、关系错综的过程。教学系统各要素(教学环境、学生、教师等)不仅对教学满意度具有显著的直接作用,还会通过对其他系统要素间接影响教学满意度和教学忠诚度。

教学系统各有关要素之间相互影响相互作用。教学环境和学生要素间具有显著的正相关关系。一般研究通常将教学期望作为教学系统的促进因素,将其视为教学系统的一个自变量。本文研究结果表明教学期望受到教学环境和学生要素的影响,三者之间具有显著的正相关关系,并共同作为自变量影响教师要素和教学满意度。

教师的不同背景特征对高校教学系统及其各要素满意度评价有一定的影响差异。

总体满意度指数方面,教师的不同年龄、学校类型、学科、职称、学历、教学工作量、教学时间投入以及年均收入水平等对高校教学系统总体满意度的影响均有显著差异。其中,刚参加工作不久(年龄最低、职称最低、没有子女、收入最低)的教师其对教学系统的总体满意度最高;"985高校"教师、医学教师、具有博士学历、博士生导师的总体满意度最高;教师的教学工作量越大则满意度指数就越低,教学时间投入越多则满意度指数就越低。

在学生要素满意度指数方面,教师的不同年龄、学校类型、职称、学历以及年均收入水平对其指数影响均有显著差异。其中,刚参加工作不久(年龄最低、职称最低、收入最低)的教师其对学生群体的满意度水平最高;"985高校"教师的满意度指数最高,来自高职院校教师的满意度指数最低;最后学历越高的教师其对学生群体的满意度指数也越最高。性别因素和学科因素在学生要素满意度评价方面的影响差异都不显著。

在教师要素满意度指数方面,各类型教师对其的评价总体上较为一致,无显著差异;仅有性别因素和高校类型因素对教师群体的满意度指数差异显著,其中女教师的满意度指数显著高于男教师;"985高校"教师对其教师要素的满意度指数最高,其他普通本科院校和高职院校教师对教师要素的满意度指数较低。

在教学内容满意度指数方面,教师的学校类型、职称和学历对其指数影响有显著差异。其中,"985高校"教师的满意度指数最高,其他普通本科院校的教师其满意度指数最低;正高级职称教师对教学内容的满意度指数最高,中级职称教师在此要素方面的满意度指数最低;最后学历越高的教师其对教学内容的满意度指数也越最高。性别、年龄、学科、收入对教学内容满意度的影响均无显著差异。

在教学环境满意度指数方面,教师的不同年龄、学校类型、学科、职称、学历以及年均收入水平对其影响均有显著差异。其中,年龄最低、职称最低的教师其对教学环境的满意度最高;"985高校"教师、农学和医学教师、具有博士学历、收入最高的教师对教学环境的满意度最高。性别因素对教学环境的满意度指数没有显著差异。

在教学效果满意度指数方面,教师的年龄、学校类型、学科、职称对其指数影响有显著差异。其中,年龄最大(超过 51 岁)的教师对教学效果的满意度水平最高;"985 高校"教师的满意度指数最高,来自其他普通本科院校的教师其满意度指数较低;农学、艺术学、医学的教师其满意度指数较高,历史学、管理学的教师对教学效果的满意度指数较低;正高级职称教师的满意度指数最高,中级职称教师的满意度指数最低。性别、学历、收入对教学效果满意度的影响均无显著差异。

调查研究结果显示,江苏省区域内高校教学系统教师总体满意度指数为 3.414,属于"中"的水平,教学系统各要素满意度指数处于"良"或"中"的水平;教师对学生要素的满意度指数最低,对教学效果的满意度指数最高。

多群组结构方程模型分析结果发现,不同性别、不同学校类型、不同职称的教师群组对本文所提出的理论模型具有很好的适配性。综合而言,本文所建立的基于教师评价的高校教学系统"结构—功能"理论模型具有较好的稳定性。

第五章　不同主体视野下的高校教学系统结构功能比较

我们基于教师和学生两个不同主体的视野,对基于区域评价数据的高校教学系统总体满意度及各要素满意度评价的差异进行分析,对所构建的高校教学系统"结构—功能"理论模型的潜在变量测量模型及路径的差异进行分析,并针对不同类型、不同层次的高校教学系统的"结构—功能"差异进行具体分析。

第一节　高校教学系统的师生评价差异

一、高校教学系统的师生总体评价差异

通过计算,得到江苏区域高校教师和学生对所在教学系统的总体评价及差异情况(见表5-1)。其中,学生总体满意度指数为3.49,教师总体满意度指数为3.42,师生对高校教学系统总体评价差异显著。

表 5-1　师生的高校教学系统总体满意度指数及差异

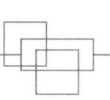

特征	选项	代码	总体满意度指数	f	p 值	验证结果
师生身份	学生	1	3.49	10.146	0.001	差异显著
	教师	2	3.42			

由上表可知,教师和学生对江苏区域高校教学系统的总体评价差异显著,其中教师的总体满意度指数略低于学生评价指数。具体来看,教师和学生的总体满意度指数都不高,均处于"中"的水平。

二、高校教学系统各要素及教学效果的师生评价差异

(一) 师生对高校教学系统教师要素的评价情况

通过计算,得到江苏区域高校教师和学生对教学系统中教师要素的评价及其差异情况(见表 5-2)。其中,学生对教师要素满意度指数为 3.59,教师对教师要素满意度指数为 3.51,师生对高校教学系统教师要素评价差异显著。

表 5-2　师生的高校教学系统教师要素满意度指数及差异

特征	选项	代码	教师要素满意度指数	f	p 值	验证结果
师生身份	学生	1	3.59	7.731	0.005	差异显著
	教师	2	3.51			

由上表可知,教师和学生对江苏区域高校教学系统中的教师要素评价差异显著,其中教师的满意度指数略低于学生评价指数。具体来看,教师和学生对教师要素的评价指数均处于"中"的水平。

(二) 师生对高校教学系统学生要素的评价情况

通过计算,得到江苏区域高校教师和学生对所在教学系统学生要素的评价及差异情况(见表5-3)。其中,学生对学生要素满意度指数为3.42,教师对学生要素满意度指数为3.02,师生对高校教学系统学生要素评价差异显著。

表5-3 师生的高校教学系统学生要素满意度指数及差异

特征	选项	代码	学生要素满意度指数	f	p值	验证结果
师生身份	学生	1	3.42	160.582	0.000	差异显著
	教师	2	3.02			

由上表可知,教师和学生对江苏区域高校教学系统学生要素的评价差异显著,其中教师对学生的满意度指数显著低于学生对同辈群体的评价指数。具体来看,教师和学生对学生要素的评价指数均处于"中"的水平,其中教师对学生群体的评价已接近"差"的级别。

(三) 师生对高校教学系统教学内容的评价情况

通过计算,得到江苏区域高校教师和学生对教学系统教学内容的评价及其差异情况(见表5-4)。其中,学生对教学内容满意度指数为3.42,教师对教学内容满意度指数为3.62,师生对高校教学系统教学内容评价差异显著。

表5-4 师生的高校教学系统教学内容满意度指数及差异

特征	选项	代码	教学内容满意度指数	f	p值	验证结果
师生身份	学生	1	3.42	44.527	0.000	差异显著
	教师	2	3.62			

由上表可知,教师和学生对江苏区域高校教学系统教学内容要素的评价差异显著,其中教师对教学内容的满意度评价指数显著高于学生的评价指数。具体来看教师对教学内容的评价指数较高,处于"良"的水平;而学生对教学内容的评价指数较低,处于"中"的水平。

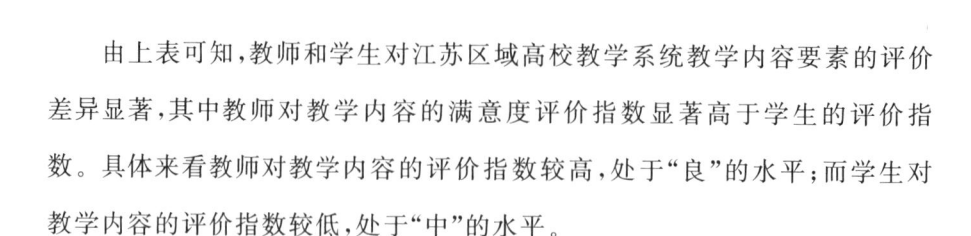

(四)师生对高校教学系统教学环境的评价情况

通过计算,得到江苏区域高校教师和学生对教学系统的教学环境要素的评价及其差异情况(见表5-5)。其中,学生对教学环境满意度指数为3.46,教师对教学环境满意度指数为3.31,师生对高校教学系统教学环境评价差异显著。

表5-5 师生的高校教学系统教学环境满意度指数及差异

特征	选项	代码	教学环境满意度指数	f	p值	验证结果
师生身份	学生	1	3.46	27.586	0.000	差异显著
	教师	2	3.31			

由上表可知,教师和学生对江苏区域高校教学系统教学环境评价差异显著,其中教师对教学环境的满意度指数显著低于学生的满意度指数。具体来看,教师和学生对教学环境要素的评价指数都不高,均处于"中"的水平。

(五)师生对高校教学系统教学效果满意度指数

通过计算,得到江苏省高校教师和学生对教学系统的功能即教学效果的评价及其差异情况(见表5-6)。其中,学生对教学效果满意度指数为3.49,教师对教学效果满意度指数为3.73,师生对高校教学系统教学效果评价差异显著。

表 5-6　师生的高校教学系统教学效果满意度指数及差异

特征	选项	代码	教学效果满意度指数	f	p 值	验证结果
师生身份	学生	1	3.49	66.066	0.000	差异显著
	教师	2	3.73			

由上表可知，教师和学生对江苏区域高校教学系统功能的评价差异显著，其中教师对教学效果的满意度评价指数显著高于学生的评价指数。具体来看，教师对教学效果的评价指数较高，处于"良"的水平；而学生对教学效果的评价指数相对低些，处于"中"的水平。

第二节　高校教学系统"结构—功能"理论模型的师生视角差异

本部分研究分别对第三章构建的"基于学生评价的高校教学系统'结构—功能'SEM（修正模型：C）"（以下简称"学生模型 C"）与第四章构建的"基于教师评价的高校教学系统'结构—功能'SEM（修正模型：C）"（以下简称"教师模型 C"）及其采用相应的全部有效样本数据运行得到的结果进行分析描述。

一、高校教学系统"结构—功能"模型潜在变量的师生视角差异

学生模型 C 与教师模型 C 中的潜在变量的差异主要包括以下几个方面。

（一）潜在变量"教学期望"

在学生模型 C 中其含义侧重于对教师教学的期望，而在教师模型 C 中侧重于对学生学习的期望。

（二）潜在变量"教师要素"

在学生模型 C 中其外延更宽，包括学生在教学活动中接触的各类型教师，而在教师模型 C 中主要集中于所在学科的教师群体。同时，"教师要素"在两个模型中的内涵也不一致，在教师模型 C 中不仅包括对学科教师群体的评价而且包括对师生关系的判断，而在学生模型 C 中仅包括对教师群体的评价。

（三）潜在变量"学生要素"

"学生要素"在两个模型中的内涵不一致，在教师模型 C 中仅包括对所授课学生的评价，而在学生模型 C 中不仅包括对周围学生群体的评价而且包括了对师生关系的评价。

（四）潜在变量"教学忠诚度"

"教学忠诚度"在学生模型 C 中包括对高校和专业的忠诚度，而在教师模型 C 中偏重于教学投入和教改参与的意愿度。

二、高校教学系统"结构—功能"测量模型的师生视角差异

学生模型 C 与教师模型 C 中的测量模型差异主要体现在以下方面。

(一)"教学期望"测量模型

与教师模型 C 相比,学生模型 C 中的"教学期望"测量模型所包含的测量指标数目相同,但增加了一对误差项的相关关系(教师教学态度期望与教师知识水平期望)。

(二)"教学环境"测量模型

与教师模型 C 相比,学生模型 C 中的"教学环境"测量模型所包含的测量指标数目和内容基本一致,但增加了一对误差项的相关关系(教学硬件条件满意度与信息化资源满意度)。

(三)"教师要素"测量模型

与教师模型 C 相比,学生模型 C 中"教师要素"测量模型的测量指标增加了 1 个,也增加了 1 对误差相关关系。

(四)"教学满意度"测量模型

与教师模型 C 相比,学生模型 C 中"教学满意度"测量指标增加了 4 个。

三、高校教学系统"结构—功能"理论模型路径的师生视角差异

学生模型 C 与教师模型 C 中的路径差异主要体现在以下方面。

教师模型 C 共有 7 条。总体而言,学生模型 C 比教师模型 C 的路径关系更为复杂。

与教师模型 C 相比,学生模型 C 中增加了教学期望(EXPECT)到教师要素(TEACHER)、教学期望(EXPECT)到教学忠诚度(LOYALTY)、教学满意度(SATISFACTION)到教学忠诚度(LOYALTY)共 3 条路径,而减少了

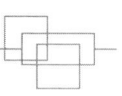

教师要素(TEACHER)到教学忠诚度(LOYALTY)的路径。

由于路径的差异,两个模型中潜在变量"教学满意度"的性质也出现了变化,在学生模型 C 中它既是结果变量又是作为中介变量对"教学忠诚度"产生影响,而在教师模型 C 中它只作为结果变量而存在。

第三节 高校教学系统"结构—功能"的师生视角差异

一、不同类型高校教学系统"结构—功能"的师生视角差异

(一) 学生视野下的不同类型高校教学系统"结构—功能"差异分析

我们利用第三章"学生不同特征多群组结构方程模型分析"中构建的不同类型学校群组结构方程模型进行分析不同类型高校其教学系统结构情形。其中结构方程模型为参数未限制的学生 SEM(C),4 个群组名称分别为"985 高校""211 高校""其他普通本科院校"和"高职院校",数据为所有的 5 744 份学生有效样本。

在 Amos 软件中进行估值计算,模型可以辨识,各项适配度指数也显示模型能够与数据较好地适配。

在假设载荷系数受限模型为真的情况下对各参数受限模型进行检查,检查结果见表 5-7。

表 5-7 假设测量模型为真时(不同类型高校学生)

model	df	$cmin$	p	NFI $delta-1$	IFI $delta-2$	RFI $rho-1$	TLI $rho2$
Structural weights	27	145.115	0.000	0.001	0.001	0.000	0.000
Structural covariances	45	236.599	0.000	0.002	0.002	0.000	0.000
Structural residuals	54	265.449	0.000	0.002	0.002	0.000	0.000
Measurement residuals	219	1472.297	0.000	0.010	0.011	0.004	0.005

从表 5-7 可见,结构系数(Structural weights)受限制模型的 NFI 值、IFI 值、RFI 值、TLI 值的增加量均远小于 0.05,接受模型间无差异的虚无假设,表示结构系数受限制模型与测量系数受限制模型是没有差异的。但是这只能说明基于学生评价的四类高校教学系统"结构—功能"模型整体上不存在显著差异,但模型间还是可能存在掩盖特定路径系数的组间差异,因此继续对测量系数受限制模型的路径回归系数进行分析,各不同类型高校的路径回归系数显著性检验结果见表 5-8 至表 5-11,路径系数的标准化估计结果见表 5-12。

表 5-8 路径系数显著性检验结果:("985 高校"学生——测量系数受限模型)

			estimate	s.e.	c.r.	p	label
TEACHER	<--	STUDENT	0.358	0.048	7.405	***	b3_1
TEACHER	<--	ENVIRONMENT	0.336	0.053	6.374	***	b4_1
TEACHER	<--	EXPECT	0.079	0.048	1.634	0.102	b6_1
SATISFACTION	<--	STUDENT	0.322	0.039	8.162	***	b1_1
SATISFACTION	<--	ENVIRONMENT	0.361	0.044	8.174	***	b2_1
SATISFACTION	<--	EXPECT	0.099	0.037	2.705	0.007	b7_1
SATISFACTION	<--	TEACHER	0.129	0.042	3.039	0.002	b8_1
LOYALTY	<--	EXPECT	0.061	0.028	2.216	0.027	b5_1
LOYALTY	<--	SATISFACTION	0.362	0.032	11.413	***	b9_1

表 5-9　路径系数显著性检验结果:("211 高校"学生——测量系数受限模型)

			estimate	s.e.	c.r.	p	label
TEACHER	<－－	STUDENT	0.327	0.033	10.045	***	b3_2
TEACHER	<－－	ENVIRONMENT	0.257	0.032	8.106	***	b4_2
TEACHER	<－－	EXPECT	0.095	0.026	3.655	***	b6_2
SATISFACTION	<－－	STUDENT	0.228	0.026	8.695	***	b1_2
SATISFACTION	<－－	ENVIRONMENT	0.508	0.028	18.149	***	b2_2
SATISFACTION	<－－	EXPECT	0.051	0.020	2.533	0.011	b7_2
SATISFACTION	<－－	TEACHER	0.172	0.025	7.013	***	b8_2
LOYALTY	<－－	EXPECT	0.055	0.016	3.454	***	b5_2
LOYALTY	<－－	SATISFACTION	0.306	0.020	15.081	***	b9_2

表 5-10　路径系数显著性检验结果:(其他普通本科院校学生——测量系数受限模型)

			estimate	s.e.	c.r.	p	label
TEACHER	<－－	STUDENGT	0.528	0.029	18.029	***	b3_3
TEACHER	<－－	ENVIRONMENT	0.146	0.025	5.835	***	b4_3
TEACHER	<－－	EXPECT	0.115	0.021	5.464	***	b6_3
SATISFACTION	<－－	STUDENT	0.231	0.027	8.532	***	b1_3
SATISFACTION	<－－	ENVIRONMENT	0.523	0.023	22.326	***	b2_3
SATISFACTION	<－－	EXPECT	0.109	0.018	6.181	***	b7_3
SATISFACTION	<－－	TEACHER	0.126	0.026	4.882	***	b8_3
LOYALTY	<－－	EXPECT	0.029	0.015	1.982	0.047	b5_3
LOYALTY	<－－	SATISFACTION	0.325	0.020	16.439	***	b9_3

表 5-11　路径系数显著性检验结果:(高职院校学生——测量系数受限模型)

			estimate	s.e.	c.r.	p	label
TEACHER	<－－	STUDENT	0.624	0.037	17.030	***	b3_4
TEACHER	<－－	ENVIRONMENT	0.073	0.030	2.448	0.014	b4_4
TEACHER	<－－	EXPECT	0.083	0.025	3.280	0.001	b6_4

续表

			estimate	s.e.	c.r.	p	label
SATISFACTION	<--	STUDENT	0.097	0.033	2.903	0.004	b1_4
SATISFACTION	<--	ENVIRONMENT	0.678	0.028	24.549	***	b2_4
SATISFACTION	<--	EXPECT	0.030	0.020	1.542	0.123	b7_4
SATISFACTION	<--	TEACHER	0.121	0.028	4.398	***	b8_4
LOYALTY	<--	EXPECT	0.069	0.016	4.232	***	b5_4
LOYALTY	<--	SATISFACTION	0.343	0.021	16.621	***	b9_4

表 5-12 不同类型高校学生测量系数受限模型路径系数标准化结果

			"985高校"	"211高校"	其他普通本科院校	高职院校	Label
TEACHER	<--	STUDENT	0.374	0.350	0.565	0.667	b3_i
TEACHER	<--	ENVIRONMENT	0.371	0.297	0.172	0.090	b4_i
TEACHER	<--	EXPECT	0.072	0.094	0.114	0.079	b6_i
SATISFACTION	<--	STUDENT	0.369	0.242	0.239	0.098	b1_i
SATISFACTION	<--	ENVIRONMENT	0.439	0.581	0.596	0.785	b2_i
SATISFACTION	<--	EXPECT	0.099	0.050	0.104	0.028	b7_i
SATISFACTION	<--	TEACHER	0.142	0.171	0.122	0.115	b8_i
LOYALTY	<--	EXPECT	0.111	0.104	0.056	0.125	b5_i
LOYALTY	<--	SATISFACTION	0.658	0.594	0.657	0.687	b9_i

注:Label 编码中 i=1,2,3,4;1 代表 985 高校,2 代表 211 高校,3 代表其他普通本科院校,4 代表高职院校。

从表 5-8 至表 5-11 可得出结论。

1) 与其他类型高校相比,"985 高校"教学系统中教学期望(EXPECT)到教师要素(TEACHER)的路径系数不显著。

2) 高职院校教学系统教学期望(EXPECT)到教学满意度(SATISFACTION)的路径系数不显著,除此之外的"211 大学"以及其他普通本科院校路径系数均显著。也即意味着作为高校教学系统的子系统"985

高校"学生对教学系统的高期望并不一定导致对教师的高满意度,高职院校学生对教学系统的高期望不一定产生高的教学满意度。

3) 基于学生评价的"211高校"和其他普通本科院校教学系统中所有的原因变量对结果变量均具有显著的正向影响,但他们之间原因变量和结果变量之间路径系数的大小有所不同。

同时,利用结构方程模型中"Pairwise Parameter Comparisons"(参数配对)来分析不同群组的个别路径差异情况。当显著水平设定为0.05时,若统计量的绝对值大于1.96,则可解释为"在0.05的显著水平下,两组的系数值具有显著性差异"。在测量系数受限制的模型中,检查"参数配对"情况,部分结果见下表5-13。

表5-13 测量模型路径系数配对结果(不同类型高校学生)

Pairwise Parameter Comparisons (Measurement weights)
Critical Ratios for Differences between Parameters (Measurement weights)

	b1_1	b2_1	b3_1	b4_1	b5_1	b6_1	b7_1	b8_1	b9_1	b1_2	b2_2	b3_2	b4_2	b5_2	b6_2	b7_2	b8_2
b1_2	-2.018	-2.611	-2.393	-1.837	4.389	2.717	2.874	-1.909	-3.243	0							
b2_2	3.901	2.875	2.674	2.908	11.39	7.706	8.934	7.496	3.379	6.079	0						
b3_2	0.101	-0.619	-0.55	-0.142	6.241	4.278	4.664	3.692	-0.777	2.452	-6.479	0					
b4_2	-1.275	-1.913	-1.76	-1.285	4.674	3.101	3.276	2.417	-2.339	0.728	-6.479	-1.204	0				
b5_2	-6.275	-6.518	-5.956	-5.102	-0.189	-0.468	-1.1	-1.631	-8.892	-5.658	-14.19	-7.505	-5.696	0			
b6_2	-4.801	-5.187	-4.807	-4.106	0.901	0.299	-0.083	-0.679	-6.511	-3.557	-10.611	-5.175	-3.602	1.317	0		
b7_2	-6.127	-6.396	-5.865	-5.05	-0.293	-0.531	-1.148	-1.66	-8.262	-5.058	-12.286	-7.15	-5.434	-0.148	-1.386	0	
b8_2	-3.335	-3.75	-3.413	-2.78	1.728	1.673	0.889	-4.7	-1.368	-7.965	-3.965	-1.894	4.02	2.232	3.688	0	
b9_2	-0.349	-1.116	-0.996	-0.522	7.372	4.352	4.948	3.758	-1.769	2.326	-5.619	-0.541	1.298	8.668	6.394	9.056	4.138
b1_3	-1.917	-2.514	-2.306	-1.76	4.412	2.762	2.922	2.041	-3.107	0.101	-7.234	-2.279	-0.621	5.61	3.628	5.352	1.625
b2_3	4.461	3.331	3.065	3.278	12.793	8.3	9.835	8.185	3.99	8.571	0.449	4.896	6.818	16.529	12.231	15.368	10.495
b3_3	4.281	3.163	3.097	3.181	11.63	8.004	9.175	7.703	3.848	7.802	0.312	4.822	6.337	14.195	11.154	13.429	9.172
b4_3	-3.76	-4.241	-3.912	-3.267	2.29	1.244	1.07	0.351	-5.344	-2.248	-9.698	-4.433	-2.772	3.072	1.419	2.962	-0.74
b5_3	-6.963	-7.135	-6.515	-5.611	-1.029	-0.988	-1.775	-2.226	-9.675	-6.623	-15.166	-8.349	-6.337	-1.209	-2.215	-0.884	-5.011
b6_3	-4.612	-5.013	-4.617	-3.892	1.573	0.7	0.396	-0.282	-6.471	-3.333	-11.191	-5.484	-3.738	0.612	2.213	-1.744	
b7_3	-4.944	-5.315	-4.842	-4.081	1.472	0.591	0.253	-0.433	-6.934	-3.775	-12.177	-5.886	-4.083	2.278	0.445	2.175	-2.099
b8_3	-4.16	-4.599	-4.214	-3.557	1.73	0.87	0.616	-0.052	-5.732	-2.764	-10.098	-4.796	-3.183	2.348	0.85	2.3	-1.298
b9_3	0.073	-0.733	-0.638	-0.188	8.03	4.732	5.431	4.178	-1.2	2.932	-5.2	-0.048	1.813	11.164	7.04	9.676	4.795
b1_4	-4.375	-4.778	-4.458	-3.828	0.832	0.311	-0.037	-0.592	-5.742	-3.097	-9.419	-4.621	-3.48	1.134	0.044	1.179	-1.821
b2_4	7.538	6.272	5.736	5.806	15.831	10.796	12.731	10.923	7.316	12.082	4.663	8.227	10.124	19.546	15.368	18.451	13.911
b3_4	5.709	4.586	4.51	4.554	12.288	9.042	10.154	8.779	5.4	8.949	2.516	6.33	7.7	14.243	11.861	13.707	10.101
b4_4	-5.013	-5.391	-5.015	-4.337	0.307	-0.036	-0.536	-1.066	-6.613	-3.872	-10.619	-5.744	-4.225	0.544	-0.545	0.622	-2.543

由表5-13可知。

1) 潜在变量"学生要素"到"教学满意度"的路径系数(b1_i;i=1,2,3,4)中,b1_1与b1_2为2.018>1.96、b1_1与b1_3为1.9178<1.96、b1_1与b1_4为4.3758>1.96,b1_2与b1_3为0.101<1.96、b1_2与b1_4为3.097>1.96,b1_3与b1_4为3.142>1.96,说明"985高校"教学系统中的该路径系数与其他普通本科院校的无显著差异,但与"211高校"教学系统和高职院校教学系统相比有显著差异;"211高校"教学系统与其他普通本科院校教学系统无显著差异,与高职院校教学系统相比有显著差异;其他普通本科院校教学系统与高职院校教学系统相比有显著差异。结合表5-12可知,高职院校教学系统中的"学生要素"到"教学满意度"的路径系数显著低于其他类型高校教学系统,"985高校"教学系统的该路径系数显著高于"211高校",其他普通本科院校教学系统与"985高校"教学系统或"211高校"教学系统均没有显著差异。

2) 潜在变量"教学环境"到"教学满意度"的路径系数(b2_i;i=1,2,3,4)中,b2_1与b2_2为2.875>1.96、b2_1与b2_3为3.331>1.96、b2_1与b2_4为6.272>1.96,b2_2与b2_3为0.449<1.96、b2_2与b2_4为4.663>1.96,b2_3与b2_4为4.7>1.96,说明仅有"211高校"教学系统与其他普通本科院校教学系统在此路径系数上没有显著差异,其他不同类型高校教学系统间均存在显著差异。结合表5-12可知,高职院校教学系统中的"教学环境"到"教学满意度"的路径系数显著高于"211高校"教学系统和其他普通本科院校教学系统,"985高校"教学系统的该路径系数最小。这表示较之其他三类学校而言,"985高校"教学系统中教学环境变量对教学满意度变量的影响是最小的。而对高职院校教学系统的学生来说,其教学环境变量对教学满意度的影响较大。

3) 潜在变量"学生要素"到"教师要素"的路径系数(b3_i;i=1,2,3,4)中,b3_1与b3_2为0.55<1.96、b3_1与b3_3为3.097>1.96、b3_1与b3_4为4.51>1.96,b3_2与b3_3为4.822>1.96、b3_2与b3_4为6.33>1.96,b3_2与b3_4为2.204>1.96,说明"985高校"教学系统和"211高校"教学系统在此路径系数上没有显著差异,其他不同类型高校教学系统间均存在显著差异。结合表5-12可知,高职院校教学系统中"学生要素"到"教师要素"的路径系数显著高于其他普通本科院校,表明高职院校学生对他们同辈群体的评价直接影响到他们对教师的评价。"985高校"教学系统和"211高校"教学系统的这两个变量间路径系数较小。

4) 潜在变量"教学环境"到"教师要素"的路径系数（b4_i；i=1,2,3,4）中，b4_1 与 b4_2 为 1.285＜1.96，b4_1 与 b4_3 为 3.267＞1.96，b4_1 与 b4_4 为 4.337＞1.96，b4_2 与 b4_3 为 2.772＞1.96、b4_2 与 b4_4 为 4.225＞1.96，b4_3 与 b4_4 为 1.866＜1.96，说明"985 高校"教学系统和"211 高校"教学系统在此路径系数上没有显著差异，其他普通本科院校教学系统和高职院校教学系统在此路径系数上没有显著差异，其他存在显著差异。结合表 5-12 可知，"985 高校"教学系统和"211 高校"教学系统中的"教学环境"到"教师要素"的路径系数显著高于其他普通本科院校或高职院校。即意味着这两种类型学校的学生对教学环境的评价影响他们对教师的评价的程度要比高职院校和其他普通本科院校来得高。

5) 潜在变量"教学期望"到"教学忠诚"的路径系数（b5_i；i=1,2,3,4）中，b5_1 与 b5_2 为 0.189＜1.96、b5_1 与 b5_3 为 1.029＜1.96、b5_1 与 b5_4 为 0.25＜1.96，b5_2 与 b5_3 为 1.209＜1.96、b5_2 与 b5_4 为 0.619＜1.96，b5_3 与 b5_4 为 1.837＜1.96，说明各类型高校教学系统中的该路径系数均无显著差异。

6) 潜在变量"教学期望"到"教师要素"的路径系数（b6_i；i=1,2,3,4）中，b6_1 与 b6_2 为 0.299＜1.96、b6_1 与 b6_3 为 0.7＜1.96、b6_1 与 b6_4 为 0.077＜1.96，b6_2 与 b6_3 为 0.612＜1.96、b6_2 与 b6_4 为 0.337＜1.96，b6_3 与 b6_4 为 0.994＜1.96，说明各类型高校教学系统中的该路径系数均无显著差异。这表明四个模型在这条路径上面存在一致性。其中，在其他普通本科院校教学系统中此两个潜在变量之间的路径系数最大。

7) 潜在变量"教学期望"到"教学满意度"的路径系数（b7_i；i=1,2,3,4）中，b7_1 与 b7_2 为 1.148＜1.96、b7_1 与 b7_3 为 0.253＜1.96、b7_1 与 b7_4 为 1.645＜1.96，b7_2 与 b7_3 为 2.175＞1.96、b7_2 与 b7_4 为 0.726＜1.96，b7_3 与 b7_4 为 2.967＞1.96，说明"211 高校"教学系统和其他普通本科院校教学系统在此路径系数上有显著差异，其他均无显著差异。结合表 5-12 可

知,其他普通本科院校教学系统中的"教学期望"到"教学满意度"的路径系数显著高于"211 高校"。而在高职院校教学系统中该路径系数不显著。

8) 潜在变量"教师要素"到"教学满意度"的路径系数(b8_i；i＝1,2,3,4)中,b8_1 与 b8_2 为 0.889＜1.96、b8_1 与 b8_3 为 0.052＜1.96、b8_1 与 b8_4 为 0.153＜1.96,b8_2 与 b8_3 为 1.298＜1.96、b8_2 与 b8_4 为 1.394＜1.96,b8_3 与 b8_4 为 0.137＜1.96,说明各类型高校教学系统中的该路径系数均无显著差异。其中,在"211 高校"教学系统中此两个潜在变量之间的路径系数最大。

9) 潜在变量"教学满意度"到"教学忠诚度"的路径系数(b9_i；i＝1,2,3,4)中,b9_1 与 b9_2 为 1.769＜1.96、b9_1 与 b9_3 为 1.2＜1.96、b9_1 与 b9_4 为 0.627＜1.96,b9_2 与 b9_3 为 0.906＜1.96、b9_2 与 b9_4 为 1.734＜1.96,b9_3 与 b9_4 为 0.882＜1.96,说明各类型高校教学系统中的该路径系数均无显著差异。并且四个模型中此两个变量间的路径系数都较高。

(二) 教师视野下的不同类型高校教学系统"结构—功能"差异分析

我们利用第四章"教师不同特征多群组结构方程模型分析"中构建的不同类型学校群组结构方程模型进行分析不同类型高校教学系统结构功能。其中结构方程模型为参数未限制的模型 C,4 个群组名称分别为"985 高校""211 高校""其他普通本科院校"和"高职院校",数据为所有的 469 份教师有效样本。

在 Amos 软件中进行估值计算,各参数受限模型可以辨识,各项适配度指数也显示模型能够与数据基本适配。本研究在假设测量系数受限模型为真的情况下对各参数受限模型进行检查,检查结果见下表 5-14。

表 5-14　假设测量系数受限模型为真时(不同类型高校教师)

model	df	cmin	p	NFI delta-1	IFI delta-2	RFI rho-1	TLI rho2
Structural weights	21	23.873	0.299	0.002	0.002	−0.001	−0.002
Structural covariances	39	68.544	0.002	0.006	0.007	−0.001	−0.001
Structural residuals	48	104.952	0.000	0.009	0.011	0.001	0.001
Measurement residuals	168	385.573	0.000	0.032	0.039	0.005	0.006

从表 5-14 可见,结构系数(Structural weights)受限制模型的 NFI 值、IFI 值、RFI 值、TLI 值的增加量均远小于 0.05,卡方值增加量的显著性 P 值 = 0.299＞0.05,接受模型间无差异的虚无假设,表示结构系数受限制模型与测量系数受限制模型没有差异。但是这只能说明基于教师评价的四类高校教学系统"结构—功能"模型整体上不存在显著差异,还是可能会存在掩盖特定路径系数的组间差异,故本研究对测量系数受限制模型的路径回归系数进行分析,各不同类型高校的路径回归系数显著性检验结果见表 5-15 至表 5-18,路径系数的标准化估计结果见表 5-19。

表 5-15　路径系数显著性检验结果:("985 高校"教师——测量系数受限模型)

			estimate	s.e.	c.r.	p	label
TEACHER	<--	ENVIRONMENT	0.263	0.134	1.966	0.049	b2_1
TEACHER	<--	STUDENT	0.090	0.190	0.472	0.637	b7_1
SATISFACTION	<--	ENVIRONMENT	0.162	0.091	1.792	0.073	b1_1
SATISFACTION	<--	EXPECT	0.179	0.137	1.306	0.192	b3_1
LOYALTY	<--	TEACHER	0.302	0.188	1.603	0.109	b4_1
SATISFACTION	<--	TEACHER	0.442	0.114	3.870	***	b5_1
SATISFACTION	<--	STUDENT	0.053	0.144	0.369	0.712	b6_1

表5−16 路径系数显著性检验结果:("211高校"教师——测量模型)

			estimate	s.e.	c.r.	p	label
TEACHER	<--	ENVIRONMENT	0.280	0.101	2.769	0.006	b2_2
TEACHER	<--	STUDENT	0.475	0.126	3.778	***	b7_2
SATISFACTION	<--	ENVIRONMENT	0.185	0.082	2.270	0.023	b1_2
SATISFACTION	<--	EXPECT	0.074	0.156	0.476	0.634	b3_2
LOYALTY	<--	TEACHER	0.539	0.109	4.956	***	b4_2
SATISFACTION	<--	TEACHER	0.073	0.103	0.712	0.477	b5_2
SATISFACTION	<--	STUDENT	0.168	0.127	1.324	0.186	b6_2

表5−17 路径系数显著性检验结果:(其他普通本科院校教师——测量模型)

			estimate	s.e.	c.r.	p	label
TEACHER	<--	ENVIRONMENT	0.217	0.095	2.285	0.022	b2_3
TEACHER	<--	STUDENT	0.294	0.100	2.946	0.003	b7_3
SATISFACTION	<--	ENVIRONMENT	0.063	0.070	0.905	0.365	b1_3
SATISFACTION	<--	EXPECT	0.149	0.075	1.991	0.047	b3_3
LOYALTY	<--	TEACHER	0.170	0.111	1.537	0.124	b4_3
SATISFACTION	<--	TEACHER	0.170	0.065	2.607	0.009	b5_3
SATISFACTION	<--	STUDENT	0.208	0.073	2.833	0.005	b6_3

表5−18 路径系数显著性检验结果:(高职院校教师——测量模型)

			estimate	s.e.	c.r.	p	label
TEACHER	<--	ENVIRONMENT	0.309	0.107	2.902	0.004	b2_4
TEACHER	<--	STUDENT	0.285	0.126	2.257	0.024	b7_4
SATISFACTION	<--	ENVIRONMENT	0.230	0.078	2.954	0.003	b1_4
SATISFACTION	<--	EXPECT	0.064	0.102	0.622	0.534	b3_4
LOYALTY	<--	TEACHER	0.488	0.091	5.351	***	b4_4
SATISFACTION	<--	TEACHER	0.135	0.069	1.945	0.052	b5_4
SATISFACTION	<--	STUDENT	0.148	0.094	1.570	0.116	b6_4

表 5-19　不同类型高校教师测量模型路径系数标准化结果

			"985高校"	"211高校"	其他普通本科院校	高职院校	Label
TEACHER	<--	ENVIRONMENT	0.346	0.317	0.236	0.359	b2_i
TEACHER	<--	STUDENT	0.084	0.458	0.308	0.284	b7_i
SATISFACTION	<--	ENVIRONMENT	0.265	0.312	0.095	0.371	b1_i
SATISFACTION	<--	EXPECT	0.201	0.068	0.166	0.061	b3_i
LOYALTY	<--	TEACHER	0.277	0.548	0.129	0.508	b4_i
SATISFACTION	<--	TEACHER	0.550	0.109	0.237	0.187	b5_i
SATISFACTION	<--	STUDENT	0.062	0.241	0.302	0.205	b6_i

注：Label 编码中 i=1,2,3,4；1 代表 985 高校，2 代表 211 高校，3 代表其他普通本科院校，4 代表高职院校。

从表 5-15 至表 5-18 可得出结论。

1）"985 高校"教学系统中，除了教学环境（ENVIRONMENT）到教师要素（TEACHER）、教师要素（TEACHER）到教学满意度（SATISFACTION）的路径系数显著之外，其他路径系数均不显著。

2）"211 高校"教学系统中，教学环境（ENVIRONMENT）到教师要素（TEACHER）、学生要素（STUDENT）到教师要素（TEACHER）、教学环境（ENVIRONMENT）到教学满意度（SATISFACTION）、教师要素（TEACHER）到教学忠诚度（LOYALTY）的路径系数显著，其余路径系数不显著。

3）其他普通本科院校教学系统中，教学环境（ENVIRONMENT）到教学满意度（SATISFACTION）、教师要素（TEACHER）到教学忠诚度（LOYALTY）的路径系数不显著外，其余路径系数显著。

4）高职院校教学系统中教学期望（EXPECT）到教学满意度（SATISFACTION）、教师要素（TEACHER）到教学满意度（SATISFACTION）、学生要素（STUDENT）到教学满意度（SATISFACTION）的路径系数不显著，除此之外的路径系数均显著。

这意味着,教师视野下的各类型高校教学系统,其结构间的关系具有很大差异。各不同类型高校教学系统中,仅有教学环境(ENVIRONMENT)到教师要素的路径系数同时达到显著性水平。

同时,利用结构方程模型中"Pairwise Parameter Comparisons"(参数配对)来分析不同群组的个别路径差异情况。在测量系数受限制的模型中,检查"参数配对"情况,部分结果见下表5-20。

表 5-20   测量模型路径系数配对结果(不同类型高校教师)

由表 5-20 可知各,路径系数的配对统计量均≤0.001,说明基于教师评价的各不同类型高校教学系统"结构—功能"模型中的结构路径系数无显著差异。

二、不同层次高校教学系统"结构—功能"的学生视角差异

我们利用第三章"学生不同特征多群组结构方程模型分析"中构建的不同学段群组结构方程模型进行分析不同层次教学系统的结构功能情形。其中结构方程模型为参数未限制的模型C,学生所在的4个层次教学系统的名称分别为"专科""本科""硕士"和"博士",数据为所有的 5 744 份学生有效样本。

在 Amos 软件中进行估值计算,模型可以辨识,各项适配度指数也显示

模型能够与数据较好适配。本研究在假设测量系数受限模型为真的情况下对各参数受限模型进行检查,检查结果见表5-21。

表 5-21 假设测量系数受限模型为真时(不同层次教学系统学生)

model	df	cmin	p	NFI delta-1	IFI delta-2	RFI rho-1	TLI rho2
Structural weights	27	170.764	0.000	0.001	0.001	0.000	0.000
Structural covariances	45	228.437	0.000	0.002	0.002	0.000	0.000
Structural residuals	54	301.540	0.000	0.002	0.002	0.001	0.001
Measurement residuals	219	1233.223	0.000	0.009	0.009	0.003	0.003

从表5-21可见,结构系数(Structural weights)受限制模型的NFI值、IFI值、RFI值、TLI值的增加量均远小于0.05,接受模型间无差异的虚无假设,表示结构系数受限制模型与测量系数受限制模型是没有差异的。由前面分析可知这种整体上不存在显著差异的现象可能会掩盖特定路径系数的组间差异,所以需要对测量系数受限制模型的路径回归系数进行分析,各不同层次教学系统的路径回归系数显著性检验结果见表5-22至表5-25,路径系数的标准化估计结果见表5-26。

表 5-22 路径系数显著性检验结果(专科学生——测量模型)

			estimate	s.e.	c.r.	p	label
TEACHER	<--	STUDENT	0.626	0.037	17.007	***	b3_1
TEACHER	<--	ENVIRONMENT	0.075	0.030	2.473	0.013	b4_1
TEACHER	<--	EXPECT	0.083	0.025	3.271	0.001	b6_1
SATISFACTION	<--	STUDENT	0.098	0.033	2.930	0.003	b1_1
SATISFACTION	<--	ENVIRONMENT	0.681	0.028	24.581	***	b2_1
SATISFACTION	<--	EXPECT	0.031	0.020	1.544	0.123	b7_1

续表

			estimate	s.e.	c.r.	p	label
SATISFACTION	<－－	TEACHER	0.120	0.028	4.370	＊＊＊	b8_1
LOYALTY	<－－	EXPECT	0.069	0.016	4.203	＊＊＊	b5_1
LOYALTY	<－－	SATISFACTION	0.345	0.020	16.813	＊＊＊	b9_1

表 5－23　路径系数显著性检验结果（本科学生——测量模型）

			estimate	s.e.	c.r.	p	label
TEACHER	<－－	STUDENT	0.383	0.022	17.209	＊＊＊	b3_2
TEACHER	<－－	ENVIRONMENT	0.229	0.020	11.741	＊＊＊	b4_2
TEACHER	<－－	EXPECT	0.134	0.017	7.674	＊＊＊	b6_2
SATISFACTION	<－－	STUDENT	0.237	0.018	13.024	＊＊＊	b1_2
SATISFACTION	<－－	ENVIRONMENT	0.485	0.018	26.525	＊＊＊	b2_2
SATISFACTION	<－－	EXPECT	0.101	0.014	7.340	＊＊＊	b7_2
SATISFACTION	<－－	TEACHER	0.127	0.017	7.335	＊＊＊	b8_2
LOYALTY	<－－	EXPECT	0.036	0.011	3.122	0.002	b5_2
LOYALTY	<－－	SATISFACTION	0.338	0.018	18.925	＊＊＊	b9_2

表 5－24　路径系数显著性检验结果（硕士学生——测量模型）

			estimate	s.e.	c.r.	p	label
TEACHER	<－－	STUDENT	0.713	0.049	14.695	＊＊＊	b3_3
TEACHER	<－－	ENVIRONMENT	0.058	0.042	1.360	0.174	b4_3
TEACHER	<－－	EXPECT	0.036	0.036	0.985	0.325	b6_3
SATISFACTION	<－－	STUDENT	0.324	0.071	4.550	＊＊＊	b1_3
SATISFACTION	<－－	ENVIRONMENT	0.384	0.040	9.706	＊＊＊	b2_3
SATISFACTION	<－－	EXPECT	0.029	0.033	0.868	0.385	b7_3
SATISFACTION	<－－	TEACHER	0.241	0.073	3.316	＊＊＊	b8_3
LOYALTY	<－－	EXPECT	0.008	0.024	0.354	0.723	b5_3
LOYALTY	<－－	SATISFACTION	0.358	0.028	12.579	＊＊＊	b9_3

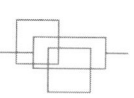

表 5-25　路径系数显著性检验结果(博士学生——测量模型)

			estimate	s.e.	c.r.	p	label
TEACHER	<--	STUDENT	0.509	0.091	5.592	***	b3_4
TEACHER	<--	ENVIRONMENT	0.246	0.104	2.368	0.018	b4_4
TEACHER	<--	EXPECT	0.062	0.077	0.796	0.426	b6_4
SATISFACTION	<--	STUDENT	0.409	0.091	4.487	***	b1_4
SATISFACTION	<--	ENVIRONMENT	0.525	0.090	5.850	***	b2_4
SATISFACTION	<--	EXPECT	0.097	0.055	1.775	0.076	b7_4
SATISFACTION	<--	TEACHER	0.155	0.121	1.277	0.202	b8_4
LOYALTY	<--	EXPECT	0.082	0.053	1.535	0.125	b5_4
LOYALTY	<--	SATISFACTION	0.316	0.062	5.118	***	b9_4

表 5-26　不同层次学生测量模型路径系数标准化结果

			专科	本科	硕士	博士	Label
TEACHER	<--	STUDENGT	0.666	0.406	0.772	0.597	b3_i
TEACHER	<--	ENVIRONMENT	0.091	0.275	0.068	0.273	b4_i
TEACHER	<--	EXPECT	0.079	0.128	0.037	0.075	b6_i
SATISFACTION	<--	STUDENGT	0.099	0.250	0.334	0.457	b1_i
SATISFACTION	<--	ENVIRONMENT	0.785	0.577	0.434	0.555	b2_i
SATISFACTION	<--	EXPECT	0.028	0.097	0.029	0.113	b7_i
SATISFACTION	<--	TEACHER	0.114	0.126	0.230	0.148	b8_i
LOYALTY	<--	EXPECT	0.124	0.065	0.017	0.184	b5_i
LOYALTY	<--	SATISFACTION	0.687	0.647	0.720	0.615	b9_i

注:Label编码中 i=1,2,3,4;1代表专科,2代表本科,3代表硕士,4代表博士

从表 5-22 至表 5-25 可得出结论。

1) 专科教学系统中教学期望(EXPECT)到教学满意度(SATISFACTION)的路径系数不显著,该教学系统中其他原因变量对结果变量的影响达到显著水平。

2) 本科教学系统中原因变量对结果变量的影响均显著。

3) 硕士教学系统中"教学环境"(ENVIRONMENT)到"教师要素"(TEACHER)、"教学期望"(EXPECT)到"教师要素"(TEACHER)、"教学期望"(EXPECT)到"教学满意度"(SATISFACTION)、"教学期望"(EXPECT)到"教学忠诚度"(LOYALTY)的路径系数不显著,该教学系统中其他原因变量对结果变量的影响显著。

4) 博士教学系统中教学期望(EXPECT)到"教师要素"(TEACHER)、"教学期望"(EXPECT)到"教学满意度"(SATISFACTION)、"教师要素"(TEACHER)到"教学满意度"(SATISFACTION)、"教学期望"(EXPECT)到"教学忠诚度"(LOYALTY)的路径系数不显著,除此之外的路径系数均显著。

同时,利用结构方程模型中"Pairwise Parameter Comparisons"(参数配对)来分析不同群组的个别路径差异情况。在测量系数受限制的模型中,检查路径系数的"参数配对"情况,部分结果见下表 5-27。

表 5-27 测量模型路径系数配对结果(不同层次教学系统学生)

	b1_1	b2_1	b3_1	b4_1	b5_1	b6_1	b7_1	b8_1	b9_1	b1_2	b2_2	b3_2	b4_2	b5_2	b6_2	b7_2	b8_2
b1_2	3.678	-13.772	-9.661	4.621	6.879	4.749	7.69	4.903	-3.831	0							
b2_2	10.198	-6.56	-3.429	11.677	16.954	12.864	16.904	11.15	4.903	8.307	0						
b3_2	7.122	-8.394	-6.045	8.27	11.369	8.959	11.819	7.354	5.301	-3.439	0						
b4_2	3.388	-13.544	-9.717	4.338	6.301	4.602	7.141	3.217	-4.065	-0.299	-10.388	-4.179	0				
b5_2	1.767	21.544	15.32	1.703	0.218	1.683	2.841	13.667	9.432	21.072	-13.73	8.566	0				
b6_2	1.269	-18.405	-13.337	1.529	0.645	3.905	-0.473	-4.06	-3.779	-8.333	-3.376	4.719	0				
b7_2	0.093	-18.981	-13.337	0.812	1.529	0.483	3.667	-0.61	-9.723	-5.741	-15.922	-10.643	-5.375	3.478	-1.496	0	
b8_2	0.769	-17.222	-12.115	1.507	2.444	1.435	3.667	0.213	-8.013	-3.779	-12.818	-9.258	-3.556	4.423	-0.258	1.089	0
b9_2	6.29	-10.018	7.039	7.514	11.88	8.225	11.481	6.586	-0.376	3.825	5.43	-1.579	4.094	13.062	8.192	10.493	8.332
b1_3	2.878	-4.707	-3.75	3.226	3.493	3.191	3.971	2.673	-0.276	1.187	-2.198	-0.792	1.281	4	2.593	3.072	2.692
b2_3	5.53	-6.381	-4.473	6.23	7.361	6.409	7.994	5.494	0.874	3.398	-2.388	0.025	3.522	8.461	5.795	6.769	5.978
b3_3	10.483	0.576	1.532	11.224	12.581	11.57	13.02	10.557	6.999	9.322	4.406	6.591	9.387	13.591	11.345	12.122	11.28
b4_3	-0.751	-12.347	-10.157	-0.327	-0.247	-0.513	0.577	-1.24	-6.101	-3.9	-9.28	-6.817	-3.694	0.501	-1.661	-0.986	-1.518
b5_3	-2.182	-18.405	-14.08	-1.721	-2.691	-2.14	-0.715	-3.071	-10.744	-7.629	-15.86	-11.484	-7.171	-1.029	-4.24	-3.378	-4.026
b6_3	-1.269	-14.176	-11.466	-0.828	-0.837	-1.072	0.121	-1.862	-7.437	-4.985	-11.092	-8.198	-4.724	0.153	-2.445	-1.703	-2.281
b7_3	-1.472	-15.126	-12.051	-1.021	-1.083	-1.297	-0.047	-2.123	-5.517	-12.065	-8.866	-5.213	-0.194	-2.738	-2.025	-2.628	
b8_3	1.788	-5.682	-4.691	2.115	2.312	2.794	1.559	-1.364	0.051	-3.261	-1.855	0.155	3.515	-3.655	-0.695	3.717	10.748
b9_3	5.889	-7.914	-5.762	6.833	9.148	7.216	9.418	5.97	0.47	3.913	-0.826	3.053	1.923	4.064	2.967	3.337	3.04
b1_4	3.206	-2.882	-2.226	3.482	3.672	3.446	4.057	3.034	0.683	1.852	-0.275	0.442	1.537	3.223	5.41	4.292	4.009	4.36
b2_4	4.461	-1.604	1.039	4.76	5	4.743	5.381	4.317	1.76	4.108	0.276	1.358	3.01	5.16	4.055	4.425	4.113
b3_4	4.241	-1.816	-1.214	4.534	4.759	4.514	5.135	4.08	1.759	2.934	0.256	0.153	2.012	1.066	1.377	1.126	
b4_4	1.393	-4.065	-3.465	1.584	1.693	1.524	2.036	1.167	-0.937	0.078	-2.275	-1.297	0.121	-2.275	-1.297		
b5_4	-0.262	-9.997	-8.412	0.116	0.232	-0.021	0.899	-0.644	-4.68	-2.769	-7.168	-5.224	-2.608	0.848	-0.927	-0.361	-0.812
b6_4	-0.433	-7.538	-6.592	-0.156	-0.091	-0.261	0.388	-0.714	-3.535	-2.211	-5.323	-3.993	-2.104	0.332	-0.907	-0.507	-0.825

由表 5-27 可知。

1) 潜在变量"学生要素"到"教学满意度"的路径系数($b1\_i$; $i=1,2,3,4$)中,b1_1 与 b1_2 为 3.678>1.96、b1_1 与 b1_3 为 2.878>1.96、b1_1 与 b1_4 为 3.206>1.96,b1_2 与 b1_3 为 0.187<1.96、b1_2 与 b1_4 为 1.852<1.96,b1_3 与 b1_4 为 0.733<1.96,说明专科教学系统中的该路径系数与其他 3 个

层次教学系统存在显著差异,除专科外的其他3层次教学系统间无显著差异。结合表5-28可知,专科教学系统中的"学生要素"到"教学满意度"的路径系数显著低于其他3个层次。

2) 潜在变量"教学环境"到"教学满意度"的路径系数($b2\_i$; $i=1,2,3,4$)中,$b2\_1$与$b2\_2$为6.56>1.96、$b2\_1$与$b2\_3$为6.381>1.96、$b2\_1$与$b2\_4$为1.684<1.96,$b2\_2$与$b2\_3$为2.388>1.96、$b2\_2$与$b2\_4$为0.442<1.96,$b2\_3$与$b2\_4$为1.446<1.96,说明专科、本科和硕士教学系统两两之间在该路径系数上有显著差异。结合表5-26可知,专科教学系统中的"教学环境"到"教学满意度"的路径系数显著高于本科教学系统又高于硕士教学系统。

3) 潜在变量"学生要素"到"教师要素"的路径系数($b3\_i$; $i=1,2,3,4$)中,$b3\_1$与$b3\_2$为6.045>1.96、$b3\_1$与$b3\_3$为1.532<1.96、$b3\_1$与$b3\_4$为1.214<1.96,$b3\_2$与$b3\_3$为6.501>1.96、$b3\_2$与$b3\_4$为1.358<1.96,$b3\_3$与$b3\_4$为2.021>1.96,说明专科教学系统和本科教学系统在此路径系数上有显著差异、本科和硕士教学系统差异显著、硕士和博士差异显著。其他不同层次高校教学系统间均不存在显著差异。结合表5-26可知,硕士教学系统中的"学生要素"到"教师要素"的路径系数显著高于本科教学系统以及博士教学系统,专科教学系统又显著高于本科教学系统。

4) 潜在变量"教学环境"到"教师要素"的路径系数($b4\_i$; $i=1,2,3,4$)中,$b4\_1$与$b4\_2$为4.333>1.96,$b4\_1$与$b4\_4$为1.584<1.96,$b4\_2$与$b4\_4$为0.153<1.96,说明仅有专科教学系统与本科教学系统的此路径系数差异显著,其他均无显著差异。

5) 潜在变量"教学期望"到"教学忠诚"的路径系数($b5\_i$; $i=1,2,3,4$)中,$b5\_1$与$b5\_2$为1.683<1.96,说明专科教学系统与本科教学系统中的该路径系数无显著差异。硕士教学系统与博士教学系统中该路径系数不显著。

6) 潜在变量"教学期望"到"教师要素"的路径系数($b6\_i$; $i=1,2,3,4$)中,$b6\_1$与$b6\_2$为1.656<1.96,说明各层次高校教学系统中的该路径系数

均无显著差异。硕士教学系统与博士教学系统中该路径系数不显著。

7) 潜在变量"教学期望"到"教学满意度"的路径系数($b7\_i$; $i=1,2,3,4$)中,仅有本科教学系统的路径系数达到显著水平,其他路径系数不显著。

8) 潜在变量"教师要素"到"教学满意度"的路径系数($b8\_i$; $i=1,2,3,4$)中,$b8\_1$与$b8\_2$为0.212<1.96、$b8\_1$与$b8\_3$为1.559<1.96,$b8\_2$与$b8\_3$为1.53<1.96,说明各类型高校教学系统中的该路径系数均无显著差异。

9) 潜在变量"教学满意度"到"教学忠诚度"的路径系数($b9\_i$; $i=1,2,3,4$)中,$b9\_1$与$b9\_2$为0.376<1.96、$b9\_1$与$b9\_3$为0.47<1.96、$b9\_1$与$b9\_4$为0.416<1.96,$b9\_2$与$b9\_3$为0.755<1.96、$b9\_2$与$b9\_4$为0.355<1.96、$b9\_3$与$b9\_4$为0.643<1.96,说明各层次高校教学系统中的该路径系数均无显著差异。

第四节　小结

我们基于教师和学生两个不同主体的视野,对基于区域评价数据的高校教学系统总体满意度及各要素满意度评价的差异进行了分析,对分别构建的高校教学系统"结构—功能"理论模型的潜在变量测量模型及路径的差异进行了分析,并针对不同类型、不同层次的高校教学系统的"结构—功能"差异进行了描述,得到研究结果如下。

教师和学生对江苏省高校教学系统总体满意度及各要素评价差异均达到显著水平。

教师和学生对总体满意度评价指数都不高,教师的评价指数略低于学生。

教师和学生对教师要素评价指数都较高,其中教师对教师群体的满意度指数略低于学生对教师群体的评价。

教师和学生对学生要素评价指数都较低,其中教师对学生的满意度指数显著低于学生对同辈群体的评价。

教师和学生对教学内容评价指数均较高,其中教师的评价指数显著高于学生。

教师和学生对教学环境评价指数都不高,其中教师对教学环境的满意度指数显著低于学生。

教师对教学效果评价指数较高而学生的评价较低。

教师的教学期望指数较低,而学生的教学期望指数较高。

教师和学生的教学忠诚度指数差异显著,指数值都较高,其中教师的教学忠诚度指数显著高于学生。

高校教学系统"结构—功能"理论模型师生评价分析的差异主要体现在以下方面。

学生和教师模型中潜在变量的差异在于,两个模型中"学生要素"以及"教师要素"的内涵有所不同,学生模型中的"学生要素"不仅包括学生的同辈群体的评价而且包括师生关系的判断,教师模型中的"教师要素"不仅包括教师所在的学科教师群体而且包括师生关系判断。

学生模型中潜在变量"教学满意度"的测量指标比教师模型增加了4个。

与教师模型C相比,学生模型C中增加了"教学期望"到"教师要素""教学期望"到"教学忠诚度""教学满意度"到"教学忠诚度"等3条路径,而减少了"教师要素"到"教学忠诚度"的路径。

学生视野下的不同类型高校教学系统"结构—功能"理论模型的路径系数存在较多差异。

"985高校"教学系统中"教学期望"到"教师要素"的路径系数不显著,高职院校教学系统中"教学期望"到"教学满意度"的路径系数不显著。

潜在变量"学生要素"到"教学满意度"的路径系数大小在各类型高校教学系统中的排序为："985高校">"211高校">高职院校,其他普通本科院校与"985高校"或"211高校"没有显著差异。

潜在变量"教学环境"到"教学满意度"的路径系数大小在各类型高校教学系统中的排序为:高职院校>"211高校"(其他普通本科院校)>985高校。仅有"211高校"教学系统与其他普通本科院校教学系统在此路径系数上没有显著差异,其他不同类型高校间均存在显著差异。

潜在变量"学生要素"到"教师要素"的路径系数大小在各类型高校教学系统中的排序为:高职院校>其他普通本科院校>985高校("211高校")。"985高校"教学系统和"211高校"教学系统在此路径系数上没有显著差异,其他不同类型高校间存在显著差异。

潜在变量"教学环境"到"教师要素"的路径系数大小在各类型高校教学系统中的排序为:"985高校"("211高校")>其他普通本科院校(高职院校)。985高校教学系统和211高校教学系统在此路径系数上没有显著差异,其他普通本科院校教学系统和高职院校教学系统在此路径系数上没有显著差异,其他存在显著差异。

潜在变量"教学期望"到"教学满意度"的路径系数大小在各类型高校教学系统中的排序为:其他普通本科院校>"985高校">"211高校",其中"211高校"教学系统和其他普通本科院校教学系统在此路径系数上有显著差异。

潜在变量"教学期望"到"教学忠诚"、"教学期望"到"教师要素""教师要素"到"教学满意度""教学满意度"到"教学忠诚度"的路径系数在各类型高校教学系统中均无显著差异。

教师视野下,各类型高校教学系统"结构—功能"理论模型各自存在一些不显著的路径系数,但相互之间无显著差异。

"985高校"教学系统中仅有"教学环境"到"教师要素"、"教师要素"到"教学满意度"的路径系数显著。

"211高校"教学系统中,仅有"教学环境"到"教师要素"、"学生要素"到"教师要素"、"教学环境"到"教学满意度"、"教师要素"到"教学忠诚度"的路径系数显著。

其他普通本科院校教学系统中,"教学环境"到"教学满意度"、"教师要素"到"教学忠诚度"的路径系数不显著,其他路径系数均显著。

高职院校教学系统中,"教学期望"到"教学满意度"、"教师要素"到"教学满意度"、"学生要素"到"教学满意度"的路径系数不显著。

教师视野下,不同类型高校教学系统相互间的结构路径系数差异不显著。

学生视野下的不同层次高校教学系统"结构—功能"理论模型的路径系数存在较多差异。

专科教学系统中,"教学期望"到"教学满意度"的路径系数不显著;硕士教学系统中,"教学环境"到"教师要素""教学期望"到"教师要素""教学期望"到"教学满意度""教学期望"到"教学忠诚度"的路径系数不显著;博士教学系统中"教学期望"到"教师要素""教学期望"到"教学满意度""教师要素"到"教学满意度""教学期望"到"教学忠诚度"的路径系数不显著。

潜在变量"学生要素"到"教学满意度"的路径系数大小在各层次教学系统中的排序为:专科＜本科(硕士或博士),后三者之间无显著差异。

潜在变量"教学环境"到"教学满意度"的路径系数大小在各层次教学系统中的排序为:专科＞本科＞硕士。

潜在变量"学生要素"到"教师要素"的路径系数大小在各层次教学系统中的排序为:硕士＞专科＞博士＞本科。

潜在变量"教学环境"到"教师要素"的路径系数仅在专科教学系统与本

科教学系统间差异显著,专科＜本科。

潜在变量"教学期望"到"教学忠诚"的路径系数"教学期望"到"教师要素""教师要素"到"教学满意度""教学满意度"到"教学忠诚度"在各层次高校教学系统间的差异均不显著。

第六章 研究结论与建议

根据教育部数据,2019年我国高等教育毛入学率超过50%,标志着高等教育从大众化阶段迈入普及化阶段。然而,大规模扩招在推动我国高等教育走向大众化的同时,其教学质量也饱受社会诟病。由此,在转型期对高校教学系统功能及其影响因素的现实或潜在价值做出判断,对高校教学系统要素及其交互所构成的结构进行理论探讨,势必有利于丰富教学系统理论并促进教学系统改革。

我们围绕当前的高校教学系统的功能是否符合系统主体的需求?教学系统要素之间的关系如何?影响教学系统功能的因素及其影响程度如何?等一系列问题,以系统科学为指导,以教学系统理论为基础,借鉴教学评价中的消费者导向模式以及CIPP模式,构建了高校教学系统评价指标体系和高校教学系统"结构—功能"模型。以高校教学系统的主体(教师和学生)作为评价主体,将宏观和中观的高校教学系统作为评价对象,对江苏区域各类型高校的师生进行调查,共获得学生有效问卷5 744份、教师有效问卷469份。采用结构方程模型分析方法系统研究了高校教学系统结构、功能及其影响因素之间的复杂关系,采用方差分析法探索了不同背景主体对高校教学系统功能的评价结果及其差异情形。本部分内容为研究结论与建议,总结了本书研究的结论以及主要创新点,简要分析了本书的局限性,提出后续研究的构想和思路。

第一节 研究结论

高校教学系统是一个由多重要素交织构成的复杂生态系统,其功能实现依赖于教学期望、环境、师生互动及管理机制的动态平衡。本研究通过构建"结构—功能"理论模型,揭示了系统复杂性的核心维度:师生双重视角下的认知分歧(如教师侧重教学内容专业性而学生关注互动体验)、要素间非线性作用机制(如教学环境对满意度的影响权重因高校类型而异),以及背景特征与系统功能的嵌套效应(如职称层级与满意度呈非线性关系)。研究发现,教学系统的复杂性不仅体现在要素间的直接关联,更表现在不同类型高校(如研究型大学与职业教育机构)在结构路径上的本质差异。

一、高校教学系统"结构—功能"模型的有效性

我们构建的高校教学系统"结构—功能"模型,从学生与教师两大主体出发,通过探索性因子分析与验证性因子分析,提炼出教学期望、教学环境、学生要素、教师要素、教学满意度、教学忠诚度等关键潜在变量。模型通过多群组结构方程模型验证,在不同特征群体中均展现出显著的普适性与稳定性。该模型不仅能有效解释高校教学系统当前的运行状态,还为未来的教学改进提供了科学依据。

为进一步提升模型的应用价值,在未来的研究中,将会在不同教育层次(如高中教育、成人教育等)中进行广泛应用,以验证其在多种教育环境中的适用性。此外,运用动态建模的方法,探讨随时间推移教学系统要素间关系的变化,进一步提升模型的预测力与解释力。这种动态分析将揭示教学系统

在长期运行中的变化趋势,为教育管理者提供更具前瞻性的决策支持,从而为推动教育系统的持续优化奠定坚实基础。

二、教学系统功能的复杂性

高校教学系统的结构功能是一个复杂而精细的过程,其中各个要素不仅具有自身的特定功能,还通过相互影响和间接效应共同作用于整个教学系统的功能和效果。学生的教学期望、教学环境、学生要素、教师要素、教学满意度、教学忠诚度以及教师对教师群体的评价,这些要素相互交织,共同决定了教学系统的整体性能和效果。它们之间的关系错综复杂,但又井然有序,共同构成了一个高效运转的高校教学系统。

学生教学期望在高校教学系统中扮演着重要角色,它显著正向影响着教师要素、教学满意度和教学忠诚度,并通过影响教师要素间接作用于教学满意度,再经由教学满意度进一步影响教学忠诚度。教学环境和学生要素作为自变量,共同作用于学生对教学内容和教学效果的总体评价,教学环境不仅直接影响这一评价,还对教师要素和教学满意度产生正向影响,并经由教师要素间接影响教学满意度。学生要素同样对教师要素和教学满意度产生正向影响,且这种影响还会通过教师要素进一步作用于教学满意度和教学忠诚度。教师要素在高校教学系统中是一个关键的中介变量,它受到学生教学期望、教学环境和学生要素的正向影响,并传递这些影响因素对教学满意度和教学忠诚度的间接效应。教学满意度则受学生教学期望、教学环境和学生要素(通过教师要素)的正向影响,同时作为中介变量,对教学忠诚度产生重要影响。教学忠诚度是高校教学系统功能的最终体现,它受到学生教学期望(直接和间接)、教学环境和学生要素(通过教师要素和教学满意度)的共同影响。此外,教师对教师群体的评价也是影响教师对教学工作忠诚度的重要因素。

学生的教学期望对教师要素、教学满意度和教学忠诚度均有显著的正向影响,还通过影响教师要素对教学满意度、经由教学满意度对教学忠诚度发挥着间接效应;学生的教学期望与教学环境和学生要素共同作为自变量影响着学生对教学内容和教学效果的总体评价;教学环境和学生要素同时对教师要素和教学满意度产生正向影响,并经由教师要素对教学满意度发挥间接效应。

教师的教学期望与教学环境和学生要素具有显著的相关关系,三者共同影响着教师对教学系统的满意度;教学环境和学生要素均对教师要素具有显著正向影响,并经由教师要素对教学满意度和教学忠诚度产生间接效应;教师对所在教师群体的评价影响着其对教学工作的忠诚度。

三、师生满意度的差异

教师主体和学生主体对江苏区域高校教学系统的总体满意度及各要素满意度水平处于"良"或"中"的水平,但是师生之间满意度水平存在显著差异。江苏区域教师对高校教学系统的总体满意度评价指数低于学生,两者评价指数都不高,但导致总体满意度指数不高的原因不尽相同。

教师对学生要素和教学环境的评价较低,对教学效果和教学内容的评价较高,导致总体满意度较低的原因主要受对学生要素极低的满意度指数的拖累;而学生对教师要素评价较高,对教学效果和教学内容评价较低,其总体满意度相对较高表现为学生主体对各要素评价差距较小导致。

师生在对教学系统各要素进行评价时的共同点在于,对教师要素评价指数都较高,对学生要素、教学环境的评价指数都较低;而不同点在于,教师对教学内容和教学效果的评价较高而学生对两者的评价均较低。教师的满意度指数最高值是对教学效果的评价,而最低值是对学生要素的评价已接近"差"的水平;学生的满意度指数最高值是对教师要素的评价,而最低值是对教学内容和学生要素的评价。

四、背景特征对满意度的影响

从学生视角来看,学生的所在高校类型、成绩排名、母亲学历三个特征对于其高校教学系统及要素满意度评价具有较稳定的影响力。从教师视角来看,教师的所在高校类型、职称、学历三个特征对于其高校教学系统及要素满意度评价具有较稳定的影响力。

从学生的视角来看,其他普通本科院校的学生对高校教学系统的总体满意度和各要素满意度始终处于最低,而"985高校"和高职院校的学生满意度指数总体较高;学生的成绩排名越高,则其对教学系统总体和各要素的满意度也越高;学生的母亲学历越高,则其对教学系统总体和各要素的满意度也越高。此外,年龄因素对学生评价高校教学系统也有较强的影响力,总的来说,年龄越大其对教学的满意度就越低;从年级因素来看,大四学生对教学系统的满意度水平较高,硕士生(尤其是硕士一年级学生)满意度水平较低;从专业因素来看,医学和理学学生的满意度指数较高,而文学、艺术学专业学生的满意度指数普遍较低。

从教师的视角来看,"985高校"教师对教学系统总体及各要素满意度均为最高,而其他普通本科院校教师的满意度评价较低,与学生评价结果不同的是,高职院校的教师其对教师要素和学生要素的评价也较低;初级职称和正高级职称的教师各方面满意度较高,而具有中级职称和副高级职称的教师满意度指数相对较低;具有较高学历的教师其满意度总体趋势也越高。值得一提的是,刚参加工作不久(其特征为年龄最低、职称最低、没有子女、收入最低、学历最高)的教师其对教学系统总体、学生要素、教学环境的满意度最高。教师的教学工作量越大、教学时间投入越多其对教学总体满意度会越低。从年均收入因素来看,收入最低和最高的教师其各方面满意度较高,而年均收入处于中间水平(68万元)的教师其满意度较低。

五、不同类型高校教学系统模型的差异

高校分类是一个多维度、多层次的概念,主要依据办学特色、教育目标、学科实力、政府支持程度以及提供的教育水平、学制长度、学位授予权限等因素进行划分。具体来说,按类型分类,高校可以分为高职院校、其他普通本科院校、"985高校"和"211高校"。高职院校注重职业技能教育,强调实践操作和职业技能培养;其他普通本科院校则是非"985、211工程"的普通本科院校,学科门类较为齐全;"985高校"和"211高校"则是中国政府为建设具有世界先进水平的一流大学和面向21世纪重点建设的高等学校而选定的,它们在学科实力、教学资源和研究能力方面通常具有显著优势。

按层次分类,高校又可以分为专科、本科、硕士和博士四个层次。专科层次的高等教育主要注重职业技能培养,学制较短;本科层次的高等教育则是高等教育体系的主体部分,涵盖多个学科门类,注重培养学生的综合素质和创新能力;硕士研究生教育和博士研究生教育则分别侧重于某一学科领域的深入研究和学习,以及培养学生的独立研究能力和创新能力。

不同类型高校教学系统理论模型中,潜在变量"学生要素"到"教学满意度"的路径系数大小排序为:"985高校">"211高校">高职院校。"教学环境"到"教学满意度"的路径系数排序为:高职院校>"211高校"(其他普通本科院校)>"985高校"。"学生要素"到"教师要素"的路径系数排序为:高职院校>其他普通本科院校>985高校("211高校")。"教学环境"到"教师要素"的路径系数排序为:"985高校"("211高校")>其他普通本科院校(高职院校)。

不同层次高校教学系统理论模型中,潜在变量"学生要素"到"教学满意度"的路径系数大小排序为:专科<本科(硕士或博士)。"教学环境"到"教学满意度"的路径系数排序为:专科>本科>硕士。"学生要素"到"教师要素"

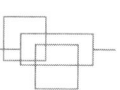

的路径系数排序为:硕士＞专科＞博士＞本科。"教学环境"到"教师要素"的路径系数仅在专科与本科教学系统间差异显著,且专科＜本科。

第二节 实践应用与策略建议

一、明确高校系统定位

(一) 定位与规划

不同类型高校需要找准自身定位,尤其对其他普通本科院校,要深入研究其教学系统功能发挥不佳的原因并提出相应对策。鉴于其他普通本科院校既没有"985工程"或"211工程"资金和政策的倾斜支持,又没有高职院校紧密结合实践的特色,要采取差异化发展的应对措施。1)准确定位,突出教学应用型的办学特色,科学树立学校人才培养目标,合理制定人才培养方案;2)积极开展地校合作、校企合作,增强人才培养的适应性;3)建立开放式教学模式,共享和优化教学资源;4)科学合理的分类;5)加强学科与专业建设、产学研结合和师资队伍建设。

(二) 实际操作建议

准确定位,突出教学应用型的办学特色,科学树立学校人才培养目标,合理制定人才培养方案。地方本科高校应根据区域经济发展的实际需求,调整和优化学科专业结构,确保教育内容与社会需求紧密对接。[①] 在课程和教学

[①] 王桂云,王明明.地方本科高校应用型人才培养的逻辑思路与实现路径[J].中国高等教育,2019(7):34-36.

体系建设中,强调能力与素养的融合发展,构建能够满足学生全面发展需求的课程体系。[1] 为确保方案的前瞻性和实用性,学校应根据社会需求和自身条件,科学制订符合时代要求的人才培养方案。

积极开展地校合作、校企合作,增强人才培养的适应性。强化实践教学环节,通过校企合作、实习实训等方式,增强学生的实际操作能力和创新能力。[2] 地方高校应重视推进校企协同育人工作,创新人才培养模式,全面分析区域经济和社会发展对人才的需求。[3] 这意味着学校需要与企业紧密合作,共同设计培养方案,以满足特定行业或地区的具体需求。根据市场需求调整教育内容和方法,使学生能够直接对接企业的实际需求。[4]

建立开放式教学模式,共享和优化教学资源。合理配置和利用教育资源,包括资金、设施、信息等,为人才培养创造良好条件。[5] 可以通过开发和使用在线课程、虚拟实验室和其他数字化教学工具,利用网络课程平台辅助教学,实施开放型教学新模式,从而提高教学质量。在数字化时代,学校应加强建设数字化教学资源平台,为广大师生提供更优更快捷的服务。

科学合理的分类。根据现有的研究和讨论,可以将高等学校分为学术型大学、应用型本科高校、职业技术高校等基本类型,[6]并进一步细分为研究类高校、应用类高校,[7]以及教学型、教学研究型、研究教学型和研究型等。[8] 这

---

[1] 王桂云,王明明.地方本科高校应用型人才培养的逻辑思路与实现路径[J].中国高等教育,2019(7):34-36.
[2] 王桂云,王明明.地方本科高校应用型人才培养的逻辑思路与实现路径[J].中国高等教育,2019(7):34-36.
[3] 王志,王希普,郝丽.强化校企互动发展创新协同育人模式[J].中国高等教育,2018(07):56-58.
[4] 金彦龙,杨皎平,李庆满.建立"融合式"校企合作机制培养适用型人才[J].中国高等教育,2013(6):55-56.
[5] 李金成,陈梦迁.提高应用型本科高校人才培养能力[J].人民论坛,2021(35):79-81.
[6] 潘懋元,董立平.关于高等学校分类、定位、特色发展的探讨[J].教育研究,2009,30(2):33-38.
[7] 李立国,薛新龙.建立以人才培养定位为基础的高等教育分类体系[J].教育研究,2018,39(3):62-69.
[8] 赵庆年.高校类型分类标准的重构与定位[J].高等工程教育研究,2012(6):147-152.

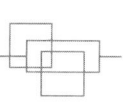

种分类有助于明确各高校的培养目标和特色发展方向。学习借鉴国际经验,从开展科学有效的高等教育评估入手,优化高等教育结构,实施高等教育的科学分层分类。① 此外,高校分类评价也可有效推动高校精准定位、特色发展、创新发展。

加强学科与专业建设、产学研结合和师资队伍建设。为了提高高校的教学质量和科研水平,应加强学科与专业建设,重视产学研相结合,并加强师资队伍建设。② 这不仅能够提升高校的核心竞争力,还能够促进学生全面发展,满足社会对不同类型人才的需求。首先,需要明确学科与专业建设的目标,将学科建设和学院发展紧密结合起来,突出学校特色。③ 其次,产学研结合要求学科和专业是不可分割的统一体。管理者必须清醒地认识到这一关键问题,在实践上探索符合二者统筹协调的管理模式。④ 最后,在加强师资队伍建设方面,与企业合作已成为职业教育改革与发展中师资建设的一个重要内容。

二、加强教学环境建设

应加强教学环境建设,努力营造良好师生关系和学习氛围。本书发现:学生视角中教学环境是影响教学满意度的最重要因素,学生要素对教师要素和教学满意度的贡献也较大;教师视角中学生要素和教学环境对教师要素影响都很强烈。因此,应加强高校的校园网、多媒体教室、图书资料和文献数据库等现代化教学设施建设,营造良好的学术氛围和学习风气,促进师生关系

---

① 闵维方.优化高等教育整体结构实行高等院校的科学分层分类[J].教育与职业,2016(9):8-9.
② 潘懋元,董立平.关于高等学校分类、定位、特色发展的探讨[J].教育研究,2009,30(2):33-38.
③ 柳晓川.明确目标突出特色推进学科专业建设[J].中国高等教育,2002(12):18-19.
④ 骆巧凤.产学研结合中的学科与专业管理模式研究[J].教育与经济,2010(1):51-54.

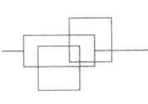

和谐发展,这有利于更好地发挥教学系统功能,达成人才培养目标。

(一) 硬件设施提升

高校信息化教学环境的建设,如计算机网络教室、多媒体综合电教室等,为学生提供了现代化的学习工具和资源。然而,为了更好地发挥高校教学系统的功能,需要进一步提升硬件设施。根据已有研究,多媒体教学设备的引入已经提高了教学效率和质量,但同时也带来了管理难度的增加。[①] 因此,应加强硬件设施的科学管理和维护。通过建立和完善多媒体教学设备管理制度,确保设备的有效利用和长期运行。同时,应关注设备的实用性和后期管理,避免盲目追求先进性导致资源浪费。[②] 此外,可以利用物联网技术和数据挖掘技术等新兴技术,提升教学装备保障能力,[③]帮助高校更有效地管理和维护教学设备,减少重复投资,提高资源使用效益。

(二) 软件环境优化

在传统教学的基础上,利用多媒体网络技术,发展数字化教学支持系统,推动优质资源与课程的整合共享,构建信息化教学管理体系,实现教学手段现代化、教学模式现代化和教学管理现代化。[④] 加强信息化教学环境建设,除了要提升硬件环境的基础建设,还应把软件环境建设放在核心位置。高校应加强资源整合、实现资源共享,营造良好的教学制度环境和浓厚的创新文化氛围。[⑤] 通过构建高校教师信息化教学能力提升平台,实现资源共享模式,提

---

① 韩春梅,魏希慧.高校多媒体教学设备管理现状及提升策略初探[J].电脑知识与技术,2020,16(30):208-209.
② 赵春鹤.关于高校教学仪器设备管理的思考[J].辽宁行政学院学报,2012,14(6):134-135.
③ 孙建,朱晓宁.加强信息技术运用努力提升教学装备保障能力[J].中国现代教育装备,2021(7):1-2,10.
④ 李敏,段渭军,陈世进.高校信息化教学环境的建设与探索——以西北工业大学为例[J].现代教育技术,2008(12):122-124.
⑤ 董嘉佳.基于创新人才培养的实践教学环境建设[J].实验室研究与探索,2013,32(8):42-64.

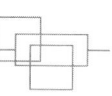

高教师的信息化教学能力。在优化高校管理系统方面,利用计算机应用技术提升教学质量,同时缓解管理人员的工作压力。

三、提高教师教学积极性

在我们的调查中发现新入职的青年教师对教学系统的满意度较高,但随着教学年限的增长,年龄和收入处于中间层次具有中级职称和副高级职称的教师,他们对教学系统的满意度指数相对较低。由此认为高校需建立健全高校教师人才培养机制,提高教师的教学热情。建议针对年龄和收入水平均处于中游的教师,建立工作倦怠的预警和应对机制,有效缓冲和疏导倦怠情绪。

(一) 改善薪酬福利

有效的薪酬管理有利于塑造高校的文化,通过薪酬管理制度体现出的奖励导向、公平观念等,本身就能促进教师的行为,实现对教师的激励。积极有效的薪酬制度可以激发高校教职工的工作热情、提高其工作质量,最终促使学校进一步加强和改进各项办学工作。此外,薪酬以其独特的激励和价值导向功能影响着高校教师的素质及竞争力水平。高校可以通过建立弹性福利制度、更加稳健的薪酬增长机制以及优化绩效工资考核制度等改善高校薪酬福利。

(二) 增强教师参与感

高校应给予教师足够的参与感,吸收教师对学校管理、制度的意见。首先,构建"人性化"的高校教师激励机制,体现出"教师为本"的教育理念,促进教师业务能力的综合发展。[①] 其次,对教师进行参与式培训,可以帮助他们掌

---

① 吴江亮,刘如月.浅议构建"人性化"的高校教师激励机制[J].中国电力教育,2013(7):185-186.

握参与式教学的理念和技巧,提高他们的教学能力和创新意识。这种培训模式可以激发教师的教学热情,增强他们的自我发展意识。此外,建立一套有效的利于教学创新的评价和激励机制,鼓励教师积极参与教学改革和创新。① 通过对教师的教学成果进行公正评价,并给予适当的奖励和支持,也可以有效提升教师的参与感和职业满意度。

(三) 发展和完善教师评价机制

高校要建立和发展教师评价机制,工作业绩评定时,教师的优点、贡献、失误、缺点都要放在重要位置,要善于发现教师的"闪光点",而不要只看到不足。② 一方面,要科学设定评价内容,并综合采用多元的评价方法。③ 包括形成性评价和诊断性评价,以及定性与定量结合的方式。这有助于全面、客观地评价教师的教学能力和专业发展。同时,应避免"重理论、轻实践"等倾向,平衡教师的各项职责。另一方面,可以开发和利用虚拟平台等技术手段,避免增加教师的工作负担,同时提高评价的客观性和真实性。④

四、关注教师专业发展

我们发现,教师的学历越高其教学系统满意度总体趋势也越高,这表现为学历越高者其对所在系统的适应能力更强,由此建议高校内部形成教师支持系统,提高岗前培训和在职培训质量,为教师提供较好的专业成长环境。

---

① 范志红.以参与式理念加强高校教学中的能力建设[J].高等农业教育,2008(12):35-37.
② 柯友凤,柯善玉.高校教师工作倦怠的影响因素及缓冲机制[J].教育研究与实验,2006(5):69-72.
③ 何静.高校教师教学能力评价机制优化研究[J].黑龙江高教研究,2015(1):95-98.
④ Alain Botaccio L, Gallego Ortega JL, Navarro Rincón A, Rodríguez Fuentes A. Evaluation for Teachers and Students in Higher Education. Sustainability. 2020;12(10):40-78.

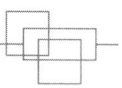

（一）岗前培训

一流高校的建设经验表明，教学岗前培训应建立"以实践为导向"的教学培训内容，这有助于新入职教师更好地适应职业和发展需求。[①] 因此，培训内容不仅要包括教育理念文化认同、教学理论知识体系的构建，还应包括指导职业生涯发展规划等。改变培训方式、注重实效、提高质量是解决当前高校教师岗前培训存在问题的有效措施，需要不断探索和尝试新的培训方法和技术，以提高培训的吸引力和效果。

（二）在职培训

强化职前教育与在职培训的连续性。构建职前培养与在职培训一体化的体系是应用型高校加强内涵建设和发展的必然选择。[②] 这种一体化不仅有助于提升教育质量，还能整合资源，创新模式。此外，持续性的培训模式有助于新入职教师在职业生涯的不同阶段都能得到必要的支持和指导。[③] 这种模式可以包括定期的工作坊、研讨会以及在线资源等，以确保教师能够不断更新其教学方法和知识。

五、关注弱势学生群体

从促进教育公平的角度出发多关注对弱势学生群体的教学。在我们的研究结果中发现，成绩排名越靠后的学生其对教学系统的满意度越低，其母

[①] 徐剑波.美国一流高校新入职教师教学岗前培训体系建设及其启示[J].黑龙江高教研究，2021,39(12):55-59.

[②] 楼军江.职前培养与在职培训一体化:应用型高校发展路径探讨[J].教育发展研究，2010,30(Z1):91-95.

[③] 徐剑波.美国一流高校新入职教师教学岗前培训体系建设及其启示[J].黑龙江高教研究，2021,39(12):55-59.

亲学历越低的学生对教学满意度评价也越低。因此,高校管理部门及教师应掌握学生学习成绩情况,对成绩暂时较差的学生及时干预。应重视父母亲学历不高的学生的学习状况,采取措施提升其教学效果。

(一) 教育公平措施

政府和高校应加强对弱势群体的政策支持和资源分配。[①] 这包括改革高校收费制度,提供更多的奖学金和助学金,以及实施贷款助学制度,以减轻经济负担。高等教育收费制度在一定程度上可以缓解高校经费紧张的状况,从而推动高等教育的发展。为了减轻低收入家庭的经济负担,需要通过政策改革来优化高等教育缴费制度。例如,完善国家助学贷款政策,确保所有有意愿且有能力的学生都能获得必要的财务支持;[②]拓宽高等教育融资渠道,如鼓励私人投资和企业赞助等,也是提高教育公平的有效途径。[③]

(二) 支持机制建立

一方面,高校应建立和完善针对弱势群体的学生支持系统。这包括心理咨询、学业辅导和社会服务等,帮助这些学生克服学习和生活中的困难;[④]另一方面,高校应建立有效的反馈机制。通过定期收集学生和家长的意见和建议,及时调整和改进教学方法和内容。[⑤]

[①] 秦苏滨.扶持弱势群体:通向高等教育公平的重要路径[J].教育发展研究,2010,30(23):79-82.
[②] 刘燕.我国高等教育收费制度下的教育公平问题研究[D].济南:山东大学,2008:46.
[③] 刘燕.我国高等教育收费制度下的教育公平问题研究[D].济南:山东大学,2008:120.
[④] 周艳华.高校弱势学生群体教育公平问题的现状与对策[J].黑龙江高教研究,2011,(1):30-32.
[⑤] "全国教育满意度测评研究"课题组,田慧生,曾天山,等.基础教育满意度实证研究[J].教育研究,2016,37(6):31-42.

第三节 研究贡献与创新

运用结构方程模型分析方法针对高校教学系统"结构—功能"关系的研究是一项全新的研究课题。我们构建了基于主体评价的高校教学系统"结构—功能"理论模型,该模型系统地描绘了教学系统的关键要素及其相互关系,为理解教学系统的内在逻辑和运行机制提供了坚实的理论基础。这一模型的构建是对现有教学系统理论的重要补充和发展。具体来说,本文研究贡献与创新主要体现在以下四个方面。

一、基于主体评价的系统评价

本书首次基于师生主体对区域高校教学系统结构功能进行了全面评价,这一视角的引入不仅丰富了教学系统评价的理论体系,也增强了评价结果的全面性和客观性。通过师生双方的共同参与,本书揭示了教学系统在不同视角下的运行状况和改进空间。

(一)评价体系构建

高校教学领域围绕系统结构功能有效性所展开的评价研究大多停留在微观层面,似乎忽视了教学系统的分层和分类特征。[1] 在高校教学评价实践领域,忽视了系统主体的评价价值,在多主体评价的时代显然具有局限性。

我们选择以现有教学系统评价理论为基础,以宏观和中观层面的高校教

---

[1] 卢婧.我国高校教学评价的现状及未来发展[J].黑龙江高教研究,2018,36(10):83-86.

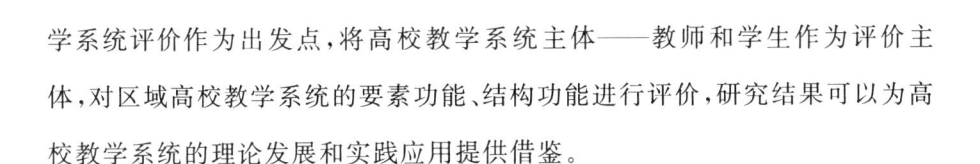

学系统评价作为出发点,将高校教学系统主体——教师和学生作为评价主体,对区域高校教学系统的要素功能、结构功能进行评价,研究结果可以为高校教学系统的理论发展和实践应用提供借鉴。

(二) 学生视角

在我们的研究中系统地分析了高校教学系统各要素结构与功能的关系。结果表明:学生的教学期望对教师要素、教学满意度和教学忠诚度均有显著的正向影响,还通过影响教师要素对教学满意度,经由教学满意度对教学忠诚度产生间接影响;学生的教学期望与教学环境和学生要素共同作为自变量影响着学生对教学内容和教学效果的总体评价;教学环境和学生要素同时对教师要素和教学满意度产生正向影响,并经由教师要素对教学满意度发挥间接效应。

(三) 教师视角

教师的教学期望与教学环境和学生要素具有显著的相关关系,三者共同影响着教师对教学系统的满意度;教学环境和学生要素均对教师要素具有显著正向影响,并经由教师要素对教学满意度和教学忠诚度产生间接效应。

二、满意度测量量表开发

为了配合理论模型的评价需求,我们开发了基于主体评价的高校教学系统满意度测量量表。该量表不仅涵盖了教学系统的多个关键领域,还充分考虑了师生双主体的不同视角和需求,为教学质量的量化评估提供了科学、有效的工具。同时,本书还运用该量表深入分析了不同背景特征对教学系统总体及各要素评价的影响差异,进一步揭示了教学系统评价的复杂性和多样性。

(一)量表设计原理

研究借鉴国内外教学评价相关研究成果,结合高校教学系统特点,开发了分别基于学生评价和基于教师评价的高校教学系统满意度测量量表。学生评价量表包括教学期望、教师要素满意度等八个维度和 48 个测量题项,教师评价量表包括教学期望、学生要素满意度等八个维度和 42 个测量题项。

(二)信度与效度验证

在学生和教师的量表测量中,为确保信度与效度,均采用了因子分析方法进行效度检验,包括探索性因子分析(EFA)以获取教学系统的结构、功能或潜在变量及其测量指标,以及验证性因子分析(CFA)对 EFA 得到的测量模型进行验证。同时,使用 Cronbach's α 系数进行内部一致性信度分析,结果显示学生和教师的量表测量中,大部分因子的内部一致性系数均大于 0.8,表明修改后的正式问卷量表具有较好的内部一致性,从而确保了测量工具的有效性和可靠性。

(三)量表应用

学生和教师样本数据分析结果显示,开发的测量量表具有较高的信度与效度,可为高校教学系统结构与功能的研究提供有效的借鉴。

三、多群组分析

多群组分析乃是将原先在单一样本的单一共变结构关系分割成数个平行共变结构,对这些共变结构进行评析进而回答影响因素对不同总体的影响。本书通过多群组分析对不同类型、不同层次高校的教学系统"结构—功能"理论模型进行了结构差异分析,揭示了不同类型高校在教学系统建设上

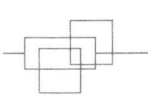

的共性和差异,为高校差异化发展提供了有力的支持。

(一) 分析方法

我们在国内外相关研究的基础上,从高校教学系统主体视角出发,基于研究假设和大样本调查数据,构建了高校教学系统结构功能理论模型。通过对不同性别、不同类型高校、不同学段、不同职称等样本多群组结构方程模型验证,结果表明所构建的理论模型具有较好的稳定性。

(二) 背景特征分析

我们运用方差分析,考察了学生样本中性别、年龄、学校类型、专业、学段、成绩排名、父母亲职业、父母亲学历等背景特征对教学系统总体、教师要素、学生要素、教学内容、教学效果、教学环境等评价的影响差异,考察了教师样本中性别、年龄、学校类型、专业、职称、学历、教学工作量、教学投入、年均收入等背景特征对教学系统总体、教师要素、学生要素、教学内容、教学效果、教学环境等评价的影响差异。

(三) 改进策略建议

高校应明确自身定位,突出教学应用型特色,并制定科学的人才培养方案。同时,加强现代化教学设施建设,营造良好学术氛围,促进师生关系和谐。为保护教师教学积极性,需建立健全教师人才培养机制,完善评价机制,并给予教师足够的参与感。此外,高校还应提供教师发展培训,支持教师专业成长。最后,要特别关注弱势学生群体,及时采取干预措施,提升其教学效果,确保教育公平。

第四节　研究局限与展望

一、研究局限

我们力求全面而深入地剖析高校教学系统的"结构—功能"关系,但在实际操作中仍遇到了若干挑战,这些挑战构成了本书的研究局限,主要为以下两个部分。

(一) 样本选择的局限

受限于研究的时间框架与实际操作的可行性,研究人员采用了方便抽样的策略,特别是在教师样本的收集上,这导致了教师总体的样本量相对有限。尽管研究人员尽力确保样本的多样性和代表性,但样本量的大小无疑对研究结果的普适性和精确度产生了一定影响。

(二) 模型构建的考量

在构建教学系统结构功能关系的理论模型时,研究人员遵循了全面性与精简性并重的原则,力求在复杂的教学系统中捕捉关键变量。然而,正如任何模型构建过程所不可避免的,研究人员可能遗漏了某些潜在的重要影响变量,尤其是那些来自教学系统外部的因素。这些外部因素,如政策环境、社会经济条件等,同样深刻地影响着教学系统的结构和功能,却未能在本书中得到充分的探讨。

我们在探索高校教学系统结构功能关系的过程中,虽力求全面深入,但仍不可避免地遭遇了样本选择和模型构建上的局限性。样本量的相对有限

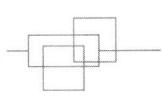

以及可能遗漏的重要外部影响因素，成为我们不容忽视的边界。这些局限提醒研究人员，在未来的研究中需要更加注重样本的代表性和全面性，同时深化对影响教学系统结构和功能的复杂因素的理解。

二、未来展望

面对上述局限，我们满怀期待地展望未来，期待通过持续的研究努力，逐步突破这些边界，推动高校教学系统研究的深入发展。

（一）拓宽样本的广度与深度

在未来的研究中，将会进一步扩大样本的选取范围，不仅涵盖更多类型和层次的高校，还将增加样本量，以期构建出更具代表性和普适性的教学系统模型。这将为研究人员提供更为丰富和全面的数据支持，使研究结果更加稳健可靠。

（二）优化测量工具

未来的研究将致力于进一步改进和优化现有概念模型中各个结构变量的测量量表，提高测量的准确性和有效性。这将有助于研究人员更准确地捕捉教学系统的真实面貌，为深入研究提供坚实的基础。

（三）开展跟踪与扩展性研究

为了验证和深化本书的结论，研究人员计划进行一系列跟踪或扩展性研究。这些研究将聚焦于教学系统内部各要素之间关系的动态变化，以及外部因素对教学系统结构和功能的长期影响。通过这些研究，研究人员将能够更全面地揭示教学系统的运行规律和发展趋势。

(四) 纳入外部因素的综合考量

为了更全面地考察高校教学系统的结构功能关系，研究人员将把外部因素纳入未来的研究模型中。这将使研究人员能够更准确地把握教学系统与环境之间的相互作用关系，为高校教学系统的优化与改进提供更加科学的依据和指导。

展望未来，针对研究存在的局限而提出了一系列富有前瞻性的展望与规划。从拓宽样本范围、优化测量工具，到开展跟踪与扩展性研究，再到将外部因素纳入综合考量，每一项展望都旨在突破现有研究的边界，推动高校教学系统研究的进一步深化与拓展。我们相信，通过持续不断的努力与探索，能够逐步揭开教学系统更加复杂而真实的面貌，为高校教学质量的提升贡献更多的智慧与力量。

附录 A　高校教学系统评价初始问卷(学生版)

亲爱的同学：

您好！感谢您抽出宝贵的时间来填写本问卷,本次的调查是为了了解您对所在高校的教学满意度情况,请您根据自己的真实感受和了解来填写,这将有助于我们的研究。非常感谢您的支持与合作。此问卷采取不记名的方式调查,调查结果仅用于学术研究,不涉及您的个人隐私。谢谢您的配合。

1. 您的性别是[单选题][必答题]

○男　　○女

2. 您的出生年份是:[单选题][必答题]

○1966　○1967　○1968　○1969　○1970　○1971　○1972

○1973　○1974　○1975　○1976　○1977　○1978　○1979

○1980　○1981　○1982　○1983　○1984　○1985　○1986

○1987　○1988　○1989　○1990　○1991　○1992　○1993

○1994　○1995　○1996　○1997　○1998　○1999　○2000

3. 您所在学校的名称是(请填写):[填空题][必答题]

4. 您现在的年级是[单选题][必答题]

○大一　　　　○大二　　　　○大三　　　　○大四

○硕士一年级　○硕士二年级　○硕士三年级

○博士一年级　○博士二年级　○博士三年级　○其他

5. 您就读的专业类别是[单选题][必答题]

○文学　○哲学　　○历史学　　○理学　　○工学　　○教育学

○管理学　○经济学　○艺术学　○医学　　○农学　　○法学

○未分专业

6. 您18岁之前主要生活在:[单选题][必答题]

○直辖市或省会城市市区　　○大中城市市区

○县城　　　　　　　　　　○乡镇　　　　　　　　○农村

7. 您父亲的职业(请选择符合或最相近的):[单选题][必答题]

○管理人员(例如公务员、企业管理层等)

○专业技术人员(含教师)

○办事人员　　○个体户　　○工人　　○农民

8. 您母亲的职业(请选择符合或最相近的):[单选题][必答题]

○管理人员(例如公务员、企业管理层等)

○专业技术人员(含教师)

○办事人员　　○个体户　　○工人　　○农民

9. 您父亲的学历:[单选题][必答题]

○小学以下　○小学　○初中　○高中或中专　○大专及以上

10. 您母亲的学历:[单选题][必答题]

○小学以下　○小学　○初中　○高中或中专　○大专及以上

11. 您是不是独生子女:[单选题][必答题]

○是　○不是

12. 您目前的学业成绩或科研能力在班级的排名情况是:(请选择最符合的情

形)[单选题][必答题]

○名列前茅　○中等偏上　○中等　○中等偏下　○相对较差

13. 您对所在学校任课教师教学态度的期望值(　　)[单选题][必答题]

○非常高　○高　○一般　○低　○非常低

14. 您对所在学校教师教学水平的期望值(　　)[单选题][必答题]

○非常高　○高　○一般　○低　○非常低

15. 您对所在学校课堂教学内容先进性的期望值(　　)[单选题][必答题]

○非常高　○高　○一般　○低　○非常低

16. 您对所在学校课堂教学方法科学性的期望值(　　)[单选题][必答题]

○非常高　○高　○一般　○低　○非常低

17. 您对所在学校实践类课程教学内容的期望值(　　)[单选题][必答题]

○非常高　○高　○一般　○低　○非常低

18. 您对所在学校教学效果的期望值(　　)[单选题][必答题]

○非常高　○高　○一般　○低　○非常低

19. 您对高校和谐师生关系的期望值(　　)[单选题][必答题]

○非常高　○高　○一般　○低　○非常低

20. 您对学校教学环境(教室、图书馆、网络等)的期望度(　　)[单选题][必答题]

○非常高　○高　○一般　○低　○非常低

21. 您对学校提供的教学管理和服务(教务管理、学生管理、平台系统服务等)的期望值(　　)[单选题][必答题]

○非常高　○高　○一般　○低　○非常低

22. 理想情况下,任课教师应该知识结构合理、专业水平较高。总体而言,您认为所在学校任课教师的实际情形与此理想情况的符合程度是:[单选题][必答题]

○非常符合　○比较符合　○符合　○比较不符合　○非常不符合

23. 理想情况下,任课教师教学方法应该新颖,语言富有亲和力和感染力,有课堂互动,气氛活跃。您认为,您所在学校的实际情形与此理想情况的符合程度是:[单选题][必答题]

○非常符合　○比较符合　○符合　○比较不符合　○非常不符合

24. 理想情况下,任课教师应该教学态度认真,备课充分,按时上下课、不随意漏课、调课;上课时不吸烟,不接电话和做其他与教学无关的事情。您认为,您所在学校实际情形与此理想情况的符合程度是[单选题][必答题]

○非常符合　○比较符合　○符合　○比较不符合　○非常不符合

25. 理想情况下,任课教师应该品行端正,平易近人,关爱学生,乐于与学生交流,能公平对待学生。您认为,您所在学校实际情形与此理想情况的符合程度是:[单选题][必答题]

○非常符合　○比较符合　○符合　○比较不符合　○非常不符合

26. 理想情况下,任课教师应能熟练应用多媒体设备以及其他教具辅助教学。您认为您所在学校实际情形与此理想情况的符合程度是:[单选题][必答题]

○非常符合　○比较符合　○符合　○比较不符合　○非常不符合

27. 理想情况下,任课教师应善于利用网络、电子通信等工具与学生进行课上课下的良好交流互动。您认为您所在学校教师的实际情形与此理想情况的符合程度是:[单选题][必答题]

○非常符合　○比较符合　○符合　○比较不符合　○非常不符合

28. 理想情况下,学生应该有强烈的求知欲和清晰的学习目标。您认为,您所在学校的实际情形与此理想情况的符合程度是:[单选题][必答题]

○非常符合　○比较符合　○符合　○比较不符合　○非常不符合

29. 理想情况下,学生应该学习态度端正,上课认真,作业按时上交。您认为,您所在学校实际情形与此理想情况的符合程度是:[单选题][必答题]

○非常符合　○比较符合　○符合　○比较不符合　○非常不符合

30. 理想情况下,学生应能够通过独立的探索、质疑和创造等方法来实现学习目标。您认为,您所在学校实际情形与此理想情况的符合程度是:[单选题][必答题]

○非常符合　○比较符合　○符合　○比较不符合　○非常不符合

31. 您认为您所在学校学生的知识基础和整体素质水平是:[单选题][必答题]

○非常高　○较高　○一般　○较低　○非常低

32. 您认为您所在学校学生的整体学习风气是:[单选题][必答题]

○非常好　○较好　○一般　○较差　○非常差

33. 理想情况下,师生之间应该交往和交流密切,心理距离较近,并相处融洽。您认为,您所在学校的实际情形与此理想情况的符合程度是:[单选题][必答题]

○非常符合　○比较符合　○符合　○比较不符合　○非常不符合

34. 理想情况下,课堂应该气氛活跃、秩序井然。您认为您所在学校实际情形与此理想情况的符合程度是:[单选题][必答题]

○非常符合　○比较符合　○符合　○比较不符合　○非常不符合

35. 理想情况下,师生应该各自的角色定位明确,学生在交往过程中能够学会认识自己,增长交往经验和社会能力,形成正确的自我意识。您认为实际情形与此理想情况的符合程度是:[单选题][必答题]

○非常符合　○比较符合　○符合　○比较不符合　○非常不符合

36. 您对所在专业课程设置(课程结构、学分设置等)的整体满意度为(　　　)[单选题][必答题]

○非常满意　○满意　○一般　○不满意　○非常不满意

37. 您对所学公共基础课(包括思想道德修养、大学英语、政治课、数学课、计算机课等)教学内容的满意度为(　　　)[单选题][必答题]

○非常满意　○满意　○一般　○不满意　○非常不满意

38. 您对所学专业课的教学内容的满意度为(　　)[单选题][必答题]

○非常满意　○满意　○一般　○不满意　○非常不满意

39. 您对所学课程所使用的教材(科学性、适用性、先进性)的满意度为(　　)[单选题][必答题]

○非常满意　○满意　○一般　○不满意　○非常不满意

40. 您对实践类课程教学内容的满意度为(　　)[单选题][必答题]

○非常满意　○满意　○一般　○不满意　○非常不满意

41. 您对所在学校的学术氛围和文化氛围的满意度为(　　)[单选题][必答题]

○非常满意　○满意　○一般　○不满意　○非常不满意

42. 您对所在学校社团和文体活动组织情况的评价是(　　)[单选题][必答题]

○非常满意　○满意　○一般　○不满意　○非常不满意

43. 您对所在学校教学信息化基础设施(网络系统、多媒体教室、现代化教学设施等)的满意度为(　　)[单选题][必答题]

○非常满意　○满意　○一般　○不满意　○非常不满意

44. 您对所在学校图书馆信息化资源设施(图书和数据库的数量、质量等)的满意度为(　　)[单选题][必答题]

○非常满意　○满意　○一般　○不满意　○非常不满意

45. 您对学校提供的教学管理和服务(教务管理、学生管理、平台系统服务等)的满意度为(　　)[单选题][必答题]

○非常满意　○满意　○一般　○不满意　○非常不满意

46. 您对所在学校教学效果的整体满意度是(　　)[单选题][必答题]

○非常满意　○满意　○一般　○不满意　○非常不满意

47. 您对所在学校教学活动在提高您的思维能力、学习能力和综合能力方面的满意度是(　　)[单选题][必答题]

○非常满意　○满意　○一般　○不满意　○非常不满意

48. 您对所在学校教学活动在提高您解决本学科或相关学科具体问题的能力方面的满意度是(　　)[单选题][必答题]

　　○非常满意　○满意　○一般　○不满意　○非常不满意

49. 如果再给您一次机会,您是否还愿意选择来现在这所高校求学:[单选题][必答题]

　　○非常愿意　○愿意　○无所谓　○不愿意　○非常不愿意

50. 如果再给您一次机会,您是否还愿意选择现在的专业:[单选题][必答题]

　　○非常愿意　○愿意　○无所谓　○不愿意　○非常不愿意

51. 如果有可能,您是否愿意对自己所在专业的教学提出改进建议:[单选题][必答题]

　　○非常愿意　○愿意　○无所谓　○不愿意　○非常不愿意

52. 您是否愿意向自己的学弟学妹提出选课建议(推荐选某门课或反对选某门课):[单选题][必答题]

　　○非常愿意　○愿意　○无所谓　○不愿意　○非常不愿意

53. 您对自己所在高校的教学有什么意见和建议(请写出):[填空题]

附录 B　高校教学系统评价初始问卷(教师版)

尊敬的老师：

您好！感谢您抽出宝贵的时间来填写本问卷，本次的调查是为了了解您对所在高校的教学满意度情况，请您根据自己的真实感受和了解来填写，这将有助于我们的研究。非常感谢您的支持与合作。此问卷采取不记名的方式调查，调查结果仅用于学术研究，不涉及您的个人隐私。谢谢您的配合。

一、个人基本信息

1. 性别

　　A. 男　　　B. 女

2. 出生年份：_____年

3. 您所在学校名称：_____

4. 您所在的专业类别是：(　　)

　　○文学　　○哲学　　○历史学　　○理学　　○工学　　○教育学

　　○管理学　○经济学　○艺术学　　○医学　　○农学　　○法学

　　○未分专业

5. 您累计从事教学工作多长时间：_____年

6. 您的职称是：

　　○教授/研究员　　○副教授/副研究员　　○讲师/助理研究员

　　○助教/实习研究员

7. 您是不是硕士生导师

　　A. 是　　　　B. 否

8. 您是不是博士生导师

　　A. 是　　　　B. 否

9. 请你估算最近三年(2012—2015学年)，您平均每学年教学工作量：_____ 学时/学年。请选择：

　　○无教学工作量　　○0＜教学工作量≤25　　○25＜教学工作量≤50

　　○50＜教学工作量≤75　　○75＜教学工作量≤100　　○100＜教学工作量≤125

　　○125＜教学工作量≤150　　○150＜教学工作量≤175

　　○175＜教学工作量≤200　　○200＜教学工作量≤225

　　○225＜教学工作量≤250　　○250＜教学工作量

10. 请估算最近一年您的时间在以下四项工作中的分配［请确保四项加总为100％］

各项工作分配比例	教学％	科研％	行政管理％	社会活动与事务性工作％
	0	0	0	0
	10％	10％	10％	10％
	20％	20％	20％	20％
	30％	30％	30％	30％
	40％	40％	40％	40％
	50％	50％	50％	50％
	60％	60％	60％	60％
	70％	70％	70％	70％
	80％	80％	80％	80％
	90％	90％	90％	90％
	100％	100％	100％	100％

11. 您现在(或曾经)在学校担任的行政职务是：_____ [多选题]

　　□没有担任任何职务　　　□系副主任/副所长　　　□系主任/所长

　　□学院副院长/学部副部长　　□学院院长/学部部长

　　□学校行政职能机构副处长　　□学校行政职能机构正处长

　　□学校校级领导

12. 您的最后学历是(　　)

　　A. 博士后　　B. 博士　　C. 硕士　　D. 本科

13. 您婚姻状况是

　　A. 未婚　B. 已婚　C. 离异或丧偶　D. 不方便告知

14. 您当前子女个数是

　　A. 0个　　B. 1个　　C. 2个　　D. 3个及以上

15. 请估计您个人最近三年(2012—2015年)年均总收入(含工资外所有税后收入)

　　○收入<5万　○5万≤收入<6万　○6万≤收入<7万

　　○7万≤收入<8万　○8万≤收入<9万　○9万≤收入<10万

　　○10万≤收入<15万　○15万≤收入<20万　○20万≤收入<30万

　　○收入≥30万　○不方便透露/不清楚

16. 在学校所在城市,您家是否购买商品房(包括曾经购买但是后来卖掉)

　　A. 没有购买　　　B. 有购买

17. 您是否享受学校为教师提供的安置房或周转房

　　A. 没有　　　B. 有

18. 从家到学校,您最常用交通方式为(　　　)

　　○步行　　○自行车　　○电动车/摩托车　　○公共汽车/地铁

　　○单位班车　　○私家车(含拼车、打车等)

　　请估算：采用这种交通方式,您从家到校单程大约需____分钟

　　○0—10分钟　　　○10—20分钟　　　○20—30分钟

○30—40分钟　　　○40—50分钟　　　○50—60分钟

○60—90分钟　　　○90—120分钟　　　○120分钟以上

二、对教学的期望度

19. 您对学校教学环境(教室、图书馆、多媒体、实验室、网络等)的期望度有多高:(　　)

   A. 很高　　B. 高　　C. 一般　　D. 低　　E. 很低

20. 您对学校提供的教学管理和服务(教务管理、学生管理、平台系统服务等)的期望度有多高:(　　)

   A. 很高　　B. 高　　C. 一般　　D. 低　　E. 很低

21. 您对所教学生原有知识基础的期望值有多高:(　　)

   A. 很高　　B. 高　　C. 一般　　D. 低　　E. 很低

22. 您对所教学生学习态度的期望值有多高:(　　)

   A. 很高　　B. 高　　C. 一般　　D. 低　　E. 很低

23. 您对所教学生学习风气的期望值有多高:(　　)

   A. 很高　　B. 高　　C. 一般　　D. 低　　E. 很低

24. 您对所教学生掌握学习方法(例如自主学习法、合作与探究法)期望值有多高:(　　)

   A. 很高　　B. 高　　C. 一般　　D. 低　　E. 很低

25. 您对与所教学生之间和谐师生关系的期望值有多高:(　　)

   A. 很高　　B. 高　　C. 一般　　D. 低　　E. 很低

26. 您对所教课程教材(科学性、适用性、先进性)的期望值有多高:(　　)

   A. 很高　　B. 高　　C. 一般　　D. 低　　E. 很低

27. 您对所教课程教学效果的期望值有多高:(　　)

   A. 很高　　B. 高　　C. 一般　　D. 低　　E. 很低

三、对学生群体的评价

28. 理想情况下,学生在学习一门课程前应具有相应的基本知识和认知结构。

总体而言,您所教学生的实际情形与此理想情况的符合程度是(　　)

A. 非常符合　　B. 比较符合　　C. 符合　　D. 比较不符合

E. 非常不符合

29. 理想情况下,大学生应具有适应大学课程的学习方法(如自主学习、探究学习、协作学习等),您认为您所教学生的实际情形与此理想情况的符合程度是(　　)

A. 非常符合　　B. 比较符合　　C. 符合　　D. 比较不符合

E. 非常不符合

30. 理想情况下,学生在上课前进行预习与课前准备,上课注意力集中,积极参与课堂,课后认真完成作业。您认为,您所在学校实际情形与此理想情况的符合程度是(　　)

A. 非常符合　　B. 比较符合　　C. 符合　　D. 比较不符合

E. 非常不符合

31. 理想情况下,学生应该品行端正,尊敬师长,团结同学。您认为,您所教学生的实际情形与此理想情况的符合程度是(　　)

A. 非常符合　　B. 比较符合　　C. 符合　　D. 比较不符合

E. 非常不符合

32. 理想情况下,大学生应能熟练使用各种信息化工具,来获取信息、处理信息、生成信息、创造信息并进行信息协作。您认为您所教学生的实际情形与此理想情况的符合程度是(　　)

A. 非常符合　　B. 比较符合　　C. 符合　　D. 比较不符合

E. 非常不符合

四、对教师群体的评价

33. 理想情况下,任课教师应该知识结构合理、专业水平较高。总体而言,您认为所在学校任课教师的实际情形与此理想情况的符合程度是(　　)

A. 非常符合　　B. 比较符合　　C. 符合　　D. 比较不符合

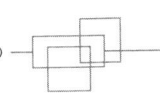

E. 非常不符合

34. 理想情况下,任课教师教学方法应该新颖,语言富有亲和力和感染力,有课堂互动,气氛活跃。您认为,您所在学校的实际情形与理想情况的符合程度是(　　)

    A. 非常符合　　B. 比较符合　　C. 符合　　D. 比较不符合

    E. 非常不符合

35. 理想情况下,任课教师应该教学态度认真,备课充分,按时上下课、不随意漏课、调课;上课时不吸烟,不接电话和做其他与教学无关的事情。您认为,您所在学校实际情形与此理想情况的符合程度是(　　)

    A. 非常符合　　B. 比较符合　　C. 符合　　D. 比较不符合

    E. 非常不符合

36. 理想情况下,任课教师应该品行端正,平易近人,关爱学生,乐于与学生交流,能公平对待学生。您认为,您所在学校实际情形与理想情况的符合程度是(　　)

    A. 非常符合　　B. 比较符合　　C. 符合　　D. 比较不符合

    E. 非常不符合

37. 理想情况下,任课教师应能熟练应用多媒体设备以及其他教具辅助教学。您认为您所在学校实际情形与此理想情况的符合程度是(　　)

    A. 非常符合　　B. 比较符合　　C. 符合　　D. 比较不符合

    E. 非常不符合

38. 理想情况下,任课教师应善于利用网络、电子通信等工具与学生进行课上课下的良好交流互动。您认为所在学校教师的实际情形与此理想情况的符合程度是(　　)

    A. 非常符合　　B. 比较符合　　C. 符合　　D. 比较不符合

    E. 非常不符合

五、对师生关系的评价

39. 理想情况下,师生之间应该交往和交流密切,心理距离较近,并相处融洽。您认为,您授课过程中的实际情形与此理想情况的符合程度是(　　)

    A. 非常符合　　B. 比较符合　　C. 符合　　D. 比较不符合

    E. 非常不符合

40. 理想情况下,课堂应该气氛活跃、秩序井然。您认为,您授课过程中的实际情形与此理想情况的符合程度是(　　)

    A. 非常符合　　B. 比较符合　　C. 符合　　D. 比较不符合

    E. 非常不符合

41. 理想情况下,师生各自的角色定位明确,学生在交往过程中能够学会认识自己,增长交往经验和社会能力,形成正确的自我意识。您认为,您与学生交往的实际情形与此理想情况的符合程度是(　　)

    A. 非常符合　　B. 比较符合　　C. 符合　　D. 比较不符合

    E. 非常不符合

六、对教学内容的评价

42. 您对所教课程教学内容(课程标准、课程结构等)的整体满意度为:(　　)

    A. 非常满意　　B. 满意　　C. 一般　　D. 不满意

    E. 非常不满意

43. 您对所教课程的学分设置、学时分配等的满意度为:(　　)

    A. 非常满意　　B. 满意　　C. 一般　　D. 不满意

    E. 非常不满意

44. 您对所教课程使用的教材(科学性、适用性、先进性)的满意度为:(　　)

    A. 非常满意　　B. 满意　　C. 一般　　D. 不满意

    E. 非常不满意

七、对教学环境的评价(内环境+外环境)

45. 您对所在学校的学术氛围和文化氛围的满意度为:(　　)

A. 非常满意　　B. 满意　　C. 一般　　D. 不满意

E. 非常不满意

46. 您对所在学校教学信息化基础设施(网络系统、多媒体教室、现代化教学设施等)的满意度为:(　　)

    A. 非常满意　　B. 满意　　C. 一般　　D. 不满意

    E. 非常不满意

47. 您对所在学校教学信息化资源(图书和数据库的数量、质量等)的满意度为:(　　)

    A. 非常满意　　B. 满意　　C. 一般　　D. 不满意

    E. 非常不满意

48. 您对学校提供的教学管理和服务(教务管理、学生管理、平台系统服务等)的满意度为:(　　)

    A. 非常满意　　B. 满意　　C. 一般　　D. 不满意

    E. 非常不满意

八、对教学效果评价

49. 您对所教课程教学效果的整体满意度是:(　　)

    A. 非常满意　　B. 满意　　C. 一般　　D. 不满意

    E. 非常不满意

50. 您是否认为您较好完成了自己课程的教学任务,学生能够接受并掌握课程内容:(　　)

    A. 非常满意　　B. 满意　　C. 一般　　D. 不满意

    E. 非常不满意

51. 您是否认为通过您的教学活动,学生解决本学科或相关学科具体问题的能力得到了提高:(　　)

    A. 非常满意　　B. 满意　　C. 一般　　D. 不满意

    E. 非常不满意

52. 您是否认为通过您的教学活动,促进了学生思维能力、学习能力和综合能力的提高:( )

  A. 非常满意　　B. 满意　　C. 一般　　D. 不满意

  E. 非常不满意

九、对高校教学忠诚度的测试

53. 如果再给你一次机会,您是否还愿意选择来所在高校任教:( )

  A. 非常愿意　　B. 愿意　　C. 无所谓　　D. 不愿意

  E. 非常不愿意

54. 您是否愿意为了提高自己所授课程的教学效果,而在教学上投入更多的时间:( )

  A. 非常愿意　　B. 愿意　　C. 无所谓　　D. 不愿意

  E. 非常不愿意

55. 如果有可能,您是否愿意对自己所在专业的教学提出改进建议:( )

  A. 非常愿意　　B. 愿意　　C. 无所谓　　D. 不愿意

  E. 非常不愿意

56. 您是否愿意向自己所在学校提出课程设计/教学改革的建议:( )

  A. 非常愿意　　B. 愿意　　C. 无所谓　　D. 不愿意

  E. 非常不愿意

57. 您对自己所在高校的教学有什么意见和建议(请写出):

_____

问卷到此结束,谢谢您的支持,祝您工作顺利!

附录C 高校教学系统评价调查问卷(学生版)

亲爱的同学:

您好!感谢您抽出宝贵的时间来填写本问卷,本次的调查是为了了解您对所在高校的教学满意度情况,请您根据自己的真实感受和了解来填写,这将有助于我们的研究。非常感谢您的支持与合作。此问卷采取不记名的方式调查,调查结果仅用于学术研究,不涉及您的个人隐私。谢谢您的配合。

1. 您的性别是:

   ○男　　　○女

2. 您的出生年份是:

   ○1966　○1967　○1968　○1969　○1970　○1971　○1972

   ○1973　○1974　○1975　○1976　○1977　○1978　○1979

   ○1980　○1981　○1982　○1983　○1984　○1985　○1986

   ○1987　○1988　○1989　○1990　○1991　○1992　○1993

   ○1994　○1995　○1996　○1997　○1998　○1999　○2000

3. 您所在学校的名称是(请填写全称):＿＿＿＿＿＿＿＿＿＿＿＿

4. 您现在的年级是

　　○大一　　　　○大二　　　　○大三　　　　○大四

　　○硕士一年级　　○硕士二年级　　○硕士三年级

　　○博士一年级　　○博士二年级　　○博士三年级　　○其他,请填写：

5. 您就读的专业类别是

　　○文学　　　○哲学　　　○历史学　　○理学　　○工学　　○教育学

　　○管理学　　○经济学　　○艺术学　　○医学　　○农学　　○法学

　　○未分专业

6. 您18岁之前主要生活在：

　　○直辖市或省会城市市区　　○大中城市市区

　　○县城　　　　　　　　　○乡镇　　　　　　　　○农村

7. 您父亲的职业（请选择符合或最相近的）：

　　○管理人员（例如公务员、企业管理层等）

　　○专业技术人员（含教师）

　　○办事人员　　○个体户　　○工人　　○农民

8. 您母亲的职业（请选择符合或最相近的）：

　　○管理人员（例如公务员、企业管理层等）

　　○专业技术人员（含教师）

　　○办事人员　　○个体户　　○工人　　○农民

9. 您父亲的学历：

　　○小学以下　　○小学　　○初中　　○高中或中专　　○大专及以上

10. 您母亲的学历：

　　○小学以下　　○小学　　○初中　　○高中或中专　　○大专及以上

11. 您是不是独生子女：

　　○是　　　　　　○不是

12. 您目前的学业成绩或科研能力在班级的排名情况是：（请选择最符合的情

形)

　　　○名列前茅　○中等偏上　○中等　○中等偏下　○相对较差

13. 您对任课教师教学态度的心理预期有多高:(　　　)

　　　○非常高　　○高　　○一般　　○低　　○非常低

14. 您对任课教师教学水平的心理预期有多高:(　　　)

　　　○非常高　　○高　　○一般　　○低　　○非常低

15. 您对课堂教学内容先进性的心理预期有多高:(　　　)

　　　○非常高　　○高　　○一般　　○低　　○非常低

16. 您对任课教师教学方法科学性的心理预期有多高:(　　　)

　　　○非常高　　○高　　○一般　　○低　　○非常低

17. 您对实践类课程教学内容的心理预期有多高:(　　　)

　　　○非常高　　○高　　○一般　　○低　　○非常低

18. 您对课程教学效果的心理预期有多高:(　　　)

　　　○非常高　　○高　　○一般　　○低　　○非常低

19. 您对高校和谐师生关系的心理预期有多高:(　　　)

　　　○非常高　　○高　　○一般　　○低　　○非常低

20. 您对学校教学硬件条件(教室、图书馆、网络等)的心理预期有多高:
(　　　)

　　　○非常高　　○高　　○一般　　○低　　○非常低

21. 您对学校提供的教学管理和服务(教务管理、学生管理、平台系统服务等)的心理预期有多高:(　　　)

　　　○非常高　　○高　　○一般　　○低　　○非常低

22. 理想情况下,任课教师应该知识结构合理、专业水平较高。总体而言,您认为,公共课(政治、英语等)任课教师实际情形与此理想情况的符合程度是:(　　　)

　　　○非常符合　○比较符合　○符合　○比较不符合　○非常不符合

23. 理想情况下,任课教师应该知识结构合理、专业水平较高。总体而言,您认为,专业课任课教师的实际情形与此理想情况的符合程度是:(　　)

○非常符合　○比较符合　○符合　○比较不符合　○非常不符合

24. 理想情况下,任课教师教学方法应该新颖,语言富有亲和力和感染力,有课堂互动,气氛活跃。您认为,公共课任课教师的实际情形与此理想情况的符合程度是:(　　)

○非常符合　○比较符合　○符合　○比较不符合　○非常不符合

25. 理想情况下,任课教师教学方法应该新颖,语言富有亲和力和感染力,有课堂互动,气氛活跃。您认为,专业课任课教师的实际情形与此理想情况符合程度是:(　　)

○非常符合　○比较符合　○符合　○比较不符合　○非常不符合

26. 理想情况下,任课教师应该教学态度认真,备课充分,按时上下课、不随意漏课、调课;上课时不吸烟,不接电话和做其他与教学无关的事情。您认为,公共课任课教师的实际情形与此理想情况的符合程度是:(　　)

○非常符合　○比较符合　○符合　○比较不符合　○非常不符合

27. 理想情况下,任课教师应该教学态度认真,备课充分,按时上下课、不随意漏课、调课;上课时不吸烟,不接电话和做其他与教学无关的事情。您认为:专业课任课教师的实际情形与此理想情况的符合程度是:(　　)

○非常符合　○比较符合　○符合　○比较不符合　○非常不符合

28. 理想情况下,任课教师应该品行端正,平易近人,关爱学生,乐于与学生交流,能公平对待学生。您认为,公共课任课教师的实际情形与此理想情况的符合程度是:(　　)

○非常符合　○比较符合　○符合　○比较不符合　○非常不符合

29. 理想情况下,任课教师应该品行端正,平易近人,关爱学生,乐于与学生交流,能公平对待学生。您认为,专业课任课教师的实际情形与此理想情况的符合程度是:(　　)

　　　　○非常符合　　○比较符合　　○符合　　○比较不符合　　○非常不符合

30. 理想情况下,任课教师应能熟练应用多媒体设备以及其他教具辅助教学。您认为,公共课任课教师的实际情形与此理想情况的符合程度是:(　　)

　　　　○非常符合　　○比较符合　　○符合　　○比较不符合　　○非常不符合

31. 理想情况下,任课教师应能熟练应用多媒体设备以及其他教具辅助教学。您认为,专业课任课教师的实际情形与此理想情况的符合程度是:(　　)

　　　　○非常符合　　○比较符合　　○符合　　○比较不符合　　○非常不符合

32. 理想情况下,任课教师应善于利用网络、电子通信等工具与学生进行课上课下的良好交流互动。您认为,公共课任课教师的实际情形与此理想情况的符合程度是:(　　)

　　　　○非常符合　　○比较符合　　○符合　　○比较不符合　　○非常不符合

33. 理想情况下,任课教师应善于利用网络、电子通信等工具与学生进行课上课下的良好交流互动。您认为,专业课任课教师的实际情形与此理想情况的符合程度是:(　　)

　　　　○非常符合　　○比较符合　　○符合　　○比较不符合　　○非常不符合

34. 理想情况下,学生应该有强烈的求知欲和清晰的学习目标。您认为,您所在专业学生的实际情形与此理想情况的符合程度是:(　　)

　　　　○非常符合　　○比较符合　　○符合　　○比较不符合　　○非常不符合

35. 理想情况下,学生应该学习态度端正,上课认真,作业按时上交。您认为,您所在专业学生的实际情形与此理想情况的符合程度是:(　　)

　　　　○非常符合　　○比较符合　　○符合　　○比较不符合　　○非常不符合

36. 理想情况下,学生应能够熟练运用自主学习、合作学习和探究学习等方法来实现学习目标。您认为,您所在专业学生的实际情形与此理想情况的符合程度是:(　　)

　　　　○非常符合　　○比较符合　　○符合　　○比较不符合　　○非常不符合

37. 您认为,您所在专业学生的知识基础和整体素质水平是:(　　)

○非常高　○较高　○一般　○较低　○非常低

38. 您认为,您所在专业学生的整体学习风气是:(　　)

　　　○非常好　○较好　○一般　○较差　○非常差

39. 理想情况下,师生之间应该交往和交流密切,心理距离较近,并相处融洽。您认为,您所在专业的实际情形与此理想情况的符合程度是:(　　)

　　　○非常符合　○比较符合　○符合　○比较不符合　○非常不符合

40. 理想情况下,课堂应该气氛活跃、秩序井然。您认为,您所在专业实际情形与此理想情况的符合程度是:(　　)

　　　○非常符合　○比较符合　○符合　○比较不符合　○非常不符合

41. 理想情况下,学生在师生交往过程中能够学会认识自己,增长交往经验和社会能力,形成正确的自我意识。您认为,您本人在师生交往过程中的实际情形与此理想情况的符合程度是:(　　)

　　　○非常符合　○比较符合　○符合　○比较不符合　○非常不符合

42. 您对所在专业课程设置(课程结构、学分设置等)的整体满意度为(　　)

　　　○非常满意　○满意　○一般　○不满意　○非常不满意

43. 您对所学公共课(包括思想道德修养、大学英语、政治课、数学课、计算机课等)教学内容的满意度为(　　)

　　　○非常满意　○满意　○一般　○不满意　○非常不满意

44. 您对所学专业课教学内容的满意度为(　　)

　　　○非常满意　○满意　○一般　○不满意　○非常不满意

45. 您对所学课程使用的教材(科学性、适用性、先进性)的满意度为(　　)

　　　○非常满意　○满意　○一般　○不满意　○非常不满意

46. 您对实践类课程(实习课、实践课、实验课)教学内容的满意度为(　　)

　　　○非常满意　○满意　○一般　○不满意　○非常不满意

47. 您对所在学校的学术文化氛围的满意度为(　　)

　　　○非常满意　○满意　○一般　○不满意　○非常不满意

48. 您对所在学校社团文体活动组织情况的满意度为（　　）

○非常满意　○满意　○一般　○不满意　○非常不满意

49. 您对所在学校教学硬件条件（网络系统、多媒体教室、现代化教学设施等）的满意度为（　　）

○非常满意　○满意　○一般　○不满意　○非常不满意

50. 您对所在学校信息化资源（图书和数据库的数量、质量等）的满意度为（　　）

○非常满意　○满意　○一般　○不满意　○非常不满意

51. 您对学校提供的教学管理和服务（教务管理、学生管理、平台系统服务等）的满意度为（　　）

○非常满意　○满意　○一般　○不满意　○非常不满意

52. 您对公共课教学效果的整体满意度为（　　）

○非常满意　○满意　○一般　○不满意　○非常不满意

53. 您对专业课教学效果的整体满意度为（　　）

○非常满意　○满意　○一般　○不满意　○非常不满意

54. 您对公共课教学活动在提高您的思维能力、学习能力和综合能力方面的满意度为（　　）

○非常满意　○满意　○一般　○不满意　○非常不满意

55. 您对专业课教学活动在提高您的思维能力、学习能力和综合能力方面的满意度为（　　）

○非常满意　○满意　○一般　○不满意　○非常不满意

56. 您对公共课教学活动在提高您解决本学科或相关学科具体问题的能力方面的满意度为（　　）

○非常满意　○满意　○一般　○不满意　○非常不满意

57. 您对专业课教学活动在提高您解决本学科或相关学科具体问题的能力方面的满意度为（　　）

○非常满意　○满意　○一般　○不满意　○非常不满意

58. 如果再给您一次机会,您是否还愿意选择来现在这所高校求学:

　　○非常愿意　○愿意　○无所谓　○不愿意　○非常不愿意

59. 如果再给您一次机会,您是否还愿意选择现在的专业:

　　○非常愿意　○愿意　○无所谓　○不愿意　○非常不愿意

60. 如果有可能,您是否愿意对自己所在专业的教学提出改进建议:

　　○非常愿意　○愿意　○无所谓　○不愿意　○非常不愿意

61. 您是否愿意向自己的学弟学妹提出选课建议(推荐选某门课或反对选某门课):

　　○非常愿意　○愿意　○无所谓　○不愿意　○非常不愿意

62. 您对自己所在高校的教学有什么意见和建议(请写出):

附录D 高校教学系统评价调查问卷(教师版)

尊敬的老师:

您好!感谢您抽出宝贵的时间来填写本问卷,本次的调查是为了了解您对所在高校的教学满意度情况,请您根据自己的真实感受和了解来填写,这将有助于我们的研究。非常感谢您的支持与合作。此问卷采取不记名的方式调查,调查结果仅用于学术研究,不涉及您的个人隐私。

谢谢您的配合。

1. 性别: ○男 ○女
2. 出生年份(请填写):(19_____)年
3. 所在学校名称(请填写):_____
4. 您所在的学科门类是:
   ○理学 ○工学 ○教育学 ○文学 ○哲学 ○历史学 ○管理学
   ○经济学 ○艺术学 ○医学 ○农学 ○法学 ○军事学
5. 您累计从事教学工作多长时间(请填写):(_____)年
6. 您的职称是:
   ○教授/研究员 ○副教授/副研究员 ○讲师/助理研究员 ○助教/实习研究员

7. 您是不是硕士生导师： ○是　　　　　　　○不是

8. 您是不是博士生导师： ○是　　　　　　　○不是

9. 您所在学校是否有教学工作量的规定？　　○有规定　　○没有规定

10. 如有,您当前职称的规定教学工作量是(_____)学时/学年[如没有跳过]

11. 请估算,最近三年(2012—2015 学年),您平均每学年教学工作量为：
    (　　)学时/学年。

    ○无教学工作量　○0＜教学工作量≤25　○25＜教学工作量≤50

    ○50＜教学工作量≤75　　○75＜教学工作量≤100

    ○100＜教学工作量≤125　○125＜教学工作量≤150

    ○150＜教学工作量≤175　○175＜教学工作量≤200

    ○200＜教学工作量≤225　○225＜教学工作量≤250

    ○250＜教学工作量≤350　○350＜教学工作量

12. 请估算,最近一年您的时间在以下四项工作中的分配[请确保四项加总为100%]

13. 您现在(或曾经)在学校担任的行政职务是：[多选题]

    □没有担任任何职务　　□系副主任/副所长　　□系主任/所长

    □学院副院长/学部副部长　　□学院院长/学部部长

    □学校行政职能机构副处长　　□学校行政职能机构正处长

    □学校校级领导

14. 您的最后学历是(　　)

    ○博士　○硕士　○本科　○专科　○以上都不是

15. 您的婚姻状况是(　　)

    ○未婚　○已婚　○离异或丧偶

16. 您当前子女个数是(　　)

    ○0　　　○1个　　　○2个　　　○3个及以上

17. 请估计您个人最近三年(2012—2015年)年均总收入(含工资外所有税后收入)

　　○收入<5万　　○5万≤收入<6万　　○6万≤收入<7万

　　○7万≤收入<8万　　○8万≤收入<9万　　○9万≤收入<10万

　　○10万≤收入<15万　　○15万≤收入<20万　　○20万≤收入<30万

　　○收入≥30万　　○不方便透露/不清楚

18. 在学校所在城市,您家是否购买过商品房(包括曾经购买但是后来卖掉)?

　　○有　　　　　　○没有

19. 您是否享受过或正在享受学校为教师提供的安置房或周转房?

　　○有　　　　　　○没有

20. 从家到学校,您最常用交通方式为(　　　)

　　○步行　　○自行车　　○电动车/摩托车　　○公共汽车/地铁

　　○单位班车　　○私家车(含拼车、打车等)

21. 请估算:采用这种交通方式,您从家到校单程大约需(　　　)分钟。

　　○0—10分钟　　○10—20分钟　　○20—30分钟

　　○30—40分钟　　○40—50分钟　　○50—60分钟

　　○60—90分钟　　○90—120分钟　　○120分钟以上

22. 您对学校教学硬件条件(教室、图书馆、多媒体、实验室、网络等)的心理预期有多高:

　　○非常高　　○高　　○一般　　○低　　○非常低

23. 您对学校提供的教学管理和服务(教务管理、学生管理、平台系统服务等)的心理预期有多高:(　　　)

　　○非常高　　○高　　○一般　　○低　　○非常低

24. 您对所教学生原有知识基础的心理预期有多高:(　　　)

　　○非常高　　○高　　○一般　　○低　　○非常低

25. 您对所教学生学习态度的心理预期有多高:(　　　)

○非常高　　　○高　　　○一般　　　○低　　　○非常低

26. 您对所教学生学习风气的心理预期有多高:(　　)

　　○非常高　　　○高　　　○一般　　　○低　　　○非常低

27. 您对所教学生掌握学习方法(例如自主学习法、合作与探究法)的心理预期有多高:(　　)

　　○非常高　　　○高　　　○一般　　　○低　　　○非常低

28. 您对与所教学生之间和谐师生关系的心理预期有多高:(　　)

　　○非常高　　　○高　　　○一般　　　○低　　　○非常低

29. 您对所授课程使用教材(科学性、适用性、先进性)的心理预期有多高:(　　)

　　○非常高　　　○高　　　○一般　　　○低　　　○非常低

30. 您对所授课程教学效果的心理预期有多高:(　　)

　　○非常高　　　○高　　　○一般　　　○低　　　○非常低

31. 理想情况下,学生在学习一门课程前应具有相应的基本知识和认知结构。您认为,您所教学生的实际情形与此理想情况的符合程度是(　　)

　　○非常符合　　○比较符合　　○符合　　○比较不符合　　○非常不符合

32. 理想情况下,大学生应具有适应大学课程的学习方法(如自主学习、探究学习、协作学习等)。您认为,您所教学生的实际情形与此理想情况符合程度是(　　)

　　○非常符合　　○比较符合　　○符合　　○比较不符合　　○非常不符合

33. 理想情况下,学生在上课前进行预习与课前准备,上课注意力集中,积极参与课堂,课后认真完成作业。您认为,您所教学生实际情形与此理想情况的符合程度是(　　)

　　○非常符合　　○比较符合　　○符合　　○比较不符合　　○非

常不符合

34. 理想情况下,学生应该品行端正,尊敬师长,团结同学。您认为,您所教学生的实际情形与此理想情况的符合程度是(　　)

　　○非常符合　　○比较符合　　○符合　　○比较不符合　　○非常不符合

35. 理想情况下,大学生应能熟练使用各种信息化工具,来获取信息、处理信息、生成信息、创造信息并进行信息协作。您认为,您所教学生的实际情形与此理想情况的符合程度是(　　)

　　○非常符合　　○比较符合　　○符合　　○比较不符合　　○非常不符合

36. 理想情况下,任课教师应该知识结构合理、专业水平较高。您认为,所在学科任课教师群体的实际情形与此理想情况的符合程度是(　　)

　　○非常符合　　○比较符合　　○符合　　○比较不符合　　○非常不符合

37. 理想情况下,任课教师教学方法应该新颖,语言富有亲和力和感染力,有课堂互动,气氛活跃。您认为,您所在学科任课教师群体的实际情形与理想情况的符合程度是(　　)

　　○非常符合　　○比较符合　　○符合　　○比较不符合　　○非常不符合

38. 理想情况下,任课教师应该教学态度认真,备课充分,按时上下课、不随意漏课、调课;上课时不吸烟,不接电话和做其他与教学无关的事情。您认为,您所在学科任课教师群体实际情形与此理想情况的符合程度是(　　)

　　○非常符合　　○比较符合　　○符合　　○比较不符合　　○非常不符合

39. 理想情况下,任课教师应该品行端正,平易近人,关爱学生,乐于与学生交

· 415 ·

流,能公平对待学生。您认为,您所在学科任课教师群体实际情形与理想情况的符合程度是(　　)

○非常符合　　○比较符合　　○符合　　○比较不符合　　○非常不符合

40. 理想情况下,任课教师应能熟练应用多媒体设备以及其他教具辅助教学。您认为,您所在学科任课教师群体实际情形与此理想情况的符合程度是(　　)

○非常符合　　○比较符合　　○符合　　○比较不符合　　○非常不符合

41. 理想情况下,任课教师应善于利用网络、电子通信等工具与学生进行课上课下的良好交流互动。您认为,您所在学科任课教师群体实际情形与此理想情况的符合程度是(　　)

○非常符合　　○比较符合　　○符合　　○比较不符合　　○非常不符合

42. 理想情况下,师生之间应该交往和交流密切,心理距离较近,并相处融洽。您认为,您授课过程中的实际情形与此理想情况的符合程度是(　　)

○非常符合　　○比较符合　　○符合　　○比较不符合　　○非常不符合

43. 理想情况下,课堂应该气氛活跃、秩序井然。您认为,您授课过程中的实际情形与此理想情况的符合程度是(　　)

○非常符合　　○比较符合　　○符合　　○比较不符合　　○非常不符合

44. 理想情况下,师生各自的角色定位明确,学生在交往过程中能够学会认识自己,增长交往经验和社会能力,形成正确的自我意识。您认为,您与学生交往的实际情形与此理想情况的符合程度是(　　)

○非常符合　　○比较符合　　○符合　　○比较不符合　　○非

常不符合

45. 您对所授课程教学内容(教学规范、课程结构等)的整体满意度为:(　　)

　　○非常符合　　○比较符合　　○符合　　○比较不符合　　○非常不符合

46. 您授课时使用以下哪种教材?

　　○只使用过自编教材　　○只使用过他人教材　　○两种都使用过

47. 您对所授课程使用的自编教材(科学性、适用性、先进性)的满意度为:(　　)

　　○非常满意　　○满意　　○一般　　○不满意　　○非常不满意

48. 您对所授课程使用的他人教材(科学性、适用性、先进性)的满意度为:(　　)

　　○非常满意　　○满意　　○一般　　○不满意　　○非常不满意

49. 您对所在学校的学术氛围和文化氛围的满意度为:(　　)

　　○非常满意　　○满意　　○一般　　○不满意　　○非常不满意

50. 您对所在学校教学硬件条件(网络系统、多媒体教室、现代化教学设施等)的满意度为(　　)

　　○非常满意　　○满意　　○一般　　○不满意　　○非常不满意

51. 您对所在学校信息化资源(图书和数据库的数量、质量等)的满意度为(　　)

　　○非常满意　　○满意　　○一般　　○不满意　　○非常不满意

52. 您对学校提供的教学管理和服务(教务管理、学生管理、平台系统服务等)

的满意度为( )

　　○非常满意　　○满意　　○一般　　○不满意　　○非常不满意

53. 您对所在学科组织开展的教研活动的满意度为( )[如没有,请跳过此题]

　　○非常满意　　○满意　　○一般　　○不满意　　○非常不满意

54. 您对所授课程教学效果的整体满意度是:( )

　　○非常满意　　○满意　　○一般　　○不满意　　○非常不满意

55. 您是否认为,您较好完成了自己课程的教学任务,学生能够接受并掌握课程内容:( )

　　○非常同意　　○同意　　○一般/说不清　　○不同意　　○非常不同意

56. 您是否认为,通过您的教学活动,学生解决本学科或相关学科具体问题的能力得到了提高:( )

　　○非常同意　　○同意　　○一般/说不清　　○不同意　　○非常不同意

57. 您是否认为,通过您的教学活动,促进了学生思维能力、学习能力和综合能力的提高:( )

　　○非常同意　　○同意　　○一般/说不清　　○不同意　　○非常不同意

58. 如果再给你一次机会,您是否还愿意选择到高校做教师:( )

　　○非常愿意　　○愿意　　○无所谓　　○不愿意　　○非常不愿意

59. 如果再给你一次机会,您是否还愿意选择到所在学校任教:( )

○非常愿意　　　　○愿意　　　　○无所谓　　　　○不愿意　　　　○
非常不愿意

60. 如果再给你一次机会,您是否还愿意选择到所在学科任教:(　　　)

○非常愿意　　　　○愿意　　　　○无所谓　　　　○不愿意　　　　○
非常不愿意

61. 您是否愿意为了提高自己所授课程的教学效果,而在教学上投入更多时间:

○非常愿意　　　　○愿意　　　　○无所谓　　　　○不愿意　　　　○
非常不愿意

62. 您是否参加过教学改革项目/课题研究?

○参加过　　　　　○没参加过

63. 如果没参加过,您是否愿意参加教学改革项目/课题研究:(　　　)

○非常愿意　　　　○愿意　　　　○无所谓　　　　○不愿意　　　　○
非常不愿意

64. 如果有可能,您是否愿意对自己所在专业的教学提出改进建议:(　　　)

○非常愿意　　　　○愿意　　　　○无所谓　　　　○不愿意　　　　○
非常不愿意

65. 您是否愿意向自己所在学校提出课程设计/教学改革的建议:(　　　)

○非常愿意　　　　○愿意　　　　○无所谓　　　　○不愿意　　　　○
非常不愿意

66. 您对自己所在高校的教学有什么意见和建议(请写出):

参考文献

[1] Nunnally. Psychometric theory[M]. New York:McGraw-Hill,1978.

[2] Weimer M. Learner-centered teaching:Five key changes to practice[M]. San Francisco:Jossey-Bass Publishers,2002.

[3] Charles R. Instructional Design Theories and Model:An Overview of Their Current Status[M]. Hillsdale. NJ:Lawraence Erlbraum Aassiates,1983.

[4] 顾明远.教育大辞典(第一卷)[M].上海:上海教育出版社,1990.

[5] 乌杰.系统辩证论[M].北京:人民出版社,1997.

[6] 候光文.教育测量与教学评价[M].济南:明天出版社,1991.

[7] 乌美娜.教学设计[M].北京:高等教育出版社,1994.

[8] 薛天祥.高等教育管理学[M].桂林:广西师范大学出版社,2001.

[9] 沈玉顺.现代教育评价[M].上海:华东师范大学出版社,2002.

[10] 郭熙汉.教学评价与测量[M].武汉:武汉大学出版社,2008.

[11] 博登斯,阿博特.研究设计与方法[M].袁军,等译.上海:上海人民出版社,2008.

[12] 侯典牧.社会调查研究方法[M].北京:北京大学出版社,2014.

[13] 吴明隆.结构方程模型:AMOS 的操作与应用[M].重庆:重庆大学出版社,2010.

[14] 吴明隆.问卷统计分析实务:SPSS 操作与应用[M].重庆:重庆大学出版社,2010.

[15] 魏饴.新建本科院校应突出教学应用型特点[J].中国高等教育,2004.

[16] 付道领.初中生体育锻炼行为的影响因素及作用机制研究[D].重庆:西南大学,2012.